札幌学院大学選書

ハイデガーの弁明

ハイデガー・ナチズム研究序説

奥谷浩一 著

梓出版社

まえがき

二〇世紀最大の哲学者と評されるマルティン・ハイデガーが一九三三年にフライブルク大学学長に選出された後、ナチ（「国民社会主義ドイツ労働者党」）に入党し、ヒトラーを総統とするドイツ第三帝国が崩壊するまでナチ党員であり続けたことは、今では周知の事実である。世界的な名声をもつ哲学者ハイデガーが何ゆえに、第二次世界大戦を引き起こし、およそ六〇〇万人といわれるユダヤ人をユダヤ人であるというだけの理由で虫けらのように殺害するという人類史上空前の残虐行為を行ったあのナチに関与することができたのか、その関与の度合いはどの程度のものだったのかという問題にかんして、論争はいまだに続いている。これがハイデガー・ナチズム問題である。この問題をめぐる論争は、ヴィクトル・ファリアスとフーゴ・オットの研究によって、新しい次元へと高められた。本書は、この論争の成果を踏まえながら、ハイデガー・ナチズム問題にかんするいくつかの局面を解明する。

この問題を解明しようとする者はしばしば、ハイデガーを擁護する側からもそうでない側からも、なぜ一人の哲学者の昔の政治的過去をあえて問題にしようとするのかを問われる。この問いに対してわれわれはこう答えておきたい。

まず第一に、当のハイデガー自身が自らのナチ関与にかんして一度も公式に自己批判を行っておらず、したがって自らの政治的過去を清算していないからである。ハイデガーは、フライブルク大学学長であった期間がたとえわずかおよそ一年であったにしても、そのあいだに多くの大学構成員に一定の影響力を及ぼし、学長辞任後も一定の範囲でナチとの関わりを持ち続けた。そのことによってハイデガーは、たとえ間接的にであったにせよ、ナチが行った人類史上空前の残虐行為に関わりをもったことになる。しかしそれにもかかわらず、これらのことについて生前に自らの倫理的・道義的責任を明らかにすることがなかった。こういう哲学者にたいしては、誰かがその責任を追及しなければならないであろう。

第二に、ハイデガーは自らがナチに関与した事実にかんして、真実をすべて明らかにしていないどころか、多くの場合に事実を隠蔽したり虚偽を述べたりすることによって、自らのナチ関与の程度が最小限のものであるかのように後世に印象付けようとした。歴史のなかで真実が隠蔽されたり歪曲されたりした場合、これを正して真実を明らかにすることは、真理を探究する哲学者と歴史学者の共同の責務でなければならない。歴史というものはそれ自体、真実を明らかにすることを要求するからである。

第三に、カール・レーヴィットの証言によれば、ハイデガー自身、ナチズムへの関与が自らの哲学の本質に含まれていることを認めたばかりか、自らの政治的出撃の基礎がとりわけ『存在と時間』で展開された歴史性の理論のうちにあると説明したという。そうだとすれば、ハイデガーがナチに関与した真の理由は、彼の哲学的理論の本質との関わりにおいても究明される必要があろう。

第四に、上記のことは、ハイデガーの『存在と時間』もそれ以後の著作も、ナチズムへと出撃しえたハイデガーの哲学的本質と政治的関心という観点からも解釈されるのでなければ、一面的であるかまたは不十分だということを意味するであろう。

第五に、同時にこのことは、こうした観点からハイデガーの哲学を再評価することをも要求することになろう。ヘルベルト・マルクーゼは、第二次世界大戦後にかつての師ハイデガーに手紙を書いて、哲学とナチズムとは両立しないと述べた。もしそうだとすれば、ナチズムと両立しえたハイデガーの哲学とはいったい何であったのか、またそれはどのように評価されるべきなのかが、改めて問題とされなければならないであろう。

以上の観点から、本書はこれまでのハイデガー・ナチズムの研究と論争の成果の上に立って、ハイデガーとナチズムとの関わりを、次のようないくつかの局面から解明する。

序章では、一九三三年にナチが権力を奪取する前後の社会状況を踏まえながら、ハイデガーがナチズムに接近していった経過について、彼の著作や講義をつうじて明らかにするとともに、学長時代、学長辞任後の時代、第三帝国崩壊後の時代のそれぞれを通じて、ハイデガーがどのようにしてナチズムと関わりをもったのかを概観する。

第二次世界大戦後にハイデガーは、フランス占領軍の意向と後押しのもとに作られた政治的浄化委員会によってナチ時代の政治的責任を追及されたのであるが、第一部ではこの「ハイデガー裁判」の経過と結末を資料にもとづいて解明する。

ハイデガーは自らのナチ関与が最小限のものであったとする自己弁護を最終的には「一九三三／三四年の学長職。事実と思想」という文書に定式化したのだが、本書の第二部は、これまでのハイデガー・ナチズム研究の成果に依拠しながら、このハイデガーの「弁明」に含まれている真実と虚偽を検証する。

第三部では、「シュタウディンガー事件」、つまり学長時代のハイデガーが、フライブルク大学の同僚であり著名な化学者であるヘルマン・シュタウディンガーを、ナチの政治的独裁体制を支えたあの悪名高いゲシュタポ（国家秘密警察）に密告した事件をやや詳細に取り上げる。

第四部は、ハイデガー・ナチズム論争にかんしてハイデガーを擁護する側からなされた数少ない応答のひとつであるシルヴィオ・ヴィエッタのハイデガー擁護論を、特にその技術論との関わりを重点に置きながら批判的に検討する。

本書の副題は「ハイデガー・ナチズム研究序説」とした。その訳はひとつには、「ハイデガー裁判」ひとつを取ってもすべての資料がまだ完全に公開されているわけではなく、今後さまざまなところに眠っている情報の公開がさらに進展するならば、ハイデガー・ナチズムの問題にかんしていっそう多くの事実が判明することを期待してよいからである。もうひとつには私には、ハイデガーの哲学思想に肉薄し、その展開過程のすべての局面において、これとナチズムとの関わりを全面的に内在的に解明するという仕事が今後の課題として残っているからである。これらの意味において、本書は「序説」にすぎないのである。

目次

第三部　ハイデガーとシュタウディンガー事件

ハイデガーの弁明

——ハイデガー・ナチズム研究序説——

序　章　ハイデガーとナチズム

はじめに

世界的な名声をもつ哲学者ハイデガーは、いわゆるナチス、すなわち国民社会主義ドイツ労働者党（正式名称）が政権を奪取したナチ革命の年である一九三三年四月にフライブルク大学学長に選出され、その直後の五月一日（メーデー改称「国民的労働の日」）を期してナチに入党したのだが、その後一年もたたないうちにこの学長職を辞任したことは、我が国においてもよく知られていた事実である。しかし、ハイデガーがどの程度ナチズムに関与したのか、そして学長職辞任後のハイデガーとナチとの関係はどうであったのかについては、これまで一般にはあまり知られず、まして我が国においてはハイデガー研究者にさえもほとんど知られてはいなかった。今から四〇年近く前に哲学科の学生であったわれわれは、例えば東京大学教授であった原佑氏がハイデガーの『存在と時間』の解説のなかで「しかしハイデガーの総長在職は、所定の一カ年も満たさず終わった。それどころか、在職期間も終わりに近づくにつれ、やがてハイデガーの心のうちにはナチスへの批判的反省が芽生えてきたように思われる(1)」と解説されたことを暗黙のうちに了解し、こうした解説にいささかも疑念をいだくことがなかった。われわれのこうした了解のうちには、ハイデガーといえども、哲学者にありがちなように、政治と世事の世界に疎いという傾向をまぬがれることができず、あのナチの勃興の時代にその正体を見抜くことなく、大学学長として否応なしに政治の世界に巻き込まれ、一時期はこれに協力したが、しかし、やがてその凶悪な本質に気づいて最終的にはこれと袂を分かったのだ、ということが含まれていた。

こうしたわれわれの了解がまったくの先入見であったことを豊富な資料と証拠によってはっきりと解明したのが、チリ出身の哲学者ヴィクトル・ファリアスであった。ファリアスは一九八七年にフランス語で『ハイデガーとナチズム』を出版して、ハイデガーが一九三三年のナチ入党時から一九四五年のドイツ敗戦にいたるまでナチ党員であり続け、党費をも滞納することなく払い続けていたことを示しただけではなくて、ハイデガーのギムナジウム時代の諸論文を発掘してその思想形成史に新たな照明をあてたし、ナチ時代のハイデガーの講演や大学内外の政治的活動などについて多くの資料を提供した。(2) そして、翌年にはドイツの歴史学者フーゴ・オットが、ファリアスとは相対的に独自の道をたどり、またフライブルク在住という利点を生かして、ハイデガー学長時代の学長室と大学評議会などの文書や書簡など、これまで一般には知られていなかった多くの資料をもとに、『マルティン・ハイデガー――伝記への途上で』を刊行した。このファリアスとオットの先駆的な仕事がわれわれに突きつけた多くの歴史的諸事実は、ハイデガーとナチズムとの関係がこれまで考えられていたように決して一時的・偶然的なものではなくて、きわめて根深く、持続的なものであったことをあますところなく立証し、そしてハイデガーのナチ関与が彼の哲学思想と深く内的に関係していることを改めて示して、世界中に大きな衝撃を与えた。これらの仕事に先立つ業績として、グイド・シュネーベルガーがナチ時代のハイデガーの講演・論文・新聞などへの寄稿、そしてハイデガーの言動を伝える新聞雑誌の記事などを丹念に集めた『ハイデガー拾遺』[3]があることを忘れてはならないが、ファリアスとオットの仕事はこれを継承し発展させたものである。

ハイデガーとナチズムの関係にかんする最初の論争は、すでに第二次世界大戦後のフランスとドイツで闘わされていたが、ファリアスとオットの問題提起は、この論争に再び新しい角度から点火し、この論争をいっそう高い新たな次元へと引き上げるものであった。ファリアスとオットが巻き起こしたセンセーションは、フランスでまたしても激しい論争を引き起こし、そしてドイツとアメリカ合衆国へと波及していった。[4]我が国においても、先のファリアスの著書が『ハイデガーとナチズム』（山本尤訳、名古屋大学出版会、一九九〇年）として邦訳出版された後、わずか一月あまりで第二刷が増刷されたことに示されるように、ハイデガー・ナチズム問題は、欧米におけるように表立ったかたちはとらなかったとしても、識者のあいだには静かに浸透したということができよう。この問題がハイデガー研究者のあいだにもそれなりの反響を呼んでいることは、例えば木田元氏の諸著作にも見ることができる。[5]我が国では、時間が経過するにつれて、アカデミーの世界よりもマスコミにおいても大きな反響が見られたことが特徴的であった。例えば、ＮＨＫは一九九五年にＥＴＶ特集で「我が友ハイデッガーはナチ党員だった」を二度にわたって放映したし、一九九九年にも同じ特集「知の巨人たち・ハイデガー」のなかでハイデガーとナチズムとの関わりを取り上げたこともわれわれの記憶に新しい。そして、ファリアスとオットによって強く触発されたこの論争の過程のなかで、後年著名な政治哲学者となったユダヤ人女性ハンナ・アーレントが、マールブルク大学でハイデガーの講義を聴講した一九二五年以来、ハイデガーと恋愛関係にあったことがエティンガーによって詳細に明らかにされたことも、[6]われわれにとってはきわめてショッキングな出来事であった。それは、この出来事がたんに倫理的な問題を孕んでいたからだけではなくて、後年反ユダヤ主義を掲げてホロコーストの政策を実行した政党の一員となり、ひとつの大学の学長として一時期ではあれラディカルなナチとして活動することができた人物が何故に後にホロコーストの対象となるユダヤ人女性とそのような関係を結ぶことができたのかは、通常の市民的道徳感覚からすれば理解に苦しむことだからである。

ともあれ、ファリアスとオットによってハイデガー・ナチズムの問題が改めて提起されて、ハイデガーとナチズムとの関わりをめぐる論争が新しい次元で再び熱い議論の焦点となって早くも、二〇年が経過した。このあいだ、世界的な規模でこの問題にかんするさまざまな研究書が現れて以前とは様相を一変し、これまで陽の目を見ることがなかった多くの資料が発掘され、またかつては知られていなかった多くの事実が解明されている。こうした論争の結果、ハイデガー哲学の崇拝者を含めて多くの心ある人々にとって今や否定することができなくなっているのは、ハイデガーとナチズムとの関わりが決して一時的・偶然的ではなくて、これまで考えられていたよりもはるかに強く根深いものであり、彼の名声を高めた『存在と時間』以後の彼の思想の発展を考慮すると、ハイデガーの思想にはナチズムを受け入れる必然性があったのではないかということである。文書・講演記録・書簡などの資料から見る限り、ハイデガーが『存在と時間』のなかで展開した自らの思想にもとづき、当時急速に勃興しつつあったナチズムをドイツ民族の再生、世間的な日常性・平均性からの脱却とその克服のための起爆剤と見なし、ナチズムによる保守革命が新しい時代の開闢をもたらす絶好の歴史的「カイロス（好機）」であるとの確信をもってこれに関与したことを現在ではすべて否定することは、きわめて困難であろう。

しかし、これらの努力にもかかわらず、世界的な名声をもつ哲学者ハイデガーが人類史上空前の蛮行のひとつと言うべきナチズムに何故に関与することができたのか、その思想的な動機と背景は何であったのか、哲学者の思想と行動とが普通の場合はっきりと切り離すことができないほど密接に関連しているとすれば、ハイデガーは自らの思想のいかなる部分を根拠としてナチズムに向けて出撃しえたのかという諸問題の核心は、まだ完全に解明しつくされたわけではない。これらは現在もなお、ハイデガー・ナチズム問題として、熱い哲学的な議論の対象となり続けている。そして、もしも『存在と時間』とそれ以降のハイデガーの哲学がナチズムと不可分に結びついているとするならば、彼の哲学とナチズムとの内的関連という視点から彼のその後の哲学が理解されなければ、その哲学思想を十分に理解したとはいえないであろうし、その哲学の解釈も片手落ちということになるであろう。そして、とりわけこうした視点からは当然のことながら、ハイデガーの哲学と思想全体にたいしてこれまでの評価に一定の見直しを加えて再評価するという作業も行われなければならないということになるであろう。現在、ハイデガー・ナチズム論争の新しい次元が要求しているのは、まさしくこうした一連の諸課題なのである。

(二) ハイデガー・ナチズムにかんするこれまでの接近過程

ここで、ハイデガー・ナチズムにかんするこれまでの研究成果に照らして、ハイデガーとナチズムの関わりについて、本書を読むさいの予備知識として素描してみよう。

マルティン・ハイデガーの思想について語る場合、彼が生い立ち、彼を育んできた南ドイツの精神的・宗教的土壌を抜きにすることはできない。もともとカトリックの勢力が強かった南ドイツではあるが、一八七〇年に教皇の無謬性の教義をめぐって、これを支持するカトリックとこれに反対する旧カトリックとの分裂と闘争が政治状況とも絡んで長く影を落としていたほかに、カトリックの民衆のレベルでは中世以来反ユダヤ主義が広くまた深く根を下ろしていたことを考慮する必要があろう。しかし、反ユダヤ主義の底流は南ドイツのカトリックの民衆レベルに限られたことではない。周知のように、宗教改革とプロテスタントの創始者マルティン・ルターが後年は激しい反ユダヤ主義者であった。[7]

マルティン・ハイデガーは一八八九年にドイツのバーデン州メスキルヒに生まれた。同郷の有名人には、貧しい境遇から身を起こしてカトリックの高名な説教師となり、オーストリアの宮廷説教師にまで昇りつめたアーブラハム・ア・ザンクタ・クラーラがいる。彼は当時広く影響を及ぼした雄弁家・文章家であったが、名うての反ユダヤ主義者でもあった。マルティンの父はメスキルヒの桶職人頭を務め、同時にカトリック教会の堂守をもしていた。マルティンはその社会的境遇からすれば本来大学に進学できる状況にはなかったが、カトリック司祭の推挙によって奨学金を得ることで、コンスタンツとフライブルクのギムナジウムをへて、フライブルク大学神学部に進むことができた。学生時代のハイデガーが書いた書評のなかにすでに「近代主義の破壊的な影響」[8]という言葉が見られるが、西欧の物質文明・合理主義または知性主義・文化的価値に反対するこの反近代主義的立場は、ハイデガーが生涯にわたって抱き続けたものであった。彼が受けたカトリックからの援助、住んでいた学寮や寄宿学校、奨学金、父の希望などの関係からすれば、彼は卒業後はカトリック司祭になることが当然視され、また実際奨学金受給の条件としてそのことが義務づけられていたが、学位論文で「心理主義における判断論」を書き、教授資格論文で「ドンス・スコトゥスの範疇論と意義論」[9]を書いて、リッケルトやフッサールに依拠しながら中世論理学と心理学を研究するという哲学的手法に関心を移しつつあったハイデガーは、フライブルク大学神学部の私講師を務めながら、第一次世界大戦後の一九一九年になってから初めてカトリック教会と神学から離反してプロテスタントに宗旨変えをすることになる。

この離反の背景には、彼が空席になっていたフライブルク大学神学部教授に就くことができず、カトリックと距離を取ることで同大学哲学部に就職するチャンスをより確実にしようという意図があったと推測されること、また当時カトリック内部で近代主義をめぐって深刻な対立があり、教皇ピウス一〇世が求めた反近代主義の強権的路線に対する反感からハイデガーにはカトリックの思想体系が懐疑されるようになっていったこと、そして彼はユンカー出身でプロイセン陸軍の高級将校の娘でプロテスタントのルター派に属していたエルフリーデ・ペトリと結婚したが、この新婦が当初カトリックに改宗する意志を示しながらついに改宗しなかったことなどがあげられる。後年権力を掌握したナチスは当初は宗教的寛容をポーズとして示し、カトリックとのあいだに「コンコルダート（政教条約）」を結んだにもかかわらず、次第にカトリックの勢力と敵対し、これを抑圧するようになっていった。したがって、後に反カトリックがナチズムの政治的スローガンとなるのだが、上記のような事情から、カトリックから離反したハイデガーはナチズムのイデオロギー上の構成条件のひとつを満たしたことになる。言い方を換えれば、ハイデガーは自らが生まれ育ったカトリックの信仰を放棄したことで、ナチへと接近する途上で障害となって立ちはだからざるをえないもののひとつをいわば自らの手で掃き清めたのである。

ところでハイデガーは、文部省にたいするフッサールの特別の申し出が受理されてフライブルク大学で彼の助手をも務めることになったのだが、一九二三年にまたしてもフッサールの強い推薦でマールブルク大学哲学部員外教授の候補者となった。彼はこの招聘に応えようとして、一一年間の沈黙を破って一九二七年二月に『存在と時間』の前半部分をフッサール編集の『現象学年報』に公表した。『存在と時間』は、「存在」そのものと存在物とを区別し、人間を現存在と規定することで、基礎的存在論として、つまり存在そのものの意味と真理を人間という現存在の分析にあって、最終的には時間性として了解しようと試みる視点から書かれている。それは一方では、解釈学的現象学の手法によって行われた人間、すなわち現存在の分析のなかで、自らの有限性を自覚した本来的な人間存在に対比させながら、一般人が平均的・没個性的・中性的な「世人」へと頽落し、空談・好奇心・曖昧さ・頽落・被投性のうちにある非本来的なあり方を鋭くえぐり出し、「死への先駆」・不安・恐怖・倦怠などの諸概念を手がかりとして、決意性に支えられて日常性から脱却することを呼びかけたのであった。この実存論的な思想は、人類史上初の世界大戦を経験してこれまでの西欧文明の破産とよるべなさを体験したヨーロッパの知識人たちの精神的状況を映し出していただけでなくて、他方では、「存在」そのものを忘却して存在物しか対象となしえないできた西洋のすべての哲学と存在論の歴史を丸ごと否定する破壊的で戦闘的な姿勢をもっていたために、ただちに世間の圧倒的な注目を集め、ハイデガーはきわめて短時日のうちに世界的な名声を手にすることとなった。この注目すべき著作は実際には前半だけの未完の書に終わったのだが、それが勝ち得た大きな評判のゆえに、ハイデガーは同時にマールブルク大学正教授の地位をも獲得し、そしてその翌年の一〇月にはフッサールの後任として古巣のフライブルク大学に招聘されたのであった。

ハイデガーがナチの連中としか付き合っていないとか彼に反ユダヤ主義的傾向があるという噂が一部のフライブルクの大学人の人口に膾炙するのは一九二九年から三〇年にかけてのことであった。しかし、彼は講義やゼミナールだけではなくて、学生たちとの個人的な会話においてさえも個人的な政治信念を吐露することがなかったから、彼がナチ革命の年に学長になってすぐナチ党員となったことは、多くの親しい弟子たちを驚かせた。しかし、レーヴィットやマルクーゼが指摘するように、そのいくつかの伏線は彼の名声を世界的にした『存在と時間』のなかにすでに敷かれていたのである。

例えばハイデガーは、現存在分析のなかの有名な箇所で、「現存在」としての人間が「世界内存在」として意味交渉を行うさいの仕方が他の人々との「共同存在」または「共同現存在」にほかならないことを指摘しつつ、他方では、この共同存在における現存在の姿を次のように描き出している。「現存在」は日常の社交性のなかでは「世人 das Man」に堕していて、「誰でもが他人であり、誰一人として自分自身ではない」あり方をするとともに、物事の水準や真価の差にまったく無感覚で、現存在が決断を迫られるときには不在で責任を取ろうとせず、その存在性格は疎隔性・平均性・均等化・公開性・存在免責・迎合である、と。こうした記述は紛れもなく大衆社会と民主主義の時代の批判を含意しているが、問題は、ハイデガーがこうした世間的自己にほかならない「世人」を「非本来的自己」と規定して、自ら選択した自己としての「本来的自己」と鋭く対照させるばかりか、「本来的な自己存在とは、世人から離脱した主体の例外的な状態に宿るものではなく、ひとつの本質的な実存範疇としての世人を実存的に変容することである(10)」と述べていることである。ここにはたんなる理論的分析ではなくて、「世人」を覚醒させて「本来的自己」へと変容させるという実践的意欲がかいま見られる。

また、ハイデガーがいうこの「本来的自己」と「本来性」の内容は、自己自身を選び取り自己自身の可能性を掌握する自由の獲得にすぎず、最終的には自らの責任のもとでの個人的な「決断」という内容を欠いたものに行き着かざるをえないから、「世人」という頽落的な状態の克服がどのような社会と倫理のあるべき状態を保証することによって実現されるのかにかんするプランもまた明確に提示されることがない。この保証がない限り、「共同存在」が必要としまた前提されるべき実践的倫理が個人的な「決断」によって飛び越えられていわば省みられなくなり、最悪の場合には倫理的アナーキズムに道を開く可能性さえも生ずることになる。この点でハイデガーはソクラテス以来の西洋倫理学の伝統とも明確に袂を分かつことになる(11)。ここに述べたことがたんなる杞憂でないことは、『存在と時間』の後半の「時間性と歴史性」の章で、彼が「世論」と「公共的良心」を拒否するヨルク・フォン・ヴァルテンブルク伯爵の次の言葉を明らかに肯定的に引用していることに示されている。「そういう物質的な世論を打ち砕いて、直観と感想の個性をできるだけ形成的に可能にすることこそ、国家の教育課題であろう。そうすれば、いわゆる公共的な良心に代わって、この根底的な外面化に代わって、再び個人の良心が――本当の良心が――力を得てくるであろう(12)。」

さらに、ハイデガーが「共同存在」の本来的なあり方にかんして、いくらか具体的な示唆を与えている箇所がある。

ハイデガーによれば「現存在」は、おのれの「死」を意識し、「死」に先駆することによって、おのれの自由と有限性を自己了解するとともにおのれの無力をも引き受け、そこに開示される状況の偶然をも洞察する。「だが、宿命的な現存在が世界‐内‐存在として本質上他の人々との共同存在というかたちで実存しているとすれば、その生起は共同生起であり、歴運 Geschick として規定される。そのことによってわれわれが示しているのは、共同体、すなわち民族 Volk の生起である。歴運は個別的な宿命から合成されるものではない。それは、相互存在がいくつかの主体の集合的出現として把握されえないのと同様である。もろもろの宿命 die Schicksale は、同一の世界における相互存在というかたちで規定された諸可能性のための決意性というかたちで、あらかじめすでに導かれている。歴運の力は伝達と闘争のなかで初めて発揮される。おのれの『世代』のなかの、そしておのれの『世代』と共にある現存在の宿命的な歴運が、現存在の十全で本来的な生起を形成する。[13]」われわれがこの難解な叙述のなかにかろうじて確認できるのは、「共同存在」の生起の場面が「共同体」とされてこれが「民族」と言い換えられていること、そしてそれがたんなる個々の宿命を超えて世代とともに実現される「歴運」によって本来的なものとなること、「歴運」が「闘争」と関連付けられ、「決意性」もまたこれらの諸概念と深く関連していることである。これらの概念装置がナチ特有のスローガンである「民族共同体」や「闘争」との強い親和性をもつことは明らかである。

この引用の少し後では、「既在的な実存可能性を本来的に反復すること――現存在がおのれの英雄を選択すること――は、実存論的には先駆する決意性にもとづいている[14]」という文章があり、「先駆な決意性」は「英雄」の選択とも関係づけられる。

さらに、ハイデガーは「本来的歴史性」と「非本来的歴史性」とを対比させ、後者においては「世人的自己」が非自立的に今日に関わり、新しいものを求めて古いものを忘れ、選択を回避し、可能性にたいして盲目のままに既往的なものを反復する力をもたず、自己を喪失したまま、過去を現在から理解するのみだとする。「これに対して、本来的な歴史性の時間性は、先駆的に反復する瞬視として、今日の脱現在化であり、世人の慣例からの離脱である。[15]」ここでも、非本来的な世界である今日の世界と本来性とが対置され、今日からの脱現在化または現在剥奪、すなわち今日の現状を変革すること、そして「世人」の慣例と惰性を打ち破って本来的な社会へと至ることが暗黙のうちに主張されている。これらもまた来るべきナチ革命を予示するかのような基調低音であろう。

それでは、「存在」を思索する哲学者ハイデガーと西欧史上最も残忍な政治体制であったナチズムとの直接の結びつきは何ゆえに、またどのようにして生じえたのであろうか。

いわゆるナチス（正式名は「国民社会主義ドイツ労働者党」）は、「ドイツ労働者党」を母体とし、第一次世界大戦敗北直後のドイツ革命、ヴェルサイユ条約受諾による多額の国家賠償、そして戦後の加速度的なインフレなどの極度の政治的・経済的混乱のさなか、当初はわずか五〇名足らずで結成されたラディカルな右翼的・国粋的政党であった。その特徴としてあげられるのはまず、「労働者党」の党名から了解されるように、労働者の不満を吸収する疑似社会主義を標榜するところにあり、さらに、第一次大戦におけるドイツの敗北の責任は軍にあるのではなくて社会民主党をはじめとする社会主義勢力による軍への「背後からの一撃」にあるとする誤った認識（いわゆる「匕首伝説」）のうえに立ち、ワイマール共和国を裏切り者によって成立した国家として徹底的に糾弾するところにあった。ここで誤った認識というのは、時間的に見ればドイツの敗北が先であって、社会主義勢力によるストライキなどの実力行使の多くはその敗戦直後の混乱のなかで発生したものであることは明らかだからである。しかし、他の政党と異なるナチスの独自性は狂信的な反ユダヤ主義とドイツ民族主義と反共産主義との独特な結合であった。つまり、ワイマール体制に具現される議会制民主主義、資本主義的搾取と拝金思想、ソ連共産主義とマルクス主義、国際主義など、彼らが打倒の対象とするすべての体制と傾向をユダヤ人の世界支配の陰謀から発生するものと見なし、ユダヤ民族から公民権をはじめとする権利を剥奪してドイツの国家公民から排除しようとしたのである。そして、その活動の中核をなした疑似軍事的組織である突撃隊（ＳＡ）による街頭での過激な直接行動と暴力的なテロ活動もまたその大きな特徴をなしていた。多くのならず者を含んだこの集団は共産党や社会民主党の集会に殴り込みをかけたり、敵対的人物を暴力的に脅迫したりしたほか、ユダヤ人に対する行過ぎた暴力行為や警察との衝突など、一般人が目をそむけたくなるような行動を誇示していた。

ナチスは、一九二三年のミュンヘン一揆の失敗後に党首アドルフ・ヒトラーが獄中で口述筆記させたとされる『我が闘争』が多くの読者を集めたことで次第に世間に知られるようになったが、その後しばらくはたんなる弱小政党にすぎなかった。例えば、ナチスは一九二八年五月の帝国議会選挙では得票率二・八％、一二議席を占めただけであった。しかし、一九二九年に入ってニューヨーク・ウォール街の株の大暴落に始まる世界的な金融恐慌が発生し、そのあおりを受けた実質賃金の切り下げによる生活水準の低下、最大時二五％を超える失業率の急増などの社会不安と社会体制に対する不満を背景に、ナチスは地方議会でその勢力を急速に伸張して注目を集め始めた。当時世界で最も民主的とされたワイマール共和国はその足下から大きく揺らぎ始めていた。ナチ党は、一九三〇年九月の同選挙では一〇七議席を獲得して一躍議会で第二の勢力をもつ巨大な政党にのし上がり、敗戦後のヴェルサイユ体制を打破するとともにこれによって苦境を強いられたドイツを再建しようとする保守勢力と愛国的・民族主義的運動の希望の星となった。そして、一九三二年七月に帝国議会選挙では二〇三議席を獲得して第一党に躍進し、翌一九三三年一月には大統領ヒンデンブルクがヒトラーを帝国宰相に任命した。ここに至ってナチスはついに政権を掌握して、その野望を達成したのであった。ところが、その直後から社会民主党と共産党の政治集会や選挙運動に対する暴力的な弾圧が開始され、二月二七日に共産党委員長テールマンが「反ファシズム闘争同盟」の結成を呼びかけたその夜、何者かが仕掛けた国会議事堂放火事件を口実に、テールマンと大量の共産党員をはじめとする人々の逮捕が行われた[16]。この事件の翌日、ヒトラーはヒンデンブルク大統領を説得して国民と国家を保護するための大統領緊急令に署名させて、集会・結社・報道の自由を市民から剥奪したのであった。こうしたデマゴギーと謀略にもとづく政敵の迫害はやがて社会民主党員にも及んでいく。

しかし、こうした弾圧にもかかわらず、三月五日の帝国議会選挙ではナチスと国家国民党の連立政権は六四九議席中三四〇議席、つまりおよそ五二％の議席を獲得したにとどまり、社会民主党が一二〇議席、共産党も八一議席を獲得して健闘したことは注目に値する。それだからこそ、これに対してヒトラーは共産党の議席を強制的に剥奪し、その後はいわゆる「全権委任法」で憲法と国会とを事実上形骸化して首相と政府に権力を集中させ、また「強制的同質化のための暫定的法」を定めて、州議会のレベルにおいても議会制と社会民主党を含む反または非ナチ勢力を一掃して、「強制的同質化」、すなわちナチ党指導部の主導と任命のもとでの体制の再編成が行われた。こうした全国的なナチ化の過程はまさしくデマゴギーとテロルを武器としてファッショ的暴挙という仕方で進行したのである。歴史学者の見方では、この過程は「それぞれの地方の突撃隊・親衛隊による『下から』のテロと、中央政府（内相）による『上から』の国家全権委員任命とをかみあわせたクーデタ方式で貫徹された[17]。」

ナチの私設監獄には国会議員を含めて弾圧された何千人もの犠牲者があふれかえっていたが、三月末にはミュンヘン郊外のダッハウに最初の強制収容所が設置され、このことはナチの機関紙『フォルキッシェ・ベオバッハター』で大々的に報道された。さらに、四月七日には「公務員職再建法」が公布されて、国家公務員から社会民主党・共産党員およびマルクス主義者などの公務員不適格者を排除するとともに、非アーリア系、すなわちユダヤ系の人物を免職することが合法化された。三月から五月にかけて労働組合の事務所も突撃隊・親衛隊によって暴力的に占拠されて労働組合は解体し、七月にはナチ党以外のすべての政党が解散へと追い込まれた。ドイツ全国に吹き荒れたこうした嵐のような血なまぐさい過程を経て、ナチ国家は全体主義化を完成し、そして来るべき第二次世界大戦を準備して、やがて過酷な反ユダヤ人政策へと突き進むことになる。

ナチスが陰謀とデマゴギーと暴力によって国権を簒奪するというこうした政治情勢にハイデガーはどう反応していたのであろうか。

ハイデガーは『存在と時間』の前半を上宰した後で、彼が予告していた本来第三部となるはずの部分を「時間と存在」として、前半とは逆の道をたどって後半は時間性から「存在」に照明を当てるはずであったが、その構想は挫折した。[18] 彼はこうした思想的な苦闘のなかで「転回」にいたる道を模索しつつあった。この模索の過程のなかで、嵐のように進行する社会情勢がハイデガーとその一家に与えた影響は想像するに難くない。ハイデガーの思索は、国政選挙におけるナチスの躍進を背景にし、これと呼応しながら歩み続けたと考えられる。

ハイデガー家では、プロイセン陸軍大佐の娘であるハイデガーの妻エルフリーデが早くからヒトラー崇拝者であったと伝えられている。ハイデガーもまたこうした家庭環境のなかで次第にナチ党が標榜する保守革命に共鳴するようになっていったと推測される。哲学者エルンスト・カッシーラー夫人トーニの証言によれば、一九二九年には「ハイデガーの反ユダヤ主義的傾向も私たちのあいだではよく知られていた」[19] し、ヘルマン・メルヘンもまた一九三一年の大晦日にトートナウベルクにあるハイデガーの山荘を訪問した時、ハイデガー家の全員がナチズム、つまり国民社会主義に改宗しているのを知ってびっくりしたと証言している。[20]

哲学者であるハイデガーの場合、ナチ党にたいする彼の接近と関与は彼なりの政治哲学と歴史哲学にある程度支えられて進行したに相違ない。ハイデガーのこの歩みは『存在と時間』でアウトラインを描かれた哲学的理論と決して無関係ではありえなかったと考えられる。言い換えればハイデガーは、一見すると政治には無関係であるかに見える『存在と時間』の実存論的な理論的枠組みを基盤とし、そこで展開された実存論的に抽象化された概念と思想をさらに発展させようとして模索する過程のなかで、閃光のごとく登場したナチズムと出会い、これに触発され、彼の理論的枠組みを現実社会のなかで具体化し体現するものとしてこれを受け入れ、そのうえで政治的なナチ革命へと「出撃」しえたと考えられるのである。

ハイデガーがナチズムへと接近しつつある徴候を最初に示していると見なされるのは、一九二九年から一九三〇年にかけての冬学期に行われたハイデガーの講義「形而上学の根本諸概念」である。この講義では、第一次世界大戦と第二次世界大戦とのあいだのいわゆる戦間期に『西洋の没落』を著したシュペングラーの時代の診断を踏まえ、またとりわけニーチェの思想に依拠しながら、例えば「われわれの今日の現存在の根本気分としてのある規定された深い退屈」が分析されている。ハイデガーによれば、現在の時代を覆っている「深い退屈」はわれわれが空虚のうちに放置されていることに由来するが、その空虚とは「欠如・不足・困窮としての空虚」にほかならない。彼はこう述べている。「いたるところに、もろもろの動揺、危機、破局、困窮がある。すなわち、今日の社会的貧困、政治的混乱、学問の無力、芸術の空洞化、哲学の基盤喪失、宗教の無力がある。確かに困窮はいたるところにある。[21]」この困窮は、全体的で本質的な困窮に由来し、われわれの現存在のうちに秘密が欠けていて、したがってどんな秘密にも伴っているはずの内的な驚愕、現存在にその偉大さを与える内的な驚愕が不在であることに由来する。[22] そして、「危険のないところでの全般的な満腹した安楽」が至るところに、つまり「結局のところ組織作りや綱領作成や実地訓練などのすべて」のうちにある。[23] ハイデガーによれば、時代を覆う全体的な深い退屈と困窮の存在によって呼び求められているのは、現存在の「自己封鎖解除」と「決断」にほかならない。「世界大戦というような出来事も本質的なことにおいてはわれわれのそばを跡形もなく通り過ぎてしまった(24)」ことを見るならば、この「自己封鎖解除」と「決断」とは、「今日の普通人と俗物」がなしえないこと、すなわち人間のあれこれの理想を追求したり、偶像にしがみつくことではなくて、「人間の内なる現存在を自由に解放すること」によって初めて成し遂げられる。この自由な解放は、言い換えれば、「自分のためにまさにまず再び独自の可能性を戦い取って、そのような可能性のうちで自らを引き受けなければならない(25)」のであり、「人間におのれの最も独自な重荷としての現存在を背負わせる」ことである。(26)

ハイデガーによるこうした時代の診断には、社会的な困窮と閉塞状況のなかでの既成の政治組織への不信、秘密・驚愕・危険に対する賭けの不在と安全圏内での飽食安逸に対する告発が示されているばかりか、こうした閉塞状況を作り出している凡俗で規格どおりの人間が嫌悪され、これを突破するものとしてニーチェ的な英雄主義が称揚されている。こうした叙述には明らかに、『存在と時間』で展開された思想の枠組みを継承しながらも、この抽象的・一般的であった思想の枠組みに当時の社会状況との関わりでいっそう具体的な形象を与え、そしてこうした社会状況を何らかのかたちで突破しようと模索する姿勢が伺える。

ところで、ハイデガーとヘーゲルの研究者として知られるオットー・ペッゲラーもまた、一九二九年のニーチェ研究がハイデガーにとってはナチズムへと接近するひとつの大きな転機になったのではないかとして、自らの解釈をこう述べている。「ハイデガーにとってはニーチェからヒトラーへと至る道があったのではないか？　ハイデガーは一九二九年以来ニーチェと共に、偉大な創造者たちの創造行為をつうじて悲劇的な世界経験を、そして歴史的な偉大さを復活させ、そうすることでギリシャ人の思考の開始を、そして神話によって包み込まれた地平を変化したかたちでドイツ人のもとへと取り戻そうと試みたのではないか？(27)」しかし、この時期にハイデガーがナチズムに向かってたどった道を考察する場合、彼がニーチェ研究に加えて、初期のナチズムの興隆に大きな影響を及ぼした作家エルンスト・ユンガーを研究し、これから大きな影響を受けたことをも見逃す訳にはいかない。ハイデガーが後に、一九三〇年に彼の助手を務めていたヴェルナー・ブロックと共に小さなサークルで、『労働者』という大部の著作の要約版とも言うべき「総動員」という論説を研究し議論したと述懐している通りである。(28) ユンガーは、第一次世界大戦の塹壕戦に参加した戦場体験から、戦闘と破壊のなかで発揮される兵士の男性的精神を賛美し、これをブルジョア的頽廃に対置した。そして、近代的戦争を「総力戦」、すなわち戦争へと向けて国民と科学技術を全面的に動員して闘う全面戦争として特徴付け、その担い手を十分に組織された「労働者＝兵士」として位置づけたうえで、ドイツの労働者の武装を呼びかけた。(29) こうした全体主義的な労働者国家への呼びかけが「国民社会主義ドイツ労働者党」の政治的含意に呼応していることは明らかである。その後まもなくハイデガーは、ユンガーが敷き、突撃隊が採用した労働者国家というこの過激な路線を歩み始める。(30)

ハイデガーが初めてナチ関係者と密接に連携するかたちで公衆の前に自らの姿を現したのは、一九三〇年七月一一日のことであった。この日から三日間の日程で、バーデン州カールスルーエで「バーデン郷土の日」という祭典が開催され、ハイデガーはそのなかの「学術・芸術・経済分野のバーデン賢人会議」で「真理の本質について」という講演を行ったのである。この祭典のなかで講演を行ったりこれに積極的に参加した人物のなかには、ハイデガーのほかに、カイザー・ヴィルヘルム研究所で後にナチの人種学・優生学につながる人類学的・遺伝的研究を行い、ベルリン大学学長となったオイゲン・フィッシャー、作家レオポルド・ツィーグラー、後にハイデガーと並んでナチの理論家として活躍するエルンスト・クリークらがいたし、そのほかの作家・芸術家・教師・牧師などもすでにこの時点でナチ党員になっていたかまたはすぐ後にナチ党員になった人物ばかりであった。(31) われわれの知る限り、ハイデガーは公式にはこの日初めてナチの同調者として公衆の前に登場したのである。

この時の講演「真理の本質について」は、この年の秋と冬にブレーメン、マールブルク、フライブルク、一九三二年にはドレスデンでも同じタイトルで講演されたが、初めて出版されたのは一九四三年である。その過程のなかで、おそらく最初の講演原稿は何度も推敲されたであろうし、公刊されるにあたっても新たな修正・加筆が行われたであろうから、この時の講演内容を完全に再現することはできないし、これと印刷された形態とを比較考量することもできない。しかし、この講演は、ハイデガーが一九三〇年から一九三一年にかけての冬学期で行った同じタイトルの講義『真理の本質について』と密接に関連している。この講義のなかにも、ハイデガーがナチスの路線に向かって歩み始めたと解釈されうる箇所が散見される。

ハイデガーのこの講義は、プラトンの『国家』のなかで叙述されている有名な「洞窟の比喩」をテキストとして取り上げている。「洞窟の比喩」とは、われわれ人間は洞窟のなかに閉じこめられ、手足を縛られて身動きできないまま、洞窟のなかの壁に向き合うようにされているために、この壁面に映る外界の幻影を見ているにすぎず、よく訓練された哲学者だけが洞窟外部のイデアの世界、すなわち真実の世界をかいま見ることができるだけだという物語のことである。ハイデガーはこの講義のなかで、ギリシャ語で真理を意味するアレーテイアをア・レーテイア、すなわち「非隠蔽性」、言い換えれば「隠されていないこと」として解釈しながら、「真理とはやはり概して、人間が規範としてこれに自らを結び付けるようなものであり、人間を超えて立つところのものである」(32)と述べて、「真理」の独自の理解を提示する。そして、しばしばプラトンのテキストそのものを超え出て、また時にはプラトンの言葉に自らの思想を重ね合わせながら、例えばこう述べている。「本来的に自由であることは、暗さからの解放者であることである。」(33)

ここでも引き続き暗い社会状況からの「解放」が論じられているが、『形而上学の根本概念』との第一の相違は、この講義の第一章第一節第一〇節のタイトルが「囚人の解放者としての哲学者」となっていることで了解されるように、哲学者が「解放」の主体として位置づけられていることである。第二の相違点は、「自由であること、解放者であることは、存在にふさわしくわれわれにぞくする者たちの歴史において共に行動することである[34]」、そして「非隠蔽性は恒常的な解放の歴史のうちでのみ生起する。だが、歴史はつねに一回限りの委託、行動の決定的な状況における運命であって、気ままに揺れ動く議論そのものではない[35]」という叙述に見られるように、「歴史」と「行動」が前面に登場している。しかし、ハイデガーによれば、「非隠蔽性」としての「真理」の実現とは、「歴史」のうちで「行動」することによっておのれの反対物である「隠蔽」を克服することにほかならないから、「隠蔽」との「対−決」でもあり、これとの「闘争」でもある。「隠蔽開示性、つまり隠蔽の克服は、それがおのれのうちで隠蔽性に対する根源的な闘争でないとすれば、まったく本来的に生起しない。根源的な闘争（論争などというわけではない）が意味しているのは、自分に最初に敵と反対者さえも作りだし、そしてこれをおのれの最も鋭い反対者にする闘争である[36]」ハイデガーが「歴史」における「真理」の実現のための「行動」を「根源的な闘争」と結合していることは、たんなるプラトン解釈を大きく超え出て、ナチ革命に参入する直前の彼の政治的姿勢をいっそう鮮明に、そしてそのラディカルさをいっそう増幅して示していると見ることができよう。

この講義のなかで見逃すことのできないもうひとつの箇所は、ハイデガーが人間の本質を「非隠蔽性」としての真理の本質への問いと関係させながら問うており、そのさいに「人間の本質をこのように問うことがすべての教育学と心理学にさらに先立っており、すべての人間学とヒューマニズムに先立っている[37]」と述べていることである。この箇所はただたんに、ハイデガーが存在の真理や人間の本質をハイデガーのやり方で問うことがすべての教育学と心理学、すべての人間学とヒューマニズムに先立たなければならないと主張していると理解されてはならないであろう。

ここで注意しなければならないのは、ハイデガーの思想的立場がここからもう一歩足を踏み出し、ニーチェの思想を受け入れて、いわゆるヒューマニズムそのものから離脱または決別していることを宣言していると理解すべきである。それというのも、ハイデガー自身がこの講義の後に付した補遺のなかで、概略次のように述べているからである。プラトンのイデア論によってキリスト教の神概念が展開され、これにもとづいて近代理性概念、啓蒙の時代、ドイツ古典主義、ロマン主義的反動が生じたが、これらはヘーゲルによって完成されたかたちで結合された、これはプラトン主義のキリスト教的完成であり、そこから一方ではマルクスの思想が生まれ、他方ではキルケゴールの思想が生まれた、と。そして次の言葉が続いている。「そして、一九世紀と二〇世紀初頭においてこれらすべての力が薄められ、混合され、無害化され、一九世紀の終わりにニーチェが三つの前線（ヒューマニズム、キリスト教、啓蒙主義）に対して反対した。それ以来、人間のいかなる明瞭な立場と態度も存在せず、またいかなる根源的、決定的、創造的、精神的、歴史的立場とも態度も存在しない。……状況と立場が存在するのはそのつどただ決定の必然性の内部における行為しつつ―気遣う対決のうちにおいてのみである。[38]」この引用文の後半に見られる言葉は謎めいているが、ヒューマニズム、キリスト教、啓蒙主義に対するこうした反対は、ハイデガーがニーチェと共有するものであり、生涯をつうじていだき続けることになった思想にほかならない。

この講義の一部は、さらに修正・推敲されて一九四二年に『プラトンの真理論』として出版されたが、その末尾近くでハイデガーは「プラトンの思考における形而上学の発端は同時に『ヒューマニズム』の発端である。……これ以後は、『ヒューマニズム』は形而上学の発端、その展開、その終局と結びついた過程を意味する[39]」として、ヒューマニズムと克服されるべき形而上学を同一のものと見なし、ヒューマニズムに断固たる反対を公言したことも上記のことを傍証している。これは、ハイデガーが第二次世界大戦後にフランスのジャン・ボーフレの求めに応じて書いた書簡『ヒューマニズムについて』で展開された反ヒューマニズムの思想につながるものである。したがって、ハイデガーはここでも、やがてヒトラーの蛮行につながる道に大きな障害として立ちはだからざるをえないヒューマニズムとも決別し、こうしてナチズムへの道をも自らの手で掃き清めることになったのである。

（二）フライブルク大学学長時代のハイデガーとナチズム

ドイツにおけるナチスの躍進という政治情勢の緊迫化に対応して、ハイデガーが講義や講演のなかだけでなく政治行動のうえでもナチズムに急速に接近しつつあったことは、先にあげた証言のほか、ハイデガーは遅くとも一九三二年にはナチとして著名であったというエリク・ヴェーユの証言、[40] そしてルネ・シッケレが一九三二年八月の彼の日記にフライブルク大学関係者のあいだでは「ハイデガーはもはやナチたちとだけしかつきあっていない」という噂があると記したことによっても明らかである。[41] さらにハイデガーは同年一二月八日付のヤスパース宛の手紙のなかで、「哲学の来るべき数十年のために基盤と空間を作り出すことに成功するでしょうか。はるかなる任務を自ら担う人々が現れるでしょうか」と書き送っている。[42] ヤスパースにはハイデガーのこうした言葉の政治的含意は不明であったに違いないが、この「はるかなる任務」という言葉はおよそ半年後のハイデガーの学長演説のなかで数回にわたって用いられることになる。

ハイデガーが、一九三三年一月にヒトラーが帝国宰相に指名されてナチスが権力を掌握してナチ革命がドイツ全国に燎原の火のごとくに拡大していくさまを、歴史の開闢の瞬間に立ち会う者として歓呼して迎えたことは想像するに難くない。その直後の二月にハイデガーは後にナチの理論家として活躍するエルンスト・クリークから彼が設立を計画していた「ドイツ大学教師文化政治集団」の創設に加わるように要請されて、これに全面的に賛同し、三月にはその会議にフライブルク大学の代議員として参加している。同年三月一八日にハイデガーはハイデルベルクのヤスパースの自宅を久しぶりで訪問したのだが、ハイデガーは別れ際に「大学を救うために参入しなければならない」と述べたという。[43] ハイデガーがナチに入党するのはもはや時間の問題であった。

ハイデガーがフライブルク大学の学長候補者として取り沙汰されるのは、この少し後のことである。フライブルク大学では、その前年の一二月に医学部長のヴィルヘルム・フォン・メレンドルフが学長ザウアーの推薦で次期学長内定者となった。解剖学者であった彼は学内では人望の厚い人物であったが、政治的には社会民主党の党員にぞくしていた。ワイマール共和国はナチスの躍進を背景に終焉の時を迎えようとしていた。フォン・メレンドルフは、社会民主主義者であったことと、当時フライブルク市長であったがすぐ後に罷免されることになるハンス・ベンダーと友人であったこととのために、ナチとナチの新聞から激しく攻撃されていた。明くる年から、フライブルク大学内では、古典文献学者のヴォルフガング・シャーデヴァルトを中心とするナチのグループが学長予定者フォン・メレンドルフを解任するために画策しており、この過程のなかからナチに急接近していたハイデガーが次期学長候補者として脚光を浴びることになる。ナチスにとっても、すでに世界的な名声を得ていたハイデガーが大いに利用価値のある得難い人物であったことは疑いの余地がない。

ハイデガーが学長に担ぎ出される直前の状況を伝えているのが、彼がヤスパースに宛てて送った一九三三年四月三日付けの手紙である。この手紙のなかでハイデガーは、大学の変革計画にかんする情報を入手したいと述べ、ボイムラーが短い手紙をよこしただけで沈黙し、クリークからは何の返事もないことを嘆いている。そして、「四月六日にもろもろの哲学部の研究チームの会議が開催されることになっています。当地の派遣者はシャーデヴァルトです」と述べ、「多くのことがぼんやりとして不確かですが、それにつれて私はますます、われわれが新しい現実のなかに入り込んでいること、ひとつの時代が古くなってしまったことを感じつつあります。すべては、われわれが哲学に正しい出撃地点を用意できるかどうか、哲学に力を貸して発言権を得させるかどうかにかかっています」と続けている。(44)当時は政治に無関心であったヤスパースにはこれらの語句に秘めたハイデガーの政治的変化とその意図は理解できなかったに違いないが、ハイデガーが明らかに政治情勢の急展開に対応して自ら「出撃」の意志を固めつつある様子が伺える。

おそらくはハイデガーのこの手紙に見える会議とも呼応して、四月上旬にバーデン州カールスルーエにある内務省のナチ大学担当官オイゲン・フェーアレが視察のためにフライブルク大学を訪れ、ザウアーやフォン・メレンドルフと会見しただけでなく、ナチ系の教授たちとも会合して党活動の調整を行った。このなかで次期学長にかんする根回しが行われたであろうことは想像するに難くない。フライブルク大学最古参のナチ党員ヴォルフガング・アリーがフェーアレ宛てに四月九日に書き送った報告文書のなかに、学長選挙に出撃しようとしていたハイデガーとその取り巻きの様子が伺える。(45)この時点でハイデガーは学長職の受託にかんしてすでにバーデン州を超え出てプロイセン文部省との折衝に入っており、アリーを含むナチ党員たちからは「ハイデガー教授はわれわれの全幅の信頼を得ており、目下のところ彼をフライブルク大学におけるわれわれの代表者と見なすよう、お願いします」というように評価されていたのである。そしてこの時点で、ハイデガーはまだナチに入党してはいないが、目的にかなう場合には入党するにやぶさかではないと表明していたことが知られるのである。つまりハイデガーは、四月一五日に学長になったばかりのフォン・メレンドルフが自ら辞任を申し出た後の二一日に、自らの意志によって、フライブルク大学における「強制的同質化」というナチの旗印のもとに、ナチ当局のお墨付きを得ながらナチ系同僚たちの舞台裏の周到な準備と根回しの後に、ナチの期待を一身に集めながら、学長に選出されたのである。

周知のように、フライブルク大学学長に選ばれたハイデガーは、同年五月一日の労働祭典の日を期して、エーリヒ・ロートハッカー、アルノルト・ゲーレン、アルフレート・ボイムラー、ハインツ・ハイムゼートらの著名な学者たちを含めて二三人の大学教授たちとともに、いっせいにナチ党に入党した。しかし、ハイデガーをはじめとする知識人たちがこの日を期してナチに入党したという歴史的事実は、先に述べたような嵐のように進行した当時のナチ権力の確立過程を思い起こすならば、ナチ革命のこうしたファッショ的で暴力的なやり方とこれによって成立したナチ体制のすべてを承認するということにほかならないから、当時の状況に照らして見れば、決してたんなる形式的事実として片付けられてはならない。彼らの入党はナチ党にとってはその力を全国に誇示するセレモニーにほかならなかったし、ヒトラー総統とナチ党のもとに一切の権力を集中して全体主義的国家を創出するというこうした激動的な過程のなかでナチに入党したということは、ナチ党の綱領のみならず、上記のようなヒトラーのファッショ的政策およびこれに対する政治的批判者とユダヤ人に対する突撃隊・親衛隊の暴力的なテロ行為をも正当なものとして承認しつつ、党の隊列に加わったことを意味するからである。

ハイデガーは五月二七日に大げさな学長就任式典を開催し、そのなかで「ドイツの大学の自己主張」と題する演説を行った。この演説は次のような断固たる言葉で開始されている。「学長職を引き受けるということは、この大学の精神的指導にたいして義務を負うことである。教師と学生たちの服従はただドイツ的大学の本質に真にかつ共同して根ざすことからのみ目覚め、強められる。だが、この本質が明確さ、偉大さ、力に達するのは、何よりもそしていかなる時にも指導者たち自身が——ドイツ民族の運命を強制しておのれの歴史に刻み込むあの精神的付託の峻厳さによって導かれて——指導される者である場合である。(46)」新しい学長ハイデガーはこの就任演説のなかで正真正銘のナチ党員として、そして全身全霊を党に捧げてやまない熱烈な党員として、公の場に姿を現している。その演説は、急速にナチの独裁化へ向けて動き出した緊迫した政治情勢をナチ革命として全面的に賛美し、これを「この勃興の壮麗さと偉大さ」[47]として歴史哲学的に位置づけているばかりか、大学をこのナチ革命の精神と政治的プログラムにあますところなく一致させ、大学人を国民社会主義的国家へと総動員することを要求するとともに、学長として自らその実践の先頭に立つことを全国に伝える戦闘的な宣言にほかならない。

　この演説の冒頭部分からして、ナチ特有の語彙と突撃隊的な軍隊用語とが混交されているだけではなくて、ハイデガーが『存在と時間』で定式化した用語がさらにこれらの語彙の支えとなっており、しかも論調が歴史哲学的な深みさえも与えられて展開されていることが理解される。原書にしてわずか一〇頁あまりのこの演説にはさまざまな思想が凝縮されているが、「指導」「服従」「進軍」「歩行法則」「最も危険な最前線」「出征する」などの軍隊用語、そして『戦争論』の著者として名高いクラウゼヴィッツの語句のわざとらしい引用はこの演説の好戦的・軍事的性格をはっきりと示しているし、「本質意志」「指導者たち」「共同」「ドイツ民族」「民族共同体への献身」「闘争」、「民族の血と大地」などの語彙と「われわれは自己であることを意志する」などの語法、そして「国防奉仕と勤労奉仕」の強調はまさしくナチと突撃隊のスローガンそのものであった。演説を締めくくるプラトンの『国家』からの引用は、ハイデガーによってわざわざ

フライブルク大学学長時代のハイデガー（1933年）

「偉大なるものはすべて嵐 Sturm のなかに立つ」と訳され、ナチの先兵であった突撃隊 Sturmabteilung に明らかに媚びを売っている。この演説の語彙と語法はナチとその賛同者たちに与える大きな心理的効果を計算しながら散りばめられているように思われる。

他方でそれは、ナチ革命を歴史的「瞬間」またはカイロス（歴史的好機）と見なし、「はるかなる任務」におのれを委ねることを求め、眼前に生起しつつある出来事が歴史の「精神的付託」によって「ドイツ民族」の「運命」を「歴史」のうちへと刻印するなど、演説の基礎にはハイデガーの歴史観をはっきりと見て取ることができる。しかもこうした歴史観は、ハイデガー特有の哲学的な諸カテゴリーとともに表現されている。例えば、全ドイツ学生の「決意性」に言及され、大学人に「共同の決断」が要求され、「存在」は「自らを常に秘匿する」ものとされ、「現存在の威力」などの用語が頻出し、あまつさえ「精神とは存在の本質に向けての根源的に規定された決意である」などの表現はハイデガー哲学そのものである。

さらに、この演説のなかでは、伝統的な「大学の自治」と「アカデミーの自由」が口先だけのものとしてけなされ、「西洋の精神的な力は無力をさらけ出し、今にも崩壊寸前となっている」し、「命脈の尽きた外見だけの文化が崩れ落ち、すべての諸力が混乱へと引き込まれ、狂気のうちに窒息させられている」という時代の診断は、まさしく保守革命のそれである。これに対して真の学問の条件として掲げられるのは、「われわれが自らを再びわれわれの精神的・歴史的現存在の開始という力のもとに置く」ことである。だがこの「開始とはギリシャ哲学の勃興のことである」。キリスト教的・神学的な世界解釈と近代の数学的・技術的思考がこのギリシャ的開始と勃興とを遠ざけたのだから、ギリシャ的な学の開始へと勃興を回復することが「はるかなる摂理」とされる。この演説を聴いたレーヴィットが、演説の末尾ではその場にいた誰もがソクラテス以前の哲学を勉強したらいいのか、それとも突撃隊と一緒に行進したらいいのかわからなくなった、と回想しているのももっともであろう。[48]

ともあれ、ハイデガーが『存在と時間』のなかで定式化したさまざまな諸概念がナチ革命の現実と合体し、受肉することとなった。言い換えれば『存在と時間』は、実存哲学という抽象的な理論から現実の政治へと引き下ろされ、これと合体し、具体的な現実によって肉付けされたのである。例えば、人間的な「現存在」の「共同存在」の本来的なあり方は、ナチズムのスローガンであったドイツ民族の「民族共同体」として具体的な内実を獲得し、「決意性」や「決断」はナチズムによる「良心の呼び声」によって仲介されてナチ革命にたいする参加への「決意」または「決断」として、「英雄」はヒトラーとして体現された、といって差し支えないであろう。いやそれどころか、それ以上のことであった可能性がある。つまり、先に引用した学長演説の冒頭で、ハイデガーは「指導者たち die Führer［指導者の複数形――筆者］が指導される」と述べたからであり、このことは決してささやかな文法上の問題ではありえない。ペッゲラーが言うように、学長演説を行ったとき、得意の絶頂にあったハイデガーの脳裏には、自らがナチ革命の精神的指導者としてヒトラーを含む政治的指導者たちを指導するのだという意気込みがあった可能性は否定することができない。[49]

ハイデガーは、学長就任式典のなかでナチの英雄であるホルスト・ヴェッセル[50]の歌を歌わせ、しかもその四番を歌うさいに右手を高くかかげるナチ的姿勢をナチ党員でない人々にも要求して学内で物議を醸したのだが、このナチ式の儀礼は、彼の演説の内容に加えて、多くのナチ党員とその支持者たちを鼓舞するものであった。当然ながら、学長に就任したハイデガーは、当地のナチ党の半ば公式的な新聞『アレマン人』によって歓呼をもって歓迎された。そして学長ハイデガーは演説のなかでナチズムとそのスローガンを主張しただけではない。自らの就任演説のなかで述べた、例えば国防奉仕という突撃隊のスローガンをフライブルク大学のなかで実践しようとして、ただちに精力的にさまざまな行動を実践している。例えばハイデガーは、実質的な軍事訓練である野外スポーツ訓練を全学期を通じて必修カリキュラムとし、国防スポーツキャンプをフライブルク郊外に設置して学生たちが突撃隊や親衛隊による訓練を受けることができるようにするなど、大学のカリキュラム改革を軍事的な方向へと改変しようとした。そして、公務員職再建法の第三条を特に厳密に適用して大学からユダヤ系の教官を排除したばかりか、大学の講義の開始と終了の時に「ハイル・ヒトラー」のナチ式敬礼を義務づけたのもハイデガーであった。ハイデガーが学長として行ったもうひとつの課題は、国家の指導者である総統ヒトラーのもとへとすべての権力を集中することを意図する「指導者原理」にしたがって、大学においても学部自治や評議員会の権限を縮小・廃止して、学長に権限を集中することであった。これは同年一〇月一日をもってハイデガーがフライブルク大学の「指導者＝学長」に任命されたことで現実化した。ハイデガーはそうすることで、大学と国家との関係を、ナチズムの変革の路線にきわめて忠実に、そしてきわめてラディカルに変革しようとしていたのである。このことは、一二月二〇日という時点になってなお、学長ハイデガーの通達文書のなかに「私の学長着任のその最初の日からして、規定する根拠であり、本来の目的であり、しかも段階的にのみ可能な目標となっているのは、ナチズムの国家の諸力と要求とにもとづいて学術的な教育を変革することである」(51)と書かれていることで明白である。

ハイデガーがこの当時いかにナチ革命を熱烈に歓迎し、これに自らを同化して行動していたかは、この時期に例えば同年夏学期の講義「哲学の根本問題」のなかでナチ革命を「われわれの民族のこの偉大な運動」(52)と形容し、ハイデルベルク大学での「新しい帝国の大学」と題する講演では「ヒューマニズムやキリスト教の考えによって窒息させられることのないナチズムの精神を体し、こうしたことに抗して仮借なき戦いがなされねばならない」、「戦いは、民族の宰相ヒトラーが実現する新しい帝国の諸勢力を結集して行われる。……この戦いは大学の教師と指導者を作り出すための戦いである」[53]と述べたことで明らかである。また、彼は『フライブルク学生新聞』に寄稿した一文のなかで「学説や『理念』が諸君の存在の規範であってはならない。総統こそが、それ自身そして唯一の、今日と将来のドイツの現実であり、その掟なのである」[54]と述べさえした。ハイデガーは後になってこれらの自らの言動が大学の「精神的革命」を目指そうとしたものだと弁明しているが、これが意図的な虚偽であることは現在ではまったく疑う余地がありえない。

ハイデガーのアクティヴ・ナチとしての活動はたんに大学の講義や講演のなかだけにはとどまらなかった。ハイデガーはことあるごとに突撃隊の先兵を務めていた学生連盟の集会に出席して演説して「労働奉仕」を呼びかけたり、ナチ系の学生新聞に寄稿したりした。彼はこの時期、ナチ革命に自らを完全に同化し、しかも民衆主義的な突撃隊の精神で行動していたのであって、それは例えばハイデガーがこ

ヒトラーに忠誠を誓うドイツ学者の政治集会に参加したハイデガー
（前列右から３人目。1933年11月11日）

の年の九月に「バーデン家具職人親方同盟」の第二二回大会にまで出席して「ドイツの労働はすべて精神の労働と手仕事であり、したがって大学も手工業も、国家に威信と名誉を外に向かって示すために協力しなければならない」と式辞を述べたほどであった。(55) またハイデガーは、ナチ革命に賛同する大学人と共同して、シュプランガーらによって運営されていた「ドイツ大学連盟」を「強制的同質化」のもとに置こうとして、ヒトラーに直接電報を打電したりしてもいる。

ハイデガーは大学人を労働奉仕と軍事奉仕へと動員するこうした突撃隊的な路線を突っ走った後、同年一〇月にはバーデン州文部大臣から「指導者＝学長」に任命された。この「指導者＝学長」は、学部や教授会の自治を超えた権力と権威をもっていたから、これはいわばフライブルク大学におけるヒトラーの誕生でもあった。彼はヒトラーが国民投票を呼びかけた日の前日の一一月一一日に、ヒトラーとナチ党のために「ドイツの学者の政治集会」で演説し、ドイツの国際連盟脱退を賛美しながら、ヒトラーの路線への賛成投票を呼びかけた。彼が『存在と時間』を送り出したトートナウベルクの山荘はナチ革命のための会合や学問キャンプのための場所を提供することになった。

しかし、この頃から「指導者＝学長」ハイデガーのあまりにもラディカルで突撃隊の路線に忠実なこうした大学「改革」に学内が抵抗し始め、彼の指導力は挫折し始めた。例えば、ハイデガーの腹心であり彼によって任命された法学部長エーリク・ヴォルフは、突撃隊奉仕、国防スポーツキャンプを教練科目として採用するという法学部カリキュラムの改革を推進しようとして、法学部内で激しい摩擦を引き起こした。またヴォルフは、国民経済学の代講を行いナチ学生の攻撃にさらされていた自由主義者のアドルフ・ランペを解任したが、ランペはこの件にかんする訴えをバーデン州文部省に持ち込み、このことがハイデガーの知らない所で大学にたいする文部大臣の介入を生んで、やがてヴォルフは辞任に追い込まれることになった。そして、その責任はヴォルフの任命責任者であるハイデガーにも及んでくる。さらに、カトリック学生組合「リプアリア」の解散をめぐるナチ内部の内紛がこれらに拍車をかけた。こうした確執のなかで学長職に留まることに嫌気がさしたハイデガーは、一九三四年四月二三日にこれを最終的にとうとう投げ出したのである。かつて学長ハイデガーのデビューを歓呼をもって華々しく伝えた『アレマン人』は、辞任するハイデガーにかんして当地の大学担当官が「ナチズムの精神をこの大学に浸透させたこと」および「この大学の新しい構成に尽くしたこと」を感謝したという記事を掲載した。[56]

大学内での自らの講義、そして大学内外のさまざまな集会での講演などでこうしたナチ賛美の演説を行って学生や若い教官たちにナチへの支持を呼びかけ、その結果として彼らをナチズムへと動員することになった学長ハイデガーの政治的責任は、たとえおよそ一年間しか続かなかったとはいえ、決して小さかったとは言えないであろう。そればかりか、ナチ革命の一九三三年五月一日の労働祭典の日を期して、ハイデガーを含めた大学教授たちが全国でいっせいにナチに入党したということ自体が、暴漢やサディストたちを集めて暴力行為を繰り返して人々の眉をひそめさせていたナチにたいする世間の警戒心を緩めるのに大きなデモンストレーション効果を発揮したのである。このことひとつをとっても、当時の知識人たち、とりわけ世間の信用の厚い大学教授たちの政治責任を見逃すことはできないであろう。

このことにかんして、例えばウィリアム・L・シャイラーはこう指摘している。「ヴァイマル共和制は学問の自由を完全に認めていたが、その結果として大多数を占めていた反自由主義的、反民主主義的、反ユダヤ主義的な大学教授たちがいつしか民主主義的な体制を弱体化させていた。ほとんどの教授が、保守的な君主国家に復帰することを願う国家主義者だった。一九三三年以前のナチはあまりに粗野で乱暴だったので支持をためらうひとが多かったが、大学教授たちの説く言葉はナチズム到来の素地を準備した。[57]」ドイツの大学教授たちのナチ支持がユダヤ人の目にはどう映っていたのかについては、ナチ時代を生き延びたユダヤ人言語学者ヴィクトル・クレンペラーの一九三六年八月一六日の日記に次のような言葉があることで知られる。「敗れた者ども［ナチ勢力のこと——筆者］の運命が私の手に握られた時、普通の住民は全員解放してやろう……しかし知識人だけは許せない。全員木からぶらさげてやる。教授連中はほかの者より三フィート高い位置だ。電柱からぶら下げ、衛生環境が許す限り放置する。[58]」これは、ナチ国家が崩壊した後のことを夢想して自らの激情を記した言葉であるが、この記述こそ、ユダヤ人学者の心情を率直に示すとともに、当時の大学教授たちの政治的責任を痛烈に指弾したものである。

(三) 学長辞任後のハイデガーとナチズム

学長職辞任後のハイデガーは、学長職の失敗のほかに、次のふたつの出来事でこれまで彼が取ってきたナチとナチズムにたいする姿勢を少々修正して、これらからやや距離を置くことになった。

ひとつは、ハイデガーが学長を辞任した後わずか二カ月後の六月三〇日に起こったエルンスト・レーム粛清事件である。突撃隊隊長でありヒトラーに次いでナチ党ナンバー二の地位にあったレームとその一派がヒトラー派によっていっせいに逮捕・殺害されたこの事件を契機として、ナチ党はそれまでの民衆主義的・行動主義的路線を転換して、国家独占資本との妥協へと決定的に歩み出すのだが、ナチのこの路線の転換は、それまで突撃隊の国防奉仕と労働奉仕という路線に忠実に行動していたハイデガーにとって、彼自身が残した著作や講義のなかでこのことが明確に表現されているわけではないにしても、やはりひとつの大きな衝撃であったに相違ないであろう[59]。

もうひとつは、ナチ内部の思想闘争が激化し始めたことである。すでにハイデガーの学長就任演説のなかに、ドイツ民族の自己実現と学問の初期のギリシャ的意味への回帰または「存在」の回復という二律背反的なものを結合させるという矛盾が潜在していたのだが、こうしたハイデガー個人が信奉していた独特な哲学的なナチズムと、ナチ党のイデオロギー局を牛耳っていたアルフレート・ローゼンベルクの『二〇世紀の神話』に代表される単純で粗雑な生物学的・人種的なナチズムとのあいだの齟齬と対立が次第に顕在化していった。ローゼンベルクのみならず、ハイデガーと共に闘ってきたエルンスト・クリークも自らが主宰する雑誌『生成する民族』でハイデガーとその哲学を口汚く攻撃するようになったし、ハイデガーとボイムラーもまたニーチェの理解をめぐって対立するようになった。そういう訳で、オットによれば、ハイデガーもまた一九三六年頃からナチ保安課報部の監視を受けることになったという。しかし、当局から監視を受けていたナチ知識人は多数いたのであって、決してハイデガー一人にはとどまらなかった。例えば、ハイデガーと同じ日にナチに入党したゲーレンもまた、一九四〇年に刊行した『人間。その世界における地位』が生物学的・人種的な観点が希薄であるとのかどで批判を受けていたし[60]、初期ナチズムの興隆に大きな影響力を与えたエルンスト・ユンガーでさえ、ナチ政権奪取後にはこれに批判的立場を取っていたために、ナチからは警戒の目をもって見られていた。しかし、ハイデガーは学長時代にナチとナチズムにたいして取っていたスタンスを一定程度修正したとはいえ、依然として近代のニヒリズムを克服する変革の原動力として、ハイデガー自身の存在思想に支えられた理想的なナチズムを信奉する政治的な姿勢という点では、いささかも変化するところがなかった。

われわれは、ハイデガーが学長辞任後もナチであり続けた証拠として、さまざまな事実を挙げることができる。

ハイデガーは、一九三四年の学長辞任直後の夏学期に「言葉の本質への問いとしての論理学」を講義した。この講義は、当初の予告では「国家と学問」というタイトルで行われるはずであったが、ハイデガーは予告なしに、つまり第一回目の講義の冒頭で突然に、上記のようにタイトルを変更して今回は「論理学」を講義すると述べて、聴講者たちを驚かせたという。それればかりか、彼の講義を聴講しようとして数人のナチ幹部が講堂を訪れていたのだが、彼らはこの予想外の出来事に憤慨したとも伝えられている。しかし、タイトルの変更は必ずしも内容上の変更を伴うわけではない。一見非政治的で純学問的な主題を取り上げているかに見えるハイデガーのこの「論理学講義」は、学長辞任後の彼自身の哲学とナチズムとの本質的関わりを示す重要な証言となっている。

ハイデガーがこの「論理学講義」で意図したのは、従来西洋哲学の歴史のなかで思考の形式とその諸規則にかんする学問として理解されてきた伝統的な論理学に闘争を挑み、これを破壊することであった。つまり彼は、論理学を「ロゴスにかんする学」としてギリシャ的始原へと引き戻すことによって論理学の問いを「言葉への問い」へと変容し、そこからさらに「人間とは何か」という本質的な問いへと迫ろうとする。さらにハイデガーは、人間の本質を問いかけながら、「われわれ自身は誰であるか」を問い、この問いに対する答えとしての人間の本質を「民族 Volk」へと関係させようとする。ハイデガーによれば、われわれは「われわれ自身は誰か」と問うことによって「決断」を迫られ、「決断」することを通じて、われわれを超えた「民族」という共同の帰属、将来の生起、将来に歩み入ることとしての「歴史性」へと引き入れられる。「民族」を構成する三つの要素として「肉体 Körper としての民族」、「魂 Seele としての民族」、「精神 Geist としての民族」が掲げられ、それぞれに説明が加えられているが、「肉体としての民族」にかんするハイデガーの説明のなかには、直接に「人種」にかかわる次のような叙述が見られる。「われわれはしばしば『民族』という語を（例えば、『民族的運動』という言い回しにおいてもそうであるように）『人種』という意味においても使用する。われわれが『人種 Rasse』と名づけるものは、民族構成員とその種族の身体的で血統上の関連とかかわっている。『人種』という語と概念は『民族』に劣らず多義的である。両者が関連し合う以上、これも偶然ではない。『人種』は、遺伝、遺伝血統関係、生命衝迫という意味での、血統上の事柄としての人種的なもの

Rassisches 意味するだけではなくて、同時にしばしば優良種であること Rassiges をも意味する。[61]」

われわれが確認しておかなければならないのは、ここでハイデガーがヒトラーやローゼンベルク流の生物学的人種主義を展開しているわけではないにしても、彼なりの立場で「民族」と「人種」に言及し、そうすることで自らの哲学的な理論をナチズムに適合させているという事実である。またハイデガーはそのほかの箇所で、例えば「いかにも飛行機が総統をミュンヘンからムッソリーニのいるヴェニスまで運ぶとすれば、その場合には歴史は生起する。飛行はひとつの歴史的な生起であるが、しかし機械の運動はそうではない[62]」と述べて、総統であるヒトラーとイタリアの独裁者ムッソリーニをわざわざ引き合いに出して、聴講者からの受けを狙い、彼らに媚を売るかのような言い方をして、時流に自らを適合させていることも看過するわけにはいかない。

ハイデガーはこの講義のなかで時折、例えば学長がガウンを身に纏わずに突撃隊の制服を着て登場することもできるが、だからといって本来生起すべき事柄に心を閉ざしたままでいることもできると述べたり、革新者たちの間にも大学の終焉と学問の解体という憂うべき現状を包み隠そうとする者がいることを嘆いたりしている。われわれはこうした言辞のうちに、学長職の挫折と失敗の余韻、屈折した感情、そして一般のナチとの間に奏でられ始めた不協和音を感じ取ることができるが、しかし全体としては、ハイデガーの思考が依然として学長演説のなかで賛美されたナチズムの射程のなかを動き、これと自らの哲学的概念装置とを融合させようと意図していることは疑うことができない。それは、彼が「労働」にかんして「だから労働の喜びはとても重要である。それはわれわれの労働だけに伴うひとつの気分ではないし、労働にたいする付加物でもない。根本気分としての労働は真の労働の根拠である。つまり、労働の遂行のなかで人間を初めて現存在の資格をもつ者とする労働の根拠である[63]」と述べ、また「国家」について「国家は民族の歴史的存在である。……国家が存在するのは、使命と付託から生じるとともにその反対に労働および作品へと生成するところの支配意志が貫徹される限りにおいてのみ、そしてその間においてのみである」[64]と述べて、依然として労働者国家の路線を固持していることからも明らかである。

またハイデガーは「社会主義」にかんしても、「社会主義とは、われわれの歴史的存在の諸尺度と本質構造にたいする関心 die Sorge を意味する。そしてそれゆえに、社会主義は天職と仕事に応じた等級序列を意志し、それぞれの労働の不可侵の名誉を意志し、また存在の不可避性にたいする根本関係としての奉仕の無条件性を意志する」[65]と述べているが、ここで彼が言う「社会主義」とは、「天職と仕事に応じた等級序列」や「奉仕の無条件性」などの用語から見て、決してあのマルクス主義的な社会主義を意味するのではなくて、その反対物の、まさしくナチの本名である「国民社会主義ドイツ労働者党」によって語られている「国民社会主義」にほかならないこともまた明らかである。

これらの事実がもつ意味は、この「論理学講義」が進行しているさなかの六月末に、レーム派がヒトラー派によって粛清されたことをも考え合わせると、決して小さくはないであろう。ハイデガーは、第二次世界大戦後の『シュピーゲル』誌とのインタビューのなかで、自分は学長職を辞任した後は、一九三四年夏学期に『論理学』を講義したことをはじめ、講義という使命だけに専念したが、物分りの良い者はみな、これらの講義がナチズムとの対決であることを聞き取ったと述べたことがある。[66]しかし、上記の引用文とその内容の検討に照らして見れば、ハイデガーのこの「弁明」もまたまったくの虚偽であったことが了解されるであろう。

また例えば、ハイデガーが一九三五年夏学期に講義した『形而上学入門』のなかには次のような一節がある。「このヨーロッパは今日、救いようなく目が眩んで、たえず短刀で自分自身を刺そうとしているのだが、一方ではロシア、他方ではアメリカとのあいだに強く挟まれた状態にある。ロシアとアメリカの両方とも、形而上学的に見れば同じものである。それは、荒れ狂う技術と平凡人の基盤をもたない組織との絶望的な狂乱状態である。」[67]「だから、全体としての存在者そのものにかんする問いは、つまり存在問題を問うことは、精神を覚醒させるための、したがって歴史的現存在の根源的な世界のための、したがってまた世界の暗黒化の危険を抑えるための、したがってまた西洋の中心である我が民族の歴史的使命を引き受けるための本質的な根本諸条件のひとつである。[68]」さらにハイデガーは、こうしたきわめてナチ的な言辞と情勢把握に加えて、「今日、すっかり国民社会主義の哲学としてあちこちで提起されてはいるが、しかしこの運動の内的真理および偉大さ（つまり、惑星的に規定された技術と近代人との出会い）といささかの関係もないものは、『価値』と『全体性』のこの濁流のなかで魚とりをしているのである[69]」と述べた。つまり、彼は「国民社会主義」、すなわちナチズムについて「この運動の内的真理および偉大さ」とまで評価したのである。ハイデガーのこの時の講義では、この文章中では「この運動 dieser Bewegung」ではなくて、強調の定冠詞をつけて「運動 die Bewegung」となっており、「ほかでもないナチズムの運動」を指し示していたという。彼は、第二次世界大戦後の一九五三年にこれをはじめて公刊した。そのさいに彼のナチ時代の言辞と情勢把握をそのまま残すこの講義をほとんど昔のままで出版したのだが、「この運動の内的真理および偉大さ」という語句の後にだけは、読者に何の断りもなく、丸括弧を付けた文「（つまり、惑星的に規定された技術と近代人との出会い）」という挿入句を付け加えたと伝えられる。しかし、それにもかかわらず、ハイデガーがこの挿入句はもともとの講義原稿に最初からあったと主張したことは、ハーバマスらによって問題とされた。

さらにハイデガーは、一九三六年夏学期の「シェリング」講義でも、やや唐突にムッソリーニとヒトラーの名をあげてこれを肯定的に評価し、こう述べている。「いずれにしても次のことはよく知られている。それは、ムッソリーニとヒトラーのことなのだが、国民または民族の政治的な形態からすれば——しかも異なった仕方で——ニヒリズムに対する反対の運動をヨーロッパに持ち込んだこの二人の人物は、またしても異なった観点からニーチェによって本質的に規定されているのであって、このことは、そのさいにニーチェの思索のもともと形而上学的な領域が直接に効果を発揮することがないとしてもやはりそうなのである。[70]」ここでハイデガーは、ムッソリーニとヒトラーがニーチェの影響を受けながらニヒリズムに反対する運動を西欧に持ち込んだことを評価しつつも、彼らにあってはニーチェの形而上学の領域が効果を発揮していないとし、そうすることができてしかもニヒリズムに真に対抗しうるのは哲学者だけであるという趣旨のことを述べている。したがって、この時点でもなおハイデガーはナチ革命の主導的役割が彼ら政治的指導者たちよりも哲学者になければならないと固く信じていたと思われる。

周知のように、この時期のハイデガーとナチズムとの関係をもっともよく示すのが、この時ローマに亡命していたカール・レーヴィットの次のような証言である。ハイデガーは一九三六年四月にローマのイタリア・ドイツ文化研究所に招かれてヘルダーリンにかんする講演を行ったが、そのさいにハイデガー一家とレーヴィット夫妻は最後の邂逅をすることになる。彼らが郊外に遠足にでかけた時も、ハイデガーはナチの党員バッジを上着につけたまま、はずすことがなかった。レーヴィットがハイデガーのナチズム支持が彼の哲学の本質に由来するものだと述べたところ、ハイデガーはこれに留保することなしに同意し、自らの「歴史性」の概念が政治的出動の基礎だと詳しく述べたばかりか、ヒトラーにたいする信頼についても疑問の余地がなかった。そして、「ナチズムがドイツの発展の方向を指し示す道だと相変わらず確信していた。[71]」

この年の一〇月に「非ユダヤ化会議」を開催して法学の世界におけるアーリア人の歴史的責任を強調したドイツ法学会長ハンス・フランクは、議会制民主主義を批判してナチを擁護した法学者カール・シュミットを法学研究所の所長に指名したばかりか、その発会式に、ナチの指導者のなかでヒトラーに次いで人気があったといわれるユリウス・シュトライヒャーと並んで、ハイデガーをゲストに招いたが、[72]これもハイデガーとナチ幹部およびナチの代表的な知識人とが蜜月の関係にあったことを証明するものである。

ところでハイデガーは、一九三五年頃から再び精力的にニーチェ研究に取り組み始め、明くる一九三六年から合わせて六学期ものあいだニーチェにかんする連続講義を行った。一九三六年から三七年にかけての講義『ニーチェ。芸術としての力への意志』においても、ハイデガーは民主主義に対する敵対心を隠すことなく次のように公然と表明している。「ヨーロッパは相変わらず『民主主義』にしがみつこうとし、これがヨーロッパの歴史的な死滅になるであろうことを学ぼうともしない。というのは、ニーチェがはっきりと見たように、民主主義とはニヒリズムの、すなわち最上の諸価値の価値剥奪の一変種にすぎず、まさしく『価値』でしかなく、もはや形態を与える諸力ではないほどだからである。(73)」

しかし、ニーチェにかんする連続講義が進行するにつれて、ハイデガーのニーチェにたいする理解と評価に次第に変化が生じ始め、やがてハイデガー自身の表現で言えば、これらが「ニーチェとの対決」および「これまでの西洋的思考一般との対決」という様相を見せ始める。(74)例えば、ハイデガーはこう述べている。「ニーチェはニヒリズムを近代の西洋の歴史の運動として認識しているが、しかし、無の本質を問うことができないために、無の本質を思考することができない。そのために彼は今生起している歴史を言い表す古典的なニヒリストにならざるをえない。(75)」「それゆえにニーチェは、ニヒリズムを初めから、そして価値思想からのみ最上の価値の価値剥奪の行程として把握しているから、もろもろの洞察にもかかわらず、ニヒリズムの隠された本質を把握することができない。(76)」つまり、ニーチェは西洋の歴史の根本方向がニヒリズムの完成であることを正しく洞察しながらも、その克服によって生ずる新たな転換を「力への意志」として、すなわちまたしても人間を主体とする新たな価値原理として指し示したために、かえって主体性の形而上学へと落ち込んでしまったと解釈される。ハイデガーによれば、ニーチェが「力への意志」や「永遠回帰」の思想によって形而上学の終末を告知しながらも、結局のところこの形而上学を克服することができなかったために、ニーチェは結局のところ西洋最後の形而上学者として位置づけられるのであって、ニーチェの思想と形而上学の克服が新たな課題として掲げられなくてはならない。そして、西洋の伝統と化した形而上学の開始点がプラトンとそれ以後の哲学にあるのだとすれば、形而上学を克服する新たな哲学の開始はこの伝統とは異なった「もうひとつの開始」として探し求められなくてはならない。

ハイデガーは、こうしてニーチェの思想を対決の対象とするにつれて、「力への意志」が理想や超越的な彼岸をもたずにそれ自体を自己目的とする「意志の意志」と化して「機械的経済」の無制限の支配を生み出している近代社会と、その根源にあってすべてを計算合理性のもとにおく近代技術とを批判の対象とするようになり、その限りにおいて彼がかつて心酔しきっていたナチ革命とそれによって作り出された国民社会主義的国家の路線にこれまでとは違った距離の置き方をするようになる。彼は、一九三八年六月のフライブルクでの講演『世界像の時代』のなかで、デカルトに典型的に現れているように、人間を主体とし、主観主義と個人主義にもとづいて世界を像として支配を貫徹しようとする近代社会に警告を発するとともに、ヒューマニズムの発生源である世界観と人間学を拒否したのだが、その講演原稿の補遺に次のような文章を書き加えている。「そのこと［人間学——筆者］によって精神的状況が明確となるが、一方では国民社会主義的な諸哲学がそうであるように、矛盾した諸成果の苦労の多い仕立て上げは混乱を引き起こすだけである。(77)」しかし、本論でいずれ展開するように、こうした言辞といえども、直接のナチズム批判そのものとして受け止めるべきではなくて、ナチ宣伝局とこれに同調する俗流哲学者にたいするあてこすりと理解すべきであろう。

それでは、ハイデガーが一九三六年から三八年にかけて書いたとされ、一九八九年になってはじめて公刊された、膨大な草稿群である『哲学の寄与』ではどうであろうか。

確かに当時のナチの個々の政策との関わりで見れば、これに対する批判的見解が存在する。例えば、次の一節は明らかにヒトラー政権とカトリックとの政教条約を批判したものである。「だが、総体的な政治的信念と同様に総体的なキリスト教的信念とが、統一されえないのに、それにもかかわらず調整と戦略に関わり合っていることは、驚くには及ばない。というのは、これらは〔世界観という点で――筆者〕本質が同じだからである。これら両者の根底には、総体的な姿勢として、本質的な諸決断の断念がある。両者の闘争は創造的な闘争ではなくて、『プロパガンダ』と『護教論』である。[78]」しかしこの箇所は、カトリックと妥協したヒトラーの政治路線に対する批判であるにしても、むしろハイデガーの政治的立場がこの時点でなお、カトリックと妥協したヒトラーの路線よりもはるかに過激な反カトリックの姿勢を示すものとして受け止めなければならないであろう。

「響き合い」としてまとめられた部分の第五六節には、民族主義を揶揄していると見られる箇所がある。「存在棄却性」が告げ知らされているところを指示して、ハイデガーはこういう覚え書きを記している。「本質具有的だと見なされているものにおける多義的なものにたいする完全な無感覚。多義性は現実的な決断にたいする無力と無意志を引き起こす。例えば『民族』とよばれているものはすべてそうである。つまり、共同体的なもの、人種的なもの、低俗で下等なもの、国民的なもの、持続してあるものはそうである。例えば『神的』と名付けられるものはすべてそうである。[79]」「歴史的な原存在 Seyn の、例えば民族的なものの諸条件を、それのすべての多義性によって、無制約的なものへと偶像崇拝すること。[80]」また、「歴史」と題された第二七三節では、「歴史 die Geschichte」と「史実 die Historie」とが峻別され、近代が形而上学への依存を深めるにつれて本来の「歴史」ではなくてもっぱらたんなる歴史の表面的・平板化された理解でしかない「史実」によって支配されているという憂うべき傾向が指摘される。そして、この文脈のなかでハイデガーはこう述べている。「史実によって規定された歴史理解をつうじて歴史が歴史を欠いたものへと押しやられ、そこで歴史の本質が探究される……。血と人種が歴史の担い手となる。[81]」ここでもハイデガーは「血と人種」を前面に立てて歴史を理解しようとするナチ宣伝局の卑俗な歴史理解から明らかに距離を置き、これに批判的である。しかし、この批判的な言辞もことのついでに断片的に述べられているだけであって、何ら体系的・系統的になされておらず、しかも根拠を明示するというかたちで展開されていない。したがって、シルヴィオ・ヴィエッタのように、こうした断片的な批判的言辞や近代技術批判をもってただちにハイデガーが当時明確にナチ批判を展開していたのだという結論を導出することにはかなりの無理があるといえよう。[82]しかも、これらは草稿に記されたにすぎず、ハイデガーが存命中に公刊した著作のなかに記されたわけではないのである。

ところで、この時期にハイデガーが著したものを読むと、彼の思想に大きな転回が生じていることに気づかざるをえない。それは、例えば先に引用した「歴史」の節の文章のすぐ前に次のような一文があることによって知られる。「もちろん人間が歴史を達成しているかどうか、歴史の本質が存在物を超えて行くかどうか、史実が根絶されうるかどうかは、予測されない。そのことは原存在 Seyn そのものに委ねられている。[83]」つまりハイデガーによれば、存在棄却性は、歴史の史実化をはじめ、近代社会のさまざまな局面で生じており、それ自体形而上学の現れにほかならないのであるが、それではどうすれば存在棄却性および形而上学を克服しうるのかということになると、この問題の解決は存在そのものまたは「原存在」に委ねられているのであって、個々の人間の実践または努力によって解決されるものでは決してない。近代社会の破滅的な徴候は歴史的な出来事であり、存在史的に生起しているのであって、こうした破滅からはたして現代人が救われるのかどうかという問題も存在史的に規定されており、したがってこうした問題の所在とその解決のすべてが宿命論的にとらえられることになる。

ハイデガーの思想内部に生じたこうした大きな変化は、他方では、近代技術にかんするハイデガーの見方の変化と連動して生じたと考えられる。この当時、ドイツの社会情勢は第二次世界大戦を間近に控えて緊迫の度を高めていた。一九三八年三月にはドイツ軍がオーストリアに侵攻してこれを併合したばかりか、ズデーテン地方の割譲を勝ちとった。一一月にはパリのドイツ大使館書記官がポーランド系ユダヤ人亡命者である少年の狙撃によって死亡した事件がきっかけとなって、同月九日夜、後に「帝国水晶の夜」と名付けられる反ユダヤ人ポグロム（虐殺）が発生した。ドイツ全国で多数のシナゴーグやユダヤ人商店がいっせいに破壊・放火され、多くのユダヤ人が犠牲として殺害されただけでなく、この事件を契機としてドイツ経済からのユダヤ人排除が決定的となった。(84) 今ではこのポグロムは、決して自然発生的・偶発的なものではなくて、ヒトラーの承認のもとでゲッベルスが指示して計画的に行われたことが明らかとなっている。これ以後、ナチは隠し持っていたもともとの狂信性と凶暴性を公然と明示し、やがて東部地域への進出とユダヤ人からの土地・財産の剥奪などと相まって、六〇〇万人を殺害したと推定されるあのユダヤ人絶滅政策へと突き進んでいくのである。そして、一九三九年三月にドイツ軍はチェコスロヴァキアに侵攻し、さらに八月に独ソ不可侵条約を締結した直後の九月一日、ドイツ軍機甲部隊がポーランドに電撃的に侵攻して第二次世界大戦が開始され、ナチス・ドイツは破滅への道を歩み始める。

ハイデガー自身の証言によれば、彼は一九三九年から一九四〇年の冬にかけて、同僚たちのサークルのなかで、再びユンガーの著作『労働者』の一部を詳細に議論し、これから新たな示唆を受けたという。(85) すでに述べたようにハイデガーは、一九三〇年に最初にユンガーの著作の研究に取り組んだ時には、ユンガーの「労働者―兵士」による全体主義的国家の創造と「総力戦」への総動員という、初期ナチズムの運動に大きな影響を与えたといわれる思想に共鳴したのだが、今度はこの思想にも距離を置き始め、この思想のうちに近代技術またはテクノロジーが社会のすべてを覆い尽くしている状況が典型的に表現されていると理解したうえで、近代テクノロジーが現代社会において果たしている大きな主導的な役割を「形而上学の支配」として批判的ないし否定的に理解するとともに、こうした技術の全面的な支配からの脱却という課題を「形而上学の克服」としてかかげるようになった。例えば、『哲学への寄与』のなかでも、その第七四節は「根源的な存在棄却性の帰結としての『総動員』」と題されていて、そこでハイデガーは「なお存立している形成陶冶のこれまでのすべての内容を純粋に運動のうちへと置き入れ、そして空洞化させること」について「何のために」「動員のこの優位は何を意味するのか」と自問したうえで、こうしたことによって人間の新しいタイプが強要されることは「目標」ではないと述べていた(86)。

そして、「形而上学の克服」というタイトルでまとめられ、今ではハイデガーが一九四二年に執筆したことが明らかとなっている原稿のなかには、次のような文章が見られる。「『もろもろの世界大戦』とそれらの『総体性』はすでに存在棄却性 Seinsverlassenheit の諸帰結である(87)。」「指導者たちは自分から、利己的な我欲の盲目的な半狂乱状態のなかで、思い上がってすべてを行使し、彼らの強情さからすべてを整える、と思われている。本当は彼らは、存在者が錯誤という仕方に移行してしまったことの必然的な結果である(88)。」「大地は錯誤の非世界として現象する。それは存在史的に見れば錯誤の星である(89)。」この後に続く原稿にも「だが、大地はそれ自身である可能なものの目立たない法則のうちにかくまわれたままである。意志は可能なものに不可能なものを目標として押しつけたのである。こうした強制をもたらし支配し続ける策謀は、技術の本質から生ずる。ここではこの語は完成された形而上学という概念と同一のものとして措定されている(90)」とある。

こうした叙述を見る限り、この時期、確かにハイデガーはナチズムとその指導者たちとのあいだにこれまでなく距離を置いていたに違いない。一九三三年のナチ革命の時に「歴史の開闢」を見ていたハイデガーの眼には、ナチ革命の結果は今や近代技術の全体主義的な暴走でしかないと映っていたかも知れない。しかし、ハイデガーのテクロジー批判の対象は、第二次世界大戦に勝利するための「総力戦」に向けて科学・技術を全面的に総動員しつつあったナチ国家の体制に特定されはしない。ハイデガーによれば、技術の支配はナチと戦いつつあるヨーロッパ列強およびアメリカ合衆国においてもまったく同様の現象なのであって、後にハイデガーが「エルンスト・ユンガーが労働者の支配と形態という思想のなかで考え、この思想に照らして見ているものは、惑星的規模で見られた歴史の内部での、力への意志の普遍的な支配である。今日すべてのものはこうした歴史的現実のもとにある。それが、共産主義と呼ばれようが、ファシズムと呼ばれようが、あるいは世界民主主義と呼ばれようが、そうなのである」[91]と述べたとおりである。したがって、この時期のハイデガーの技術批判をナチズム批判としてのみとらえることは、その本質を誤って理解することになろう。

ところで、ハイデガーによれば、こうした技術とこれを支える組織の暴走もまた「存在棄却性」の帰結にほかならないから、その限りでは、「存在の回復」を唱える彼の思想は、たとえ現実のナチズムから距離を置いたとしても、ナチズムと両立しえないものではない。なぜならば、技術の暴走の責任はナチズムそのものにあるのではなくて、ナチが「存在」を忘却したことにあるのだからである。だから、ハイデガーのこうした存在論的または存在史的思想は、この時点でもなお、ナチズムの内部にあってもなお依然として大きな意味をもちうると考えられたに違いない。そして他方では、こうした暴走に導く近代技術もまた「原存在」が人間に指し示す宿命にほかならないという宿命論的な理解からは、こうした宿命にたいしては反抗することも闘争することもできず、ただ耐え通すことができるだけだという非実践的な態度が帰結するだけである。いずれにしても、ハイデガーがナチ革命の初期に立脚していたラディカルな行動主義的路線はすっかり影を潜め、これに代わって前面に登場するのは、後に彼が「わずかに神のごときもの

示録的な救済への期待でしかないのである。ein Gott がわれわれを救うことができるのみです」[92]と『シュピーゲル』誌インタビューで述べたように、たんなる黙

この時期にハイデガーは、ナチズムの公式的なイデオロギー、ナチズムの政治路線、政治的指導者たちに一定の距離を置き、部分的にはこれらに対立したとはいえ、それにもかかわらず、全体としてのナチズムそのものから決定的に離反するということは、とうとうなかったのである。それというのも、ナチズムとは、しばしば生物学的・人種的側面からのみ見られがちであるが、実際は「ナチ党綱領二五カ条」に象徴されるように、反ユダヤ主義に支えられながらもきわめて雑多な社会的・政治的諸要求のアマルガムから成立していたからである。それは、ヴェルサイユ条約の破棄と他の諸国民とドイツ国民との平等な権利の要求に始まり、ユダヤ民族を国家公民から排除してドイツ民族が経済的に困窮した場合にはこれをドイツから追放すべきだとの民族主義的・人種的要求、労働と努力によらない所得の廃止やすべての企業の国有化などの疑似社会主義的スローガン、議会と民主主義にたいする敵対、ユダヤ主義と唯物論的世界観および共産主義との同一視、政治的中央権力の無制限な権威の確立などの諸要求の雑多な寄せ集めであった。[93]ハイデガーはこれらのスローガンの多くに共鳴していたことは疑う余地がない。

ナチの反ユダヤ主義にかんして言えば、生物学的・人種主義的観点からする反ユダヤ主義だけをナチ固有のものと見るのではなくて、ナポレオンによるゲットー開放以来すでに一〇〇年以上が経過し、伝統的信仰を捨てて西洋人と結婚して西欧社会のなかに同化していた多くのユダヤ人を含めて、彼らからドイツの国家公民権を剥奪するという綱領部分を受け入れること自体がすでに反ユダヤ主義を内包しており、歴史の歯車を逆に回転させることであったと見るべきである。したがって、たとえハイデガーがナチ党宣伝局の公式的な生物学的人種主義を受け入れることができず、またナチ当局にハイデガーの存在論的哲学を受け入れる余地がまったくなかったとしても、ハイデガーはこれ

らを除いた残りのナチズムの社会的・政治的スローガンには自らを積極的に同化させることができた。もしもハイデガーが本当にナチズムを批判しえたとすれば、これらの綱領に掲げられている主要な部分のすべてに対して明確に批判がなされたという事実が確認されなければならないが、われわれはわれわれの知る限り、ドイツの第三帝国時代をつうじてだけではなく、その生涯をつうじて、ハイデガーが講義、講演、著述などにおいてこうした批判を明確に展開したという証拠を確認することができない。たとえハイデガーにナチズム批判があったとしても、それは全体としてのナチズムに対する部分的な批判にすぎず、たとえハイデガーと公式的なナチとのあいだに対立があったとしても、それは部分的な対立にすぎなかったのである。

われわれは、第三帝国が崩壊する瞬間まで、ハイデガーが全体としてのナチズムに忠実であった証拠をいくつもあげることができる。

例えば、ドイツがモスクワ攻略に失敗してソ連軍の反攻が開始され、アメリカ合衆国がヒトラーの宣戦布告によって参戦した後に、やがて戦局の大きな転換点を迎えるスターリングラードの攻防が始まろうとする一九四二年の時点においてさえも、ハイデガーはなお、夏学期の講義「ヘルダーリンの賛歌『イスター』」のなかで、ギリシャ人においてはすべてが政治的に規定されていることをもってギリシャ人が純然たる国民社会主義者であるとするようなナチの学者たちの卑俗な解釈を退けて、こう述べている。「ギリシャ人たちはたいていの『研究諸成果』では純粋な国民社会主義者として現れている。学者たちのこうした過剰な熱意は、それがそのような『諸成果』によっては国民社会主義とそれの歴史的無類性 Eigenartigkeit にとって何の貢献もしておらず、おまけにこの貢献をまったく必要としてはいないということにまったく気づいていないように思われる。(94)」つまり、「国民社会主義」はここでも、ハイデガーによってやはり疑いの余地なく、「歴史的無類性」と見なされ、俗流哲学研究者の研究成果はこのナチズムの「歴史的無類性」に貢献することがなく、しかもそのことに気づいてもいないと理解している。

さらにスターリングラードの攻防戦が激しく戦われてドイツ軍が降伏し、また一九四一年八月のヒトラーの秘密命令にもとづいてアウシュヴィッツ・ビルケナウなどの絶滅収容所においてユダヤ人の大量虐殺が開始された一九四二年から四三年にかけての冬学期の講義『パルメニデス』でも、ハイデガーは西洋の本質の歴史にかんする始元を論じながら、なおも次のように述べている。「この根源的な始元は、最初の始元と同様に、詩人と思索者たちの西洋的に歴史的な民族においてのみ生起しうる。……ひとつの民族は、混乱と困難の経験によって、世界運命を自らのうちに隠している、西洋の歴運の場所へとゆっくりと溶け込むことができるのである。だから、次のように知ることが大切である。この歴史的な民族は、ここでおよそ『勝利すること』が問題であるとすれば、もしもこの民族がおのれの本質のうちにとどまる詩人と思索者たちの民族である場合には、すでに勝利してしまっていて、打ち負かされえず、しかも、おのれの本質から恐ろしく――というのは、威嚇的だからである――逸脱して、その結果おのれの本質を誤認するということの犠牲にならない限りにおいて、そうなのだ、と。[95]」この引用文中でハイデガーは、「詩人と思索者たちの民族」であるドイツ民族は歴史的な民族としてすでに勝利していて、決して打ち負かされることはありえない、と述べているのであって、こうした民族主義的見地は、一九三五年の『形而上学入門』の政治姿勢とまったく異なるところはない。というのもそこでは、西洋の中心に位置するドイツ民族だけが形而上学的な民族として「世界の暗黒化の危険」を防止する使命をもつとされていたからである。

また、スターリングラードでの敗戦を境にしてドイツ軍の戦線における後退が始まった一九四三年の講演「ニーチェの言葉『神は死んだ』」のなかで、ハイデガーはニーチェの「公正性 Gerechtigkeit」を論じてこう述べている。「ニーチェが念頭に置いている公平性の了解を準備するためには、われわれは、キリスト教的、ヒューマニズム的、啓蒙主義的、ブルジョア的、社会主義的モラルに由来する、公正性にかんする考えはすべて排除しなければならない。[96]」そして、力の優位への意志と能力をもった最も力強い支配者が公正性の原則であるというニーチェの思想を肯定して、こう続けている。「たとえ……公正性にかんするニーチェの形而上学的な概念が一般に流布している考え方にどれほど奇異の念を起こさせようと、それにもかかわらず公正性の本質を言い当てている。この公正性は、近世の時代を完成する開始のなかで、大地の支配をめぐる戦いの内部で、すでに歴史的となっており、だからこそこの時代の人間のすべての行為を、明確にまたは不明確に、隠れてまたは開かれたかたちで規定している。[97]」こうしたハイデガーの叙述のうちには、本書がナチズムの定義に関わる箇所ですでに述べたように、既成のすべてのモラルに代えて力の支配を公平性の原則にすえるという倫理的無政府主義、そこから来る大地の支配をめぐる戦いの正当化と好戦性、キリスト教・ヒューマニズム・啓蒙に対する敵対、ブルジョアと社会主義の両方に対する対抗意識などなど、全体としてのナチズムを構成する基本的な主張がそろっていると言わざるをえない。

一九四三年から四四年にかけてドイツの敗北が濃厚になり始めた時点になると、ハイデガーの論調はさすがにやや後退しはするものの、ドイツ民族主義的な姿勢という点では変化が見られないどころか、その反対に不利な戦局を反映して、その姿勢はいっそう過激になっているように思われる。

例えば、彼は冬学期の講義『ヘラクレイトス』のなかでところどころに唐突に、例えば次のような挿入句を差し挟んだ。「ドイツ民族が西洋の歴史的な民族でありつづけるのか、それともそうでないのかどうかという、このことだけが決定を迫られているのではなくて、今は大地の人間が大地もろとも危険にさらされているのであり、しかも人間自身によってそうなのである。[98]」「だが、もしもドイツ人が、そしてドイツ人だけが西洋を救い出して歴史のうちへともたらすことができるとすれば、この知は問いかける知でなければならない。[99]」これらの言葉のなかには、戦局の緊張がこだましているだけではなくて、ドイツ人だけが大地の現在の破局的な状況からヨーロッパを救うことができるのだという民族主義的確信が相変わらず強く表明されていることが了解される。他の箇所では彼はこうも述べている。「この惑星は炎に包まれている。人間の本質は支離滅裂になっている。ドイツ人が『ドイツ的なもの』(100)を見いだし、保持するということが想定されるとすれば、世界史的な熟慮が生まれるのは、ドイツ人からのみである。(100)」

さらに、一九四四年から四五年にかけての冬学期に行われたが、ハイデガーが国民突撃隊に招集されたために途中で中断された講義「哲学入門――思索と詩作」のなかでも、彼は相変わらず「ドイツ人は、その本質からして、ドイツ的なものにもとづいて、ヨーロッパ的なものおよびそれの歴運にたいする熟慮を働かせ始めるという使命を与えられているであろう。ヨーロッパ的なものの歴運とは、フランス革命と社会主義の台頭以来、世界段階を規定するはずの新しい段階に突入したのである(101)」と述べているばかりか、「実益と成果をあてにしてたんに計算するという思慮分別は平凡人の思慮分別なのであって、それは経済・政治的にみて世界的な広がりで振る舞う場合でも、平凡であり続ける。そこにもすでに歴史的で西洋的な使命の忘却が働いている。それは、富と道徳性と民主主義的なヒューマニティによって飾り立てられることによっては埋め合わせができない忘却である(102)」とも述べている。政治思想という面から見る限り、ハイデガーの思想の基調はほとんど変化していないということが了解されるであろう。

以上に転回したすべての根拠から見て、ナチズムを信奉して以後のハイデガーの思想は、部分的にナチの公式的なイデオロギーと相反する側面をもちながらも、全体としてはやはりナチズムの思想の枠の内部を動いていて、これから離脱することは決してなかったと言わざるをえないのである。

（四）第二次世界大戦後のハイデガー

一九四五年四月三〇日、ヒトラーが自殺した八日後にナチス・ドイツが連合国軍に無条件降伏し、第三帝国は完全に崩壊した。絶滅収容所などでホロコーストの犠牲となったヨーロッパのユダヤ人の総計はおよそ六〇〇万人近くに達したと推定されるが、彼らに対する未曾有の虐殺もようやくにして終焉を迎えた。ドイツは米・英・仏・ソ連の各国によって占領統治され、ただちに「非ナチ化」の政策が実行された。ナチ時代の指導者は公職から追放され、この「非ナチ化」の対象はやがて次第に民間人にも広げられていった。戦争犯罪人が訴追され、国際軍事法廷である「ニュルンベルク裁判」では重大戦争犯罪人が裁かれることになったが、この裁判が進行する過程で明らかにされたナチの恐るべき蛮行は世界の人々に大きな衝撃を与えた。

さて、フライブルクにはフランス占領軍が進駐し、ただちに「典型的なナチ」と見なされた人々がその政治的責任を問われることになった。ハイデガーもまた、そのような人物として、市当局から住居と蔵書の引き渡しを要求されるという苦境に立たされ、さらにフランス軍事政府のもとに設置された政治的「浄化委員会」の査問を受けることになった。これがいわゆる「ハイデガー裁判」である。生涯最大の危機に直面したハイデガーは、これに抵抗して、エルフリーデ夫人とともに彼の「弁明」を開始した。「浄化委員会」による査問と「弁明」とは交錯しながら進行していったが、ハイデガーが繰り返し行った「弁明」のなかで採用した戦略は、真実を明らかにするという姿勢ではまったくなくて、その正反対のものであった。つまりそれは、自らの政治的過誤を認めるにしても、これをフライブルク大学学長時代のおよそ一年間だけに限定しようとしたほか、さまざまな手段を用いて、時には事実のなかに強弁や虚偽を織り込みながら、ナチズムにたいする自らの関与を最小限のものに見せかけようと試みたばかりか、自らがナチに対する批判者であり、ナチから弾圧を受けた者であるとさえ強調する内容を含んでいた。したがって、ハイデガーの「弁明」は、大学の教職と講義活動の禁止、そして年金の支給停止などの処置を回避しようとするための自己保身にその動機をもつ点で、そしてそのためには意図的な虚偽を述べたり沈黙することも厭わないという不誠実な姿勢で貫かれている点で、あの高貴なソクラテスの「弁明」とは正反対の性格をもつものであった。ソクラテスは、まったくいわれのない裁判で有罪を宣告された後、謝罪と寛大な処置を願い出れば死刑という最悪の結果を回避できることがわかっていたにもかかわらず、自らの死を賭して真実を述べることで自らの「弁明」としたのであるが、ハイデガーにはソクラテスのそのような高貴な姿勢は残念ながらみじんも見られないからである。

しかし、ハイデガーのこうした「弁明」は当初は一定の効を奏し、彼に対する「浄化委員会」の所見と処置が寛大なものになるかに見えた。しかし、ハイデガーに対して寛大な処置ですませた場合の政治的意味に強い疑問をいだくフライブルク大学の同僚たちがハイデガー学長時代の歴史的事実を改めて掘り起こし、またハイデガー哲学の影響がフランスに広がり始めたことを憂慮する軍政府の意向も働いて、やがて情勢が急変し、学長時代のハイデガーの政治的責任に対する評価は厳しさを増すことになった。窮地に追い込まれたハイデガーは、大学で講義する権利をもつという条件で、年金付きの名誉教授として退職することを申し出て、妥協しようと試み、またかつての哲学上のライバルであり友人どうしでもあったヤスパースに一縷の望みを託するのだが、ハイデガーが学長時代にマックス・ウェーバーの甥にあたるエドゥアルト・バウムガルテンにかんする密告を行った事件を知っていたヤスパースは、ハイデガーにたいする手厳しい評価を含む報告書を「浄化委員会」宛てに送ったために、ハイデガーの立場は思惑に反してさらに困難になった。こうしたいくつもの紆余曲折を織り込みながら、一九四六年一二月、バーデン州文部大臣からハイデガーに対して、大学における講義活動の無期限停止と職務の停止、明くる年の末をもっての給与の打ち切りという厳しい「判決」が下されたのであった。ただし、給与の支給停止は翌年になって解除され、戦後のドイツが政治的に安定した五年後には、先の制裁措置も解除されて、ハイデガーは定年退職扱いの名誉教授として講義活動に復職することができるようになった。

「ハイデガー裁判」が進行するなかでハイデガーが繰り返し行った「弁明」は、その審査記録がすべて公表されているわけではないために、その全貌を知ることは現在は困難であるが、「浄化委員会」の委員でありハイデガー追及の急先鋒であったアドルフ・ランペの報告書、フライブルク市長や「浄化委員会」議長のコンスタンティン・フォン・ディーツェ宛てにハイデガーが送った書簡をはじめとするいくつかの文書から、「ハイデガー裁判」のやりとりのなかで「弁明」の基本路線が次第に明確で強固なものになっていったことを知ることができる。そしてこの「弁明」は、「一九三三／三四年の学長職。事実と思想」と題され、いつ書かれたかは不明であり、一九八三年になって初めて公刊された文書、そしてハイデガー存命中の一九六六年に行われ、彼の死後の一九七六年になって初めて公表された『シュピーゲル』誌インタビューなどにおいて、その最終的なかたちをなしたと考えられる。

すでに述べたように、このハイデガーの一連の「弁明」は、自らの政治的危機を免れるという自己保身のために、一定の真実を述べながらもそのなかに虚偽を混在させたり、自らのナチ関与の事実と政治的過去を正当化したり、あるいは都合の悪い事実を隠蔽したりなど、さまざまなきわめて姑息な自己防御のテクニックを行使しているが、ハイデガーのこの戦略はかなりの程度成功したといえる。世間一般の受け取り方では、世界的な名声をもつ哲学者が嘘偽りを述べるはずもないし、ハイデガーの「弁明」は時代の生き証人の貴重な証言として受け取られた。それは例えばハンナ・アーレントなど、ハイデガーの性向をよく知る彼の弟子筋に当たる人々でさえも、この「弁明」の基本戦略を部分的に受け入れてしまうほどであった。直接に詳しい事情を知る立場にない人々は、なおのことそうであった。こうした事態は、ドイツにおいてさえそうであったのだから、フランスや我が国においてはなおさらのことであった。またそれは、ファリアスやオットの仕事によってハイデガー・ナチズムにかんする論争が新たな次元に入った現在においてもなお、事実を曇らせて論争状況を妨げているが、こうした状況のたえざる発生源がこの「弁明」にほかならないのである。

歴史の生き証人の証言は真実を解明するうえでこのうえなく貴重なものであるが、それはこの証人が真実を語る場合にのみ限られる。真実を隠蔽したり、虚偽を語ったり、真実と虚偽とがない交ぜになっているような証言は、とうてい歴史の証言としての資格をもちえない。残念ながら、ハイデガーの「弁明」は、さまざまな根拠から見て、とうてい歴史の証人たりうるものではありえないのである。ハイデガーが世界的な名声をもつ思想家であればあるほど、この問題はいっそう重大となり、思想家としての責任と品格もまた大いに問題とされざるをえないであろう。もしもそうだとすれば、近年のハイデガー・ナチズム研究の成果を踏まえて、ハイデガーの「弁明」を徹底して検証し、彼の叙述のどこまでが真実でどこまでが虚偽なのか、その真実と虚構をあますところなく明らかにすることがどうしても必要であろう。そして、こうした作業こそがこれからのハイデガー研究の新たな出発点とならなければならないであろう。

ところで、世界的な名声をもつハイデガーと人類史上空前の蛮行のひとつであったナチズムとがなぜ結びつきえたのかという問題は、ハイデガーが自らナチに関与し、そうすることで、たとえ間接的にではあれ、ナチのホロコーストに関わりをもったということの倫理的責任にかんして、第二次大戦後になってもなお一言も言明していないし、まして一度も公式的に自己批判していないという問題と関連せざるをえない。

例えば、かつてハイデガーの弟子でありナチ政権奪取後アメリカに亡命した哲学者ヘルベルト・マルクーゼは、大戦後の一九四七年八月二八日付でハイデガーに書簡を送って、かつての師がナチの残虐行為について一言も述べていないことを遺憾とし、ハイデガー自身の口からじかに自己批判が述べられることを切望した。マルクーゼにとっては、哲学とナチズムとは両立することはありえないと考えられたからである。彼はハイデガーにこう書いている。「哲学者が政治的な事柄において思い違いをするということはありえます――その場合には、哲学者は自らの過ちをはっきりと説明することでしょう。しかし、哲学者というものは、次のような政府について思い違いをするということはありえません。それは、幾百万人のユダヤ人を、ただ彼らがユダヤ人であるという理由で殺害した政府、テロルを日常状態とし、精神と自由と真理という概念と実際に結びついていたすべてを血なまぐさいその反対物へと逆転させた政府についてです。」「あなたが、あなたの人格およびあなたの作品とナチズムとの一体化（そして、そうすることで、あなたの哲学の消滅）と戦うことができるのは……あなたがあなたの変化と変身を公的に告知する時だけです。[103]」

これに対してハイデガーは翌年の一月二〇日付で返答を書いたが、その内容は驚くべきものであった。そのなかで、ハイデガーは例えばこう述べている。「あなたが『幾百万人のユダヤ人を、ただ彼らがユダヤ人であるという理由で殺害した政府、テロルを日常状態とし、精神と自由と真理という概念と実際に結びついていたすべてを血なまぐさいその反対物へと逆転させた政府について』述べている重大で正当な非難にかんして、私はこう付け加えることができるだけです。『ユダヤ人』を『東部地域のドイツ人』に置き換えるべきであって、そうすれば、同じことが連合国のひとつにも当てはまり、違いは、一九四五年以降に起こったすべてのことは全世界に知られているのに、ナチスの血なまぐさいテロルはドイツ民族には事実上秘密にされていたということです。[104]」つまり、ハイデガーは、自らの倫理的責任について何の言明をも行わず、およそ六〇〇万人のユダヤ人がナチによって虐殺されたことと、ドイツ敗戦後に連合軍によって東部地域のドイツ人が移住させられたこととが同じ意味を持つのだと公言したばかりか、ナチスのテロ行為は一般国民には秘密にされ、自分もこれを知る立場にはいなかったと強弁したのである。ハイデガーがひとつの民族の生命の大量抹殺と他の民族の強制的移住とを同一次元の問題として論じていることとは、ハイデガーの倫理的感覚の麻痺または倫理的無能にかんする嫌疑の可能性を明らかに証明しているし、またナチスのテロ行為が国民の目からは隠されていたと述べているのもまた、意図的な虚偽であることも明らかであろう。

例えば、一九三三年一月三〇日、ヒトラーがドイツ首相に任命されたその日の夕刻からナチの突撃隊が共産党の建物や集会を公然と襲撃し始め、罪のないナチ反対者とユダヤ人たちを無法に逮捕・連行・拷問・殺害して、テロルの波がうねり出した。テロはナチの敵だけではなくてやがて粛清というかたちでナチ内部にも向けられた。これらの政敵を抹殺する突撃隊の私設収容所が全国で四〇近くも作られたし、ナチの政権奪取直後から政府はミュンヘン郊外にダッハウ、ベルリン郊外にオラーニエンブルクに大規模な強制収容所を作り、さらに無数の小型の収容所が作られた。一説によれば、この年一〇万人がこれらの収容所に留置され、二〇〇〇人近い人々が殺害されたという。[105] でっち上げられた共産党員の陰謀なるものや同党員の摘発・逮捕は各地の新聞で大々的に報道されたし、各地の収容所の創設とその「模範的な」状態は新聞で何度も報道された。[106] 当初は政敵に向けられたこの強制収容所は、やがて大量のユダヤ人たちに強制労働を強いる場所となり、さらにはユダヤ人問題の「最終解決」、すなわち毒ガスによる大量虐殺のための絶滅収容所へと変化をとげていく。ハイデガーほどの知識人が、街頭でのこうした目に見えるテロおよび政敵の弾圧組織の設置と、例えば国会議長・無任所大臣・プロイセン内務大臣を兼務していたゲーリングが同年三月三日に公開の演説のなかで「いまや私は合法性に従う必要を認めない、ただ抹殺し撲滅を期するばかりである。いまや汝ら（共産主義者）の首に手をかけたこの死闘を、褐色シャツをまとう者たちと共に、戦い抜くばかりである[107]」

と述べた残虐きわまりない言葉とを結び付けることができなかったはずはないであろう。

ユダヤ人の絶滅収容所にかんしても、例えばドイツ国内でナチ時代を生き抜いたユダヤ人言語学者ヴィクトル・クレンペラーは、一九三五年九月の党大会で「ドイツ人の血統と名誉を保護する法律」（いわゆるニュルンベルク法）が宣言された時、すでに近い将来ポグロムが起きることを予測していたし、ヒトラーは一九三九年一月の国会演説で「ユダヤ人はヨーロッパから姿を消すだろう」と述べて、ユダヤ人の絶滅を予言したが、この恐ろしい内容は多くの国民の知るところであった。また、クレンペラーは一九四二年の三月にはアウシュヴィッツが最も恐ろしい収容所であることを聞いていた。そして、四月には三万人を超えるユダヤ人がバビヤールで虐殺されたという噂を聞いていたほか、ポーラン

アウシュヴィッツ=ビルケナウ収容所前景

ドからの帰還兵からポーランド人の大量殺害が噂として広まり、ドイツ・ユダヤ人の東部移送が死を意味することもこの時点ですでに周知のことであったと証言している。[108] この年の夏以降、対ナチ抵抗組織「白バラ」はそのビラにポーランドで三〇万人のユダヤ人が殺害されたことを報じ、このことが人類の歴史を通じて前例のない犯罪行為であると指弾した。[109] 外国のラジオ、特にBBC放送は同年半ばからユダヤ人虐殺にかんする情報を入手し、この件にかんする報道を行っていたのである。またヤスパースは、彼のユダヤ人妻ゲルトルートがゲシュタポに連行された場合には、二人とも自死を覚悟し、枕元には常に青酸カリ入りのカプセルをしのばせていたという。[110] このこともまた、当時のユダヤ人たちにとって、特に一九四二年以降は、強制連行と強制収容所とがすなわち死を意味することが周知の事実であったことを例示している。

またハイデガーは、戦前の自らの著作を戦後になって再刊したさいに、しばしばまったく恥じることなく自らのナチ時代の国民社会主義にたいする賛辞をそのまま公にしたり、あるいはこれとは反対に、まったく読者に断ることなしにナチとの関わりを示す文言を削除または修正したりしている。そのなかには、ハイデガーの倫理的責任にたいする無能力を示すのではないかと疑われても仕方のないような言動が含まれている。ひとつだけ事例をあげよう。

ハイデガーは一九四九年にブレーメンで講演を行い、そのなかで「農業は今や機械化された食料産業であって、その本質においては、ガス室と絶滅収容所における死体の大量生産と同じもの、国々の封鎖と兵糧攻めと同じもの、水素爆弾の大量生産と同じものである」[111] と述べてはばかるところがなかった。ところが、後にこれを公刊するにあたって、何の断りもなしに、この部分をこう改めたのである。「農業は今日機械化された食料産業である。[112]」前者の引用では、驚くべきことに、「機械化された農業」と「絶滅収容所における死体の生産」とが同じ意味をもつものとされている。ハイデガーが意図していたのは、これら両者が近代技術という共通のものの所産であり、こうした宿命なものの支配下にあるということを示すことであったと思われるが、しかし、「機械化された農業」と「絶滅収容所における死体の生産」とは、前者が食料の飛躍的増産という点から見ればそれ自体としては倫理的問題をまったく含まないのに対して、後者はナチによってユダヤ人であるというだけの理由で六〇〇万人もの罪のない人々が殺害されるという人類史上まれに見る反倫理的行為であるという点で、決して同一のものとは規定しえないはずである。それなのにこの両者を同じものと規定したこと自体、ハイデガーの近代技術論の欠陥と倫理的視点の欠如という重大な問題があることを示すと同時に、ナチのホロコーストを近代技術の宿命として合理化しかねない側面を含んでいるといわざるをえない。これに加えて、たとえ間接的にであれハイデガー自らがかつてナチ党員としてこれに関わったということにかんする言及が一言もなく、まったくの傍観者としてふるまっていることも問題であろう。ハイデガーはそのままでは自らに降りかかるであろう非難を意識して、さすがに最初の文章を書き換えざるをえなかったのだが、それにしても読者に何の断り書きも示していないのはあまりにも誠実さを欠く、と言われても仕方がないであろう。

　また、すでに言及したように、一九五三年にハイデガーがナチ時代の思想と雰囲気を色濃く残す『形而上学入門』（一九三五年の講義）を原文のまま再刊した折には、当時まだ学生であったユルゲン・ハーバマスがこれに抗議して、ハイデガーの「ファシスト的知性」を非難し、ハイデガーに疑問を突きつけたという経緯がある。ところが、このハーバマスの疑問に答えて、クリスティアン・E・レーヴァルターが『形而上学入門』のなかで「国民社会主義」にかんして「この運動の内的真理と偉大さ」と述べている箇所の後に丸括弧で付け加えられている「（つまり、惑星的に規定された技術と近代人の出会い）」という語句を解釈して、ナチの運動は技術と人間の悲劇的な出会いの徴候として偉大さをもつのだと述べたのだが、これに対して、まったく意外なことに、ハイデガー本人が投書を寄せて、この論争に割り込み、レーヴァルターの解釈に賛意を表明したといういきさつがあった。[113] そのさい、ハイデガーはこの丸括弧の部分が最初の講義原稿のなかにあったと述べ、『シュピーゲル』対談でもこれを繰り返しているのだが、ライナー・マルテンの証言によれば、ハイデガーが『形而上学入門』を刊行したさいに、マルテンを含む協力者がハイデガーに「国民社会主義」の「内的真理と偉大さ」の部分を削除するように提案したのに対して、ハイデガーがこの提案に従わずに、丸括弧の箇所を書き加えたという。つまり、こうした問題でもハイデガーの知的誠実さが疑われるような事態が生じているのである。

世界的な名声をもつ思想家ハイデガーがこうした経歴の持ち主であるからこそ、彼の思想とナチズムとのあいだの本質的関係が究明されなければならないのである。自らの政治的過誤について自己批判することによって倫理的責任が果たされている人物にかんしては、その過去をあえて断罪する必要はないであろう。しかし、数百万の罪のない人間の虐殺にたとえ間接的にではあれ関わりをもったことについて、何らの自己批判もせず、また倫理的責任を果たそうともしない思想家の場合は、事情はまったく別である。ハイデガーの場合には、世界的な哲学者であり、その名声のゆえにその政治的責任がいっそう重大なのであって、その過去を決して不問に伏すわけにはいかない。その意味で、ハイデガーの思想を問題にしようとすれば、われわれはハイデガー・ナチズムの研究を避けて通ることができない。しかも、この研究はたんに一人の思想家の政治的過去をあげつらうことで尽きるのではない。ハイデガーが自ら認めるように、彼が自らの哲学とその思想的枠組みにもとづいて必然的にナチズムに加担したのだとすれば、その思想もまたこうした視点から問題とされなければならない。そして、こうした視点からその思想もまた再評価されなくてはならないことになろう。本書があえてハイデガー・ナチズム問題を論究する理由もひとえにこの点にある。

第一部　「ハイデガー裁判」の経過と結末

はじめに

ハイデガーが一九三三年四月にフライブルク大学学長に選ばれた直後にナチ党員となり、一九三四年四月までのおよそ一年のあいだ同大学学長を務めたことは、今ではよく知られている。ところがハイデガーは、第二次世界大戦におけるナチス・ドイツの敗北後、彼がナチ時代にナチ党員として学長を務めたことの政治的責任を問われることになった。この責任の追及は、フランス占領軍政府の意向のもとに、直接には非ナチ化のための政治的浄化委員会によって、当事者であるハイデガーをはじめ、関係者からの事情聴取を含めて取り行われたために、実質的に「ハイデガー裁判」と言ってよい内容をもつものであった。この「ハイデガー裁判」は、フライブルクを占領統治したフランス軍政府、フライブルク大学の五人の教授からなる政治的浄化委員会、バーデン州文部省、フライブルク大学評議会、そしてハイデガーが所属した同大学哲学部などの諸組織を巻き込んで進行したために、きわめて複雑な紆余曲折があった。この「ハイデガー裁判」は、開始当初からしばらくはハイデガーに対して比較的寛大な態度で進行したために、ハイデガーも楽観的な見通しをもっていたが、しかし、フランス軍政府の意向も働いて、やがて浄化委員会の基本的な立場が修正され、委員会全体のハイデガーに対する態度が大きく変化して厳しいものとなった。当初は事態を楽観視し、場合によっては年金付きの名誉教授となることで妥協して事態を切り抜けてもよいと考えていたハイデガーは、当初の意図を完全に裏切られることになった。

この「ハイデガー裁判」の個々の局面については、まだ完全に解明されているわけではない。委員会での審議の詳細な経過、委員やその同調者たちが浄化委員会や大学評議会などに提出した文書などはいまだに完全に公開されているわけではないからである。[1] しかし、この「ハイデガー裁判」のおおよその経過と結末については、とりわけフライブルク在住の歴史学者フーゴ・オットによる、地元在住の利を生かした著作と諸論文などによってほぼその概要を知ることができる。したがって、本論文ではオットの労作と重複するかたちでこの「ハイデガー裁判」の経過を繰り返すことはできる限り避けることにしたい。本論文の目的は、オットの著書では論じられていないか、または少ししか触れられていないいくつかのエピソードに重点を置きながら、「ハイデガー裁判」のなかで展開されたいくつかの局面に照明をあてることである。そこではとりわけ、この「ハイデガー裁判」の最後の局面でハイデガーが最後の抵抗を試みて浄化委員会議長フォン・ディーツェに宛てた手紙、そしてフォン・ディーツェが起草した浄化委員会の最終的な報告書に重点を置いて、「ハイデガー裁判」の経過を考察する。これらの文書は、フライブルク大学の同僚たちがハイデガーとナチズムとの関わりをどこまで認識し、また学長時代のハイデガーをどういう目で見ていたかを知るうえできわめて貴重な資料であり、また浄化委員会とハイデガーとのあいだで行われた応答は彼の人間性と哲学者としての品格を知るうえで格好の資料となると思われるからである。

第一章 「ハイデガー裁判」の発端

第二次世界大戦末期の一九四四年秋、ナチス・ドイツは連合軍の攻撃を受けて、破局へと近づきつつあった。ハイデガーは、一六歳から六〇歳までの兵役適格者を最終動員することを指示するヒトラーの命令によって一一月八日に民族突撃隊に招集され、フライブルク近郊のツェーリンゲンに滞在した。同月二七日、イギリスとアメリカの連合軍はフライブルクの街に激しい爆撃を行い、教会を含めて市街の多くの歴史的建造物がひどく破壊されて、多くの人々が瓦礫の下に埋もれて命を落とした。ハイデガーは、この厳しい時期にもかかわらず、この後元ベルリン大学学長オイゲン・フィッシャーと帝国大学教師連盟会長グスタフ・アドルフ・シェールの助力によって、「国民と党にとって代え難い無比の思想家」または数少ない「ナチズム的な姿勢の哲学者」との評価のゆえに除隊が認められて、故郷のメスキルヒに疎開していた。しかし、フライブルク大学の哲学部の一部がドナウ河上流のヴィルデンシュタインに避難したので、ハイデガーもこれに合流することになった。明くる年の四月二二日、フライブルクはフランス軍によって占領された。四月三〇日、ヒトラーが自殺し、五月八日にはドイツが無条件降伏した。

ところでフランス軍政府は、政治的な浄化が完了するまでは、フライブルク大学を含めて一切の教育機関を閉鎖することを命令した。このような政治情勢の大きな転換のもとで、フライブルクでは、フランス軍政府の要求にもとづいて、第三帝国時代の大学関係者の政治的過去が問題とされ、またナチと見なされていた人々のリストが作られただけでなく、住宅事情が極端に悪化したこともあって、そうした人々の住宅の接収が行われた。ハイデガーはといえば、「典型的なナチ」と見なされて、同年五月中旬にはこのリストに名前が載せられ、レーテブック四七番地にある彼の住居が蔵書とともに接収の対象となった。これに抗議して六月一〇日にハイデガー夫人のエルフリーデが市当局に手紙を送り(2)、こうしてハイデガーの「弁明」が開始されたのである。

フライブルク大学では、フランス軍当局の手によって政治的浄化が開始され、ナチ時代の学長経験者であるフリードリヒ・メッツ、オットー・マンゴルト、ヴィルヘルム・ジュースの三人が停職処分を受けたほか、比較解剖学教授のエルンスト＝テオドーア・ナウクをはじめとして数人が保安諜報部の一員であったことを理由に収容所送りとなっていた。こうした政治情勢のもとで、フランス軍政府の要請によって大学評議会がコンスタンティン・フォン・ディーツェ、ゲアハルト・リッター、アドルフ・ランペの三人の教授を大学の代表者として承認し、彼らがフランス軍政府のもとでフライブルク大学の政治的浄化の仕事を担当することになった。フォン・ディーツェとランペは国民経済学者、ゲアハルト・リッターは歴史学者であったが、これらの三教授はともにナチ時代にカール・ゲルデラーらの民間反ヒトラー抵抗組織に関与した嫌疑で、ドイツ敗戦時までベルリンの収容所に拘禁されており、ナチ崩壊とともに釈放された人々であった。彼らには一九四四年七月二〇日に発生したヒトラー暗殺未遂事件に関与したとの疑いがかけられていた。なかでもリッターは、ハイデガーのフライブルク学長時代にはハイデガーに強力に反対した人物であった。ランペもまた自由主義的な姿勢の持ち主であって、ハイデガー学長時代に彼の片腕であった法学部長のエーリク・ヴォルフによって経済学教授ディールの代講を打ち切られたほか、ハイデガーとヴォルフの二人によってディールの後任になることを妨害された経緯があり、学長ハイデガーとのあいだには抜き差しならない確執があった。

一九四五年六月一日にこの政治的浄化委員会でハイデガーにかんする最初の審議が行われた。いわゆる「ハイデガー裁判」が開始されたのである。浄化委員会はまもなく拡大されて、これらの三教授に加えて、神学教授のアルトゥール・アルガイアーと植物学教授のフリードリヒ・エールカースが参加することになった。

ハイデガーはといえば、彼は六月下旬になってやっとヴィルデンシュタインからフライブルクに戻ってきた。七月九日にフライブルク市長は、先にハイデガー夫人エルフリーデが市長宛に出した抗議の手紙にたいする返事を出し、ハイデガーに書類で、空襲で破壊された住宅事情を考慮して、ナチ党員であった者の住居を優先的に接収するとの方針に従い、ナチ党員であったハイデガーの住居と蔵書が差し押さえられることを通達した。一三日には住宅局の証明書をもった男が彼のところにやってきて、ハイデガー夫妻と二人の同居人が住む住居を明け渡すようにと彼に求めた。その三日後にハイデガーはフライブルク市長に手紙を書いて、住宅と蔵書の差し押さえというこうした処置が個人と仕事に対する差別待遇であるとして強く抗議した。この手紙のなかでハイデガーは概略次のように述べている。自分はナチ党のなかで決して役職をもったことはないし党内で活動したこともない、自分が当時の大学学長のなかで職を辞するということをあえてやってのけた唯一の者だということが自分の立場を明らかに示している、党は自分の学長時代もその後も自分を悩まし妨害し続けたし、『生成する民族』や『アレマン人』などの雑誌で自分を誹謗し嘲笑したばかりか、著書の印刷や自分の名前をあげることまで禁止したが、それにはそれなりの理由があったからだ、と。そして、自分がマールブルク大学時代を除いてほぼ四〇年間もフライブルクに住み、フライブルク大学に二五年も奉職しており、ベルリン大学を含めて他大学から何度も招聘の声がありながらこれらをすべて拒否してきた、自分の著作は欧米だけでなくアジアの国の言葉にも翻訳されて名声を得ているのに、そのフライブルク市が中身も由来もわからない理由でナチ幹部に対するのと同じやり方で自分を告発している、自分はそんな幹部たちとは何も政治的・個人的な関係をもったことはないから、彼らと一緒にされることを断固として拒否する、と強調している。(3) ハイデガーはこの時点ではその後の自らの行く末を予測できずに、虚偽を交えつつ、かなり高飛車な態度で市長に抗議していることがわかる。

この手紙はハイデガーが自らの「弁明」の基本路線を定式化した最初の文書であった。この「弁明」は、その後の「ハイデガー裁判」の過程のなかで幾度となく繰り返されながら、次第に巧妙にその基本路線を強化していき、最終的には「一九三三／三四年の学長職。事実と思想」に代表される公式的見解に結実していくことになる。

第二章　ランペの覚え書き文書と「ハイデガー裁判」のその後の展開

浄化委員会は一九四五年七月二三日、初めてハイデガーを喚問して尋問を行った。この時、リッターが確信をもって、ハイデガーがレーム粛清事件の後はたとえ公式に表明したことはなかったにせよ心の底ではナチズムの断固たる反対者となったと主張して、ハイデガーを擁護した。そのために、浄化委員会は全体としてはハイデガーに好意的な態度を取り、ハイデガーにも事態の推移を楽観視する気持ちが生じたが、ランペがただ一人全体の意見に同意せず、断固とした反対の立場をとり続けた。そこでハイデガーはランペにたいして個人的に申し開きを行う必要があると考えて、二日後の七月二五日に彼の自宅を訪問し、二時間ほど彼と話し合いの場をもった。この時、ハイデガーは後の「弁明」の基本路線となることを繰り返したのだが、ランペはこの会見の内容を覚え書きにしたため、これを浄化委員会とハイデガー本人に手渡した。この覚え書きには七項目にわたってそのおおよその内容が書き留められている。(4)

その詳細はオットの著書『ハイデガー――伝記への途上で』で述べられているので、ここでは重複を避けるが、ハイデガーの「弁明」に対するランペの反論が次のふたつの文書の存在を根拠として展開されたために説得力をもち、またハイデガーにとっても反論しがたいものであったことに注意されたい。

そのひとつは、学長ハイデガーが一九三三年一二月一三日に学部長宛に「世界の教養人への呼びかけ」という通達を回覧で出したことである。もうひとつは、ハイデガーが一九三三年一一月三日に『フライブルク学生新聞』に掲載した「学説や『理念』が諸君の存在の規範なのではない。総統自身が、そして総統のみが今日と未来のドイツの現実であり、その法則である。たえずいっそう深く知ることを学びたまえ。今からはすべての事物が決断を要求し、すべての行為が責任を要求するのである」[5]という文章であった。ランペはこうした文書に典型的に見られる、ハイデガーによるヒトラーとナチズムの賛美が、先の浄化委員会でハイデガーがヒトラーの『我が闘争』を読んだことがあるかと問われて、その内容への反対から部分的にのみ読むことができたにすぎないと答えたことに矛盾するとして、ハイデガーを追及したのであった。

ここで最初の文書、つまりハイデガーが学部長宛てに提出した回覧状にかんしてもう少し説明することにしよう。この回覧状は、一九三三年一一月一一日にライプツィヒで開催された「ドイツの学問のデモンストレーション」という集会に深く関連している。このドイツの学者の政治集会は、明くる日に行われることになっていた帝国議会の国民投票の前日に、ナチが政治勢力のすべてを総動員して開催したものであって、ヒトラーへの投票を呼びかける明確な政治的意図のもとに招集された。これにはベルリン、ライプツィヒ、ゲッティンゲン、ハンブルク、フライブルクの五大学の学長はじめ、著名な党員学者たちが参加した。ハイデガーもまたこの集会で悪名高い演説を行っており、その原文はシュネーベルガーの『ハイデガー拾遺』に収録されているので、参照されたい。その後、この集会で行われた学者たちの講演を豪華な記念論文集として一冊の書物にまとめようとする動きがあった。この書物の刊行と発送のためには、およそ一万マルクの経費が必要となる見込みとなった。ハイデガーの回覧状は、この豪華本記念論文集を発行するための募金をフライブルク大学内で呼びかけたものだったのである。

この回覧状には「世界の教養人への呼びかけ」という宣言文が最後に添えられていて、これが計画されていた書物の序文となるはずであった。その宣言文とは以下の通りであった。「あらゆる学問は民族の精神的な様式と分かちがたく結合していて、この様式は民族から生い立つ。だから、効果的な学問的労働の前提は、諸民族の無制限の精神的発展可能性と文化的自由である。個々の民族の、民族と結合した学問の奨励が共に働いて初めて、民族を結合する学問の力が生じる。諸民族の無制限の精神的発展と文化的自由とは、同一の権利、同一の名誉、同一の政治的自由にもとづいてのみ、それゆえに現実の普遍的な平和の雰囲気のなかでのみ成功する。ドイツの学問はこの確信から全世界の教養人に向けて呼びかける。アドルフ・ヒトラーによって統一されたドイツ民族の自由、名誉、権利、平和をめぐる奮闘に、彼らが自らの民族に期待するのと同じ理解を示すことを。(6)」

ついでに言えば、この回覧状には非アーリア系の大学人を署名対象者から排除するという文言が添えられていた。ここで見逃すことができないのは、これに対して、ゲアハルト・リッターとヴァルター・オイケンは、このハイデガーの回覧状が多くの同僚たちを当惑させており、またフッサールなどの著名な学者たちをユダヤ系という理由で署名者から除外しようとしていることに抗議して、手紙で外務省に訴え出たことである。ヴァルター・オイケンは、ノーベル文学賞の受賞者でマックス・シェーラーの師として知られる哲学者ルドルフ・オイケンの息子である。彼らは当時から、ハイデガーがヒトラーに盲従していることとユダヤ系大学人を差別していることに憤慨しており、後に「ハイデガー裁判」の時にこの忘れることのできない出来事を再び問題にしたのであった。こうした歴史の生き証人を前にしては、ハイデガーといえども決して言い逃れをすることはできなかったのである。

ランペは、こうした動かぬ証拠をハイデガーに突きつけて、こう強調した。ハイデガーが学者として受けている国際的な序列は、どの方向からしても免責する要素としてではなくて、その反対に加重する要素として評価されなければないが、その理由はひとつには、彼の言葉は大学の壁を越えて、そればかりか帝国の国境を越えて影響を及ぼし、そしてそうすることによって国民社会主義の当時特に危険な発展諸傾向を本質的に支持するものとなったからであり、もうひとつには、そのような呼びかけを行った学者には大学政策の問いにおいても最高の意味において責任を自覚した姿勢が自明のこととして要求されなければならないからである、と。

ハイデガーはランペのこうした責任追及になおも繰り返し「弁明」を行ったが、これに対してランペは例えばこう述べていることに注目されたい。「私はハイデガー氏にこう言った。彼は学長時代に指導者原理をどの——評議会でたえず繰り返し個々の評議会構成員によって試みられた——建設的な共同作業も徒労であると宣告するようなある種のラディカリズムで貫徹した。[7]」ハイデガーはこうした歴史の証人と事実を前にしては自分が完全な無罪を宣告されることはありえないことを最終的に自覚せざるをえなかった。そして、ランペからの提案もあって、次のような妥協策を考えていることを自ら表明した。それは、この妥協策で「ハイデガー裁判」が終了し、そして軍政府によって自らの研究活動がこれ以上侵害されることなく、とりわけ自著の出版の可能性を前もって期待できるという条件が付けられるのであれば、自分は名誉教授として定年退職扱いとすることで退官してもよいという選択肢であった。しかし、ハイデガーはこの時五六歳で定年まではまだはるかに遠く、そして名誉教授は、ドイツの大学の場合、講義を含めた教育活動が可能であった。そんな事情も背景にあり、ランペはハイデガーのそのような理解には同調できないと述べたが、ともかくも覚え書きにはこうしたハイデガーの側からの妥協提案を含めて会見の内容を書いて、その写しを浄化委員会とハイデガーの双方に手渡したのであった。なおランペは、自分の意見表明とハイデガーの責任追及がフランス軍事政府によっておかしなかたちで利用されてハイデガーが収容所送りになることがないように、自分の意見陳述を自分が浄化委員としてではないかたちで行うことを提案して、ハイデガーに配慮を示していたことは付け加えておきたい。

政治的浄化委員会は、さらに七月二七日にザウアー、オイケン、ヴォルフの各教授とハイデガー問題にかんする論評を行い、これにには学長代理のフランツ・ベームが加わった。そして、八月一日に委員会で最終的な鑑定が行われて、これを浄化委員会議長であるフォン・ディーツェがまとめ、九月に最初の報告書がフライブルク大学の評議会に送られた。その全文はオットの著書に収録されており、[8] 日本語に翻訳もされているから、ここではこれをすべて紹介することは繰り返さない。ここではこの最初の報告書に含まれる所見の問題点だけを指摘することにしよう。

この所見は、全体として見れば、ハイデガーの「弁明」を一定程度受け入れており、ハイデガーが虚偽を交えて行った自己防衛の基本路線に基本的に譲歩している。

まず第一に、ハイデガーが学長に選出された背景について、この所見は「党にたいする一定の独立性を確保し」、「耐え難い要求から本学を守ることがハイデガーには可能であろう」という学内の見方をあげている。これは、後にハイデガーがシュピーゲル対談などで述べているように、自分が学長にならなければナチのアクティヴな人物が学長になる可能性があり、自分は大学と学問を守るためにあえて学長選に出馬したのだというハイデガー自身の説明を受け入れたものである。ナチ内部のことについてナチ党員以外の者が知る立場にはないから、浄化委員の面々は、ハイデガーが学長候補となったさいのナチ党の根回しなどについては知る由もなく、止むをえないこととはいえ、この所見は学長選挙の舞台裏をきちんと検証していなかった。

第二に、この所見は、学長ハイデガーが一九三三年四月に生じた粗暴なユダヤ人迫害が大学内に波及することを阻止したと評価し、ハイデガーがユダヤ人プラカードの学内掲示を禁じたことやハイデガーの助手を務めていたヴェルナー・ブロックのイギリス亡命を手厚く手助けしたことなどのいくつかの肯定的な側面だけを見ており、ハイデガーが自らの恩師であるフッサールにたいして彼の生前に取った態度や彼の葬式に参列しなかったこと、反ユダヤ的言辞がハイデガーにもあったことなどの否定的な側面を完全に見落としている。

第三に、ハイデガーの「学長就任演説」にかんして、この所見は、それが大学改革についてのハイデガーのプログラムを提示したものと受け取り、人種政策などの党のスローガンに拘束されずに、真正の学問にかんする彼自身の理念を展開したとのみ解釈している。例えば、所見はこう述べている。「彼の念頭にあったのは、彼自身の哲学的な形而上学という意味でのドイツの学問活動の内面化、進化、新構築であった。(9)」ただ、ハイデガーは「学問奉仕」「労働奉仕」「国防奉仕」を等根源的なものとして学生たちに訴えたことで、党の宣伝に自ら手を貸すことになり、党に利用される足がかりを作った点でのみ落ち度があった、というのである。しかし、後に論ずるように、「学長就任演説」にたいするこうした評価はきわめて一面的である。ハイデガーはこの演説でのなかできわめて巧妙にふたつの基本路線を設定して使い分けているが、この所見はそのうちのひとつの路線だけを念頭において評価しているにすぎないからである。すなわちこの演説はひとつには、ナチ革命を「新たな偉大なる勃興」または「開闢」として位置づけ、ドイツ民族の再生に画期をもたらすものとして熱烈に歓迎し、大学構成員が民族共同体へと結集することを呼びかけるという路線のうえに立っている。そして二つ目にはそれは、古代ギリシャのプラトン以後の哲学、キリスト教的世界観、そして数学的・技術的思考を基本とする西欧の学問を否定し、新しい学問はわれわれの精神的・歴史的現実存在の始原、すなわちギリシャ哲学の開闢の精神に立ち帰ることによって初めて可能であるとする路線を採用している。所見は、これらふたつのうち、後者しか念頭においておらず、しかもこれを肯定的な側面においてのみ評価しているからである。この意味で浄化委員会のメンバーはハイデガーの「弁明」に完全に屈服してしまっているのだが、おそらく浄化委員のメンバーたちは「ハイデガー裁判」にさいしてこの「学長就任演説」の原文を改めて読み返すという努力をしていないなかったのであろう。

第四に、所見は、ハイデガーがナチ的挨拶を大学に導入したり、反ナチ的な人物を斬り捨てたりするなどの逸脱はあったものの、彼の目標とナチ党の政治目標とのあいだの離反は彼が学長職を遂行するうちにはなはだしくなったとし、それ以来ハイデガーはまったく哲学の研究に復帰し、しまいにはナチ党に対して内心では強い反対の態度を取るようになったと見なしている。だから、学長辞任後のハイデガーの罪はたんにこの反対を外へ向けてはっきりと表明することがなかったということだけに限定されてしまう。そしてこの所見は、リッターの見解を受け入れて、一九三四年六月三〇日のレーム粛清以後はハイデガーをもはやナチとは見なすことができないと理解している。しかし、これらは学長辞任後のハイデガーの思想と行動を事実と証拠にもとづいて正確に突き止めようとせずに、おぼろげな記憶とたんなる心象にもとづいて判断している点で、きわめて問題であった。

第三章　情勢の急転回

ところで、最初の報告書が大学評議会に提出された後、当初はハイデガー問題をフライブルク大学の裁量に任せるという方針をとっていたフランス軍政府が、最初の報告書を知って業を煮やしたのか、九月二八日になって文書をもってハイデガーの休職処分を通告してきた。こうした動きに後押しされて、浄化委員会のなかで反対意見を展開した唯一の委員であるランペが委員会の最初の報告書の基本路線を再検討する活動を開始し、委員外からはオイケンと副学長のベームもまた共同戦線に加わって、情報と資料を収集し直し始めた。彼らの言い分は、大学の歴代学長であるメッツ、マンゴルト、ジュースがすべて休職処分を受けているという政治情勢に鑑みれば、フライブルク大学最初のナチ党員学長であり、多くの若い教職員と学生をナチ的方向へと導いたハイデガーの政治責任はきわめて重大であって、そのハイデガーが責任を取ることなく、講義の権利を保持したまま年金付きで定年退職したり、一定の休職期間を経た後に教職に復帰するということは、世間的に見てもとうてい許されることではないということであった。こうした考え方にもとづいて、ランペが一〇月八日に、ベームが一〇月九日に当時のフライブルク大学学長ジーグルト・ヤンセン宛に自らの所見をそれぞれ文書で提出した。

なかでも、ハイデガーが浄化委員会委員長のフォン・ディーツェに宛てた手紙[10]に明らかなように、特にオイケンがハイデガーの「弁明」を反駁する証拠を収集し、これがランペを経由して浄化委員会に提出されたことが大きな役割を果たした。また、ベームも学長宛の書簡で、ハイデガーが国際的にも著名な哲学者でありながら、前述のシュターデルマンをはじめ多くの若い研究者と学生たちをナチへと導いたがゆえに、「ドイツの大学の政治的な裏切りの、最も責任のある知的な首謀者の一人」としての役割を果たしたとし、また「大きな声と容赦のないファナティズムで誤った政治的指導を行い、致命的な謬説――彼が今日に至るまで決して撤回していない謬説――を説教した人物」としてハイデガーを厳しく糾弾した。(11) そして、ベームはこうした観点から、もしもハイデガーが定年退官などの軽い処分で済むとすれば、自分は学長代理＝副学長の職を辞するとさえ述べて、いっそう重い処分を迫ったのである。なお、ベームは後に大ヘッセン州の文部大臣になったほどの人望ある人物であった。それぞれの部署でのこうした努力の積み重ねによって、ハイデガーに対する浄化委員会の姿勢が次第に厳しさを増し、最初の報告書の基本路線を抜本的に修正しようという大きな流れにつながっていくことになる。

ハイデガーにたいする浄化委員会の態度が急変することになった背景には、さらにいくつかの政治的要因があった。ひとつは、フランス軍政府によって休職処分を求められたハイデガーがドイツ本国ではなくフランスにおいて復活する兆しを見せ始めたことである。例えば、バーデン・バーデンに置かれたフランス軍政府の役人がハイデガーを一〇月に同地に招いて哲学的な講演を行い、そのさいに彼がフランスの哲学者サルトルと会見するようにと彼に求めたことがあった。この講演と会見は結局は行われなかったが、この求めはおそらくハイデガー自身をして、フランスまたはフランス軍政府に取り入ることによって自らの「裁判」を有利に展開しようという気にさせたであろう。さらに、フランスの『ルヴュ・フォンテーヌ』の編集局は、この時バーデン・バーデンのフランス軍政府に勤めており後に著名な社会学者となったエドガー・モランを仲介として、一九四五年九月二四日付けでハイデガー宛に手紙を送り、フランスでまだ翻訳されていない著書、まだ公刊されていない諸著作、そして最近一〇年間の講義などの公表、または例えば現在の状況あるいはフランスの哲学にたいする彼の姿勢を語るというような著作を公表することを求めてきた。ハイデガーは、彼の学長時代に彼の腹心の一人であったルドルフ・シュタ―デルマン宛ての手紙のなかで、「ハイデガー裁判」の状況を知らせながらも、ハイデガーにたいするこうしたフランス側の評価とこれと関連する動きについて誇らしげに語っている。(12) ハイデガーはこの求めにたいして、これらの論文をドイツにおいても同時に公表するという条件をつけ、さらに編集局がこれを受け入れるという出来事が追い打ちをかけた。(13) この交渉は結局まとまることはなかったが、もしもこれが実現できたとすれば、ハイデガーは「裁判」の渦中にある自分の状況と心情を抗議文にまとめてこれを全世界に向けて訴えようとすることもできたであろう。浄化委員会はハイデガーとフランスをめぐるこれらの状況を十分に把握していたと思われる。

もうひとつの要因は、上記のルドルフ・シュタ―デルマンがこの時テュービンゲン大学の副学長をしており、バーデン・バーデンのフランス軍政府側の思惑もあって、ハイデガーをテュービンゲン大学に招聘して、火中にあるフライブルクからハイデガーを救い出そうという動きがあったことである。それは一〇月の終わりから一一月の初めにかけての出来事であった。シュタ―デルマンとは、前述の歴史学者ゲアハルト・リッターの弟子であるが、ハイデガーの学長時代にはフライブルク大学私講師として歴史哲学を研究していた。彼はきわめて素朴で熱烈なナチ革命の信奉者であるとともに、ハイデガーの崇拝者でもあって、本書で後に論ずるように、一九三三年一〇月のトートナウベルク合宿事件に深く関わったことがある。ハイデガーをテュービンゲン大学に招聘しようという彼の試みは、ハイデガーに対する学内の反対意見が強かったこともあって、結局は陽の目を見ることがなかった。しかしこの試みは、ハイデガーに批判的な人々にとっては、ハイデガーが「裁判」にかけられているにもかかわらず、その火中から逃れて、場合によってはまったく無傷で復活することもありうることを予想させるには十分な出来事であった。

浄化委員会を取り巻くこうした政治情勢の変化に押されるかたちで、ハイデガーが学長時代の政治的責任を問われないままに免罪されて場合によってはドイツではなくてフランスで「復活」を遂げることを危惧した教授たちが、浄化委員会の基本路線の変更に影響を及ぼしたのである。ハイデガーはシュターデルマン宛の手紙のなかで、一〇月初めからの事態の急変を「爆発」と形容している。[14] こうして自分に対する処分がいっそう厳しさを増すことを予見し、無傷の復活がありえないことを観念したハイデガーは、一〇月八日にフライブルク大学哲学部に宛てて、教育活動の権利を保持したまま定年退職することを自発的に申し出た。これはハイデガーの最後の妥協線であった。これに対して、フライブルク大学学長ジーグルト・ヤンセンから一〇月三〇日付けの手紙で、ハイデガーに対して、彼の学長時代のナチ入党の理由と条件、学長辞職後の彼とナチとの関係などについての質問があった。ハイデガーは一一月四日付けの学長宛の手紙でこれに回答するとともに、自らにたいするフランス軍政府の休職処分が解除された後の教育活動への復帰、すなわち自らの講義の権利を求めて、要請を行った。[15]

第四章　一九四五年一一月四日付の学長宛書簡におけるハイデガーの「弁明」

ハイデガーはこの手紙の冒頭でこう述べている。「一九四五年一〇月三〇日の学長職の書簡に関連して、私は教育活動への再雇用を申請いたします。それと同時に私は、一九四五年一〇月八日付けで哲学部に宛てて定年退職の申請を提出したことを忘れないでいただきたいと思います。この定年退職の申請を担当部局宛に申し送りするよう、よろしくお願いいたします。[16]」この文面に見られるように、ハイデガーにとっては、たとえ定年退職というかたちで譲歩するにしても、大学での講義を含めた教育活動を維持し続けることは、決して譲ることのできない最後の一線であった。

この前文の後に、ハイデガーの「弁明」は展開されている。この「弁明」は、後の「事実と思想」に定式化され完成された「弁明」の原型となるものであって、そのいくつかの基本線はその後もさらに彫琢されながらあたかも通奏低音のようにして維持されていくが、これとは反対に、戦略上不利と見なされたのか、後には切り捨てられた論点もある。この手紙での「弁明」についてオットは言及していないので、その内容をやや詳しく紹介することにしよう。

この手紙のなかで展開されたハイデガーの「弁明」は、彼自身によって三つの部分に分けられている。

最初の部分は「I・一九三三／三四年の学長職」と題されていて、まず学長選挙の経緯が述べられている。ハイデガーによれば、自分は、一部に噂されているように、ナチの大臣によって学長職に任命されたのではなくて、大学の有権者の全員一致で学長に選ばれたのであって、同僚たちのさまざまなサークルから寄せられた多くの強い要望があったために、そして特に前学長のフォン・メレンドルフの懇請に応えて、あえて候補者となることを引き受けた。自分は、それ以前に政党に属したこともなければ、国民社会主義ドイツ労働者党、すなわちナチ党と政府機関とに個人的で実質的な関係をもったこともなく、ただ大学の利害関心を考慮してのみ学長職を引き受けたのである。しかし、ここで展開されている、学長選挙をめぐるハイデガーの「弁明」は、後に述べるように、彼が学長選挙以前にはナチ党員ではなかったというただ一点を除いて、すべて虚偽であるか、またはきわめて不正確なものである。

次にハイデガーは、学長職を引き受けた当時、ナチとナチズム、そしてこれらと自らとの関わりをどのように考えていたのかについて説明している。自分は当時こう確信していた、自分がナチズムと精神的に共同することで、「国民社会主義的な運動」の多くの本質的な試みが深められて変化するであろうし、この「運動」がヨーロッパの混乱した状況と西洋の精神の危機を克服するための手助けとなるように仕向けることができる、と。彼はドイツ外の著名人ポール・ヴァレリーもまた西欧の政治状況の混乱と精神的危機について考えていたとして、彼の三つの講演のタイトルをフランス語で挙げている。そしてそのうえでこうも述べている。「自分は、大学の領域においても公開されない有効な仕方で西洋のあまねく行き渡った混乱と脅かしに立ち向かうことでナチ党と共同作業を行うことは必要だしまた可能なことだと考えましたが、そのわけは、当時ドイツ民族の圧倒的な多数が自由な選挙で示した意志もまた国民社会主義的な運動という意味での建設作業を肯定していたからです。そしてまさしく、諸学問と精神の領域においては、『〔国民社会主義的な——筆者〕運動』からさまざまなかたちでいわゆる『とんでもない』人々が影響と力を迫ったからこそ、私には次のことが必要だと思われたのです。それは、こうした動きに対抗して本質的で精神的な目標と地平を見えるようにすること、そして、西洋の責任にもとづいて、現実を照明するために共に気遣うことです。(17)」

ここでハイデガーはナチズムを受け入れた当時の自分の心境と確信についてやや立ち入って述べているが、ナチズムに接近したさいのハイデガーの側の動機が西洋の精神的混乱と危機の克服にあった点でナチズムとは最初から齟齬があったとしながらも、ナチとの「共同作業」や「共に気遣うこと」を強調している。ナチズムへの思い入れを含むこの点は後の「弁明」では修正されることになる。ここでわれわれが注目すべきことは、いかなる動機があったにせよ、ハイデガーがナチズムにかんしてあることを確信していたという事実にたいする価値評価が、つまり第二次世界大戦におけるナチス・ドイツの敗北という大きな歴史的転換点から見て過去の自分の政治的確信をどのように評価し反省するのかという肝心の問題がまったく語られていないことである。つまり、政治的過去にたいする自らの責任と反省に関連する言葉がまったく語られていないのである。

そしてハイデガーは、自らの学長就任演説からいくつかの箇所を引用して、とりわけローゼンベルクらナチ宣伝局の「世界観学」や「政治的科学の理念」なるものと自分の思想とがいかに根本から異なっていたかを強調している。ハイデガーによれば、学長就任演説の精神上の根本的立場はふたつの観点から明らかにされる。そのひとつは、精神の本質規定であって、これは演説のなかの「そして、精神的世界とは民族の精神的世界文化の上部構造ではないし、まして利用されうる諸知識と諸価値の兵器庫でもない。……精神的な世界だけが民族の偉大さを保証する」[18]という文言を参照することで理解される。ハイデガーはこの文言を読者に解釈して見せて、「これらの命題によって、どの知る者および物事を良く考える者にとっても、ローゼンベルクの世界観学に対する反対が決定的に語られている」[19]と述べている。しかし、ハイデガーの学長就任演説を手元に置いて彼自身の言うことを逐一検証してみれば、ハイデガーのこうした自己解釈がまったくのまやかしであることがわかる。というのも、ハイデガーが「……」で省略した箇所はまさしく彼が隠蔽した箇所にほかならず、学長演説ではそこには「そうではなくて、民族の精神的世界とは、この民族の現存在を最も内奥で呼び起こし最も広く揺り動かす威力として、民族の大地と血とをそなえた諸力を最も深いところで保持する威力である」[20]とあるからである。つまり、ハイデガーはナチのイデオロギーとの強い共通性を示す重要な語句を故意に削除して、自らをローゼンベルクの敵対者に仕立て上げている。この学長演説は、精神的世界が民族共同体を離れたたんなる抽象物や有用な知識・価値に還元されてはならないのであって、これとは反対に、基本的に民族共同体を内奥から支えるものでなくてはならないと理解する点で、実際には「血と大地」を二〇世紀の神話として宣伝したローゼンベルクときわめて近い立場に立っていた。歴史的事実から見ても、ハイデガー自身の説明とは大きく異なって、この学長演説の時点ではハイデガーとローゼンベルクのナチ・イデオロギー上の対立はまだ表面化してはいなかったのである。

ハイデガーは、ローゼンベルクおよびナチ学生団の「政治的な科学理念」のドグマでは、諸学問が実践的な職業という目的設定にならうべきであり、知の価値と無価値も「生活」の必要から評価されることになると指摘しつつ、このドグマと自らの主張との対立をことさらに強調するために、さらにふたつの引用箇所を持ちだしている。それは「知の本質は、職業の奉仕にあるのではなくて、その反対である。つまり、もろもろの職業が、民族の現存在全体にわたって民族のあの最高で本質的な知を手に入れ管理するのである」[21]という箇所と「学部は次の場合にのみ学部である。それは、学部に強く迫る、現存在のもろもろの威力を民族の唯一の精神的世界のうちへと刻み込んで形成するために、学部がおのれの学問の本質に根ざした、精神的な立法の能力へと自らを展開する場合である」[22]という箇所である。

しかし、ハイデガーの学長演説のそのほかの箇所では、例えば、「自己自身に掟を与えることが最高の自由である。しばしば歌に歌われた『アカデミーの自由』はドイツの大学からは放逐される。というのはこの自由は、否認するだけで、不当であったからである。」として、民族的・政治的観点から大学と学問の自由にたいする制限が謳われていたし、また民族共同体への献身を求める「勤労奉仕」、国家の名誉と運命にたいする献身を求める「国防奉仕」、そして最高で最も豊かな知の明晰さをドイツ民族の歴史的・精神的付託のために発揮する「知的奉仕」の三つの奉仕が等根源的だとされていた。ここで言われている「民族共同体」とは当時のナチ党の紛れもない重要なスローガンであった。したがって、学長演説全体の文脈から見れば、ハイデガーが強調する「精神的世界」の推進と大学と学問の「職業化」への反対とは、実際には「精神的世界」と大学・学問とのナチ化にほかならなかったのであって、このことは学長になったハイデガーがその後フライブルク大学の「強制的同質化」を推進し、その年の一〇月には「指導者＝学長」、つまり大学における「総統」に任命された過程のなかで十分に示されることになる。

ハイデガーはこれらの引用箇所のあいだにさらに「『大学』は『精神的立法の場』である」というもうひとつの引用を差し挟んでいる。しかし、この文言もまた、学長演説が語られた当時の時代背景とこれにもとづく演説自体の文脈を考慮すれば、ハイデガーの「弁明」とはおよそ正反対の意味で語られていることがわかる。つまり学長演説では、ハイデガーは既成の大学を「精神的立法の場」へと変革することを呼びかけているのだが、その「場」とは、大学のなかに民族に対する最高の奉仕をするための最も張り詰めた結集の中心となるものであり、しかもそれは、教師団と学生団とがそのほかのすべての民族構成員以上に簡素で厳しく無欲におのれの現存在を整える場合にのみ可能となるものなのである。ここでも「精神的立法の場」は民族共同体を離れては考えられないものとして位置づけられている。したがって、ハイデガーは自らの同じ文言を、そのもともとの意図とは全く逆に、つまり換骨奪胎して解釈しているのであって、ここでもあたかも自分が大学と「精神的世界」をナチ化から守ろうとしたかのような印象を与えて、事実の書き換えを意図する強い作為性をはっきりと示している。

このように述べた後、ハイデガーは自分には、根本的でない事柄にかんしては譲歩と妥協なしに行動することは不可能であることはわかっていたが、しかし、こう確信してもいた、と述べている。特に一九三三年五月一日のヒトラーの平和演説の後には、私の精神的な根本的立場と大学の諸課題の理解とが政府の政治的意志と一致しうる、と。だがハイデガーによれば、大学を変革するという自分の実践的な試みは、一九三三／三四年の冬学期には挫折し、クリスマス休暇の頃には、国民社会主義の運動の精神的ないし非精神的な基礎を変化させるために直接に影響を及ぼすことは思い違いであることがわかった。さらにこう強調される。さらにまもなく本省からは、法学部長のエリク・ヴォルフと医学部長のフォン・メレンドルフの二人にかんして、政治的に我慢ならないという理由で、他の人物に変えるように要求するというかたちで、自分に対する拒否的姿勢が強められてきたが、自分はこの要求を拒否し、学長を辞職したのだ、と。ハイデガーの学長辞任にかんしては、文部省が政治的な理由にもとづいて二人の学部長の解任を要求し、これをハイデガーが拒否したことをもって学長辞任の主たる理由とするという基本路線がこの時に定式化され、以後一貫して主張され続けることになる。しかし、後に検討するように、医学部長のフォン・メレンドルフにかんしては文部省からの解任要求はまったく存在せず、ヴォルフにかんしては法学部の同僚たちとのあいだに軋轢があり、文部省から一九四四年四月にヴォルフに対して警告が発せられたことは事実であるが、それは政治的理由ではなかったし、解任の要求でもなかったことははっきりしている(23)。

「Ⅱ・党への私の加入」と題された部分の記述はごくわずかである。そこではこう述べられている。ハイデガーが学長職を引き受けてまもなく、ナチの管区指導者が二人の役人を連れて大学事務室にやってきて、大臣の要望に従って、自分が党に入党するようにと求めてきた、大臣の言うところでは、そうすることで学長の職務活動と党および政府の担当部局との行き来が軽減されるということであった、かなり長く考えた末に、自分は、学長職のあいだもその後も党の役職を引き受けず、党のための活動もしないという明確な条件を付けたうえで、大学の利害のために入党した、と。しかし、実際は、ハイデガーが学長選挙に立候補する前からナチ党員によってかなり周到な準備工作と根回しが行われていて、ハイデガー自身も入党するのにやぶさかではないとすでに学長選挙以前に述べていたことは忘れられてはならない[24]。

「Ⅲ・一九三三年からの私と党との関係」の部分では、ハイデガーが学長を辞職した後の党との関係がおおよそ以下のように述べられている。

学長辞職後、自分は教育活動を継続するなかで国民社会主義的な世界観の基礎に対する抵抗を強めていかざるを得なかったが、そのために特別なことをする必要もなく、ローゼンベルクによって示された生物学主義のドグマ的な硬直化とプリミティヴさに反対して、自分の哲学的な根本的立場を表現するだけでよかったのであって、自分が哲学者として自分の流儀で活動したという事実がすでに反抗を示していた。自分は、学長辞職後の一九三四年の夏学期に「論理学」を講義し、「ロゴスにかんする教説」というタイトルで言語の本質を論じもしたが、そのさいに、言語は生物学的・人種的に考えられた人間存在の表現諸形象なのではなくて、その反対に、人間の本質が精神の根本現実性としての言語のうちで基礎づけられるのだということを示した。学生のなかでも能力のある者はこの講義とその根本的な意図を理解した。しかし、このことは、監視者とスパイによっても理解されていたのであって、彼らは自分の教育活動にかんして、たえずクリークやボイムラー、ローゼンベルクのところへ報告していたのである。

その次に、ハイデガーは自分がナチ党によって雑誌などでどのようにして攻撃されたかについてこう述べている。クリークが編集する『生成する民族』で自分の哲学と個人に対する悪意ある論争が開始され、ほとんど一〇年のあいだ、自分の思想に対して憎悪と誤解に満ちた非難が載らない号はなかった、同様にして、「芸術の起源」、「近代の世界像の形而上学的基礎付け」、「ヘルダーリン」にかんする講演が行われる度に、党の機関紙が同じ調子で非難を浴びせた、フライブルク大学の教授団構成員のなかで、一九三四年から四四年にかけて新聞や雑誌などで自分ほど嘲笑された人物はいなかった、自分は一九三六年から始まり一九四三年まで続けられたニーチェにかんする講義と講演で、いっそう明確にナチ党と対決し、精神的に反抗するようになった、ニーチェは国民社会主義と決して等置されてはならないのであって、このことは反セム主義に反対するニーチェの立場と彼のロシアに対する肯定的な関係が禁じたものである、などなどと。そしてハイデガーは、ナチ党と自分とのこうした関係を証拠立てるものとして、ローゼンベルクのお達しで一九三四年にプラハで開催された国際哲学会議のためのドイツ代表団から排除され、一九三七年にはパリで開催されたデカルト会議のためのドイツ代表団からも排除されたと述べ立てている。これらのことは、ハイデガーが「事実と思想」でも、さらに後のシュピーゲル対談でも繰り返し持ちだしていることである。しかし、これも後に詳論するが、これらはいずれも事実と一致しない。プラハ国際哲学会議のテーマは「民主主義の危機」であって、およそハイデガーの問題関心をそそるものでは決してなかったであろうし、デカルト会議はハイデガーよりも若くて国際的に知られているとはいえないハンス・ハイゼがドイツ代表団の団長に任命されたことで、彼の下位に位置付けられたハイデガーはプライドを傷つけられ、そのためにドイツ代表団に加わることを自ら拒否したからである。

さらにハイデガーは、一九二九年に出版されて品切れとなっていた自著『カントと形而上学の問題』の新しい発行がローゼンベルク局によって禁じられたことをあげ、さらに一九三八年以来雑誌の編集者宛に秘密の指示がなされ、自分の名前をあげることも、そして自分の著作の評価を行うことも禁じられたとして、次のような文書をその証拠として引用している。「マルティン・ハイデガーの論文『真理にかんするプラトンの教説』は、まもなくヘルムート・キュッパー社から発行される『精神的伝承のための年誌』に収録されているが、評価されてはならず、また名前をあげてもならない。この『年誌』はそのほかの点では完全に論評を行うことができるが、その第Ⅱ巻にたいするハイデガーの寄稿について言及されるべきではない。[25]」しかし、以前の論文で私が指摘したように、イタリアの哲学者エルネスト・グラッシ編集のこの『年誌』にたいするハイデガーの寄稿論文がローゼンベルクの学術本部学術監視査定局から干渉を受けたことは事実であるが、問題とされた箇所は、ローゼンベルクと親しい関係にあったナチ党員ヴィルヘルム・ブラッハマン博士がその論文のなかで展開した、現代のヒューマニズムとしての「政治的ヒューマニズム」概念がハイデガーのヒューマニズム概念、すなわち「プラトンにおける形而上学の発端、展開、終焉」が同時にヒューマニズムと内的に連動しているがゆえに問題をはらんでいるのだとする理解と相容れないということだけであった。ハイデガーは、イタリア大使とムッソリーニに働きかけて、自らの論文を削除することなく掲載するのに成功したのであった。その時の引き替え条件が、『年誌』の刊行の後は、ハイデガーの論文がブラッハマンの方針と異なるから、この論文にかんしてハイデガーの名前をあげたり彼の論文を論評したりすることは差し控えるということだったのである。ハイデガーにたいするこうした措置は全体の文脈のなかで理解されなくてはならない。『年誌』がハイデガーの名前をあげたり彼の論文を論評すれば、『年誌』全体が思想上の不統一を生むことになり、読者に与える印象としては好ましくない。この意味で名前をあげることも論評もしないということなのである。したがって、こうした措置は限定的な措置であって、通常の意味での言論の弾圧やハイデガー個人に対する攻撃とは本質的に異なるのであって、ハイデガーはこうした措置の背景にあるものについて読者が無知であることを利用して、操作を行っていることに注意されたい。[26]

その後にハイデガーは、学長宛の手紙による回答というかたちを取ったこの「弁明」においてのみ言及し、そのほかの箇所では触れていない事柄について述べている。「ドイツでは私の名前と著作については完全に黙殺され、別刷りというかたちで著作を公刊することができなかったのに――三つの小さな講演は一九四三年にこっそりと出版されて、文献においてはどこでもかつて言及されたことがなかったのだが――、私は戦争のあいだ、外務省の宣伝目的のために、繰り返しそして執拗に、スペイン、ポルトガル、イタリアで講演することを求められた。私はこれらの奇妙な要求を次のようなはっきりとした指示で断った。私が著作を世に問うことが我が国では禁じられているのに、外国で私の名前をプロパガンダの目的のために貸すことはできない、と。」[27]しかし、著作を世に問うことがナチから禁じられているその当人がプロパガンダのために外国で講演することをナチから求められているというのはいかにも奇妙な矛盾である。ハイデガーは、戦争下で出版事情がきわめて厳しい情勢のなかで、数は少ないがいくつかの著作を刊行しているから、「著作を世に問うことが我が国で禁じられている」というのは事柄を必要以上に誇張していることは明らかである。これに対して、ハイデガーが外務省から繰り返し外国で講演することを求められたというのは事実としてありうることであり、ハイデガーの言い分とは裏腹に、ハイデガーと外務省との良好な関係を示す証拠を自ら提起するものといえよう。ハイデガーはこの奇妙な「弁明」をこの手紙のなかだけで展開しており、その後二度と持ちだすことはなかったが、そのわけは、こうした「弁明」に含まれる自己矛盾とこの自己矛盾がもたらしかねない論理的帰結に気づいたからであろう。

この手紙の末尾近くでハイデガーは、党に対する自分の立場を本質的でないことにおいても目に見えるようにするために、党の会議には出席しなかったこと、党員バッジを身に着けなかったこと、いわゆるナチス・ドイツ式の挨拶で講義や講演を始めたりはしなかったことをあげている。しかし、これらはすべて、先に述べた理由ですべて反証される。[28]

最後にハイデガーはこう述べている。「私の学長時代をつうじて多くの学生たちがそそのかされて『国民社会主義』

に導かれたという、あまりにも粗雑な主張がたえず繰り返し行われるのであれば、少なくとも私が一九三三―一九三四年のあいだの年に、講義をつうじて何千という聴講者を教育して、われわれの時代の形而上学的基礎を深く考えるようにし向けたこと、そして精神の世界と西洋の歴史における精神の偉大な伝承とにたいして彼らの目を開いたということをも認識するのが公平さというものである。[29]」しかし、政治的な言動の責任は政治的言動によってのみ取ることができるのであるから、ハイデガーのこうした発言はたんなる居直りとしか受け取ることができないであろう。

第五章　浄化委員会議長宛の手紙におけるハイデガーの最後の抵抗

ところで、学長に対するハイデガーの回答と教育活動への復帰の要請とは、火中に油を注ぐような結果となった。その後大学評議会ではハイデガーの教職復帰をめぐって何度も激論が闘わされることになったからである。その過程のなかで、評議員のなかから浄化委員会の八月一日の鑑定、とりわけそこで取り上げられている事実の理解と解釈に対して強い異論が提起されることになり、今度は大学評議会から政治的浄化委員会のランペとオイケンにたいして改めて所見を求める動きがあった。これに応じてランペが一一月二七日に、オイケンが一一月三〇日にそれぞれ自らの所見を提出した。こうして「ハイデガー裁判」をめぐる事態は完全な急転回を迎えることになったのである。

こうした動きを受けて、一二月一一日と一三日の二度にわたって浄化委員会が開催されて、「ハイデガー裁判」がやり直されることになった。次章で検討される浄化委員会の最終報告に示されるように、ここではハイデガーにたいして打って変わって厳しい論評が行われたのであった。なお、ハインリヒ・ヴィーガント・ペーツェットは一九八三年に著書『星に向かって——マルティン・ハイデガーとの出会いと対話。一九二九—一九七六年』を刊行し、そのなかでハイデガーが述べたこととして次のような言葉を書き留めている。「私は当時——一九四五年一二月に——何の準備もなく、学部から二三の質問事項からなる、厳しい異端審問のような事情聴取へと召還され、精神的に虚脱状態に陥った。[30]」この叙述は明らかにハイデガーを擁護する側からのものであって、事情聴取の日時や浄化委員会での審議を哲学部のそれと取り違えるなど、かなり不正確な諸点を含んでいる。しかし、もしもハイデガーが二三カ条にわたる質問事項を受けて椅子のうえにくずれおれたというのが事実だとすれば、それはこの一二月一一日かまたは一三日の二回にわたる浄化委員会でのいずれかの出来事であったであろう。

この最後の浄化委員会の審議の後、ハイデガーは一二月一五日付けで浄化委員会議長のフォン・ディーツェ宛てに書簡を送り、最後の抵抗ともいうべき「弁明」を試みている。それは浄化委員会のなかで決定的に不利な立場に陥ったハイデガーが、委員会議長が最終報告書を起草するさいに少しでも自分に有利なようにまとめることを期待して、そのための影響力を行使しようとする、いわば最後の悪あがきであった。

このハイデガーの手紙は、「論評の最後の点（［ドイツ――筆者］大学同盟と［ヒトラー宛の――筆者］電報）についていくつかの説明を付け加え、これと関連していくつかの根本的なことを詳しく説明することをどうかお許しいただきたいと思います[31]」という前置きから始まっている。そして冒頭で、出来事と事実の理解にかんしてとくにオイケンと自分とのあいだに「橋渡ししえない溝」があることを嘆き、その点で、浄化委員会の委員の一人であるエールカース氏の言葉が決定的なことを言い当てたと述べている。この後半の言葉の意味は、ハイデガーがヤスパースの名前を無理にあげていることと関連して、もう少し後で理解されることになろう。

ハイデガーが言う「ドイツ大学同盟 Hochschulverband」とは、我が国でいう単科大学どうしの全国組織であって、一九二〇年に設立され、当時はカトリック神学者のティルマンや教育哲学者のシュプランガーが理事を務めていた。彼らもナチの政権獲得とともにドイツの再生と新しい帝国の建設のためにナチ党への賛成署名を行ったり、自らの内部でも自主的に「強制的同質化」を行うなど、それなりに新しい政治体制に迎合しようとしていた。しかし、それは学長・評議会・学部の自治を守るという基本路線を堅持したし、カトリックが理事会のなかに一定の勢力を占めていたほか、過激な学生団体による焚書などに対しても批判的であった。こうした政治的姿勢が生ぬるいとして、ドイツ学生連盟はこれに敵対しており、またフライブルク大学学長ハイデガーも、キール大学学長ロタール・ヴォルフ、フランクフルト大学学長エルンスト・クリーク、ゲッティンゲン大学学長フリードリヒ・ノイマンたちと密接に共同して、ドイツ大学同盟という全国的な組織を、彼らが信ずる「強制的同質化」、すなわちいっそうラディカルなナチ化の路線に向けて変革しようとして闘争していた。このことが浄化委員会で査問の対象となったのである。

このことと関連して、学長ハイデガーが一九三三年五月二〇日に学長名でヒトラーに宛てて次のような電報を打電したことも査問の対象とされた。「ベルリン帝国宰相官房内、帝国宰相閣下。私は謹んで以下のように要請いたします。ドイツ大学同盟の幹部会が計画されていますが、この幹部会を、大学同盟の指導部がまさしくここで特別に必要とされている強制的同質化という意味において完成される時点まで延期されますように、と。[32]」

ここで用いられている「強制的同質化 Gleichschaltung」という言葉は、すでに述べたように当時のナチ特有の用語であって、ナチ革命を全国の津々浦々に拡大するとともに、非アーリア系人種とマルクス主義者などを排除しながらそれぞれの部署でナチ党の支配権を確立しようという合い言葉にほかならなかった。ドイツ大学同盟は、ナチ党の権力掌握という政治情勢の激変に対応し、現政府への支持を表明するためにヒトラーとの対話の場をもちたいと願ってもいたのだが、これに対してドイツ学生同盟は、ドイツ大学連盟が学生同盟に敵対的であり、ヒトラーと対話するには値しない組織であるという理由で、これに攻撃の矛先を向けていた。だからハイデガーは、過激な学生たちの側に身を置き、学生たちの闘争の目標を実現させるという目的で、ドイツ大学同盟で今行われているナチ化が完了して、例えば非ドイツ的精神の持ち主たちが理事会から追放された後で初めて、この組織がヒトラーと話し合いをもつべきだと考えて、ヒトラー宛にそれまでは話し合いを延期するようにと求める電報を送ったのである。

ハイデガーのこの手紙は大きく分けて四つの「弁明」から成り立っている。そのひとつは、ドイツ大学同盟との対立関係であって、これにかんしてハイデガーはこう抗弁している。自分は一九三三年になって初めて大学同盟に対して敵対していたのではなくて、それ以前から、ヤスパースと彼の友人・弟子たちと一致してそうしていた、その理由は、今の大学同盟の路線では哲学的精神にもとづく大学 Universitas［ウニヴェルシタス――ラテン語］という意味でのドイツの大学の内的変革は決して達成できないからである、ドイツの諸大学は数年来ますます「単科大学」、すなわち専門学校の影響を受けて、職業学校的な傾向がますます優位を占めている、教授技術、経営技術、給与の問題が前面に出てきて、「精神的なもの」は事のついでに取り扱われるにすぎなくなっている、これらの理由から自分たちは大学同盟と対立していたのだ、と。そしてハイデガーは、一九三三年春以来、単科大学教師のなかの「古参党員」が技術系単科大学、医学部、法学部からやってきて、これらの人々が意識的に専門学校化［大学のなかに専門学校的要素を取り入れること――筆者］を迫り、専門学校は党とその世界観学という意味で政治的に方向付けられるはずであった、諸学問を便利な政治的道具となりうる「技術」にする――これは四カ年計画と戦争における諸科学の投入がまったく明らかに示したことである――代わりに、諸学問を精神的・形而上学的に基礎付けることに成功したならば、先のような傾向はすぐに根本から抑えられたのだ、と続けている。さらにハイデガーは、プロイセン文部省と親しい関係にあるヴォルフ学長とノイマン学長から、プロイセン文部省では大学の専門学校化を阻止しようという動きがあり、ローゼンベルクとボイムラーが世界観的に基礎づけた「政治的科学の概念」にも反対があることを知っていたと述べて、ナチ党内部の対立にさえも言及している。

二つ目は、これとの関連で、ハイデガーがヒトラー宛に打電した電報にかんする「弁明」が続く。彼はこの電報についても巧妙な抗弁を行っている。ハイデガーは、この電報にある「強制的同質化」という言葉は、自分なりに国民社会主義を理解した意味で考えていたとして、これを通常の意味で受け取ってほしくないと言外におわせながら、こう述べている。「私が意図したのは、大学を党の教義に引き渡すことではなくて、その逆に、国民社会主義の内部で、そしてこれとの関連で、精神的な変革を進めることであった。国民社会主義と党が大学にかんして精神的な目的設定と学問の概念をもっていなかったと言うのは、事実と一致しない。」そして、この精神的変革とナチの「政治的科学」に対しては、この電報の四日後の学長就任演説のなかではっきりと反対したし、そのすぐ後にエルフルトで開催されたドイツ大学同盟の会議でも、自発的にかつ熱を込めて、ウニヴェルシタスに賛成し、専門学校に反対したとしたうえで、この会議で明らかになった分裂をこう図式化している。「古い大学同盟」および「反動的」対「国民社会主義ドイツ労働者党」および「革命的」ではなくて、「専門学校」対「ウニヴェルシタス」との分裂であった、と。そして、オイケンがこのことを記憶していないのは、彼が重要な集まりの翌日夕方にエルフルトに到着してこの集まりには出席していなかったからだと説明している。しかし、例えばハイデガーは、一九三三年一二月二〇日の学部長通達のなかでなお「ナチズムの国家の諸力と要求にもとづいて学術的な教育を改革する」ことを呼びかけていたことが文書によって証明されるから、自らの学長職の任務が大学の精神的改革と大学の専門学校化の危険の回避にあったという彼の「弁明」は、そのすべてが虚偽だというわけではないにしても、重点の置かれ方が根本的に異なっているということが了解される。

三つ目の「弁明」は、大学の専門学校化とスペシャリスト養成、そして技術の偏重という傾向に対して警告を行ってきたというハイデガーに対して、かつてはハイデガー学長を賛美していたバーデン州ナチの機関紙『アレマン人』が侮辱を加えたことを根拠として、彼とナチ党とがいかに離反した関係にあったかを強調している。ハイデガーはここであるひとつの忘れることのできない屈辱的な出来事を持ち出している。それは、ハイデガーが学長を辞任した後、一九三八年六月一〇日の『アレマン人』に彼を誹謗中傷する記事が掲載されたという事件である。彼はこう述べている。「私は一九三五年以来繰り返し［ナチに――筆者］警告してきたし、一九三八年の夏には講演『形而上学による近代世界像の基礎づけ』のなかでこう表明しました。もろもろの学問がますます技術に自らを売り渡している、と。［ナチ――筆者］党はこの非難をきわめて正確に理解しました。ある日、『アレマン人』にこの講演にかんする悪意ある報告が掲載されました。その末尾にはこういうメモがありました。今はもうそんな哲学的な言葉の弄びをするひまはないのであって、四カ年計画のための科学の実践的な仕事の方が肝要なのだ、と。新聞の学芸欄は、『興味深い講演の夕べ』についての報告に続いて、次のような注意書きが書かれるというようにレイアウトされていました。その注意書きとは、現在フライブルクでは化学協会が審議を行っていて、大学が四カ年計画のためのこうした仕事に従事しているというものでした。『ハイデガー教授は、誰も彼を理解しないという事実のために名声を得ているにすぎず、無を（すなわち、ニヒリズムを想定している）教えている』とされ、私の講演は、専門科学のもっぱら『生活にとって重要な』仕事に対比して、誹謗されたのです(33)。」

ナチの機関紙『アレマン人』がこの日ハイデガーを侮辱する記事を掲載したことは事実である。ハイデガーにとってもっとも屈辱的であったのは、たんにナチが自分を誹謗したことだけではなかったのであって、ハイデガーを誹謗する記事の下にヘルマン・シュタウディンガーによるこの講演の記事があるというように紙面がレイアウトされていたことが、ハイデガーにだけ理解されるような仕方である政治的な含意を隠していたからである。世界的な化学者で大戦後にノーベル化学賞を受賞したシュタウディンガーは、一九三三年になって学長ハイデガーによってゲシュタポに密告され、そのためにおよそ八カ月のあいだ苦しめられることになった人物であるが、そのハイデガーがナチによって侮辱されるとともに、このシュタウディンガーが今や「四カ年計画」との関わりでナチによって持ち上げられているのであった。[34] このシュタウディンガー事件については、本書の第三部でやや詳しく論じることにする。いずれにしても、ハイデガーが自分にとって忘れがたい侮辱的なこの事件を持ちだすことで、自分がナチの同行者ではなかったことをフォン・ディーツェに示そうとしたのである。しかし、この事件はハイデガーとナチとの離反を示す事件では決してなく、同じナチの内部におけるハイデガーとバーデン州ナチとのあいだのイデオロギーの違いまたは思想闘争の一局面を示すものだと見なければならない。これは、ハイデガーとローゼンベルクやボイムラーとの関係もまた同じナチ内部での思想上の対立の関係にすぎなかったのと同様である。

四つ目に、ハイデガーは自らの学長就任演説がもたらした影響について「弁明」している。この問題で彼が強調しているのは、国の内外、党を含めて賛成と反対の両面から、この演説が固有の内容と根本的な立場、そして私の哲学的著作との関係において理解されなかったこと、そしてその内容が一九三四年からローゼンベルクやクリークから強く攻撃されるようになり、そのためにその後は書店では次第に売れ残り、一九四四年になってもまだ絶版になってはいなかったということである。しかし、ハイデガーが党の公式見解から攻撃されたことは事実であっても、この学長演説は一九三七年になってもまだ四千部から六千部も売れていたことが記録からわかっており、ハイデガーがここでも事実と虚偽をないまぜにして党との離反を必要以上に強調していることが了解される。

五つ目は、ハイデガーは自らの一九四一年の講演「プラトンの真理論」を『精神的伝承のための年誌』に掲載したが、これについて言及するのを当局から禁じられたとしている。しかし、本書ですでに論じたように、これについても、ローゼンベルク当局がクレームをつけたのはハイデガーのヒューマニズム概念にかんしてであり、ハイデガーはこれに対して、こともあろうに、ムッソリーニとイタリア大使に働きかけてこの論文を掲載するという目的を達成した。その時ハイデガーと出版社が自ら提出した条件がこれについては論評を行わないということだったのであり、これをナチ当局による禁止措置と理解するとすれば、それは事実とは異なることを述べたことになる。

最後にハイデガーは、二人の息子がロシア戦線に送られていることを心配して、「人に訴える論証」を用いて手紙を締めくくっている。

第六章　浄化委員会の最終報告書の概要

これまでに述べた紆余曲折を経て、浄化委員会議長であるフォン・ディーツェは、一九四五年一二月一一日と一三日に開催された最後の委員会での討議とそこで得られた結論を一九日付で最終報告書として文章化している。「一九四五年一二月一一日と一三日の浄化委員会における審議の結果にかんする報告書」[35]がそれである。この報告書のなかには、われわれが前章で検討したフォン・ディーツェ宛のハイデガーの書簡が言及されているので、この書簡を踏まえながら最終報告書が起草されたことが知られる。

この最終報告書は、ハイデガー学長時代のフライブルク大学の内部事情をよく知る人々、そして指導者－学長ハイデガーの言動によって苦しめられるかまたはこれに批判的な行動をとっていた教授たちの意見を大幅に反映して、前章で概要を紹介した報告書とは本質的に内容を一変させている。こうして出来上がった最終報告書は、ハイデガーが自己防衛のために行った「弁明」によってなおも引きずられている側面を部分的に残しながらも、多くの場合ハイデガーに突きつけられた罪状とハイデガーの「弁明」とをつきあわせるというかたちでハイデガー問題を審議しており、ハイデガーの「弁明」をそのまま信ずることなく、これにかなりの距離を置いている。ドイツ敗戦直後のこの段階では、委員会の教授たちはハイデガーの講義や学長就任演説を除くそのほかの講演を直接に聴いていたはずもなく、ハイデガーにかんする記録文書はきわめてわずかしか集まらず、とりわけナチ党やナチ系の学生団体にたいしてハイデガーが公表した文書や記録は党内部の人間でなければ接するのが困難であったであろう。こうした時代の制約のもとで、最終報告は、例えば学長辞任後のハイデガーとナチ党との関係にかんするハイデガーの「弁明」を真に受けていることを始め、現在の研究の到達点からすれば問題点がないわけではない。しかしそれは、ハイデガー学長が大学の教授団にどのように振る舞い、教職員・学生にどのような影響を及ぼしたのか、ハイデガー学長の言動が教授団からはどのように受け止められていたのかを知るうえで貴重な文書といえよう。そうした視点から、この最終報告の特徴点を以下にまとめることにしたい。

この最終報告書では、ハイデガー学長時代に問題であったとされた出来事の確認は以前の報告書に比べるとはるかに詳細であり、これにたいする審議もはるかに入念かつ慎重になっていることがわかる。嫌疑がかけられた個々の問題については、告発者とハイデガーとのあいだで事実が確認できたものとそうでないものとがあり、そうでないものについては、告発側とこれに対するハイデガーの「弁明」とを両論併記するだけで、どちらが正しいかの判定を保留している点も多い。

個々の問題点のうち委員会はまず、ハイデガーが教授会の満場一致で学長に選出されたと述べたことにかんしては少数の反対投票があったことを明らかにし、また学長選のいきさつにかんして、ハイデガーの二代前の学長であったザウアーがハイデガーに学長職を断るようにと忠告したという証言と、学長職につくようにとザウアーから説得を受けたというハイデガーの「弁明」との対立をそのまま記述している。次に、「ユダヤ人がドイツ語を話すなら、こいつは嘘を言っている」という内容のプラカードの件にかんしては、ハイデガー学長がこれを大学内に掲示することを二度にわたって拒否したと弁明したことを是認している。一九三三年夏学期に、ナチ学生の指導部がユダヤ人の学生団体「ネオ・フリブルギア」に対して暴力行為を行い、これに対してザウアー、オイケン、エーリク・ヴォルフが大学評議会で加害者に対する処分を求めたが、ハイデガーが肩をすくめただけでこれに返答せず、ハイデガーがナチ学生をかばおうとしているとの印象を与えた件についても、ハイデガーが学長としてこの事件にかんしてバーデン州文部大臣ヴァッカーやベルリンの文部省の中心人物とも話をし、学生指導者シュテーベルにフライブルクに来てもらい、カトリックの学生団体にたいしてもこれ以上の暴力行為をしないようにし向けたが、この種の暴力事件はたんに地方だけの問題ではないという理由で学生の処分は見込みがないと考えたという言い分を併記している。

浄化委員会の最後の会合で議論の対象となったのは、やはり自らの師であるフッサールを含めたユダヤ系大学人にたいするハイデガーの態度であり、特にフッサールとハイデガーの不和が焦点となった。この問題を問われてハイデガーは、自分とフッサールとの不和の原因にかんして、彼がユダヤ民族の出であるということは意味をもってはおらず、哲学的な見解の差異が決定的であり、彼は一九三〇年かまたは三一年のベルリンでの講演でハイデガー哲学に強く反対したことがあると述べたうえで、自分の妻エルフリーデが書いたフッサール夫人宛の手紙をつうじて、この不和を解消しようと努めた、と付け加えた。これに対して、フッサールはハイデガーが反ユダヤ主義から自分に背を向けたと理解していたというオイケンの所見が取り沙汰された。さらにオイケンの確信によれば、ハイデガーが一九三三年以降多くのユダヤ人学生にたいして博士論文のための研究発表を認めず、ザイデマンとヘレーネ・ヴァイス嬢がそうであったということが明らかにされた。これに対してハイデガーは自分がユダヤ人学生を排除したのはもっぱら戦術上の配慮からであり、これら二人についてはハイデガーが敵対していたキリスト教学講座のマルティン・ホーネッカーとの取り決めでこの教授のところで面倒を見させたと答えている。これに関連して、ハイデガーが人種を理由としてハンガリー系ユダヤ人のスィーラシ夫人が彼の自宅に出入りするのを禁じたこと、そしてユダヤ系教授エドゥアルト・フレンケルがフライブルク大学に招聘されたさいにハイデガーが反対し、学部内でフレンケルの話が出た時に、ユダヤ人禁止の学部に彼が来たが、ユダヤ人が招聘されることは望まないとハイデガーが述べたことも議論の対象となった。

しかし、ハイデガーがマックス・ウェーバーの甥にあたるエドゥアルト・バウムガルテンにかんする密告事件にかんしては委員会には情報が伝わっていなかったようである。この事件とは、バウムガルテンがナチに入党しようとしたさいに、ハイデガーが一九三三年一二月一六日付けでナチ大学教師連盟に宛て彼にかんする所見を送り、そのなかで「バウムガルテンは、いずれにせよ当地ではナチではまったくなかった。彼は親戚関係や精神的な姿勢からしてマックス・ウェーバーを中心とする自由主義的・民主主義的なハイデルベルク知識人サークルを出自としている」ばかりか、ユダヤ人フレンケルと活発な連絡を取ったと述べて、ただちに彼の入党を求めるのではなくて、その前に保護観察期間を設けるように進言したという事件である。(36) この事件を知る由もなかった委員たちの前で、ハイデガーは強く安堵したに違いない。彼は、浄化委員から指摘された事柄にかんしてその理由と事実の有無について反論したほか、彼が在任中にタンハウザーとフォン・ヘヴェシーという二人のユダヤ系教授を任命したことを彼が反ユダヤ的ではなかったことの証拠としてあげることができた。しかし、これについても、ハイデガーの発言を鵜呑みにはできないのであって、この件にかんしては本書の第二部でまた取り上げることにする。

さらにハイデガーは、自分が党からはユダヤ人の友として敵対視されていたと主張し、これにかんして同僚からも文書による証言が寄せられたが、この発言に対しては、オイケンはハイデガーが公開演説で「体系の時代におけるユダヤ人支配」について語ったほか、ユダヤ人を「異邦人」と述べたと反論して、激しく争っている。しかし、浄化委員会はこれらの問題の所在と見解の対立にかんして何も結論を出してはいない。もちろん、この時点では、例えば一九二九年にハイデガーがヴィクトル・シュヴェーラー宛の手紙のなかで「問題なのは、われわれのドイツの精神生活に再び真に土着的な力と教育者を供給するか、それとも強まりつつあるユダヤ化にそれを……最終的に引き渡すかの選択の前にわれわれが立っていることを今ここでじっくりと考えることです[37]」と述べて、反ユダヤ的言辞を明確に語っていたことは委員会には知られてはいなかった。

浄化委員会における議論の核心に位置づけられたもうひとつの主要な問題は、学長ハイデガーがヒトラーとナチ党にどれだけ共鳴・共感していたかであった。浄化委員会はハイデガーが学長就任演説で「防衛奉仕、労働奉仕、知的奉仕」を等根源的として掲げたことについて、特に「労働奉仕」がこの時点ではまだ世界観的な教育を伴った強制的組織化を意味しなかったとしても、ナチ党にたいする信仰告白として利用されたことの責任を指摘している。しかし、すでに本論文が述べた理由により、浄化委員会による学長演説の分析はきわめて短くて不十分であり、特に演説の後ただちに多くの党員が大学と学問にかんするハイデガーの理解と党の教義とのあいだには分裂を感じたと見なし、後には学長演説は党によって抑圧され闘争の対象となったと見なしている点は、重大な事実誤認であり、ハイデガーの虚偽の「弁明」にまんまと引っかかっていると言わなければならない。

ハイデガーは、一九三三年七月五日に突撃隊に入隊した多くの学生たちの前でスピーチを行い、大学の精神的な不十分さは、使いものにならずレベルを押し下げる学生たちの侵入を呼び起こした、大学は教授たちのためにそこにあるのではないし、まして下宿屋の主人たちのためにあるのではないなどと述べたことを指摘されて、これらの発言が逸脱であったことを認めている。また、これとの関連で特に問題とされたのは、その一部は本論文ですでに言及したことだが、ハイデガーが『フライブルク学生新聞』に掲載したふたつの記事であった。そのひとつは、ハイデガーの「ドイツの学生諸君」という呼びかけであって、これは一九三三年一一月三日の同新聞に掲載された。そこでハイデガー学長は、本書ですでに引用したが、学生たちにこう呼びかけていた。「学説や『理念』が諸君の存在の規範なのではない。総統自身が、そして総統のみが今日と未来のドイツの現実であり、その法則である。たえずいっそう深く知ることを学びたまえ。今からはすべての事物が決断を要求し、すべての行為が責任を要求するのである」。もうひとつは、ハイデガーが帝国議会選挙の前日の同年一一月一一日に「ドイツ学者の集会」で演説したもので、これは選挙に向けてヒトラーとその党への支持を呼びかける運動の一環として位置付けられて、同新聞の「選挙特別号」としてこの演説の前日の一一月一〇日に掲載された。そこでハイデガーはヒトラーとナチ党の忠実な下僕としてその末尾でこう述べている。「ドイツ民族は全体として一一月一二日におのれの未来を選択する。この未来は総統と結びついている。民族は、外交的な配慮にもとづいて『賛成』を投じようとして総統と総統に無制限に指示された運動とをこの『賛成』に含めることなく、未来を選択することはできない。外交も存在しないし、内政も存在しない。国家の満ち足りた現存在を求める意志だけが存在する。総統はこの意志を民族全体のなかで覚醒させ、唯一の決断へと一体化したのである。この意志を告知する日に投票しない者があってはならない[38]」

ランペは、このふたつの文書を根拠として、ハイデガーがヒトラーの『我が闘争』にたいする内心の反発からこれを読まなかった、あるいは一九三三年の六月には党と自分の考え方の対立を意識するようになったと「弁明」したことの矛盾と虚偽を突いたのであった。

またオイケンによって、ハイデガー学長が大学評議会という大学自治の最高の意思決定機関のなかに学生団の代表を招き入れたことも大きな問題とされた。過激な学生団体におもねることで、大学の自治に突破口が開かれてこれが脅かされ、党幹部学生が大学評議会のなかで幅を利かすような事態に道を開いたからである。

最終報告書の最後の部分は、ハイデガー学長と当時の良識ある同僚たちとの関係、そして同僚たちの目に映っていた率直なハイデガー学長像を知るうえで貴重な記録になっていると思われるので、訳文をそのまま掲げることにしたい。

「大学の教授団にたいする振る舞い」という項目では以下のように記述されている。「教授たちの圧倒的な多数は一九三三年にハイデガー氏を学長に選出したが、そのわけは、彼らがハイデガー氏に、彼が党の人々の耐え難い不当な要求に対して大学を守り、そのために彼の高い学問的な名声を利用するだろうという信頼を寄せていたからである。しかし、大学の諸課題にかんするハイデガー氏の理解は、ほとんどの教授たちの理解とは決して一致しなかった。だからすぐに明確な反対が起きたのであって、この反対はハイデガー氏の行動によって並外れて強くなった。つまり、彼は真の討論を許すことなく、彼に反対する理解を『反動的』としてこれと戦い、彼らに対抗していっそう若い講師、助手、学生たちの支持を求めた。彼の発言の多くはまさしく煽動として作用した。ハイデガー氏が教授たちに講義のなかと応接室での行動にかんして繰り返し与えた指示は、明らかに尊大さとして感じられた。ハイデガー学長は一九三三年一二月に緊張が特に激しかった法・国家学部に文書を送り、そのなかで態度を変えるようにと急いで勧告し、将来は同僚が被る評価は、彼——ハイデガー氏——がいかに個人的に評価するかに依存するだろうと宣言した。若い講師たちや学位論文・大学教授資格取得志願者たちは、そのような発言——これはもはや現存してはいないが——を彼らの将来の脅迫として理解しなければならなかった。[39]」

また、Ⅱの「3・学長職の遂行とそのさいにつきまとった意図の全体」の項目では、ハイデガー学長の全体的評価をまとめるとともに、ナチと権力的に癒着した哲学者ハイデガーの心理的な分析さえも記されていて、興味深い。そこにはこうある。

一九三三／三四年の学長職はフライブルク大学にとっては異様に興奮した時期をもたらした。それは大学の名声と尊厳を深刻に傷つけた。ハイデガー氏は学長として公然と学問的に国民社会主義の肩をもったし、国民社会主義者の党の望みを考慮したと理解されたしまた理解されねばならなかった努力を擁護した。こうした圧迫のもとで、大学の若い講師たちや職員たちは国民社会主義の党の仲間に加わった。ハイデガー氏は、ドイツの大学が当時決して国民社会主義に反対して必要とされる態度をとらなかったということにも強く貢献した。ハイデガー氏の発言は党の言葉使いに適合し、反ユダヤ主義的な色彩をも帯びていた。彼は若い講師、助手、学生たちに売り込んで、それがまさしく教授たちに反対する煽動として働くほどに広がった。ハイデガー氏は、暴力行為を行使した国民社会主義の学生たちに対して、学長として禁止の処置を宣告しなかった。彼は、学生団体が共産主義的な学友たちに反対して怒りに満ちた呼びかけを行うことを大学内で許可したし、これには抗議が寄せられたにもかかわらず、これを撤回しなかった。

ハイデガー氏自身は、自分が特に大学行政の技術的な事柄と人事にかんして重大な失敗を犯したと述べた。彼自身は学生たちの前で演説をしたことは逸脱であったと述べた。とりわけ、彼がなおヒトラーに信頼を寄せていたことは彼の失敗であったと述べている。

ハイデガー氏は、一九三三／三四年には党と国民社会主義に反対して、矛盾に満ちた「中間的な立場」にあった。彼は、党の教義である生物学主義を拒否したが、社会的な事柄と国民的な事柄には同意しており、これは、彼の確信によれば本質的ではないかたちではあるが、生物学的・人種的な世界観に結びついていた。彼は、ヒトラーが党とその教義を超えて大きく成長し、［ナチの――筆者］運動は、すべての人々が革新と西洋の責任のための団結という基盤のうえに結集するために、これまでとは異なった運動の軌道へと精神的に向けられるだろうと信じた。彼は、行動を共にすることによって〔ナチの――筆者〕運動の変化をめざすことに役立つと考えた。ハイデガー氏には、この「中間的な立場」のなかで、許される程度を正しく見る目があるとは認められなかった。彼が大学連盟に反対して「強制的同質化」の必然性を持ち出す場合は、そうだったのである。

学長職の引き受けと学長職を遂行する仕方とのための確信から生ずる動機と並んで、個人的な性質と願望もまたからみあっていた。ハイデガー氏は権力を引き寄せた。彼はそのさい、何らかの党幹部のスタイルそれ自体のかたちで、相応のもうけのある地位のために闘ったわけではなかった。彼を引きつけたものは強い影響力を行使する名声であった。この個人的な諸要素を考慮しなくては、ハイデガー氏のフライブルク大学の教授たちに対する無遠慮で不寛容な振る舞いは理解しえないであろう。彼は、脅迫の試みとして理解されなければならない言い回しを用いた。彼の行動が過激になればなるほど、彼はいっそう精神的な力と人々とを押さえつけることができないと感じた。

ここからはハイデガー氏が学長職を遂行するさいに認められた個人的な性格がさらに立ち入って語られる。それは内的な信頼の欠如である。彼が取った措置の多くは、広い範囲の憂慮からのみ理解される。特に彼のユダヤ人に対するふるまいがそうである。ハイデガー氏が学長としてユダヤ系教授たちを擁護したこと、彼がこの時代に何人かの以前からのユダヤ人の友人との付き合いもしなければならなかったことは、彼が根本的に反ユダヤ主義であったという考えとは矛盾する。しかし、彼は多くのそのほかのユダヤ人を排斥したし、その理由は明らかに、彼がそうしなければ自分と自分の地位に不都合をきたすことを恐れたからであった。この点では、ハイデガー夫人の考え方もまた影響したと思われる。

この引用の最後の文章にたった一行だけ、ハイデガー夫人エルフリーデにかんする言及がある。この言及は短いが、その含意からすれば決して些細なものではなかった。浄化委員会ではナチ時代のエルフリーデの言動にかんしても重大な非難がなされていたからである。プロイセンのユンカーで軍人を父として生まれたエルフリーデは、早くからのヒトラー崇拝者であって、後にナチ時代にはナチのアクティヴな活動家となった。ヴィクトル・ファリアスは、エルフリーデがハイデガーの『形而上学入門』が出版された年の一九三五年に「娘の高等教育にかんする母親の考え」という論文を書いて、『ドイツの女性教育。女性の高等教育制度全般についての雑誌』に発表したことを伝えている。その論文は、ナチ婦人団を褒め称えるとともに、「真の民族共同体は、われわれの偉大な総統から送られた、彼の民族にたいするこのうえなく重要な、しかしまたこのうえなく危険な贈り物」であるとして、この民族共同体には男性の戦友でありうる女性が民族女性同胞として組み入れられるべきであって、このことは女性にふさわしいかたちで大学を含めた高等教育機関への門戸を女性に開放することで実現されるということをラディカルに主張するものであった。[40]またオットによれば、エルフリーデは、一九四四年の秋にフライブルクの住宅地で土塁作りが行われたさいに、女性たちをきわめて手荒く扱い、病人や妊婦までをも土塁作りに駆り出すのに情け容赦がなかったために、彼らから深い恨みを買っていたということである。[41]こうした夫人の存在とその言動もまた、「ハイデガー裁判」にとっては間違いなく不利に働いたのであった。

フォン・ディーツェの報告書はさらに続く。「ハイデガー氏は、党のなかで支配的な生物学的・人種的な教義または党のそのほかの要求とは対立する発言をしたさいに、これらの発言がどの程度理解されうるか、どの程度注目されるかを明らかに過大評価していた。彼は、彼と党との協働と党の語彙に合わせたことが、まさしく彼の学問的な名声がよりどころとなって、学者的な言葉で講演されたよそよそしさよりもはるかに強い影響を及ぼしたことを見ていない。彼は個人的な発言のなかで自分の動機をしばしばはっきりと説明しようと決心できなかったので、最も近い協力者からも、ハイデガー氏が何を努力していたのかが理解されなかったし、国民社会主義的な運動の内的な変化のために努力したことも理解されなかった。[42]」

最終報告書は、ハイデガーが学長職を辞任した後の時代についてもふれている。例えば「ハイデガー氏は一九三三／三四年冬学期の終わりに学長職を放棄した後では、もはや国民社会主義に賛成してはいなかった。ヒトラーにたいする彼の信頼としたがって国民社会主義的な運動が変化する可能性にたいする信頼とが一九三四年六月三〇日に崩壊した後、信頼すべき会話のなかでしばしば彼が失望したことを語っているし、講義、講演、刊行物のなかでも彼が以前にすでに受け入れていた哲学上の根本的な立場の継続というかたちで、国民社会主義的な世界観に対立することを意識的に述べ立てた。このことは党のサークルのなかで明瞭に感知された[43]」という叙述がある。しかし、フォン・ディーツェを始め、浄化委員会の委員は学長辞職後のハイデガーの講義にかんしては聴講してもいないし、講義録も入手してはいなかったのであろう。明らかに学長辞職後のハイデガーとナチ党との齟齬を過大に評価している。例えば、「ハイデガー氏は外的にもナチ党から疎遠であることを見えるようにしようと努めたし、党の会合に出席しなかったし、もはや党章をつけなかった。そして、彼が講義と講演を始めるにあたってもはや、彼自身が学長として定めたいわゆるドイツ式の挨拶をもってすることはなかった。しかし、この点においても、国民社会主義と党からの離脱は、一九三三／三四年に生じた運動とヒトラー自身にたいする支持ほど強くはなかった[44]」という叙述のなかの党員バッジにかんしても、委員がハイデガーの最も初期の弟子の一人であるカール・レーヴィットの証言を知らなかったことを示している。ローマに亡命していたレーヴィットは後年の回想記で、一九三六年に講演でローマにやってきたハイデガーと最後の会見をしているが、この時ハイデガーがナチ党員バッジを誇らしげに上着につけているのを見て驚き、またこのことが亡命生活を余儀なくされている自分の気持ちをどれだけ傷つけているかを気遣うことができないかつての師に失望したことを述べているからである。(45) 浄化委員会はハイデガーが党を明確に批判しなかったことだけを学長辞職後のハイデガーの政治的責任としているにすぎない。ハイデガーがドイツ敗戦にいたるまで党員であり続け、党費を払い続けていたばかりか、講義においても国民社会主義にたいする希望を捨てることがなかったことを、彼らは知る由もなかったのである。

なお最終報告書は、ハイデガーが「通常の意味での密告者」ではなかったとしてハイデガーを免罪しているが、この時点では委員の誰一人としてハイデガーがわれわれに知られている限りで少なくとも三つの密告事件に関わっていることを知らなかった。それらは、先に言及したバウムガルテン事件、ハイデガーが学長時代に世界的な化学者である同僚のヘルマン・シュタウディンガーをゲシュタポに密告した事件、そして当時ミュンヘン大学哲学教授であったユダヤ系のリヒャルト・ヘーニヒスヴァルトにかんする所見を一九三三年六月二五日付けでバイエルン文部省上級参事官アインハウザー宛てに送った事件である。バウムガルテン事件については、このすぐ後に、ヤスパースを介して浄化委員の知るところになった。当時の浄化委員会のメンバーがもしもこれらの密告事件にかんする情報をすべて持ち合わせていたとすれば、おそらくハイデガーにはさらに厳しい処分が下されたであろうし、まして教職への復帰などは決してありえなかったことであろう。

第七章 「ハイデガー裁判」の結末

ハイデガーは、フライブルク大学評議会で自らの定年退職の申請とこれに引き続く教育活動への復帰にかんする嘆願書の取り扱いをめぐって紛糾している状況を聞いて、心穏やかではなかったに相違ない。予想される最悪の事態を回避するために、浄化委員の一人であった植物学者のエールカースがヤスパースと親しい間柄であることを改めて思い起こし、ハイデガーにとってかつての友人でありライバルでもあったヤスパースを頼りにすることを思いついた。ハイデガーはヤスパースから自分の問題にかんする所見を送ってもらうようにと浄化委員会に申し出て、これが認められ、エールカースが一九四五年一二月一五日付でヤスパースに手紙を送るというかたちでヤスパースの所見が求められた。エールカースは、ヤスパースと同様にユダヤ人の妻をもち、それゆえナチ時代には共通の試練にさらされたので、二人の学者のあいだには強い親近感があったに相違ない。ドイツ敗戦以来、ヤスパースとエールカースとは手紙をやりとりして意見交換をしており、戦後のフライブルク大学の様子、「ハイデガー裁判」の進展状況、政治的浄化委員会の様子などについてもある程度の情報がヤスパースのもとへ届いていた。しかし、ヤスパースはこの手紙をつうじて初めて、「ハイデガー裁判」が委員会に差し戻されて紛糾していることを知ったのであった。ヤスパースに求められたのは、ハイデガーの人物の全体的な評価、そして特にハイデガーが反ユダヤ主義者であったかどうかというふたつの問題にたいする所見であった。

ヤスパースはエールカースからの手紙を受け取るとただちに所見を書き始めた。同年一二月二二日付で本文が書かれ、クリスマスの二四日に追伸が付け加えられたヤスパースの回答の全文がオットの著書に掲載されているので、ここでは詳しいことを繰り返すことはしない。ただ、この手紙のなかでヤスパースがバウムガルテン事件について報告している箇所とハイデガーの思考様式にかんする評価についてはいないわけにはいかないであろう。

エドゥアルト・バウムガルテンはマックス・ウェーバーの甥である。バウムガルテンは、マックス・ウェーバーのところで学位を取得した後、アメリカ合衆国のウィスコンシン大学で学び、マディソン大学で哲学の教授として務めた経歴をもっているが、その後ドイツに戻ってハイデガーのもとでデューイにかんする研究を行ってドイツの教授資格をも取得しようとしていた。ハイデガーとバウムガルテンとは住居が隣どうしであり、バウムガルテンの長男の洗礼時にはハイデガー夫妻が代父母を務めたほどの仲であった。しかし、バウムガルテンがプラグマティズムの影響を受けた学者であったために、たえずハイデガーと彼の弟子たちから批判されていた。ある時、ゼミナールでカント哲学の解釈が議論の対決点となり、彼とハイデガーとの仲が完全に破綻したうえに、ハイデガーの助手をヴェルナー・ブロックと争って敗れたこともあって、バウムガルテンはゲッティンゲン大学に移転し、そこでアメリカの文化と哲学を講じていた(46)。

彼の講義がとても評判を勝ち得たので、哲学部は彼を講師に昇格させようとして文部省に申請したのだが、当のバウムガルテン自身もおそらくは自らの昇格を有利にしようとしてナチへの入党を希望したらしい。これを知ったハイデガーは彼の昇格と入党を阻止しようとして、同大学のナチ教師同盟に一九三三年一二月一六日付けで次のような密告の手紙を書いたのである。「バウムガルテンは一九二九年から一九三一年まで、私の講義と演習に出ていた。……

バウムガルテン博士は、親戚関係から見ても精神的な姿勢からしても、マックス・ウェーバーを中心とする自由主義的・民主主義的なハイデルベルク知識人サークルの出身である。彼は当地に滞在している間は国民社会主義者ではまったくなかった。私は、彼がゲッティンゲンで私講師になっていると聞いて驚いているが、そのわけは、彼がいかなる学問的な業績にもとづいて教授資格を得ることになったのか、理解できないからである。バウムガルテンは、私のところで失敗した後、以前はゲッティンゲンで活動しており、今は当地で免職されたユダヤ人フレンケルと活発に交流していた。私が察するに、バウムガルテンはこうしたつてでゲッティンゲンで就職したのであろうが、このことから彼のそちらでの現在の交友関係が説明されるであろう。私は今のところ、彼を突撃隊に採用することも大学講師連盟へ受け入れることも不可能だと考える。[47]〔傍点は原文のママ――筆者〕そして、ハイデガーは、ただちに彼の入党を求めるのではなくて、その前に保護観察期間を設けるように進言したのである。

この所見にはさまざまな問題が含まれている。わけても、長年の友人であったヤスパースにたいする裏切りと自由主義・民主主義に対するハイデガーの敵対的姿勢はきわめて大きな問題であるし、古典文献学者として国際的な名声をもつエドゥアルト・フレンケルをユダヤ人として名指しし、このユダヤ人と密接な交友関係があること根拠としてバウムガルテンの就職の道を閉ざそうとしたことは、ハイデガーが明らかな反ユダヤ的言辞を語っていることを示しているばかりか、まさしく密告の名に値する陰湿な行為を行ったということにほかならない。この密告のために、バウムガルテンは一時的にではあるが大学から解職されたほか、アメリカへと送り返されそうにさえなったのだが、文部省に働きかけを行うことで、何とか難を免れることができた。ヤスパースは翌年になってからこの手紙の写しを手に入れたのだが、この手紙のなかで名指しされているマックス・ウェーバーのハイデルベルク・サークルに所属していた彼にしてみれば、これを読んだときの衝撃は筆舌に尽くしがたいものであったであろう。当然ながらヤスパースは自分への裏切りをも含んだこの密告を許すことができなかった。[48]

ハイデガーの思考様式にかんするヤスパースの全体的な評価は次の文章によって知ることができる。「ハイデガーの思考様式は、私にはその本質からして自由ではなく、独裁的で、没コミュニケーション的であるように見えますし、今日教師活動においては致命的でしょう。私には、思考様式が、攻撃性が容易に方向を変えることができる政治的判断の内容よりもいっそう重要に思われます。彼のなかで、著作のなかで目に見えるようになる真の再生が生じない限り、私の見解では、そのような教師は今日内面的にほとんど無抵抗な若者の前に立つことはできません。[49]」

こうしてヤスパースは、ハイデガーがその研究と著作の出版を継続することができるように彼に個人年金を支給すること、そして数年間にわたってハイデガーの教職を停止させたうえで再調査を行い、その結果にしたがって教育活動への復帰を認めるかどうかを決定してはどうかという提案を行っている。このヤスパースの所見とハイデガーの処分にかんする提案は、結果としてはハイデガーを有利にすることにはならず、その反対に、その後の大学評議会の審議に大きな影響を及ぼすことになった。わけてもバウムガルテン事件は、当のハイデガー本人と「ハイデガー裁判」に関わった人々とに大きな驚きと衝撃を与えたに違いない。

ハイデガーがこのヤスパースの所見にいかに狼狽したかを示す書簡がある。それは、年が明けた一九四六年一月一七日付けでハイデガーが書いた手紙である。ハイデガー全集版では、この手紙の宛名は「尊敬すべき同僚殿」となっているだけで、実際のどの同僚に宛てたのかは示されていない。どうやらゲアハルト・リッターがハイデガーの自宅を訪問して、ヤスパースの手紙とこれに記されたバウムガルテン事件のことを知らせたようである。ハイデガーはヤスパースの非難にかんしてこう注釈している。「私は、ゲッティンゲンからバウムガルテンの学問的な能力にかんする問い合わせを受け、そのなかで彼の国民社会主義的な信頼度についても質問がありました。私は求めに応じて学問的な所見を渡し、彼の政治的な『信頼度』のために彼の出自を示したのでした。それというのも私は、誇示されているバウムガルテンの国民社会主義に著しい疑いを抱いたからです。同僚の側から私に届けられたそのほかの報告によれば、私には彼が党の助けで勢力を得ようとした人物にぞくするように見えます。バウムガルテンが願い出た『党の構成員』への受け入れについて私が論評するということは、ありえないことです。私は決してそのようなことで訴え出たことはないし、また（一九三四年からの私自身の『不信頼度』のおかげで）決してそのようなことについて質問されたこともありません。私は、抜粋された写しにもとづいて、ヤスパースが身の毛もよだつような報告に近いかたちで持ちだしている非難を私に浴びせることに抗議します。引用された文章はその第二部で表明された党の隠語です。おそらくそれは、私の所見にもとづいて作成され、党機関によくある無頓着な仕方で私によって書かれたものとして回された、党役人の所見でしょう。[50]」

要するに、自分はゲッティンゲンから求められて所見を渡したが、それはバウムガルテンの学問的な能力にかんするものであって、彼がナチ党員としてふさわしいかどうかにかんして論評はしていない、おそらくそれは党役人が作成したものだろう、とハイデガーは言うのだが、それにしてはこのハイデガーの「弁明」はよく出来すぎているように思われる。ところで、ハイデガーが一九四五年七月二〇日付けでシュターデルマン宛てに書いた手紙のなかに、このバウムガルテンの名前が見える。ハイデガーは、ガダマー、クリューガー、ブレッカーの三人の弟子の名前を教授選考の候補者として挙げた後、こう書いている。「私はあなたにエドゥアルト・バウムガルテン（ケーニヒスベルク）のことを用心するように警告したいと思います。彼は、ゲッティンゲンから何度もあちこちと渡り歩いて、ハイデルベルク（クリークの講座を当てにして）と当地！に同じようにして現れたのです。[51]」やはり、ハイデガーはバウムガルテンには強い敵意をもっており、それはあのバウムガルテン事件から一二年を経ても決して変わることがなかったということがわかる。ヤスパースは一九四九年二月六日にハイデガー宛に戦後最初の手紙を書いて、そのなかでもバウムガルテンにかんするハイデガーの所見を持ちだしているが、これに対してハイデガーが抗議したりこれを撤回するように求めた形跡は見られない。

ともかくも、ヤスパースの所見は、ハイデガーが期待していたのとは逆の結果をもたらした。結局この「ハイデガー裁判」は、一九四五年一二月一九日にフォン・ディーツェによって起草された最終的な報告書をベースとし、これにもとづいて一九四六年一月一九日のフライブルク大学評議会において最終的な審議が行われた。そこでハイデガーに下された「有罪判決」は、ハイデガーに教育活動の権利放棄と退職を命ずるという厳しいものであった。浄化委員会は、ヤスパースの提案を踏まえて、一定の期間が経過した後の再調査によって教職に復帰するかどうかを決めるという提案をしたが、この提案は却下された。そしてハイデガーには、フライブルク大学の公式の行事への参加は自粛するようにとの通達が伝えられた。

これに対して今度は、ハイデガーが所属する哲学部がこの評議会の決定に反対する決議を全会一致で行い、これを評議会に提出した。しかし、評議会は哲学部の決定文書を審議せずに放置した。つまり、哲学部の決定はその上部機関である評議会にたいしては何の効力ももたなかったのである。オットによれば、一九四六年二月二七日のヨーゼフ・ザウアーの日記には、ハイデガーの件にかんする哲学部の滑稽で混乱した苦心作を嘲りながら、この苦心作を受け取った人々は皆笑っている、哲学部は物笑いの種になるようなあらゆるきっかけを一所懸命に求めている、と書かれているという(52)。

こうして「ハイデガー裁判」には「判決」が下された。苦境に陥ったハイデガーに残された手段は、ハイデガーが育ち、大学を卒業するまで拠り所としながら、後にこれと離反し、ナチ時代には敵対したカトリック、とりわけフライブルクの大司教コンラート・グレーバーにすがることであった。しかし、ハイデガーは厳しい「判決」を受けて精神的虚脱状態、つまり今でいう「解離性障害」に近い状態に陥り、同僚の医学部長ベーリンガーを介して、バーデンヴァイラーの療養所長ゲープザッテルのもとで心身症の治療を受けることになる。ハイデガーが精神的な健康を回復したのはこの年の春のことである。

ハイデガー問題にはこれで最終的な決着が付けられたわけではなかった。フランス軍事政府がこの後に設置した「地方浄化委員会」がハイデガー問題を継続して取り扱うことになったのだが、この「地方浄化委員会」がフライブルク大学評議会とは独立に裁定を下すことになった。フランス軍事政府はハイデガーに対して最終的には一九四六年一二月二八日に決定を通達した。それは、教育活動の禁止と大学内のすべての職務の停止、そして一九四七年末をもって給与支給を打ち切りとするという、大学評議会の決定を上回るさらに厳しい決定であった。ただし、給与支給の打ち切りは翌年五月に解除され、ドイツの戦後の復興が安定し始めた一九四九年夏には、またも評議会で激しい議論が行われた後に、ハイデガーの教育活動の停止が解除されることになったことは付け加えておかなければならない。ハイデガーは、その後の一九五一年になって初めて、教職に復帰すると同時に退官教授となったのである。

最後に一言ふれておかなければならない事実がある。この「ハイデガー裁判」の過程のなかで、ハイデガーが最後に頼りとせざるをえなかったヤスパースも大司教グレーバーもハイデガーに対して共通に期待していたことがあった。それはハイデガーの心のなかに「真の再生」または「精神的な転回」が生ずるという期待であった。ナチズムの問題にかんしては、ヤスパースは加害者ではなかったにもかかわらずドイツの「贖罪」を哲学上の問題として思索した。そのヤスパースは、ハイデガーにかんする所見のなかで、彼に「真の再生」が起こることを期待していた。グレーバーもまたある書簡のなかで「私は彼のなかで精神的な転回が生じることを心待ちにしている」と述べていた。しかし、この「ハイデガー裁判」の過程のなかでもその後にも、ハイデガーには、ナチズムとナチに加担したという重大な問題にかんして、こうした「真の再生」や「精神的転回」が起こるということはついになかったのである。

第二部　ハイデガーの『一九三三／三四年の学長職。
事実と思想』の真実と虚構

はじめに

マルティン・ハイデガーは、第二次世界大戦におけるナチス・ドイツの敗北後、フランス占領軍によって行われたフライブルク市における非ナチ化または政治的浄化政策の遂行過程のなかで、典型的なナチと見なされていた人々と同様に、彼が同市に建てた住居の明け渡しと蔵書の差し押さえにかんする指令を受けただけでなく、フライブルク大学学長時代以来ナチス党員として活動したことの責任を問われて、軍事政府の意向のもとに作られた政治的浄化委員会から被疑者として査問を受けることになった。一九四五年七月から開始されたこのいわゆる「ハイデガー裁判」は、本書第一部で論じたように、フライブルク大学評議会および哲学部をも巻き込み、複雑な紆余曲折の過程を織り込んで展開された。この「ハイデガー裁判」は、年金付きの名誉教授として退職することを条件に妥協しようとしたハイデガーの思惑を完全に裏切って、結局は一九四六年一二月にフランス軍政府によるハイデガーの講義活動の無期限禁止、大学における彼の職務の停止、翌年末をもっての給与打ち切りというきわめて厳しい通達によって決着がつけられたのであった。この事件の経緯は、とりわけフーゴ・オットの原資料にもとづいた詳細な研究によって明らかにされている。(1)

ハイデガーは自らのこうした危機的状況に迫られて、一連の書簡や文書を提出することで自己弁明を行うことを余儀なくされた。ハイデガー自身によるこうした書簡による自己弁明のうち、主なものには、(1) ハイデガーが第二次大戦におけるナチス・ドイツの敗北後、フライブルクに建てた住居の明け渡しと蔵書の接収をフランス占領軍当局と市長から求められて、これに抗議して一九四五年七月一六日に市長宛に書いた手紙、(2) 占領軍の意向のもとにバーデン州につくられた政治的浄化委員会が同年七月二三日にハイデガーを被疑者として査問して「ハイデガー裁判」が開始されたあと、フライブルク大学評議会および哲学部でもハイデガーの処遇が議論されるなかで、同大学学長がハイデガーに対して彼とナチ党との関わりにかんする問いかけを行い、これにたいしてハイデガーが一一月四日付けで返答した手紙、(3) こうした事態の進行のなかでおのれの政治的立場を悪化させたハイデガーが一二月一五日付けで政治的浄化委員会議長コンスタンティン・フォン・ディーツェ宛に提出した手紙、などがある。何度かにわたって繰り返されたハイデガーのこうした自己弁明の基本路線は、当初は彼に対して同情的だと見られた浄化委員会の見解が次第に厳しいものへと急変していく過程のなかで、次第に強固なものとなっていったと考えられる。

これらの書簡のほかに、ハイデガーが自らと権力を掌握したヒトラーおよびナチズムの運動との関わりについて直接にまとまったかたちで言及している文書としては、(4) 一九五〇年四月になってバイエルン芸術アカデミーから講演を依頼されたハイデガーに対してバイエルン州議会とミュンヘン市参事会から激しい抗議と非難があり、これを受けて同年六月六日の講演終了後の同月二四日に『南ドイツ新聞』に投稿しようとして書かれたが公表されなかった草稿、(5) 一九六六年九月二三日に行われたがハイデガーの遺志によって彼の死後の一九七六年五月になって初めて雑誌『シュピーゲル』誌上で公表されたインタビュー（以下、『シュピーゲル』対談と称する）、そして (6) 一九八三年になってマルティン・ハイデガーの息子のヘルマンが、一九三三年五月二七日に行われた父のフライブルク大学学長就任演説の復刻とともに、自らの序文を付して公刊した「一九三三／三四年の学長職。事実と思想」（以下、「事実と思想」と略記する）などがある。

ハイデガーによるこれらの一連の自己弁明のうち、これまで書簡によるものはオットやヴィクトル・ファリアスなどの研究と調査によってその一部が引用されて知られているだけであったが、ヴィットリオ・クロスターマン社から現在刊行中の『ハイデガー全集』第一六巻にすべてが収録されて、読むことができるようになった。また、本稿が論究の対象とする最後の（6）の「事実と思想」は、（5）の『シュピーゲル』対談と並んで、公刊・公表されたものであるために一般の読者が手に入れて読むことができるという点で測り知れない影響力をもつものであるだけではなくて、原文にしてわずか二三頁の小論であるにもかかわらず、最も論点が整理されてハイデガーのすべての自己弁護の基本路線を凝縮して総括している重要な文書である。そしてそれは、ハイデガーとナチズムとの関係にかんしてハイデガー自身の口から語られた最も信頼すべき文書としてオーソライズされ、この問題にかんするハイデガーの公式見解を提示するものとして、その後のハイデガーにかんする伝記的研究のたえざる源泉となってきたのである。[2]

この小論「事実と思想」が書かれた時期と経緯について、詳細は不明である。ヘルマン・ハイデガーはこれを刊行したさいに、その序文のなかで、父マルティンは「一九四五年の挫折の直後に」この回顧録を書き、「彼は後に手書きの原稿を、しかるべき時期にこれを公表するようにと指示して、これを署名者に委ねた」とだけ述べているが、[3]詳細は伝えられていない。オットー・ペッゲラーは、ハイデガーが先に述べた政治的浄化委員会から査問を受けたさいに「非ナチ化の過程のなかでこれを提出した」[4]と述べているが、そのはっきりとした証拠は存在しない。この委員会には、ハイデガーの学長時代の同僚で彼の厳しい敵対者であり、当時の事情を詳しく知る経済学者アドルフ・ランペが委員として加わっていたから、ハイデガーがこの委員会に自らの弁明書を提出した可能性は低いと思われる。ハイデガーのこの弁明書には、当時の記録文書を少々調査したり証言を多少とも集めたりしさえすれば簡単に反証をあげることのできる虚偽が数多く散りばめられているからである。いずれにしても、この手書きの原稿を閲覧しえないわれわれにとってははっきりしているのは、ハイデガーが自らとナチとの関係にかんする「事実」を、口頭によってではなく文書というかたちで記録に残し、そしておそらくはこれを自らの死後に公表しようとして、そのほかの諸著作・講演・書簡・原稿などとともに遺稿管理者の手に委ねたということである。したがってこの小論は、その経緯と意図からいっても、とりわけハイデガー・ナチ問題にかんして口頭で語られたあの『シュピーゲル』[5]対談と対をなし、これとたがいに相補いあうという関係にあり、内容からしてもこれときわめて強いつながりをもつものである。

ハイデガーの「弁明」にほかならないこの「事実と思想」の叙述を貫く基本的な姿勢は、自らのナチ党とナチズムへの関与が偶然的・一時的なものであり、最小限のものであったとする態度である。やや具体的にいえば、ハイデガーはフライブルク学長時代とその後の時期の自画像をこう描いている。自分は確かに、一九三三年に権力を掌握したヒトラーとナチズムの運動のうちにドイツ民族の結集と再生にいたる可能性を見ており、これに一時的に期待してもいた、しかし、フライブルク大学学長を引き受けたのは、むしろナチの覇権から大学と学問の本質を擁護するためであったし、ナチに入党したのは形のうえだけのことであり、しかもそれが大学にもたらす利益を考慮してのことであった、学長としては決して党活動を行うことも党指導部に助言や協力をすることもなかっただけでなく、大学を専門学校化およびナチ化するという二重の危険から大学を擁護するための制度的な改革を行った、学長となったのち焚書をやめさせたり、ユダヤ人教授の追放に反対したりなど、一定の抗議行動を行ってナチ当局からは警戒の目で見られるようになった、文部省から二人の学部長の罷免を要求されたが、これに抗議して学長を辞任した、とりわけレーム粛清事件以後はナチと対決する言動を行ったために、エルンスト・クリークやローゼンベルク局から監視されただけでなく、口汚い攻撃さえも受けるようになった、と。

だが、こうしたハイデガーの「弁明」は、事実をそのままに述べている箇所がある反面、その論点の多くが事実と相違しているばかりか、事実を隠蔽したり、いくつかの事実をあげながらこれに意図的に作出された虚偽を絡み付かせて事実をあべこべに描いており、そこにはハイデガーの問題点が特徴的な仕方で映し出されていると言わなければならないであろう。やはりハイデガーは、事情を詳しくは知らない、知ることができない、または知ろうとはしない人々を対象に、歪曲され美化された自分の虚像を後世に自ら伝えようとして、この弁明を書いたのである。

本稿においては、ハイデガー・ナチズムにかんする歴史的な先行研究を踏まえながら、ハイデガーの弁明書にほかならない「事実と思想」を中心に、そこに展開されている主要な諸論点に即して、そこにいかなる真実と虚偽が含まれているのかを明らかにし、あわせてハイデガーが自ら描いた実像と虚像とを明らかにしたい。なお私は先に、詳細な訳者注を付したこの「一九三三／三四年の学長職。事実と思想」の翻訳を『札幌学院大学人文学会紀要』第七〇号に掲載した(6)。この翻訳を参照していただければまことに幸いである。

第一章　ハイデガーが学長を引き受けた動機と学長選挙の経緯

（一）フライブルク大学学長選挙の経緯と歴史的背景

「事実と思想」におけるハイデガーの弁明は、一九三三年前後のドイツという歴史的・社会的背景にはまったく触れずに、いきなり唐突に「一九三三年四月に、私は大学の総会で満場一致で学長に選出された」(7)と述べて、彼がフライブルク大学学長に選出された経緯と学長職を引き受けた動機にかんする叙述から開始されている。しかし、この冒頭の一節からして事実と一致しないし、事実を正確に述べてもいない。これには注釈が必要である。

周知のように、一九三二年七月三一日、ドイツ帝国議会選挙で「国民社会主義ドイツ労働者党」、すなわちナチ党が二三〇議席を獲得して第一党に躍進し、一九三三年一月にはシュライヒャー内閣が総辞職してヒトラーが首相に指名されて組閣を行い、ナチが権力を掌握するという緊迫した政治情勢に迫られて、ドイツとドイツの大学は全国的な強制的同質化、すなわちナチ化へと向けて動き出しつつあった。フライブルク大学総会は、こうしたナチ革命という政治的状況を受けて、しかも同年四月七日に公布されたばかりの、ユダヤ人追放を意図する「公務員職再建法」という新しい法的規制のもとで、つまり前代未聞の異常事態のなかで行われたのである。新しい学長と評議員を再選出することを目的として四月二一日に招集されたこの大学総会に出席したのは、九三名の選挙権者のうち五六名にすぎず、欠席した三七名のうち投票権をもちながら人種を理由として排除されたメンバーが一三名もいた。そして正確に言えば、出席した五六名のうちハイデガーに投票したのは五二名であって、支持票以外が四票あったという。したがって、ナチ革命とそのための大学の「強制的同質化」という強い圧力のもとでさえも、もともとの選挙権者の数からすれば、ハイデガー学長を支持した者は過半数を少々上回る程度でしかなかったのである。(8)

ハイデガーは、自分が学長に選出されたいきさつにかんして、自分の前任者であるヴィルヘルム・フォン・メレンドルフと彼のこれまた前任学長であったヨーゼフ・C・ザウアーの二人を中心として、ハイデガーに次期学長を引き受けてほしいとの強い意向が学内にあり、とりわけ後者が自分を強く説得しようと試みた結果、しかし自分自身は選挙当日の午前中になってもまだ学長候補から身を引こうとしたほど「躊躇した末に」、とうとうやむなく学長職を引き受ける決心をしたとして、こう述べている。「大学にたいして本質的な根拠付けを行うという私の企ては二重に脅かされていたが、それにもかかわらず、大学の多くの同僚たち、とりわけ解任された学長フォン・メレンドルフと以前の学長であり当時の学長代理ザウアーの強い要請で、私はとうとう学長職を引き受ける決心をした。それは、何よりもK・ザウアー〔原文のママ――筆者〕が主張したことだが、私が拒絶した場合には、大学の外部から誰かが学長として任命される可能性があるのを考慮してのことであった。(9)」『シュピーゲル』対談のなかでも、ハイデガーはほぼ同様のことをやや立ち入って繰り返している。この最初の引用からして、ハイデガーの弁明には少数の事実と多数の虚偽とがないまぜにされていることがただちに了解される。ここで事実として確認されるのは、ハイデガーが「大学にたいして」ある種の「私の企て」をいだいていたという形式的な事柄だけであって、後にわかるように、ハイデガーのこの企ての内容が大学にたいして「本質的な根拠付けを行う」ことであったということまでが事実だとは確認されえない。そしてこの形式的な事柄以外のすべては、事実に反するか、あるいは意図的に作り出された虚偽であるかのいずれかである。

まず第一に、解剖学の教授で医学部長のフォン・メレンドルフは確かにハイデガーの前任者であり、一九三二年一二月にフライブルク大学学長内定者となり、翌年四月一五日に学長に就任して数日間その職にあったが、自らの意志によりその職を辞したのであって、決してナチ当局またはバーデン州文部大臣の指示によって「解任された」のではない。[10] このことは、シュネーベルガーが収集した次のような当時の記録文書によって確証することができる。「大学事務局より次のような発表あり。国民的高揚の文化政策的発展の中でドイツの諸大学に課せられた大きな使命を体し、フライブルク学長フォン・メレンドルフ教授は自らの意志で四月二一日の全教官集会に重要な役職の交替を提案した。[11]」「退任する前学長は、指導的な立場のより緊密な協力を可能にするために、辞任を申し出たのであった。この犠牲的行為とその必然性を我々は評価したいと思う。[12]」フォン・メレンドルフが「解任された」とするハイデガーの叙述は、決して彼自身のたんなる記憶違いまたは事実誤認として片付けられてはならないであろう。そこには見過ごしてはならないある重大な内実が含まれていると推測されるからである。

第二に、フォン・メレンドルフはハイデガーが次期学長を引き受けるようにと望んでいたとか、ザウアーはハイデガーを説得しようと試みたというのも、虚偽にほかならない。ザウアーはハイデガーをではなく、フォン・メレンドルフを学長として最適任であると考えていたが、先の引用に見られるように、当時の社会的状況がこれを許さなかったのである。このこともまた文書によって確証される。歴史学者オットは、フライブルク在住という地の利を生かして、実際の記録と文書にもとづくきわめて綿密な歴史的考証を行っているが、ザウアーの甥にあたり司教座教会参事会会員を務めている人物の許可を得て、当時のザウアーの日記を調査している。その日記によれば、フォン・メレンドルフが学長に就任する前日の一九三三年四月一四日という特別な日に、古典文献学者のヴォルフガング・シャーデヴァルトが彼のところにやって来て、ハイデガーを学長にするように強く勧奨したという。「それからシャーデヴァルトがやってきて一時半までいた。彼は本学における『強制的同質化 Gleichschaltung』を問題にし、ハイデガーを学長にすべきではないかと言った。わたしはそれに対して、ハイデガーは本来の管理的な事柄や運営上の事柄については、特にいまは以前より厳しい状態であるために、ほとんど問題になりえないと反対した。……いずれにせよまだメレンドルフがいるし、彼が一番適任であると強く言いもした。[13]」

フォン・メレンドルフとザウアーがハイデガーを学長に推挙する必然性が存在しないことは、ハイデガーがここで黙して語ることがなかったこの二人の人物の思想的・政治的信条を見れば、ただちに了解される。フォン・メレンドルフは、解剖学者および医学部長として学内で人望の厚い人物であった。彼は政治信条のうえでは社会民主主義者・共和主義者でもあり、実際に社会民主党に所属していた。さらに彼は、カトリック中央党にぞくしており後にナチによって攻撃されて罷免されるフライブルク市長ハンス・ベンダーと親しい友人関係にあり、このこととの関連でも政治的に危険な立場にあった。[14] このふたつの政治的理由で彼は、ナチの半公式的な新聞『アレマン人』から、例えば「かかる姿勢の人物が学長執務を執り行うなどというのは、本党の見解では、国家革命と和合しうることではない。さらには、フォン・メレンドルフ教授とナチズム的姿勢が圧倒的な学生連盟とのあいだに信頼の領域が成立しうるとも考えにくい」などとして、きわめて執拗な攻撃を受けていた。[15] 先に述べたような当時の政治情勢にあっては、かかる人物がフライブルク大学学長を継続することはきわめて困難な状況だったのであり、こうした理由から、彼はナチスに屈服するよりも学長を自ら辞任する道を選んだのであろう。他方では、彼に厚い信頼を寄せていたザウアーは、ローマ教皇庁司教で、カトリック神学者であり、フライブルク大学のキリスト教考古学、美術史、教父神学の教授でもあった[16]。

ところで、ナチスの政治的スローガンの代表的なひとつは、「ナチ党綱領二五カ条」にはっきりと掲げられているように、議会と民主主義に対する反対であったし、民族と人種とを至上の価値とするナチスは、さらに宗教との関わりでは、建前のうえでは「国内におけるすべての宗教的信仰の自由」を保障しながら、実際の行動のうえではとりわけ大きな政治勢力であったカトリック中央党を排除しようとし、したがってカトリックにたいしても敵対的であった。それゆえに、フォン・メレンドルフとザウアーの二人の思想的・政治的立場は、カトリックを出自とし、カトリックの後押しによってカトリック神学の道を歩みながら、結婚によってこれと離反し、生涯にわたってこのことを心中の刺のひとつとしたハイデガーとは、そしてナチ信奉者として反民主主義・反共主義・反カトリックの政治的立場をナチと共有していたハイデガーとは根本的に相容れなかったのである。

このザウアーの日記は、ハイデガー学長誕生のいきさつと社会的背景をはっきりと語っている。シャーデヴァルトは当時すでにナチズムへと献身していた活動家であって、特に文中にある「統制」「画一化」「強制的同質化」などと訳される Gleichschaltung という言葉は、この時代にあっては紛れもないナチズム特有の用語であって、ナチおよびナチズムに反対する勢力、マルクス主義者、非アーリア系のメンバーを強制的に排除して、「指導者原理」に象徴されるナチズムの政治原則のもとに全国民を結集させるというスローガンを意味していた。権力の掌握とともにこの年の初めから嵐のように進行していたナチ革命はフライブルク大学にも襲いかかっていたのであり、シャーデヴァルトのようなナチ信奉者またはナチ党員たちが「強制的同質化」という旗印のもとに、全国的なナチの運動に呼応しながら、フライブルク大学のナチ化を目標にすでに運動を展開していたのであった。そしてその一環として、学長予定者で社会民主党員であったフォン・メレンドルフを学長から追い落とし、ナチにきわめて信頼の厚いハイデガーを学長にかつぎだそうとして画策していたのである。

ところで、事情を最も詳しく知るはずのハイデガーがなぜ、たんなる事実誤認ではありえない、こうした虚偽を意図的に述べているのか。その理由として容易に推測されるのは、ナチから敵対者として扱われるほどの社会民主主義者であったフォン・メレンドルフと、前々学長であり、ハイデガーのもとでも副学長を務め、カトリックの大物でもあったザウアーの二人が自分を学長に強く推薦したように歴史的事実を書き換えるならば、反民主主義的であり反カトリック的であった、すなわちナチ的であったハイデガーの政治的立場がうまく中和されるとともに隠蔽もされ、そのことによって彼自身がナチに関与したことの罪もまた減殺されうるということである。もちろん、こうした歴史の書き換えは、道義的に見て許されることではない。

第三に、ハイデガーは選挙当日の午前中になってもまだ学長職を引き受けるのを躊躇していたと述べ、その躊躇の理由を「私は当該の政府機関または党機関とは何のつながりもなかった。私自身が党員でなかったし、何らかのかたちで政治的に行動したこともなかった(17)」ために、当局が自分の言うことを聞いてくれるかどうか、確信をもてなかったとしているが、最後まで躊躇していたというのも、党機関と何のつながりもなかったというのも、虚偽である。最後まで躊躇していたというように自分を演出すれば、彼自らが学長選挙とナチズムに関与したことの積極性が軽減されることになるし、自らが確信犯であるという非難をかわすことができようが、事実はそうではなかった。確かにハイデガーは五月一日にナチに入党しているから、学長選挙以前には党員ではなかったことだけは事実であるが、しかし、四月上旬の時点ですでにハイデガーは大学内部のナチ系教授やその信奉者たちに囲まれて学長候補の道を歩みつつあったばかりか、学長候補としてプロイセン文部省との交渉さえ終えており、彼がナチに入党するのはたんに時間の問題にすぎなかったのである。

オットによれば、四月上旬には、この「事実と思想」に何度も登場する、新しくカールスルーエの内務省ナチ大学担当官となったオイゲン・フェーアレがフライブルク大学を視察し、ザウアーやフォン・メレンドルフとも会い、また多くのナチ系教授たちとも会合をもって、党活動の調整を行った。その後、四月九日付で、古典文献学者でフライブルク大学の最古参のナチ党員ヴォルフガング・アリーがカールスルーエに戻ったフェーアレに状況を報告する手紙を書いており、この報告がすべてを物語っている。それによれば、「最近［四月初旬――筆者］のわれわれの協議における最初の点の実行にあたっては、国民社会主義的な大学教官の連合にかんして、われわれはこう確認しました。ハイデガー教授はすでにプロイセン文部省との折衝に入っている、と。彼はわれわれの全幅の信頼を得ており、われわれはさしあたり彼をフライブルク大学におけるわれわれの代表者と見なすよう、お願いします。同僚ハイデガー氏は党員ではありません。そして、同僚のなかに立場が不明確な者や敵対的な者がいる以上、フリーハンドの立場を守るために、現在のところでは党員になることが特に有利であるとは考えていないようです。しかし、もしもそのほかの理由から目的にかなう場合には、入党を表明するにやぶさかではありません。」(18) そしてこの手紙の筆者アリーは、フェーアレがハイデガーと直接に接触することを要望している。

したがってわれわれは、ハイデガーの叙述とは反対に、事態の真相をこう描写することができる。ナチ革命の嵐が全国的に吹き荒れるなか、フライブルク大学においても大学の「強制的同質化」とナチ化を推進する強い勢力があって、学長をめぐってナチ幹部と多数のナチ党員教授・シンパによる舞台裏での談合と根回しが進行しており、こうした地ならしに支えられて、ナチ当局のお墨付きを得ながら、ハイデガーはいわばナチ革命によって掃き清められていた道をたどって、学長へと上りつめていったのである。ハイデガーは周囲のナチ党員およびその信奉者からは全幅の信頼をもって見られ、フェーアレのようなナチ幹部からも評価を受けていた。だから、シャーデヴァルトのようなナチ献身者の熱心な工作によって、フライブルク大学における「強制的同質化」の実現という実践的課題を担いつつ、ナチ幹部およびナチ信奉者の期待を一身に受けながら、ハイデガー学長が誕生したのであって、この途上においてハイデガーはおのれの強い意志にもとづいて確信をもって行動した形跡はあっても、躊躇した形跡はまったく見られない。ハイデガー学長誕生をナチの側はどう評価していたのかにかんしても、シュネーベルガーの『ハイデガー拾遺』に収録された当時の記録文書によって明らかである。ベンダーを放逐したあとフライブルク市長におさまったナチ親衛隊員フランツ・ケルバーは、先に引用したバーデン州ナチの半公式新聞『アレマン人』の編集長であったが、この新聞はハイデガー学長誕生についてこう報道している。「フライブルク大学の教授会はフォン・メレンドルフ教授に替えて我々の大学の学長にハイデガー教授を選んだ。この選出は全般的な強制的同質化の旗印のもとに行われた。それはすべての指導的役職のできるかぎり信頼関係に立つ緊密な協力を保証するためである。教授会は、国民的、社会的革命に積極的に協力する意志を示したのである。〔傍点筆者〕」[19] 引用文中に見られる「強制的同質化」という言葉が事柄の本質をきわめて雄弁に物語っている。ハイデガーは、バーデン州のナチによって計画され推進されたフライブルク大学の「強制的同質化」という行動方針のもとに、自らの意志に従い、また確信をもって、自ら実行者としてその先頭に立ったのである。

　ところで、ハイデガーはナチ関係者からなぜそのような全幅の信頼という評価を受けていたのか。その時点までにハイデガーがフライブルク大学の外部でも一定の行動をすでに行っていたからである。『シュピーゲル』対談のなかでも、ハイデガーは「私は学長就任以前には政治的には何もしませんでした」[20] と述べているが、これも虚偽にほかならない。例えば、ハイデガーが初めてナチ関係者と密接に連携している姿を公けの場に現したのは、一九三〇年七月一一―一四日にカールスルーエで開催された「バーデン郷土の日」の企画のなかの、政治的な色彩の強い「学術、芸術、経済分野のバーデン賢人会議」においてである。この催しのなかでハイデガーは、後にナチの人種学・優生学を支えたオイゲン・フィッシャー[21]、まだ入党はしていなかったがまもなくナチの理論家として活躍するエルンスト・クリーク、作家のレオポルト・ツィーグラーらと並んで、「真理の本質について」と題する講演を行った。また、ナチが権力を掌握した直後の一九三三年二月にハイデガーは、すでにナチの理論家となったクリークから手紙を受け取り、彼が設立を計画していた「ドイツ大学教師文化政治研究集団」の創設に加わるように要請された。ハイデガーは同月二二日付けで返書を送り、この呼びかけに全面的に賛同したばかりか、アルフレート・ボイムラーとハンス・ハイゼの名前が賛同者のなかに見られないことを残念がっている[22]。ファリアスによれば、三月の会議では、ハイデガーはフライブルク大学の「代議員」としてこれに参加している[23]。ここで、ハイデガーはまだ入党はしていなかったが、公衆の前にナチのシンパまたは同調者としてその姿をはっきりと現していたのである。

ハイデガーが次第にナチズムへと接近していくプロセスの一部は、ヤスパース宛のいくつかの手紙からも明らかとなる。ハイデガーは一九三二年一二月八日、ヤスパースに「哲学の来るべき数十年のために地盤と空間を作り出すのに成功するでしょうか。はるかなる任務を自ら担う人々が現れるでしょうか[24]」と書き送っている。当時のヤスパースには「はるかなる任務」という言葉の意味は不明であったに違いないが、この言葉は後のハイデガーの学長就任演説で何度も用いられることになる。さらに一九三三年四月三日のヤスパース宛書簡のなかでも、ハイデガーは「大学の変革計画にかんする何らかの明確な情報を入手したい」と述べ、しきりにボイムラーとクリークの動向と彼らからの連絡を気にし、同月六日にはシャーデヴァルトを代表派遣者とする「いろいろな文学部の共同研究会の集会」が開催される予定であることを知らせている。上記のことを考慮すれば、この集会がナチ系の人々によって開催されたものであり、ここでも次期学長問題が根回しされていたことは想像するに難くない。さらにハイデガーはこう書いている。「多くの事柄がきわめて曖昧で不確かですが、それだけに私は、私たちが新しい現実のなかへと入り込んでいるということ、したがってある時代が古くなってきたことを、いよいよ強く感じています。一切は私たちが哲学に正しい出撃地点を用意するかどうか、そして哲学が発言権を得るように努力するかどうかにかかっています。[25]」そして、明くる四日と六日にもハイデガーは先の研究集団の構想にかんする手紙をクリークに送っている。つまり、この時点ですでにハイデガーはボイムラーやクリークなどのナチの代表的な思想家たちと共同闘争を組んでいたのであって、彼らはそれぞれナチ的な観点による大学の変革という目標に向かって進み出していた。「出撃地点」という軍隊的・突撃隊的用語が、ハイデガーがこうした共同歩調のもとでフライブルク大学の改革＝ナチ化のために尽力しようとする不退転の決意をはっきりと表している。

第四に、ハイデガーは、彼がとうとう学長を引き受ける決心をしたさいに何よりも考慮したこととして、ザウアーがハイデガーを説得しようとして「私が拒絶したならば、大学の外部から誰かが学長として任命される可能性がある」と主張したことをあげているが、[26]これもまた当時の事情を知らない者を暗黙のうちに誘導しようとする言辞と言わなければならないであろう。後に見るように、学長となったハイデガーが任命した多くのナチ党員評議員・学部長の顔触れを見ればわかるように、学内に人材は多数存在したばかりか、ドイツの大学の自治的伝統からしても大学外部からナチの誰かが学長として任命されるという可能性はこの時点ではありえないことだからである。

したがって、ハイデガー学長の誕生は、決して偶然でも晴天の霹靂だったのでもなくて、また彼が書いているように、「躊躇の末に」行われたのでもなくて、こうした歴史的背景と社会的脈絡のなかで、彼自身の強い関心と関与に導かれて、そして何よりもナチ関係者による周到な用意と準備工作によって、学長誕生の四月二三日以前にはすでにいわば掃き清められていたのである。

（二）学長職を引き受けた動機について

学長職を引き受けた動機と理由にかんするハイデガーの弁明には、矛盾撞着と見られかねない相反する要素が見られる。

彼は、学長職を引き受けた動機として、一方では「大学にたいして本質的な根拠付けを行うという私の企て」をあげて、ドイツの大学の変革にたいするおのれの関心が一九二九年の自分の教授就任演説である『形而上学とは何か』以来のものであり、しかも大学と学問の本質にもとづく純学問的なものであることを強調して、こう述べている。「ドイツの大学は、まさしく諸学の本質根拠である大学の本質根拠から、すなわち真理そのものの本質から更新されるべきであった。そして、技術的な組織・制度的な見せかけの統一に固執する代わりに、問う者たちと知る者たちとの根源的な生きた統一を回復すべきであった」[27]と述べている。しかし、他方ではハイデガーは以下の三点を主張しているが、それは大学と学問の本質根拠とはかなり異なったレベルのきわめて実践的な関心を表してもいる。それらはまず第一に、彼が、一九三三年に権力を掌握した国民社会主義、すなわちナチズムの運動のうちにドイツ「民族の内的な結集と再生にいたる可能性と民族の歴史的・西洋的な使命を見いだす道がある」と見ていた点であり、第二に、学長職のうちには「心構えと再生の生起を引き渡し、こうした力の影響を強めて確実にする可能性とすべての資産とがある」と考えていた点であり、第三に、ハイデガーが学長職を引き受けることで、「不適当な人物の進出と党組織や党の教義の脅迫的な覇権に対処できる」[28]と考えていたという点である。

われわれは、これらの相反する要素のうち、ハイデガーが学長時代に行った、われわれに知られうるかぎりのすべての言動とフライブルク大学内部の「制度改革」との両面から見て、上記の三点のうちにハイデガーの本心が吐露されていると考える。それにもかかわらず、彼は「事実と思想」のなかでは、前者の純学問的な動機を強調して、自らの実践的関心を希薄にしようと努めたと考えざるをえない。こうした純学問的関心は、たとえ学長職を引き受ける動機のひとつとして存在したとしても、彼の本音である後者の実践的関心からすれば、明らかに副次的なものでしかなく、そして後に説明するように、彼が学長時代に行ったさまざまな学内処置と大学政策全体から見て、存在したという明確な証拠が確認できないものである。これに対して、上記の、とりわけ第一と第二の点こそ、ハイデガーがクリークやボイムラーらとともに、それぞれの観点から大学のナチ的変革をめざして、学長選挙に「出撃」した真の動機の所在を示している。すなわち、学長職を引き受けたハイデガーの真の動機とは、「大学こそが真の〔国民社会主義的――筆者〕革命の出発点[29]」であるべきであり、紛れもないハイデガー自身の言葉で言えば「これまでの学問をナチズムが問題とする方向およびナチズムの力から根本的に考え直すこと[30]」にほかならなかった。ハイデガーはまさしく、確信をもったナチズムの信奉者として、ドイツ民族の再生と自己実現の道をナチズムに託していただけでなく、大学においても学長としてその地位と権力とをほかならぬこの実践的な目的のためにこそ発動しようと決意していたのである。

ハイデガーは『シュピーゲル』対談のなかでも、「かろうじてただひとつの可能性、すなわち、現にまだ生き続けている建設的な諸勢力とともに情勢の来るべき悪化をくいとめるという可能性が残っている[31]」という判断のもとに、大学をナチの手によってこれ以上悪化させないために学長職を引き受けたとして、上掲の第三点を言い換えているが、これもまたハイデガーが学長として行った言動を見れば、虚偽としてしか形容のしようがないものである。なぜなら、後に見るように、ハイデガーは、レームによって指導されたナチ突撃隊の影響がきわめて強かったドイツ学生連盟などの学生諸団体と密接に連携しながら、労働奉仕や軍事教練を大学の必修科目に組み入れることを推進しようとしたばかりか、労働キャンプを企画して労働者の政治教育に学生の役割を組み入れることを推進したから、むしろ「情勢の来るべき悪化」を自ら率先して実践したのであって、決してその反対ではなかったのである。

(三) ナチ入党の経緯と動機をめぐって

ナチ党に入党した経緯と動機について、ハイデガー自身は「事実と思想」のなかでこう説明している。「私が職務を開始した最初の週に、文部大臣は学長が党に所属していることを重要視しているらしいことがわかった。ある日のこと、……ケルバー博士が私に入党を薦めにやって来た。以前には決して政党には所属していなかった私は、ただ政治的な駆け引きには重きを置かない大学の利益だけを考えて、この招請を受け入れたが、しかし、これは次のようなはっきりと承認された条件をつけたうえでのことであった。それは、私個人としては、まして学長としては、決して党の仕事を引き受けたり、何らかの党活動を行ったりはしないという条件であった。私はこの条件を守ったが、そのことは困難ではなかった[32]」、と。そして、ハイデガーは自らのナチ入党を「党への加入は、党指導部が大学問題・文化問題・教育問題にかんする助言忠告を私にさせようと考えないかぎり、たんに形式の問題であった」と自己評価したうえで、「私が学長職にあった全期間にわたって、私は何らかの助言をしたり、党指導部やさまざまな党機関と会話したり、まして議決決定することに関わったことは、決してなかった[33]」と明言している。これらの弁明のうちにも多くの虚偽が含まれていると言わざるをえない。

第一に、ハイデガーが学長に就任した後にナチ入党の勧めがあったというのは、見え透いた虚偽である。すでに引用したアリーの報告書にあるとおり、ハイデガーが学長に選挙される以前のさまざまな下工作と根回しのなかで、ナチ当局とナチ関係者のあいだでハイデガーの入党が検討課題のひとつとなっており、ハイデガー自身も目的にかなうなら入党するにやぶさかではないという意志をすでに表明していたのである。したがって、ハイデガーのナチ入党への道もまた、学長選挙以前にすでに掃き清められていたのであって、入党の時期と入党をどう演出するかだけが問題であったにすぎない。ハイデガーのこの時期までの政治的確信からして、彼がナチに入党することにはいかなる障害も存在しなかったが、彼がただちにそうしなかったのは、学長候補がフリーハンドでなくナチ党員であったとすれば、フライブルク大学内部の微妙な政治情勢からしてこれに強い反対の動きが生ずる可能性があったであろうからであり、これを計算し警戒してハイデガーは学長に選出された後にゆっくりとナチへと入党するというしたたかぶりを示している。

第二に、「大学の利益だけを考えて、この招請を受け入れた」というのも虚偽である。すでに指摘したように、ハイデガーは学長の地位と権力とを、フライブルク大学の「強制的同質化」、つまりナチ化という実践的・政治的目的のために発動しようとしていたのであって、彼自身がきわめてアクティヴな立場に立っていたからである。

第三に、ハイデガーの入党がたんなる形式の問題であったというのも、学長としての彼の言動を見るかぎり虚偽であり、ハイデガーが決して党の仕事を引き受けたり党活動を行ったりしないという条件をつけたうえで入党したということも、記録文書によっては確証されえないばかりか、後でやや詳細に展開するように、ハイデガーがこうした条件を守ったということも、虚偽の可能性が高い。ハイデガーが学長として行った仕事として特筆すべきもののひとつは、例えば彼がラディカル・ナチとしてバーデン州文部省と協力して「大学基本法」の改正を行ったことであり、その内容は、ナチの「指導者原理」を大学内にも貫徹し、例えば学部長の任命権をも学部自治から剥奪して学長の権限に集中させるというものであったし、実際にハイデガーが自ら強力に関与したこの法律改正に従って、学長に就任した年の一〇月一日に、改めてフライブルク大学の「指導者＝学長」に収まったからである。[34]

ここで若干の注釈を付け加えよう。ハイデガーがその名をあげているフランツ・ケルバー博士（一九〇一―一九四五）とは、ファリアスとマルティンによれば、一九三〇年以来ナチ党にぞくして地区指導者となったばかりか、親衛隊員でもあり、親衛隊大隊長をも務めて、ヒムラーから「髑髏《どくろ》リング」を授けられてもいる。彼の作ったナチ組織からは半公式ナチ新聞『アレマン人』を発行しており、彼はその編集長を務めていた。彼は、上述のように、帝国地方長官ローベルト・ヴァーグナーによってベンダーが罷免された後の一九三三年四月一〇日にフライブルク市長に任命され、さまざまな式典や集会などにハイデガーと同席し、学長時代も学長辞任後もきわめて親しい関係を続けていたが、ドイツ敗戦後に変死を遂げた。[35]

すでに述べたように、ハイデガーとナチ党との関係はもちろん一九三三年になって始まったことではない。ハイデガー家では、ユンカー出身の陸軍将校を父にもつエルフリーデ夫人が早くからヒトラー崇拝者であったと伝えられている。ハイデガーの著作・論文のほかに、ドイツ各地に残されているさまざまな記録・手紙・証言などを総合すると、ハイデガーは一九二七年の『存在と時間』刊行後、とりわけ一九二九年以降、ニーチェ研究を深化するにつれて次第にキリスト教の考え方を退けて背後におしやるようになり、アカデミックな哲学や大学制度にも距離を置いた見方をするようになり、ナチズムまたはこれに近い立場から時代の診断と歴史的状況の認識を行うようになっていった。オットー・ペッゲラーも「ニーチェからヒトラーへ通じる道があったのではないか」[36]と述べて、ハイデガーにとって一九二九年がひとつの転機をなしたのでないかと推測している。とりわけ、一九二九／三〇年冬学期の『形而上学の根本概念』のなかに、この転機を彷彿とさせる叙述が見られる。[37] そして、ハイデガー自身が「事実と思想」のなかで述べているように、一九三〇年頃から、初期ナチズムの興隆に大きな影響を及ぼしたといわれ、ハイデガーとは晩年に至るまで親交を結んだ著作家エルンスト・ユンガーらの影響がこれに加わり、ハイデガーの政治的立場は保守革命の同調者たちと共通のものになっていったと推測される。

エルンスト・カッシーラーの夫人トーニの報告によれば、一九二九年の段階で「ハイデガーの反ユダヤ主義的傾向も私たちのあいだではよく知られていた」[38] とされているし、ペッゲラーによれば、一九三一年の大みそかにトートナウベルクにあるハイデガーのヒュッテを訪問したヘルマン・メルヒェンの証言では、ハイデガー家の全員が国民社会主義に改宗しているのを知ってびっくりしたという。[39] また、エリク・ヴェーユも、ハイデガーが遅くとも一九三二年には有名なナチとしてフライブルク大学関係者の噂にのぼるようになっていたと報告している。[40] 作家ルネ・シッケレは同年八月に、「フライブルク大学関係者のあいだでは、『ハイデガーはもはやナチたちとだけしかつきあっていない』という噂がある」[41] と自らの日記に書き留めていたほどである。

したがって、学長就任のはるか以前に、ハイデガーがナチ党へ入党する道もまたすでに地ならしされていたのであり、ハイデガーが弁明するように、学長に就任してから「ある日突然に」ということでは決してなかったのである。ハイデガーはほかならぬ労働祭典の日である五月一日を期してナチに入党して大袈裟な式典を行ったのだが、この入党がナチの計画的で周到な準備による示威と演出の一環として行われ、ドイツ各地におけるナチの全国的な動きに呼応していたということは、この同じ日に、ハイデガーのほかにアルノルト・ゲーレン、エーリヒ・ロートハッカー、アルフレート・ボイムラー、ハインツ・ハイムゼートなどの著名な哲学者を含めて、全国で二三名もの大学教授がいっせいにナチに入党したという事実を見ても明らかである。[42]

第二章　学長時代のハイデガーの思想と行動

（一）学長演説にかんする「弁明」

ハイデガーは、上記のような経緯をへて、一九三三年四月二三日にフライブルク大学学長に就任し、労働祭典の日である五月一日を期して国民社会主義ドイツ労働者党（通称ナチ）に入党した後、五月二七日に学長就任式典を挙行し、そのなかで「ドイツ的大学の自己主張」と題する学長就任演説を行った。そして、同日これに引き続いて、学長就任祝賀会がホテル「コップフ」において開催された。

ハイデガーは、「事実と思想」の第二節を学長演説の弁明にあてて、まずこう述べている。学長演説の核心部分は「大学が基礎づけられていなければならない、知と学の本質の解明」であって、そこではドイツ的大学におけるドイツ学生の決意性にもとづいた義務として三つの奉仕があげられており、その順序は「労働奉仕」、「防衛奉仕」となって、最後に「知の奉仕」が来ているが、「知の奉仕」を最後に位置付けたのは、これが三つの義務のうちで最も重要でないものだからではなくて、大学の本質と心構えが集中している至高のものだからである、と。そして彼は、ここで言われている防衛奉仕とは軍隊的な意味でも、攻撃的な意味でもなくて、緊急防衛という意味で語られており、この演説の核心部分は知・学・職業の本質を解明していて、諸学の基礎づけ、存在者の存在「放下」としての真理の本質、ギリシャ精神における西洋的知の端緒の伝承、西洋の責任、という四つの主要な要素に関わっている、と述べている。そしてさらに、この演説のなかで自分はナチが標榜していた「政治科学」、すなわち「学問の政治化」に反対していたのであり、また演説のなかにしばしば登場する「闘争」という概念は戦争を意味するような好戦的概念ではなくて、古代ギリシャの哲学者ヘラクレイトスがその断片五三で述べているような「ポレモス」としての意味をもつのだ、とも主張している。

すでに多くの論者が指摘しているように、学長演説にかんするハイデガーの弁明もまた事実に反するきわめて奇怪なものである。学長演説を少しでも検討すればただちに知られるように、この演説の根幹部分は、ハイデガーが主張するような知と真理の本質とそのための大学の変革というようなものではなくて、ドイツ民族の自己実現とそのための防衛奉仕・労働奉仕にじかに役立つような大学の変革を主張するという内容のものであった。例えば、ハイデガーは演説のなかで「ドイツの大学の自己主張とは、おのれの本質をめざす根源的で共同の意志である。われわれにとっては、ドイツの大学は学にもとづき学をつうじてドイツ民族の運命の指導者たちと庇護者たちとを教育し訓育する高等教育機関である。ドイツの大学の本質をめざす意志とは、おのれの国家において自己自身を知る民族であるドイツ民族の歴史的な精神的付託をめざす意志としての学への意志である」[43]と述べている。つまり、ドイツの大学をドイツ民族の指導者・庇護者の養成機関と位置づけたうえで、そこで追求されるべき学問は、アカデミーの自由の否定的側面を克服した学問、つまり、ドイツ民族に歴史的に課せられた「精神的付託」を受け入れ、これを実現するところの学でなければならない、と言うのである。

ここで言われているドイツ民族の「精神的付託」とは、他の箇所でハイデガー自身が言い換えているところによれば、「自らの歴史を、人間の現存在の世界建設するあらゆる諸力の優位の開示性へと投げ込み、おのれの精神世界をたえず新たに戦い取ることによって、おのれの運命に働きかける」[44]ことである。ここに明確に見えているのは、ドイツの大学と学問とをドイツ民族主義と国家主義の基盤の上に立たせて再生をはかろうとする姿勢であって、これは一九三五年の『形而上学入門』では「西洋の中心である我がドイツ民族の歴史的使命」[45]と言い換えられている。この「精神的付託」や「歴史的使命」という言葉の含意はやがて、いっそう具体的に言えば、アメリカの産業資本主義・技術主義とロシアの共産主義の双方から脅かされている危険への対抗、[46]また屈辱的なヴェルサイユ講和条約の即時破棄、持たざる民族であるドイツの東方への領土拡大とそこからのユダヤ人の追放などといったナチ的な政治スローガンと通底していくことになろう。したがって、ハイデガーはここでも、学長としてのおのれの言動の政治的意味を純学問的な事柄へとすり替えようと意図しているのである。

ところで、ドイツ的学生の三つの義務のうち、意味からすれば、最後にあげられている知の奉仕が最も重要なものとして位置づけられているのだというハイデガーの言い訳は、『シュピーゲル』対談のなかでも繰り返されているが、この学長演説のなかの彼自身の言葉と直接に矛盾する。それというのも、彼は「これら三つの義務――民族による、精神的付託を受けた国家の歴運への義務――は、ドイツ人の本質にとっては等根源的である。そこから発する三つの奉仕――労働奉仕、防衛奉仕、知の奉仕――は、同様に不可欠であり、そして同格のものである」[47]と述べているからである。しかし、ハイデガーが「事実と思想」と『シュピーゲル』対談のなかで述べていることは、これらの三つが同格ではないという点にかんしてだけは正しいかも知れない。というのは、学長演説のなかで第一番目に強調されている「労働奉仕」と第二番目の「防衛奉仕」とは、一九三三年当時の社会的・歴史的文脈からすれば、きわめてナチ的なスローガンであり、なかんずく疑似社会主義的であると同時に民衆主義的でもあり、街頭での闘争行動を重視したあの突撃隊の精神を体現するスローガンでもあって、その意味では第三番目の「知の奉仕」は、政治的に見ても論理的に見ても、それに先立つふたつの奉仕にたえず従属せざるをえない必然性をもつからである。

ハイデガーが「労働奉仕」という言葉の社会的背景とその意味とを自ら語った演説が知られている。一九三三年一一月二七日の『フライブルク新聞』は、その前々日に行われたフライブルク大学冬学期の入学式で学長ハイデガーが「労働者としてのドイツの学生」というタイトルでスピーチを行い、こう述べたと報道している。「新しいドイツの現実のなかで学生とは何かという問いが、ランゲマルクをシンボルとした新しい犠牲的行為にドイツの学生を赴かせる。新しいドイツの学生は今、労働奉仕に赴き、突撃隊で活動する。勉学は今から知的奉仕という名になる。」「労働の本質は今や根底から人間の現存在を規定する。民族の現存在の、労働のなかで労働として形成される組織、これが国家なのである。ナチ国家は労働国家なのである。そして新しい学生は、民族の知の要求を貫徹するために動員されていることを知っているがゆえに、まさにそのゆえに、彼は労働者なのである。(48)」だが、ハイデガーは学生相手の講演でだけおのれの思想を開陳したわけではない。彼は、こうした労働と労働奉仕にかんする思想の持ち主にふさわしく、同年九月上旬に開催されたバーデン州家具職人親方同盟の第二二回大会にまで出席して、こう述べたということが新聞で報道されている。「ハイデガー教授は、アドルフ・ヒトラーが民族を真の共同体に目覚めさせ、そのうえに新しい国家を打ち立てようとしていることに鑑み、大学が手工業とどういう関係をもつかとの問いについて詳述した。そこではあらゆる身分、職業、組合に義務と責任が委ねられ、青少年同盟、労働キャンプ、手工業が教育の力として学校と並び立つ(49)」、と。

ナチ国家におけるこうした労働および労働者の位置付けとこれに対応する「労働奉仕」とは、まさしくレームによって指導されていた突撃隊を中心とするナチ党左派グループの合言葉だったのであり、ハイデガーはこのレーム的・民衆主義的路線にきわめて忠実に行動していたのである。もちろん、こうした路線は、ハイデガーが「事実と思想」のなかで述べているように、彼自身が一九三〇年と一九三九／四〇年の二度にわたって同僚たちとのあいだで研究会を開いて研究したというエルンスト・ユンガーの「初期ナチ革命」の思想、すなわち、第一次世界大戦によって成し遂げられた近代的な戦争としての「総力戦」、具体的に言えば、軍事的指揮と政治的・経済的指揮との完全な一体性のもとに、労働、食糧生産、通信、交易など、国民生活のあらゆる場面での軍事的・組織的管理を貫徹させた総力戦に対応し、そしてその主体または担い手としての「労働者－兵士」の思想に対応するものでもあった[50]。さらにオットによれば、「防衛奉仕」または国防奉仕という言葉もまた、当時の社会的文脈のなかで言えば、ドイツの大学では決して珍しい言葉ではなく、ドイツ民族にとって屈辱的なヴェルサイユ条約という状況のもとで、ドイツ民族の国防強化は「鉄兜団」をはじめとする軍事教練連盟や武装学生の合言葉となっており、とりわけ一九三三年にはまぎれもないナチスのスローガンであって、強い軍隊的・攻撃的意味をもっていた[51]。

ハイデガーは、学長演説のなかで学問と知について確かに語ってはいるが、それは彼独自の秘教的・神秘的な歴史理論または歴史哲学にしたがった語り方においてであり、これに通じていない者には容易に接近しうるものではないであろう。要するに、ハイデガーはドイツ的大学は、学にたいする意志とドイツ民族の精神的付託への意志とを結合することによって形成されるとし、真の学または学の本質は、学が歴史的必然の定めまたは運命の強大さの前では無力であることを自覚し、「われわれが自らを再度、われわれの精神的・歴史的現存在の始元の力のもとにおく[52]」時に、学問と哲学の歴史の開闢の時に立ち返って、この始元の偉大さを回復する時に、必然的なものとなる、と述べている。彼自身の言葉でいえば、「われわれが始元のはるかなる任務 die ferne Verfügung des Anfangs を自らの定めとなすとき、学はわれわれの精神的・民族的現存在の根底における出来事となるにちがいない。[53]」「始元のはるかなる任務」が何を意味するかは必ずしも明らかではないが、いずれにしても、ハイデガーの言う「精神的・民族的現存在の根底における出来事」は、直接無媒介に成就されるのではなくて、学が「始元のはるかなる任務」を自らの定めとして決意することによって成就されるのだから、学を媒介としている。ドイツ民族を自己実現すること、言い換えれば、ドイツ民族に歴史的に与えられた使命を実現することを主張する単純な民族ナショナリストとハイデガーとは、結論においてはまったく共通であって、その相違は、ハイデガーの独自の哲学的枠組み、すなわち学の古代ギリシャ的始元に立ち返って西欧的思索を総括するという視点をもつかどうかであるにすぎない。つまり、ハイデガーにとっては、学または学の本質それ自体が自己目的なのではなくて、「民族についての知、献身を用意すべき国家の定めについての知」とドイツ民族の歴史的かつ「精神的な付託の知」とが一体になることが学の根源的で十全な本質を創造する条件だと見なされているから、学も学の本質も大学の本質も民族的課題とその歴史的認識に従属するとされている点では、変わりがないのである。

さてハイデガーは、先にあげた、自らの学長演説の核心部分だと自称する四つの要素を列挙したあと、「これらすべてに含まれているのは、国民社会主義が真理と知識の本質にかんするニーチェの理解の粗野な改作として示した『政治科学』の理念を断じて認めないということである[54]」と述べて、自分の学長演説が「政治科学」の理念を拒否していると主張し、これを『シュピーゲル』対談においても「『大学の自己主張』、それは当時すでに党のなかで、国民社会主義的学生団によって要求されていたいわゆる『政治科学』に対抗しているのです[55]」というかたちで繰り返している。しかし、われわれの知る限り、ハイデガーが学長演説のなかで直接にこの「政治科学」を引き合いに出して批判した箇所は存在しない。「政治科学 die politische Wissenschaft」とは、ハイデガーによれば、学そのもの、学の意味、学の価値を「民族のための効用」によって評価するものと規定されているが、具体的な実例としては、例えばノーベル賞を受賞した二人の物理学者、フィリップ・レーナルトとヨハンネス・シュタルクが「ドイツ的数学」「ドイツ的物理学」などと唱えて、量子力学を非ドイツ的として攻撃して排除しようとした試みをあげることができよう。[56] しかし、シュタルクの主著『国民社会主義と学問』は一九三四年、レーナルトの主著『ドイツ的物理学』全四巻は一九三六〜三七年に出版されているから、ハイデガーの学長演説の時期とは重なり合うことがない。さらに、ハイデガー自身が学長時代に学生組合の集会でこう語ってはいなかったであろうか。「すべての学問は政治的である。知があらゆる問い、あらゆる答えにおいて民族のなかに基礎を置いているという意味で政治的なのである。……『民族のための指導、指導のための民族』という総統の言葉で言われている意味はこれなのである。[57]」私には、このハイデガーの演説の趣旨とナチの「政治科学」とは、根本において異なっているとは思われないのである。したがって、ハイデガーが学長演説で「政治科学」に反対したというのも、彼の「弁明」が必要になった後の時代にアド・ホックに、つまり「事後的に」、しかも過度に強調されすぎている可能性が高いと言うべきであろう。

ハイデガーの学長演説のなかで用いられているさまざまな用語とその意味・使用頻度の分析によっても、この演説が強くナチズム的、とりわけ突撃隊的な枠組みのなかを動いていることは疑う余地がない。「闘争 Kampf」が、例えば「すべての意志的および思考的な能力、すべての心の諸力、身体のすべての才能は、闘争をつうじて展開され、闘争のなかで高揚させられ、闘争として保持されなければならない[58]」というように、幾度となく強調されているが、こうした「闘争」概念の多用は、学長演説に限らず、学長時代のハイデガーの語法の特徴をなしており、無論のこと、明確にヒトラーの『我が闘争』との関連をもっている。この一節の後に、『戦争論』の著者クラウゼヴィッツからの引用がきわめて唐突に、しかもわざとらしく行われているが、ファリアスによれば、ハイデガーが引用したクラウゼヴィッツの『三つの告白』はとりわけナチから称賛を受けており、彼は彼のアーリア純血主義と相俟って「隠れたるドイツの予言者」とまで崇拝されていたという。(59)ヒトラーの『我が闘争』も何度かこのクラウゼヴィッツを引用して彼に敬意を表しているから、(60)ハイデガーはヒトラーとクラウゼヴィッツの両方に媚を売っているかのようである。また、ヒトラー崇拝者またはナチ信奉者はハイデガーのこうした引用を耳にして内心喝采を叫んだことであろう。「進軍にとっての歩行法則」、「進軍」、「統率と服従」、「出征する」などの用語もすべて軍隊的な用語であって、先にあげたハイデガーのヤスパース宛書簡のなかの「出撃地点」という言葉とも関連して、当時のハイデガーの語法がやはり突撃隊の語法の枠組みのなかにあることは否定することができないのである。もちろん、先に述べたように、これらはエルンスト・ユンガーの言う「総力戦」「総動員」「労働者の武装」などといったナチ的スローガンとの関わりを濃厚に秘めている。

そして、演説のいたるところに強調されているのは、ドイツ「民族共同体への献身」、「国家の名誉」、「民族の偉大さ」、「ドイツ人の運命」、「民族国家への至高の奉仕」などというきわめて国家主義的・民族ナショナリスティックな諸概念である。ハイデガーも「精神」に言及しないわけではないが、それも西欧の思想的伝統との関わりにおいてではなくて、次のような文脈においてである。「精神とは、存在の本質に向けて根源的に調律された、知る決意性である。そして民族の精神世界とは……民族の血と大地に根差した諸力を最も深く保持する力、すなわち、民族の現存在を最も内奥かつ広範に刺激し揺り動かす力である。(61)」見られるように、この引用文中には順序こそ違え、「血と大地」という紛れもないナチのスローガンがこだましている。

息子のヘルマンが言うように、学長演説には確かに「ヒトラー」も名指しされておらず、単数形の「総統（指導者）」der Führer も用いられてはいない。しかし、こうした形式的事実も、ハイデガーの学長演説と国民社会主義との強い内的紐帯を決して覆い隠すことはできない。演説のなかでは、単数形こそ用いられていないが、複数形の「総統（指導者）たち」は die Führer, jene Führer, in seinen Führern などのかたちで頻出するし、「指導者性」Führerschaft という語もまた用いられている。なぜハイデガーが「総統」を単数形で用いずに複数形で用いたうえに、ドイツ的大学の「この本質が……明晰さと地位と力を得るのは、何よりも、そしていつも、指導者たち自身が指導される者であるときである［傍点筆者］(62)」と述べたのかにかんしては、オットー・ペッゲラーの論文「指導者たちを指導する?」が主張するように、政治上の指導者であるヒトラーを始めとするナチ指導者たちを学問上の指導者であるハイデガー自身が指導しようという意図すらあった可能性も否定することはできない(63)。

ハイデガーはさらに、大学の自治が「否定的自由」から生じた恣意・放縦であるとして、その放逐を叫んでこう述べている。「しばしば持ち出される『アカデミーの自由』はドイツ的大学からは追放される(64)」、と。また、ドイツの国際連盟脱退に心からの賛意を表して、「始元の偉大さがまだ存立していないとしても、学の本質は、あらゆる成果と『国際的諸機関』とは異なって今日あるように、決して空疎になったり、使い果たされたりしえないものであろう(65)」と述べて、国際機関にたいする誹謗さえもが主張されている。したがって、自分は「戦争好きを哲学的に正当化したりしてはいない」というハイデガーの自己弁護とはまったく反対に、やはりハイデガー自身はきわめてナチス的・突撃隊的・好戦的な諸概念と言辞で自らの学長演説を飾り立てていたのである。

そのきわめつけは、ハイデガーが演説の末尾に引用しているプラトンの『国家』のなかの語句 "τὰ…μεγάλα πάντα ἐπισφαλῆ" をドイツ語で "Alles Große steht im Sturm" (「偉大なるものはすべて嵐 Sturm のなかに立つ(66)」) と訳していることである。この文中の "ἐπισφαλῆ" はもともと不確かである、容易ではない、危険に満ちているなどを意味する言葉であって、わざわざ「嵐のなかに立つ」と訳するほどのおおげさな意味はない。藤沢令夫氏の日本語訳でも「すべて大きな企ては危険に満ちていて……」[67]とされているとおりである。古代ギリシャ語をよく知るはずのハイデガーがなぜわざわざこのような訳文をあてて、意図的な誤訳であるかに見えるようなことを行っているのかと言えば、われわれはリチャード・ウォーリンとともに、「突撃隊」のドイツ語であるSturmabteilungとの強い関係を想起せざるをえないのである。[68]つまり、ハイデガーは自分のこの演説にナチ的用語を散りばめて、これらが突撃隊員をはじめとするナチ党員または党支持者に与える心理的効果を計算に入れ、彼らからの受けを狙って演出を行っているとさえ考えられるのである。

ところでハイデガーは、学長演説のなかでは「闘争」の概念を、このようなナチ的意味を強く付与された語法の枠組みのなかで語っているにもかかわらず、「事実と思想」のなかでは、この「闘争」概念がヘラクレイトス的な自然哲学で言われるようなポレモス、すなわち対立的諸要因の抗争、争い、対決に帰着すると強弁し、さらにヘラクレイトスの「この言葉〔ポレモス——筆者〕は『闘争Kampf』を意味するのではない」とし、まして戦争Kriegと考えてはならないとして、「πόλεμος〔ポレモス＝戦い——筆者〕の本質は、δεικνύναι〔ディクニュナイ＝示すこと——筆者〕とποιεῖν〔ポイエイン＝製作すること——筆者〕とにある。すなわち、ギリシャ語では、開かれたまなざしのうちへとつくりもたらすことにある。これが哲学的に考えられた『闘争』の本質であって、学長演説のなかで語られたことは、哲学的にのみ考えられていたのである」[69]と述べているが、これもまたこじつけにほかならないであろう。ヒッポリュトスによって伝えられているヘラクレイトスのこの断片は、「戦い〔πόλεμος〕は万物の王であり、万物の父である。それはある者を神とし、ある者を人間とした。またある者を奴隷とし、ある者を自由人とした」[70]というものである。素直に解釈すれば、戦争によって獲得した捕虜を奴隷として売買することが普通の習慣であった古代奴隷制経済社会の当時にあっては、ヘラクレイトスの言う「戦い〔ポレモス〕」とはやはり、一般的な意味で言われる戦争でもあり、闘争でもあって、ハイデガーの言うようにたんなる「争い〔エリス〕」または「対決」などというかたちで中性化して理解されはしないし、ましてさらに一般的な意味での「示すこと」でも「制作すること」でもありえない。ギリシャ語の語源とその言語学的な分析を無視したこのような解釈が方法論的に許されるとすれば、ハイデガーのギリシャ語解釈がしばしばそうであるように、あらゆることが無制限、恣意的、かつ無責任に主張されることになろう。

アメリカ合衆国のヘラクレイトス研究者チャールズ・カーンは、ヘラクレイトスにかんするその新著のなかで、ディールスとクランツが番号を付したヘラクレイトスの断片五三に注釈を施して、この断片が劇的な要素をもつと同時に人を困惑させる形式をもつこと、この断片とホメロスがゼウスについて述べた「人間たちと神々の父」という表現とが酷似していること、そしてポレモスが普通の意味での戦いと対立の普遍的な原理を表すヘラクレイトス的な語法とのあいだに曖昧さを残していることを指摘しながら、こう述べている。「戦い war が普通の意味で理解される限り、それがどうして可死性と神聖性、奴隷状態と自由に責任があるのかを理解するうえで何ら問題はない。というのは、戦いは（定義によれば）生成するすべてのものの決定計画または因果的要因だからである。残るのは、ポレモスをまったく文字通りに、普通の戦闘として受け取ることによって、もうひとつの固有の解釈が示されないかどうかである。」だから問題は、「われわれが、神々をも人間をも『示している』または『指示している』戦いからいかなる意味を取り出すことができるか」である。そしてカーンは、ギリシャ哲学研究者ギゴンを参照しながら、「彼〔ヘラクレイトス〕はこう教えている。このことは戦いにおける死に関係づけられねばならない、と。つまり、生き残るものは人間たちとして残り、倒れる者は神性の状態へと高められる。この問いは、死後の人間の運命に関係している……」(71)と解釈している。この断片の解釈上で問題となるのは、「戦い」がなぜ「ある者を神とし、ある者を人間とした」のかということであり、ヘラクレイトスが言うポレモスとは、いずれにしても戦いまたは戦いによる死と不可分に関係している。したがって、カーンによるこうした解釈によっても、「戦い」を「争い」と関係づけるならまだしも、「示すこと」、「制作すること」などと関連づけて理解されてはいないのである。

ところで、ハイデガー自身がヘラクレイトスのポレモスを「闘争」と解釈している箇所が数多く知られている。それは例えば、ハイデガーが学長辞任後の一九三四年八月二八日に、教授資格試験合格者のうち政治教育に合格した者だけを正教授にするための画一的な教育実践機関であるドイツ帝国大学教官アカデミーの設立を準備していた文部次官ヴィルヘルム・シュトゥッカート宛に書いた返書のなかにあり、ファリアスが全文を引用している。それによれば、「それ［学問の再生――筆者］は、個別的なもろもろの学派と方向の一面的な支配を意味するのではなくて、まさしく『万物の父』である、精神的なもののなかにある『闘争』こそが要求するものである。[72]」この一例だけでもう十分であろう。したがって、学長演説の「闘争」をヘラクレイトスのポレモスに関連づけて、言い逃れをしようとするハイデガーの弁明の戦略もまた破綻せざるをえない。そして、自分は「戦争好きを哲学的に正当化し」たりしてはいない」というハイデガーの自己弁護とは裏腹に、「戦争好きを哲学的に正当化し」ていたのはやはりむしろハイデガー自身にほかならなかったのであり、彼の闘争概念はヒトラーの『我が闘争』と強い親近性をもつのである。

ハイデガーは「事実と思想」のなかで、学長就任祝賀会の後、バーデン州文部大臣ヴァッカーが学長演説を聞いた感想を彼に述べたとし、彼の演説が①一種の「私的な社会主義」を説いて党綱領を回避した、②人種思想にもとづいていない、③「政治科学」の理念を退けている、との三点にわたる見解を表明したと言うが、このことは記録文書によって証明されるか、または第三者によって証言されないかぎり、証拠としての価値をもちえない。さらに、そのすぐ後に、ハイデガーが文部省に行ったとき、当局から①祝賀会にフライブルク大主教（コンラート・グレーバー）を参席させたことはのぞましくない、②そのときのテーブル・スピーチで、ハイデガーが前々学長のザウアーに敬意を表して、彼を目立たせたのは脱線であった、と指示されたと言うが①はナチとカトリックとの関係から見てありうることであり、②はオットが閲覧したザウアーの日記によって事実であることが確認される。[73] この件にかんしてわれわれが記録文書によって確認しうる事実はただこれだけである。

　ハイデガーは、学長演説が、ヴァッカーのように、ハイデガーに対するナチ党内の反対派が異質のものをかぎつけたかぎりでは理解されたといってよいが、それ以外には一般の人々によっては理解されず、また党と権威筋からもいっそう理解されず、「風にむかって語られた」[74]と述べて、大袈裟に嘆いて見せているが、しかし、これもまた虚偽にほかならない。ハイデガーの学長演説は、多くの同僚とナチ管区指導部によってラジオ放送されるようにという働きかけがあったほど、ナチ関係者の期待を集めていた[75]ばかりか、たとえその哲学的含蓄が完全には理解されなかったにしても、実際には官公庁、ナチ政権信奉者、ナチ党機関紙、ナチ学生同盟の機関紙などによって、クリークやボイムラーなど、ほぼ同時期に行われたそのほかのどの学長の演説よりもはるかにナチス的・戦闘的なものであり、大学変革に対する最も重要な貢献であるとして評価されていたのである。ファリアスによれば、例えば、歴史学者でありナチ突撃隊員であったリヒアルト・ハルダーはこう述べたという。ハイデガーの学長演説は「闘争演説であって、固い決意をもって時代のなかに身を乗り出した者の哲学的呼びかけであり、大学を真剣に考え、学問に真っ向から対決したもの、真の簡潔さと固い意志と大胆な不敵さをもってなされた真に政治的な宣言である」[76]、と。

　この学長演説が同年七月に最初に出版されたとき、大ドイツ・ナチ運動闘争紙『フェルキッシャー・ベオバハター（民族の観察者）』は、このことを紹介するとともに、「有名な哲学者マルティン・ハイデガーのフライブルク（ブライスガウ）大学の学長就任時に行った演説は広く注目されたものであった」[77]と評価したうえで、その一部を再録しているし、また『フライブルク新聞』は同年七月一六日と一九三四年一月六日の二度にわたってハイデガーの学長演説を掲載したことが知られている。また皮肉なことに、後にハイデガーと敵対的な関係になるエルンスト・クリークが主宰する雑誌『生成する民族』には、一九三四年になってもなお、ハイデガーの学長演説を礼讃する論文が掲載されていたという。ハイデガーのこの演説は、一般の人々によって理解されなかったどころか、例えば彼を学長に推挙するのに功績のあったシャーデヴァルトらによって『フライブルク学生新聞』などで繰り返し解説され、ハイデガーと密接なつながりをもっていたナチ学生同盟・ドイツ学生団・突撃隊などの指導者をつうじて学生と市民たちのあいだに確実に浸透していき、とりわけ学生たちの運動の精神的な支柱となったことは、シュネーベルガーが収集した資料のなかに見られるとおりである。この点においても、ハイデガーはその政治責任を決して免れることができないであろう。

最後に、ハイデガー自身が『シュピーゲル』対談のなかで述べ、息子のヘルマンが「事実と思想」の序文で繰り返していることだが、この学長演説の第二版が刊行された直後にハイデガーが学長を辞任し、学長演説が「このあとすぐに国民社会主義ドイツ労働者党の指示により、書店から回収された」[78]ということについて、事実を検証して見よう。ファリアスの調査によれば、これもまたはっきりとした虚偽であることがわかる。彼によれば、ドイツ国内のすべての著作物が厳しい検閲を受け、また紙原料が欠乏していた一九三七年に、この学長演説の第三版にかんしてはまだ四〇〇〇部から六〇〇〇部という大量の部数が印刷されており、また何とハイデガー自身が同年四月二七日にこの第三版をマリア・リーツマン夫人に署名入りで贈呈していることがわかっている。[79]このことは、ハイデガーが事実を知りながら、意図的に虚偽を述べていることの動かぬ証拠である。ついでに言えば、ファリアスが調査したメモによれば、第二次世界大戦末期の「一九四四年一月、用紙不足のせいで書籍の出版が極度に制約され、それどころか不能になっていた時期に、文部省は、ハイデガーの著作を印刷するために、出版社クロスターマン社に無条件で用紙を配給している」[80]という。このことは、とりわけ学長時代に生じたプロイセン文部大臣ルストのハイデガーに対する好意もあって、二度までも彼をベルリン大学に招聘する話があったことに象徴されるように、ハイデガーがナチ政府、とりわけプロイセンと良好な関係を保ち続けたこと、そして著作の出版にかんしては弾圧どころか、破格の優遇措置を受けていたことを示すものであり、こうした点でも彼の弁明は事実と正反対のことを述べていると言わざるをえないのである。

（二）党員学長としてのハイデガーの活動

先に述べたとおり、ハイデガーはナチに入党したさいに、個人および学長として決して党の仕事を引き受けたり、党活動をしない条件を付け加えたうえで、形式的に入党したと述べ、また彼自身が党指導部と党機関に助言したり、会話に加わったり、決定原稿を書いたりしたことさえ決してなかったと述べている。[81]しかし、これまでの本論の叙述から容易に推測がつくように、このこともまた、ハイデガーの学長時代の数々の言動に照らせば、虚偽であることがわかる。

ハイデガーが学長就任後にハイデルベルクやチュービンゲンなどの大学で行った数々の講演・演説、愛国者シュラーゲター追悼演説、ドイツ学生連盟などに寄稿したエッセイ、新聞などへの寄稿、ラジオ放送での説話、大学内部で学長として出した通達など、現在までに明らかにされている資料を見るかぎり、ハイデガーがほとんど熱狂的ともいえるほどにナチズムに心酔し、総統ヒトラーを崇拝していただけでなく、「労働奉仕」をはじめとする突撃隊の基本精神をフライブルクにおいて実践しようとし、学生諸団体との強いつながりのもとに、大学を再編成して民族と国家にたいする新しい関係をつくりあげ、ナチの「指導者原理」をきわめて忠実・強引にフライブルク大学内外の教育制度改革のなかにもちこみ、学問の自由や学部自治を廃して、文部省から任命された「指導者＝学長」に学部長・評議員・事務長などをすべて任命するなどの権限を与えて、全体主義的国家のための指導と服従が貫徹するような大学制度をつくりあげようとしたということは、決して否定することはできない。学長演説後の代表的な一部だけを引用しよう。

ハイデガーのナチ総統ヒトラーに対する態度として、すでに序章で引用したように、あまりにも有名な一節が伝えられている。「学説や理念が諸君の存在の規範であってはならない。総統自身が、総統のみが、今日のドイツ、そして未来のドイツの現実であり、その掟である。深く知ることを学びたまえ。今からは、すべての事物が決断を要求し、すべての行為が責任を要求するからである。」(一九三三年一一月三日の『フライブルク学生新聞』)[82]

新しい学生像とナチ革命の位置付けにかんしては、ハイデガーは一九三三年一一月三〇日にチュービンゲンで行った講演「ナチ国家の大学」のなかで、明確にこう述べている。「新しい学生は、もはや大学に籍を置く市民ではなく、労働奉仕に携わり、ナチ突撃隊やナチ親衛隊に属し、野外演習を行う。勉学は今や知的奉仕である。」「しかし、ドイツの大学における革命は終わっていないばかりか、いまだ始まってさえいない。総統の言う意味で緩やかな進展がそこにあるのであれば、それはただ闘争をつうじてのみ、闘争のなかでのみなされうるものであろう。……ナチ革命は、人間の、学生の、次代の若い大学教師たちの完全な再教育であり、将来もそうであろう。[83]」一九三三年のナチによる権力掌握がナチ革命の完成ではなく、序曲にすぎないという位置付けは、ハイデガーがエルンスト・レームおよび突撃隊と共有していた思想にほかならなかった。

ハイデガーがめざしていた教育制度改革の本質を示すものとして、「新しいナチ国家のなかでこれまで個々の国家が直接に消えて行けば行くほど、それだけより決然と、かつより根源的に、それぞれの大管区の民族性が目覚め、保持されなければならない。……この使命を実現するために、学校制度全体の教育活動は方針を変えてナチズムの国家意志の軌道に乗ったのである」[84]という発言が知られているし、学長辞任後のことであるからわれわれはいっそう重大に受け止めなければならないのだが、先に述べたドイツ帝国大学教官アカデミーの設立にかんするハイデガーの具体的な提言のなかには、「これまでの学問を、ナチズムが問題とする方向およびナチズムの力から根本的に考え直すこと」、「責任者と教師は、その独自の使命をはたすためにも、何よりもまずナチ党員でなければならない。……ナチ精神を体現した党員として学問の革命を内部から準備することのできる人物でなければならない」[85]とある。これらの引用でもう十分であろう。

それではハイデガーは、学長として大学内部でどのように行動したのか。オットによれば、ハイデガーは、自らの学長就任祝賀会の時にナチによって崇拝されていた愛国者ホルスト・ヴェッセルの歌を歌わせ、さらにその第四番目に「ジーク・ハイル」（勝利万歳）の挙手と同じ右手の挙手をさせて、そのことで一定の物議をかもしたのだが、このことはハイデガーの学長としての後の活動を象徴することになった。オットとファリアスは、ハイデガーの学長時代の一連の措置のうち、ハイデガーが学長として悪名高いあの「公務員職再建法」を特に厳密に実施して、予定期限を待たずにユダヤ人の休職処分を行ったこと、大学の講義の初めと終わりに「ハイル・ヒトラー」のナチ式敬礼を義務づけたこと、軍事教練である国防スポーツ訓練を全学期にわたってカリキュラム化したこと、全学生に労働奉仕実習を含む「国防軍事科学」と「人種学」を必修科目としたこと、学生の人種局を設立したこと、突撃隊や親衛隊に所属する学生への学費の面での特別優遇措置を適用したことなどに特に注意を促している。[86]

ここでわれわれは、「事実と思想」に直接叙述されている事柄の検討に戻ることにしよう。ハイデガーは、「事実と思想」のなかで、自分が職務開始二日目にしてユダヤ人プラカードの掲示を禁止し、ナチにとって不都合な教授の解雇要求を退け、粛清行為に対しては不正と損害を防ぐなどの措置を行うなど、ナチに抵抗した実績としていくつかのことをあげている。息子のヘルマンも、父マルティンが『シュピーゲル』対談で述べたことを「事実と思想」の序文のなかでそのまま繰り返しており、マルティン・ハイデガーが大学での焚書を禁止したこと、フォン・ヘヴェシーやタンハウザーなどのユダヤ人教授を大学に引き留めようとしたことなどをあげている。しかし、われわれは、これまでやや詳細に検討してきたように、ハイデガー自身の言葉をそのまま信用することができないことをすでに了解済みだから、実際の記録と文書、そして第三者の証言などの確実な証拠にもとづいてのみ、事実関係を突き止めなければならない。

ハイデガーが言うユダヤ人プラカード Judenplakaten とは、ドイツ学生連盟の指導のもとで一九三三年四月一二日に配られたビラのことであろうと推測される。オットによれば、それは「非ドイツ精神に抗す」という表題をもち、一二のテーゼが書かれた、四七・五×七〇の縦サイズの白い紙であった。ハイデガーは就任二日にしてこのビラを禁止したというが、当然ながら、学長名によるこの命令文書が存在しないかぎり、これが事実だということは証明され得ない。たとえそれが事実であったにしても、その理由がその反ユダヤ的内容にあったとは考えにくいであろう。オットが言うように、それは美的な理由からであったかも知れないし、その必要がすでになくなったからであったかも知れない。『シュピーゲル』対談でハイデガーが言及している焚書の禁止にかんしては、オットの調査によれば、これも事実と相違する。実際に焚書事件に居合わせていた証言者によれば、一九三三年五月一〇日は雨模様であったが、この天候をついて実際にフライブルク大学図書館前広場で焚書が行われたという。ハイデガーはこの野蛮な行動を阻止せず、また阻止することもできなかったのである。(87)

ハイデガーは学長職を引き受けた理由のひとつに、「不適当な人物の進出」に対抗しうることをあげ、実際にナチから要求された「粛清行為」に対抗して「不正と損害」を防ぐことができた、と述べている。ハイデガーは自分が擁護したユダヤ人教授として少なくとも三人の名前をさまざまな箇所で挙げている。彼らのうちでハイデガーが古典文献学者のエドゥアルト・フレンケルと化学者のゲオルク・フォン・ヘヴェシーの二人のユダヤ系教授の講義資格剥奪に反対したということは、彼の一九三三年七月一二日の文部省宛書簡で明らかであり、事実として確認される。オットによれば、ユダヤ系の物理化学教授ゲオルク・フォン・ヘヴェシーは、ハンガリーの政治エリート一族の出で、当時国際的に名高い化学者であり、いくつもの賞の受賞者である。彼は後にデンマークに移住して、一九四三年にノーベル賞を受けたほど、応用化学と化学者養成にかんしては抜きん出た人物であって、ロックフェラー財団から莫大な資金を得て、これをドイツに提供してもいた。したがって、ハイデガーでさえも、このユダヤ系人物を失うことはさまざまな意味で利害のうえで不利に働くと考えたというのが、その反対の真の理由であって、決してユダヤ人を擁護しようとして行動したわけではないであろう。もう一人のエドゥアルト・フレンケルもまた、特にイタリアとフランスで学問的名声を得ていて、その範囲はフォン・ヘヴェシーと同程度であった。ハイデガーによれば、彼は研究教育活動の重点を古代世界の本質問題にではなく、言語学の研究においている点で問題なく、彼の暫定的な休職のあいだも模範的な姿勢を示した。しかし、ハイデガーのこうした擁護は次のような観点からするものであった。「もしもフレンケルが学部に留まるとすれば、そしてフォン・ヘヴェシーが留まるのであれば、フレンケルもそうしなければなりませんが、一方ではわれわれの学問の国際的な名声が維持され、他方では大学にとってもやはり、新しい帝国とそれの諸課題に対する反対行動またはたんに無関心な姿勢という意味における危険な要素が形作られることは決してありません。」[88] ここで言うフレンケルとは、第一部と第二部でバウムガルテン事件を論じたさいに、ハイデガーが「ユダヤ人フレンケル」として名指ししたのと同一人物である。ハイデガーは、フレンケルの場合にも、彼の国際的な名声を考慮して彼を恒久的な休職処分にすればフライブルク大学にマイナスの影響が生ずることを憂慮して、もっぱら実利的な理由でのみ、しかも彼が第三帝国に敵対的な姿勢をもたないことを保証したうえで、フレンケルが教授職に留まることができるように当局に要請したにすぎないのである。

ハイデガーは『シュピーゲル』対談でさらにもう一人の名前をあげているが、それはジークフリート・タンハウザーである。彼はフライブルク大学付属病院長をも勤めた医学部教授である。タンハウザーは一九三四年に強制退職させられ、アメリカに亡命した。一九四五年一二月の政治的浄化委員会報告書によれば、ハイデガーが自らの反ユダヤ主義の嫌疑を打ち消そうとして自分が学長時代に彼を含む二人のユダヤ人教授を任命したことを持ち出したが、これに対しては当時のフライブルク大学学長と前学長から異議が唱えられている。[89]

ハイデガーは、彼が手厚く助けたユダヤ系の人物として、そのほかに例えばフォン・ヘヴェシーの弟子ヘレーネ・ヴァイスの名前もあげているが、そのほかにもユダヤ系のヴェルナー・ブロックやエリーザベト・ブロッホマンの事例が知られている。ブロックはゲッティンゲン大学で「ニーチェの文化の理念」をテーマとして教授資格を取得したが、一九三一年にハイデガーによって注目され、彼の提案でフライブルクで教授資格を取得し直したのち、ハイデガーのもとで哲学の助手を務めていた。彼は、バーデンの帝国地方長官ローベルト・ヴァーグナーの一九三三年一〇月の通達により、大学を追われることになり、イギリスのケンブリッジに亡命した。ハイデガーの弟子を自称し、フライブルク大学のキリスト教哲学講座のホーネッカーのもとで学位を取得したマックス・ミュラーの証言によれば、この時ハイデガーはイギリスに手紙を送り、彼の受け入れを助けたという。[90] これらのいくつかの事例については事実であろう。しかし、こうしたハイデガーの行動がユダヤ人にたいする通常の意味での同情から発したものだと見なすのは早計であろう。党員学長として公務員職再建法を特に厳密にフライブルク大学に適用したと伝えられるハイデガーの場合は、こうした行為は真の意味での同情から行われたというよりも、自らの身辺にユダヤ人を置いておくことの政治的問題性を強く意識し、できる限り早く彼らとのつながりを断ち切ろうという政治的行為であった可能性のほうが強いであろう。例えば、ハイデガーが彼の助手ブロックがイギリスに亡命するのを手厚く手助けしたというのも、自らの講座にユダヤ系の研究者を置いておきたくないという政治的配慮からする行為であったと理解する方が真実に近いであろう。ハイデガーの長年の友人であり文通相手であったブロッホマンの場合にも、ハイデガーはユダヤ系の人々を公務員から追放する「公務員職再建法」やユダヤ人からの市民権の剥奪を当然の前提として行動しており、こうした法律や措置の不当性に決して憤りを示しておらず、ましてその不当性に言及することさえしていないことに注意すべきである。(91) もちろんこうしたユダヤ人擁護の行動がハイデガーのなしえたすべてでは決してなかったのであって、同じくミュラーの証言によれば、ハイデガーが学長になって以来、彼のところで学位を取得したユダヤ人は一人もいなかったともいう。(92)

また、ハイデガーの反ユダヤ的言辞について言えば、例えばハイデガーがヴィクトル・シュヴェーラー宛に書いた一九二九年一〇月二〇日の手紙(93)が知られている。ウルリヒ・ジークが発見して一九八九年一二月二二日の『ツァイト』誌上で発表したことだが、ハイデガーが一九二九年一〇月二〇日付けでヴィクトル・シュヴェーラー宛に送った手紙のなかに、「問題なのは、われわれのドイツの精神生活に再び真に土着的な力と教育者を供給するか、それとも、いいいい、いい強まっているユダヤ化にそれを……最終的に引き渡すかの選択の前にわれわれが立っていることを今ここでじっくり考えることです［傍点筆者］」という一節があり、ハイデガーの反ユダヤ的言辞として話題となった。この手紙は、Rüdiger Safranski, *Ein Meister aus Deutschland*, Carl Hanser Verlag, S. 299（ザフランスキー『ハイデガー――ドイツの生んだ巨匠とその時代』法政大学出版局、三七七―三七八頁）などに引用されていて、読むことができる。なお、戦後の政治的浄化委員会では、ハイデガーの反ユダヤ的言動として、彼の恩師フッサールにたいする周知の態度が問題になったほか、ユダヤ系であったスィーラシ夫人が彼の家を訪問するのを禁じたというアドルフ・ランペの証言、ハイデガーが公開のスピーチで「体系の時代におけるユダヤ人の支配」や「異邦人」としてのユダヤ人について語ったというヴァルター・オイケンの証言が取り上げられた。

ここで、大学改革への取り組みにかんするハイデガーの弁明を検討することにしよう。彼が学長としてどのような姿勢と観点から大学改革に取り組んだのかにかんして、「事実と思想」はこう述べている。「私は、ハイデルベルクと専門学校化の両方から脅かされている危険を、制度改革の提起によって対応しようと試みた。その改革は、諸学部の本質と大学の統一を救い出すことができるようにと学部長をはりつけることで、可能になるはずであった」[94]、と。ここでいう「ハイデルベルク」とは、後に見るように、ヨハン・シュタイン博士によって指導されていたハイデルベルクのナチ・グループのことであり、そこからの「危険」とはナチ党内部の抗争に関わっていることが了解されるが、しかし、「専門学校化の危険」とこれに対抗する「諸学部の本質と大学の統一を救い出す」ための「制度改革」にかんしては、もし当時の大学情勢を知らなければ、ハイデガーの言うことをそのまま鵜呑みにしてしまう危険性があろう。ハイデガーがここで述べている「制度改革」とは、彼が「ある種の再生によって救い出そうと試みたこと」であって、「そのためにこそ私は唯一学長職を引き受けたのであった」というほど、重要なものであった。

ところで、このハイデガーの言葉の真意を知る手掛かりが、レーム粛清以前に権勢を振るっており、ハイデガーと親しく、さまざまな会合・集会でしばしば同席していた帝国学生指導者オスカー・シュテーベルが述べている言葉のなかに見られる。一例だけを引けば、それはこうである。「ドイツ学生団および専門学校学生団が帝国中央本部に統合していること」が「ドイツの教育制度の壮大な統一への第一歩になる」、そして「専門学校は、今日、さまざまな種類があり、統一されていないが、それを学生団のように組織することができるなら、専門学校全体を体系的にドイツの教育制度の中に組み入れることも難しくはない。[95]」つまり、ハイデガーが言う「専門学校化の危険」とは実際には、専門学校をナチ国家の教育制度とは無関係にそのままにしておくことを意味し、ハイデガーの「制度改革の提起」とは、専門学校を学生団のように組織してこれを「ナチズムの指導下」に置くことを意味していたのである。そしてまた、「諸学部の本質と大学の統一を救い出すことができるようにと学部長をはりつける」とは実際には、大学教官全員集会を解散し、学部および評議会の自治と議決権を剥奪して、文部・法務大臣から任命された「指導者＝学長」に集中させ、事務局長と学部長の任命権・解任権をも学長の権限とするという、徹底的に非民主主義的・独裁的な大学改悪にほかならなかった。

ハイデガーは、こうした考えにもとづいて、大学をもナチの指導者原理と統制・画一化のもとに置いて、従来の大学基本法を改悪することを基本的なねらいとする大学の「制度改革」を推進したのであり、そしてカールスルーエにあるバーデン州文部省は、ハイデガーの全面的な協力のもとに、同年秋に大学基本法の改正を行った。[96]そしてハイデガーは、彼自身が期待したように、一〇月一日付で文部大臣から正式に「指導者―学長」に任命され、この「指導者原理」と権限集中とにもとづいて学部長の任命そのほかの仕事を行ったのである。オットによれば、この法の前文は「ハイデガーの言葉で書かれたといってよい[97]」のであって、そのために彼は戦後の政治的浄化委員会でこの件を追及されることになった。

さらに、ハイデガーの学長時代の通達のなかからふたつの特徴的な事例を挙げておこう。彼は、後に述べるトートナウベルク合宿の時に「大学制度のナチズム的な変革の目標を鮮明に理解すること」（一九三三年九月二二日[98]）と指示し、さらにこうしたラディカリズムのために大学内でほとんど支持を失いかけた時点でもなお「ナチズムの国家の諸力と要求にもとづいて学術的な教育を変革する」（同年一二月二〇日）[99]ことを呼びかけていた。したがって、われわれは、ハイデガーが行った大学改革とは、全体として見れば、大学を新しい「指導者原理」に適合させて、大学を全体主義的な国家的統制のもとに置くということにほかならなかったのであり、彼が学長職を引き受けた本心はこうした方向に大学を導こうとすることにあったのだと言わざるをえない。そして、ほかならぬこうしたラディカリズムのゆえに、ハイデガーは周囲から離反し、学長職を放棄して、挫折を体験しなければならなかったのである。

（三）ハイデガーの大学外での野心

ところで、もちろんハイデガーの野心はたんに大学内にとどまってはいなかった。彼は、すでに述べたように、ナチに入党する以前から、エルンスト・クリークが主宰する「ドイツ大学教師文化政治研究集団」結成の呼びかけに全面的に賛同して、すでに大学外のナチズムの運動に向かって「出撃」していたほか、フライブルクにおける「ナチ大学教師連盟 Nationalsozialistischer Lehrerbund（ＮＳＬＢ）」創設以来の構成員として活動し、学長を辞任した後もこの活動を継続している。

ハイデガーは、学長に就任した翌日の四月二四日に、ナチ突撃隊の前衛的な役割をはたしていた「ドイツ学生同盟 Die Deutsche Studentenschaft」の学術局長プレットナーに手紙を送り、この同盟の指導者たちを集めた集会の開催を呼びかけた。学長就任の翌日に手紙を送付したということは、この呼びかけが学長就任以前にあらかじめ周到に準備されていたことを意味する。ハイデガーは、実際に六月一〇日と一一日にベルリンで開催されたこの集会に出席し、ボイムラーとともに、「教育と研究」という演題で講演を行った。さらに彼は、多くの場合、ナチ学生の求めに応じて、ハイデルベルク大学、キール大学、チュービンゲン大学などの各地で講演を行い、アジテーターとして学生の活動を支援するとともに、それぞれの大学の「強制的同質化」に影響力を行使している。ハイデガーの講演の内容にかんする報道や記録文書を見るかぎり、ドイツの大学をナチ革命へと駆り立て、ナチ国家態勢のなかへと組み込むことがその主張の基本的な趣旨であって、国民社会主義の運動と無関係に「大学」「学問」「真理」が語られてはいないのである。この点でも、学生団体と連帯して、学生団体に依拠し、学生と教官たちに働きかけて彼らをナチ革命へと結集させたばかりか、学生と教官とを同じ「闘争」の場に立たせることで学生諸団体の力を借りて大学の「強制的同質化」を推進しようとしたハイデガーの政治的・倫理的責任は、決して免れえないであろう。

またハイデガーは、「ドイツ大学連合 Der Verband der Deutschen Hochschulen」と「学長会議 Die Rektorenkonferenz」とのふたつの組織のなかでも、ドイツ学生同盟の影響力を背景に、ナチ革命に向けたラディカル化をはかろうとしていた。ファリアスによれば、ドイツ大学連合は自主的に「強制的同質化」を行ってヒトラーと討議の場をもとうとしたが、ドイツ学生同盟から横槍が入り、ドイツ大学連合が「強制的同質化」のうえできわめて不十分であって学生同盟にも敵対しているという非難が浴びせられ、学生同盟は総統との会見を取り消すように求めていた。学長就任式を行う以前のハイデガーは、この件で五月二〇日にヒトラーにあてて次のような電報を打電している。「ベルリン帝国宰相官房内、帝国宰相閣下。私は謹んで以下のように要請いたします。ドイツ大学同盟の幹部会が計画されていますが、この幹部会を、大学同盟の指導部がまさしくここで特別に必要とされている強制的同質化という意味において完成される時点まで延期されますように、と。」[100]こうした言動を見ても、ハイデガーが突撃隊の橋頭堡とよばれた学生同盟の立場にそのまま従っていることがわかる。また、ハイデガーとヒトラーとの関係を示すこの手紙は、当然ながら、戦後の政治的浄化委員会の追及するところとなった。

ドイツ大学連合という組織は、ドイツ学長会議の諮問機関のようなもので、大学教員の社会保障・身分保障を大学単位で要求する組織であったという。ハイデガーはここでも、クリークらと共同して、「指導者原理」と「強制的同質化」を貫徹する立場から、こうした二重の構造と民主的運営を解消しようと画策し、学長会議をもこうした過激化のために利用しようとしていた。六月八日にエルフルトで開催された学長会議では、この画策が失敗に終わり、ヒトラーとの話し合いとドイツ大学連合との連帯が確認されたのだが、ハイデガーは、フランクフルト大学学長エルンスト・クリーク、キール大学ロタール・ヴォルフ、ゲッティンゲン大学学長フリードリヒ・ノイマンとともに、席を蹴って退場したと伝えられる。(101) ハイデガーがヒトラーにあてた電文は、こうしたもろもろの出来事との関連で理解されるべきである。

ところが、ハイデガーは「事実と思想」のなかで、確かに「夏学期にエルフルトで開催された学長会議」に言及しているのだが、まったく驚いたことに、そこでは先に述べた「第二の危険」、すなわち「学部の教授活動全体を、医者、裁判官、教師の職能階級とそれらの主張および要求とで定め、そのようにして大学を最終的には職業専門学校へと分割しようと躍起になる」という危険があることが認識されたと述べ、さらに「ただたんに大学の内的統一だけでなく、アカデミーの教育の根本様式もまたそのことによって脅かされていた」と言うのである。(102) しかし、われわれは、大学の内的統一とアカデミーの教育の根本様式を脅かしていたものこそ、ハイデガーが実践しようとしていたナチ革命のラディカリズムであったことをすでに知っており、真実のみを追求すべき哲学者が事態をまったくあべこべに描いていることに驚かされるのである。

ついでに言えば、ハイデガーは、後になってもう一度ヒトラーに電報を打電しているが、それは同年一一月九日のことである。それは、「総統に対する忠誠宣言」であって、ハイデガー、フライブルク市長ケルバー、そしてフライブルクのナチ学生同盟・ドイツ学生団指導者であり突撃隊長でもあったハインリヒ・フォン・ツア・ミューレンとの三人の連名による電文の内容はこうであった。「われわれの祖国を困窮と分裂と、そして統一と決断と名誉の喪失状態から救い出してくれた総統、自己責任を負った民族共同体の新しい精神の師であり闘士である総統に、南ドイツの辺境の地の大学町の市民と学生と教官一同は、無条件の従者として忠誠を誓うものです。[103]」ハイデガーとフォン・ツア・ミューレンとの親しい関係について、われわれはハイデガー学長辞任の問題に関わって後でもう一度触れることになろう。なお、ハイデガーは、この二日後の一一月一一日にも、ライプツィヒのアルバート・ホールで開催された「ドイツ学者の大政治集会」にベルリン大学学長オイゲン・フィッシャーらとともに出席して、ヒトラーによるドイツの国際連盟脱退にたいして賛成票を投ずるようにと演説をぶっている。

ところでハイデガーは、そのほかにもすでに言及したように、学長時代から一九三四年九月までベルリンのプロイセン文部省に協力して「ドイツ帝国・大学教官アカデミー」を創設するための大学政策プロジェクトに関わって仕事をしており、プロイセン大学教官アカデミーの会長候補にまであげられていた。このことは、ハイデガーの学長時代から学長辞任後を通じてのことであるから、いっそう注目に値する。ファリアスによれば、プロイセン文部次官ヴィルヘルム・シュトゥッカートは、大学の教授資格認定権を学部から剥奪して文部省のもとに置き、ナチ的観点からする政治教育の課程を終了した者だけに教授資格を与えることを目的としてアカデミーの組織化を推進しており、この計画に協力を求めてナチとして知られている教授たちに構想提案を依頼した。ハイデガーは一九三四年八月二八日付けでこれに返事を書き、先に引用したように、よく考えた独自の提案を書き送った。[104]このなかの一節は先に引用したとおりである。

さらに、ハイデガーは「ドイツ法律アカデミー」の設立にもその委員として参加しており、少なくとも一九三六年までその法哲学委員会で活動していた。そして、これもまた、ファリアスの調査によれば、学長を辞任した後にハイデガーは、このアカデミーとの関連で、ローゼンベルク事務局の協力者とも連携して、高級幹部養成という課題をもった、きわめて政治的意味の強い「ドイツ政治大学」にも関係していた。つまり、ハイデガーはこの「ドイツ政治大学」の連続特別講義をも受け持ち、とりわけ一九三四／三五年の冬学期にはルドルフ・ヘス、ゲッベルス、ヘルマン・ゲーリング、ローゼンベルク、シーラッハらのそうそうたるナチ幹部たちに交じって講師を務めていたのである。(105) ハイデガーは一九三三年九月にプロイセン文部大臣ベルンハルト・ルストによって、二度目のことだが、ベルリン大学に招聘されたり、これにやや遅れてバイエルン文部大臣ハンス・シェムからもミュンヘン大学へ招聘されたりしたが、こうした事実も、ハイデガーがこれらのいずれをも最終的には断念したにしても、ハイデガーのアクティヴなナチとしてのこれまでの全国を股にかけた活躍が高く評価されてのことである。

以上に展開したすべての理由から、われわれは、ナチ党機関から相談をもちかけられたことも、党幹部と政治的な関係をもち続けたことも、さらにまた学長として党活動を行ったりしたこともないという、ハイデガーの「事実と思想」のなかの弁明が、あらゆる観点から見て、事情に通じていない人々を惑わせる虚偽である可能性がきわめて強いとみなさざるをえない。

（四）　トートナウベルク合宿事件

トートナウベルク合宿事件とは、ハイデガーの「事実と思想」にのみ登場する事件であって、そのほかの弁明には述べられていないだけに、事実関係としては実証性に乏しい事件である。ハイデガーは「トートナウベルク合宿」事件が一九三三／三四年の冬学期に生じたさまざまな不愉快な事件の前兆となり、自らの学長職辞任につながる動きの遠因となったと述べている。ハイデガーはこの合宿に参加する人々の選択が「国民社会主義という意味での党所属と実際活動という観点から行われたのではなかった」と説明しており、またこの合宿の目的が「この合宿は、講師と学生たちが本来の学期の仕事を準備し、学問と学問的労働の本質にかんする私の理解を明確にし、それと同時にこれを論究と討論に付するはずであった」(106)と述べている。そして、ハイデルベルク・グループが合宿をぶち壊すようにとの委託をナチ当局から受けて参加したために、最初は実り多かった対話が不愉快な出来事によって台なしにされ、これが自分とナチとの敵対関係のはじまりであったとしている。しかし、これらの言明のいずれも虚偽であることがただちに判明する。この事件をハイデガーとは違った角度から問題にして見よう。

先に述べたように、このトートナウベルク合宿というのは、ハイデガーがドイツ学生同盟の指導者会議で提起した、模範的・学問的なキャンプのことであり、大学教官と学生と労働者との精神的信頼関係と政治的盟友関係の強化をねらいとしたキャンプのことであった。オットによれば、それは、一九三三年一〇月四日から一〇日まで設営され、フライブルクからハイデガーの山荘のあるトートナウベルクまでのかなりの距離を、「突撃隊ないしは親衛隊の制服で、場合によっては腕章をつけた鉄兜団の制服で」、しかも往復の徒歩によって行進するという強行軍をともなっていた。若手講師と助手の責任者はハイデガーであり、この合宿には、ハイデガーの指導のもと、フライブルク大学からはシュターデルマン、ハイデルベク大学からはヨハン・シュタイン、キール大学からはオット・リッセがそれぞれのグループを管轄する責任者として参加していた。この合宿にはカトリックの学生も参加していたが、上記の服装の指定に見られるように、基本的にはナチによって主導されたナチ強化のための企画にほかならなかった。

ハイデガーは、この合宿への参加を許された者に出した通達のなかで、この合宿の目的にかんして、「事実と思想」のなかでの弁明とはまったく反対に、こう述べている。「本来の合宿またはキャンプの目的にかんして、ドイツ精神からなる将来の高邁な大学を勝ち取るための方途と手段を考えるためのものである。それには、一、大学制度の目下のあり方を意識化すること、……二、大学制度のナチズム的な変革の目標を鮮明に理解すること……[107]」。したがって、ハイデガーは、あのきわめてナチ的・政治的色彩の濃厚な講演「新しい帝国の大学[108]」をハイデルベルクで行ったにもかかわらず、かつて「私はハイデルベルク大学で学の本質にかんする講演を行った」と述べたように、ここでもこの合宿に学問的な粉飾と色彩を施して、おのれのナチ活動を隠蔽しようとしている。

手紙を中心とする記録文書からわかることは、ハイデガーがキリスト教を激しく攻撃する講演を行ったことであり、そしてこの合宿が始まってまもなく陣営は内部対立から敵味方に分かれて分裂したことである。そして、ハイデガーはこの分裂を収拾するために、指導者への「服従」を盾に取って自分の腹心の部下であるシュターデルマンを犠牲にし、彼を追い出すことによって勢力のバランスを保ち、何とか最終日まで持ちこたえたのであった。いずれにしても、われわれがここで確認しておかねばならないのは、大管区学生指導者シェールとシュタインが合宿をぶち壊すために予告なしに車で突然現れたということも、ハイデルベルク・グループが合宿をぶち壊すようにとの委託を受けていたということも、記録や文書などの証拠によって確認されうるものではないし、「本当に問題だったのは、……諸学部が党員によって導かれていないフライブルク大学だった」（後に述べるように、これは内容上事実に反する）ということも、そしてやがてこのことが「国民社会主義者のように見えていたものすべてに対して憤慨させられていた大学グループは、私［ハイデガー――筆者］を職から追放するためには、本省とこれに影響力を及ぼしているグループとともに陰謀を企てることを避けようとはしなかった[109]」ということも、何ら事実として確証しうるものではないということである。確かなことは、この合宿が内部分裂と主導権争いによってかなりの混乱に陥るという、当時のこの種の催しに付随しがちな出来事が生じたということだけであって、ハイデガーはこのことをネタにして、ナチ当局からの干渉と妨害、シェールやシュタインの自分に対する敵対的行為というように、話の筋を書き換えていると推測されるのである。

第三章　いくつかの密告事件にたいするハイデガーの関与

ハイデガーは「事実と思想」のなかで、彼が学長時代にあたかもナチによる「粛清行為」を阻止しえたかのように記述しているが、しかし、われわれが文書によって確認できるのは、ハイデガー自身の言葉とは反対に、彼が「粛清行為」に関係したいくつかの事件の存在である。したがって、その限りでは、こうしたハイデガーの叙述もまた虚偽と言わざるをえない。これらはハイデガーの学長時代のきわめて陰湿で暗黒の側面にほかならないが、ここでは三つの事件をあげることにしよう。それは、バウムガルテン事件、シュタウディンガー事件のふたつの密告事件であり、そして最後に、通常の意味での密告事件とはやや性格を異にするが、ハイデガーが求めに応じてリヒャルト・クローナーにかんする鑑定評価を送った事件である。

（一）バウムガルテン事件

バウムガルテン事件とは、マックス・ウェーバーの甥にあたるエドゥアルト・バウムガルテンがナチに入党しようとしたさいに、ハイデガーが一九三三年一二月一六日にゲッティンゲンのナチ大学教師連盟宛に彼にかんする所見を送り[110]、彼が「マックス・ウェーバーを中心とした自由主義的・民主主義的なハイデルベルク知識人サークルの出身である」ばかりか、「ユダヤ人フレンケルと密接に結びついていた」と述べて、彼がただちにナチ党に入党することは得策ではないのでこれを避けるよう進言した、という事件のことである。すでに述べたように、ハイデガーが擁護したことのあるユダヤ人教授の一人である。すでに第一部で論じたように、まさしくこのサークルにぞくしていたカール・ヤスパースは、翌年になってからこの所見の写しを読んで、ハイデガーの自由主義とユダヤ人に対する敵対的な態度のゆえに、そして長年の友人でありライバルでもあった自分に対する裏切りのゆえに、ハイデガーに対する見方を決定的に変えることになった[111]。そしてヤスパースは、先に述べた第二次世界大戦後の政治的浄化委員会においてハイデガー自身の申し出によってハイデガーにかんする所見を求められたが、そのなかでこのバウムガルテン事件についても触れ、この問題が浄化委員会とフライブルク大学協議会においても追及の対象とされた。これについては、すでに第一部で論じたので、参照されたい。

さらにわれわれは、「粛清行為」に関連して「事実と思想」のなかに何げなく書かれているハイデガーの言葉を見落とすことはできない。そこにはこう書かれている。粛清を「ただ防止するという仕事は、それの遂行というかたちでは現れず、同僚団体がそれを何か体験するということは不必要でもあった。法律学、医学、自然科学の諸学部の著名な功績ある同僚たちは、彼らに課されていたことを聞けば、驚いたことであろう[112]。」この言葉のなかには、学長ハイデガーがナチ党との関わりで、著名な同僚たちの身辺にかんして、何か秘密裡にさまざまな情報を握っていたと見られかねない側面が潜んでいて、慄然とした気持ちを押さえることができない。シュタウディンガー事件とバウムガルテン事件とは、たまたま表面に浮かび出た、事実関係が今では突き止められている代表的な事件だったのであって、当時はそれ以外のさまざまな陰険で陰湿な陰謀が渦巻いていた可能性がある。オットによれば、第一次世界大戦従軍中のハイデガーの仕事が郵便査察部の検閲であり、当時ハイデガーが同僚の書簡を読んで重要な情報を入手していると いう噂が流れたというが、このこともハイデガーの秘められた暗部というべきものと関係する可能性があろう。(113)

(二)　シュタウディンガー事件

この事件は、フライブルク在住の歴史学者オットの綿密な調査によって、比較的最近になって初めて歴史の封印を解かれた事件である。オットによれば、フライブルク大学学長ハイデガーは一九三三年九月二九日、バーデン州高等教育審議官フェーアレに対し、大戦後になってノーベル化学賞を受けたほどの世界的に有名な化学者であるフライブルク大学の同僚ヘルマン・シュタウディンガーにかんして政治的にかなり問題を含んだ情報を提供し、これを受けてフェーアレはフライブルク警察に告訴した。すでに、ナチ政府によって公務員職再建法が施行されて、全国の公務員職から非アーリア系人種とマルクス主義者などの公務員として好ましくないとされた人々が全国の公務員から追放されつつあったが、この日はこの法律にもとづいて警察に告発が可能な最終期限のわずか一日前のことであった。この告発事件は、ゲシュタポによって、シュタウディンガーの頭文字のSt.を取って、「シュテルンハイム作戦」と名付けられ、極秘に捜査が行われることになった。告訴の後にハイデガーはシュタウディンガーの免職処分を当局に提起したが、文部大臣を経由して国務省に提起されることになったこの公職追放の提起は、シュタウディンガーが六カ月のあいだ国務省による監視下に置かれたのちに、最終的には却下されることになった。つまり、ハイデガーのこの密告は効を奏さなかったのである。

シュタウディンガーは、スイス時代には平和主義的な信念の持ち主として知られ、第一次世界大戦前後にその自らの信念のもとに行動し、スイス市民権を取得したばかりか、ドイツの戦争継続に反対した。ハイデガーは、その後フライブルク大学の同僚となったシュタウディンガーの言動を、十数年後になって非愛国的な態度として問題にし、きわめて不十分な嫌疑のままで密告の対象としたのである。そのために、化学者シュタウディンガーはゲシュタポによっておよそ八カ月にわたって精神的に責めさいなまれ、その後も厳重な監視下に置かれたのであった。オットは、この陰湿な告発事件の原因が、哲学者ハイデガーの自然科学者シュタウディンガーにたいする「個人的な動機」に由来すると見なしている。[114] もしも、第二次世界大戦後のハイデガー裁判のさいに、この事実が彼を査問した政治的浄化委員会に知られていたとすれば、ハイデガーに対してはさらに厳しい処罰が加えられ、彼は二度と教職には復帰することができなかったであろう。それほどの内容をもつ密告事件だったのである。この事件については、本書の次の第三部で詳しく論じるので、ここでは詳細は省略することにしたい。

（三）　そのほかのこれに類似した事件

われわれが翻訳した『ハイデガーとナチズム』（奥谷浩一・小野滋男・鈴木恒夫・横田栄一訳、北海道大学図書刊行会、一九九九年、原題は *On Heidegger's Nazism and Philosophy*）の著者であるトム・ロックモアが以前に私宛に送ってくれた私信では、ハイデガーは、ミュンヘン大学教授であり、新カント派の哲学者でもあったユダヤ系のリヒャルト・ヘーニヒスヴァルトが一九三三年九月一日に非アーリア系であることをもって大学を退職させられた事件にも関与しているとのことであった。その後いくつかの資料を手に入れることができたので、ここではこれにもとづいてこの事件の概略を述べることにしたい。

この事件の背景にあるのもやはり公務員職再建法であった。ミュンヘン大学では、ナチが政権を掌握した一九三三年の夏学期から多くの大学人が解職され、ヘーニヒスヴァルトに対してもナチ学生団が執拗な攻撃を行い、彼を大学から排除しようとしていた。しかし、一二人のドイツ人教授たちが文部省に嘆願書を送り、ヘーニヒスヴァルトが信頼できる祖国愛の持ち主であり、人間的にも立派な人物であること、彼が著名な哲学的思索家および研究者であるとともに抜きんでた大学教授であること、たくさんの内容豊かな著作をつうじて仕事の力量を発揮し、アカデミーの学会でも特に実り豊かな活動を展開していることなどを理由として、彼が現職にとどまれるようにと運動していた。この年の六月には、ミュンヘン大学哲学部教授のカール・フォスラーが文部省上級参事官のアインハウザーに問い合わせて、ヘーニヒスヴァルトにかんする教授団の嘆願を伝えるようにバイエルン州文部大臣のハンス・シェムに依頼した。そこで、アインハウザーは、多くのナチ系の哲学教授たちにヘーニヒスヴァルトについての問い合わせを行い、彼にかんする所見を求めた。しかし、ナチ系の哲学教授たちがナチ革命の進行しつつあるこの時点でユダヤ系のヘーニヒスヴァルトの肩をもつはずもない。こうした状況のなかで集められた所見にもとづいて、ヘーニヒスヴァルトが大学に在職し続けるという嘆願は拒否されたのであった(115)。アインハウザーの求めに応じて送られたハイデガーの所見が残されているので、これを全文紹介しよう。それは一九三三年六月二五日付けの書簡である。

尊敬するアインハウザー氏

私はあなたの求めに喜んで応じ、あなたに私の判断を以下にお示しします。

ヘーニヒスヴァルトは、自由主義を身に裁断されている一哲学を代表した新カント学派の出身です。そこでは人間の本質は気ままに漂う意識へと解消されたのであって、この意識は終いには普遍的な世界理性へと希薄化します。こうした道をたどって、視線は、見た目は厳密に学問的で哲学的な基礎付けのもとで、おのれの歴史的な根ざしとおのれの大地と知の由来の民族的な伝承というかたちでの人間からそらされたのです。それと同時に、形而上学的な問いの意識的な抑圧が進行し、そして人間は無差別で普遍的な世界文化の奉仕者としてしか見なされなかったのです。こうした根本的な立場から明らかに、ヘーニヒスヴァルトの諸著作と講義活動全体もまた生じているのです。

しかし、これに付け加わるのは、今まさにヘーニヒスヴァルトが新カント派の思想を特別に危険な明敏さで、そして空っぽな弁証法で主張したことです。その危険はなかんずく、こうした駆り立てが最高の即物性と厳密な学問という印象を呼び起こし、すでに多くの若い人々を幻惑させ、誤謬へと導いていることにあります。私は、そのような人物をミュンヘン大学に招聘したことがひとつのスキャンダルであると呼ばねばなりません。それは、カトリックの体系が見たところ世界観的には無関心であるそのような人々を偏愛してひいきするということでのみ説明される点で、スキャンダルなのです。というのは、彼らは固有な努力に対しては危険ではなく、周知の仕方で「客観的・自由主義的」だからです。

私はあなたのこれ以上の問いにたいしてはいつでもお答えするのにやぶさかではありません。

特別の尊敬を込めて。ハイル・ヒトラー！　あなたのハイデガー(116)

この所見を見ても、ハイデガーは政治的・世界観的な視点に立っており、ヘーニヒスヴァルトが自由主義的な新カント派の哲学者であることを理由に彼を断罪しているばかりか、その哲学が「おのれの歴史的な根ざしとおのれの大地と知の由来の民族的な伝承」から人間をそらしているという理由で彼を攻撃していることがわかる。また、人間を「無差別で普遍的な世界文化の奉仕者」と見なすことを攻撃して、歴史的・民族的観点を要求している点は、人種主義につながりかねない側面を示しているし、またカトリックにたいして攻撃的である点も見逃すことはできない。つまり、ハイデガーはまったくのナチズム的観点に立ち、またナチズムの語法を用いて、ヘーニヒスヴァルトを教職から追放する側の策動に与したのである。

なお、この年の九月になってバイエルン州文部大臣のシェムの意向が強く働いて、退職させられたヘーニヒスヴァルトの後任の教授としてハイデガーを招聘するという動きがあったが、この人事については哲学部委員会の強い反対で実現しなかったことを付け加えておきたい。

思うに、これらの諸事件は、ナチの政権掌握の後にドイツ全国に急速に進行したナチ独裁化に伴う密告、秘密警察による捜査、告訴などが渦巻いた過程のなかでたまたま明るみに出た氷山の一角であって、例えばフライブルク大学学長室や地方の記録保管所などに眠っている文書の公開がさらに進むならば、ハイデガーの学長時代に秘められたこうした歴史の暗部がさらに明るみに出てくる可能性があろう。

第四章　学長職辞任の真相をめぐって

（一）学長辞任にいたる経過

ハイデガーは一九三四年の四月に学長職を辞任した。彼はそのいきさつについてこう述べている。「私は一九三三／三四年の冬学期に同僚たちを学部長に任命した。彼らは、私の個人的な判断からだけではなくて、学界とその専門分野における普遍的な判断からしても、世間に知られており、それと同時に、それぞれが自分のやり方で自分の学部の仕事の中枢に学問の精神を持ち込むという保証を与えた。学部長は一人として党員ではなかった。党幹部の影響は遮断された。希望は学問的精神を学部で伝承し続け、これを生き生きとさせることにあった。(117)」そしてこう続けている。しかし、自分が任命した医学部長フォン・メレンドルフ、法学・国家学部長エーリク・ヴォルフにかんして、文部大臣からクレームがつき、大臣はナチ党員が一人も学部長職についていないこと、そしてとりわけ「半年前に学長の職務には耐えられないとして拒絶した当の人物」であるフォン・メレンドルフを医学部長に任命したことをいぶかしく思い、彼とヴォルフの二人の更迭を要求してきたが、自分はこれを断固として拒絶し、こうした要求に対する抗議の意味で学長を辞職したのだ[118]、と。

もちろん、ここで彼が述べていることもまた、いくつかの虚偽を含んでいる。ここでもハイデガーは、自らの個人的な判断だけによって学部長を任命したのではなく、学界と専門分野において世間に知られているとともに学問的精神を学部に持ち込む保証を与えるような人物という判断基準で任命を行ったように見せかけているが、すでに説明したように、ハイデガーは、彼自身がバーデン州文部省に協力して改正された「大学基本法」に則って、彼自身が一九三三年一〇月一日をもって文部大臣から任命された「指導者＝学長」として学部長・評議員・事務局長などを任命したのであって、彼自身が「指導者原理」に従い、学部自治をまったくの形骸と化したうえで行動していることを忘れてはならない。ハイデガーによる彼らの任命は、おそらく当時の大学内の諸事情のために万全とまではいかなかったであろうが、しかし、ハイデガーが強力に推進しつつあったフライブルク大学の「強制的同質化」のひとつの実現形態にほかならなかったのである。

ハイデガーの文言のうち、重大な問題点は「学部長は一人として党員ではなかった」というくだりである。ところが、ファリアスの調査によれば、「指導者＝学長」ハイデガーが任命した人物のうち、ザウアー、医学部長フォン・メレンドルフ、自然科学部長ヴォルフガング・ゼルゲルの三人を除いて、すべてナチ党員かまたはその信奉者であった。すでに述べたように、学部長に任命されたシャーデヴァルトはハイデガー学長誕生に功績があった活動家であり、ニコラウス・ヒリングと法学部長のエーリク・ヴォルフもまた彼らの党員番号が確認されている。評議員についても、ノーベル賞受賞者の生物学者シュペーマンを除いて、六人までが党員であり、またここに名前をあげた党員はすべて、ハイデガーと同じく、一九四五年の敗戦時まで党員であり続けたことが知られている[119]。したがって、ハイデガーはここでも事実を隠蔽し、虚偽を描いている。

われわれがどうしても疑念を禁ずることができないのは、記録文書の調査や関係者からの聞き取りなどの簡単な事実確認を行うだけですぐに判明すると思われる事柄にかんして、ハイデガーがなぜこうしたかたちで虚偽を記述しえたのかということである。おそらくハイデガーは事情を知らないか、知る手立てのない人々のみを対象として語りかけているのであろう。われわれは、ひとつの事実にいくつもの虚偽を混ぜ合わせて自らの虚像を構成していくハイデガーの手口の真意を現在もなお完全に理解したとは言い難いが、しかし、ハイデガーが白黒をあべこべに描くこうしたやり方で自ら歴史を書き換えているからこそ、それだけにいっそうわれわれはこれに対して歴史の真実をはっきりと対置しなければならないであろう。

(二)　二人の学部長に対する罷免要求をめぐって

さて、ハイデガーのところに、医学部の構成員からフォン・メレンドルフを更迭するよう勧奨が何度もあったということもまた、決して事実として確認されはしない。フォン・メレンドルフは、確かに社会民主党員で「非–国民社会主義的な学部長」ではあったが、すでに述べたように、決して「半年前に学長の職務には耐えられないとして拒絶した当の人物」ではなかった。ハイデガーがカトリックであったにもかかわらず彼を学部長に任命したのは、彼が学長経験者であったことのほかに、彼の人望と学部管理能力の高さを無視しえなかったからであろう。オットによれば、原資料から見るかぎり、文部省当局からは彼にたいする反対や罷免要求はまったく存在しなかった。

これに対して、ヴォルフには実際に学内から罷免要求があり、いくつかの経緯をたどって彼は実際に罷免された。三一歳の刑法学者ヴォルフは、ハイデガーの熱烈な崇拝者・忠実な追随者であり、「ナチ国家における正当な法」「ナチ国家の法理想」というふたつの論文を書いてナチ革命に貢献しただけでなくて、ハイデガーとともに突撃隊奉仕・国防スポーツ合宿などの軍事教練科目を必修科目として法学部のカリキュラムのなかに強引に組み込もうとしたために、法学部内で激しい衝突を引き起こし、同僚たちから非難を受けて孤立状態にあったという。ナチ当局でさえこうした事態を放置することができなかったというのが、彼の罷免の真相であろう。ザウアーの日記からわかることは、法学部の教授で高位受勲者であるヴァルター・オイケンがザウアーを訪れ、同学部ではハイデガーに対しても、また彼が任命したヴォルフのカリキュラム改革に対しても道徳的憤激が強まっていると述べたということである。この摩擦のために一二月七日ヴォルフは学長ハイデガーに辞任を申し出たのである。(120) しかし、指導者＝学長であるハイデガーはこれに対して「指導者原理」を楯にとって、いったんはこの辞表をヴォルフ本人に突き返したが、その後もヴォルフに対する苦情は後を断つことがなかった。

例えば、戦後の政治的浄化委員会のメンバーとしてすでに名前をあげたアドルフ・ランペは、当時法学部の員外教授であり、欠員となっていた正教授の代講を行っていたが、同時にナチズム反対者としても知られ、ナチ学生たちから執拗な攻撃を受けていた。ヴォルフは、こうした圧力に押されて、ランペの代講を打ち切りとしたが、ランペはこれに抗議して文部大臣ヴァッカーに苦情を申し立てている。そのような事件をあいだに挟んで、とうとうヴァッカーは翌年四月一二日付けの通達によってヴォルフの更迭をハイデガーに勧告した。それによれば、「夏学期のはじめに学部長職の交替が行われるのが望ましいかどうかについて審議を要請する」(121) ということであった。オットによれば、この勧告のなかには、ハイデガー学長辞任の理由を示唆するものは含まれていない。

ハイデガーの学長辞任の真の理由はまだ完全に明らかにされているとは言いがたいが、しかし、大学内部の上述の一連の事態に関係しているであろう。したがって、ハイデガーが自らの学長職辞任の理由を、プロイセン文部大臣からフォン・メレンドルフとヴォルフの二人の学部長を更迭するようにとの圧力がかけられ、これに対する抗議であったとしていることは、部分的に真実を含みながらも、全体としてはきわめて虚偽に満ちた自己演出であることが了解される。ハイデガーは確かに自らが指導者＝学長として任命したヴォルフの更迭要求には抗議したであろう。しかし、ハイデガーの腹心の部下であったヴォルフのナチ突撃隊的な強硬路線とラディカリズムとはハイデガーのそれでもあったのであり、ヴォルフが学部内で非難を浴び、孤立していたように、ハイデガーもまた、その路線のゆえに、大学内部で大きな摩擦を引き起こしていた。オットによれば、国民経済学の講座を担当していたリベラルなヴァルター・オイケンを別の人物にすげ替えることも、ハイデガーにはできなくなっていた。ハイデガーは、一九三三年一二月に「ナチズムの国家の諸力と要求とにもとづく」彼の大学教育改革が大学内部の摩擦を引き起こしてどうにもならない事態に立ち至っていたし、そしてハイデガーが期待をかけていた「ドイツ大学帝国連合」の指導者となるという野望もまた同年一一月に完全に潰えたことが明らかとなった。これらに加えて、以下に述べるリプアリア解散命令とその撤回をめぐる事件に象徴されるような、ハイデガーと突撃隊および学生指導者たちとのあいだに生じた醜い争いもまた拍車をかけることになったのであり、ハイデガーはこうした一連の状況のなかで、自ら学長職を投げ出したのである。言い換えれば、オットが言うように、ハイデガーは、ヴォルフ辞任という絶好の機会をとらえて、これを自らの学長職を投げ出す口実としたというのが事態の真相であろう。[122] しかし、これについてはオットの著書に詳しいので、詳細はこれを参照されたい。

（三）　文部大臣とハイデガーの会見

ハイデガーは、上記のように、学長職辞任の理由として二人の学部長の罷免要求に抗議したことをあげたうえで、国民社会主義に憤慨していた大学構成員は、自分を学長職から追放するために、文部省および党グループと一緒になって、自分に対して陰謀を企てたとしており、これは「事実と思想」のはじめの方で彼が「『新しいもの』と『古いもの』とが、私の努力を封じ込めて最終的には私を排除しようとして、とうとう手を組んだ」[123]と述べていることと符合する。しかし、ハイデガーのこうした叙述のうち、文部省がハイデガー学長の追放を意図していたというのは、虚偽である。それというのも、すでに述べたように、記録文書を見るかぎり文部省がハイデガーの辞職を勧告したりなどの形跡は見られないからであり、そしてハイデガー自身が同じ「事実と思想」のなかで、自分と文部大臣との「この対立がフライブルク大学と文部省との抗争として世間に伝えられるということは望んでいないと文部大臣は述べた」[124]と一部の真実を書いているからである。確かに、フライブルク大学の「強制的同質化」にきわめて大きな貢献を行っただけでなく、ナチ・ドイツ医師同盟会長であり党人種局長であったヴァルター・グロスによっても「各方面から再三、私はフライブルクのハイデガーの積極的活動について聞かされています。彼はナチズムを代表する哲学者として今日では広く知られており、それを自らも自覚しているようです」[125]とまで評価されていた高名なナチ哲学者ハイデガーを失うことは、決して文部省の望むところではなかったであろう。

さて、ハイデガーは、自らの学長辞任の原因が大学と学問の理解にかんする自分とナチとのあいだの「分裂」にあるとして、欺瞞的な自己演出を行いながらこう述べている。「私が文部大臣と話し合ったとき、大臣はすぐに私の辞任を受け入れたが、大学と学問にかんする国民社会主義者の理解と私のそれとのあいだには克服しがたい分裂があることが明らかとなった。けれども、この対立は確かに私の哲学と国民社会主義的な世界観との不一致にもとづいていた」[126]、と。しかし、大学と学問の理解にかんしてハイデガーとナチとのあいだに「分裂」があったということがもし事実であるとすれば、本稿のこれまでの考察から明らかなように、「指導者－学長」であるハイデガーの大学改革があまりにもラディカルなものであり、学部構成員の意見を無視した非民主主義的なものであり、バーデン州の文部省や公式のナチ党の政治路線から見ても急進的なものであったということであろう。そのために彼は大学内における支持基盤を喪失したほどだったのである。そして、ハイデガーとナチとの世界観のうえでの不一致については、後にやや詳しく考察するように、ハイデガー流の存在論的哲学というレベルから言えば、ハイデガーの思想はとうていナチの公式見解の受け入れるところではなかったが、しかし、両者のあいだには、肝心の政治的スローガンとその基礎的原理においては何ら齟齬・対立は存在しなかったのである。したがって、ここでもハイデガーはナチおよび文部大臣と自分との対立を必要以上に誇張している。

ハイデガーの弁明によれば、大臣と話し合っているあいだ、「地区学生指導者シェールの顔にはにやにやした笑いが浮かんでいた。こうした道をたどって望んでいたものが手に入れられた」[127]とあるが、これはいわゆる「人に訴える論証」であって、とうていそのまま信ずるわけにはいかない言明である。この弁明を信ずるとすれば、文部大臣と学生指導者シェールとの両者がハイデガー学長辞任を画策してその望みを達したことになるが、すでに文部大臣の意向はそうではなかったし、「保安課報部の南西地方本部を統括している」[128]シェールとハイデガーの関係も決してそれほど悪いものではなかった、と推測される。例えば、ハイデガーは一九三三年六月三〇日にハイデルベルク大学で「新しい帝国の大学」と題する講演を行っているが、この時ハイデルベルク学生団の議長を務めていたシェールから歓迎の挨拶を受けている。なお、この講演をヤスパースも聞いており、彼はハイデガーのナチ的言説とその変わり様に強いショックを受けた。

ハイデガーとシェールの良好な関係を示す一例をあげよう。ハイデガーはドイツが敗色濃厚となった一九四四年一一月二三日に民族突撃隊の招集を受けてブライザッハに出動を命じられたが、この時、元ベルリン大学学長で、ハイデガーとともに一九三三年一一月一一日の「ヒトラーに忠誠を誓うドイツ学者の集会」に参加したことのある友人オイゲン・フィッシャーは、グスタフ・アドルフ・シェールに宛て電報を打ち、「我が国の現状では偉大な哲学者は少ない。しかもナチズム的な姿勢の哲学者となると、もっと少ない」としてハイデガーを見事に位置付けたうえで、「国民と党にとって替えがたい無比の思想家にたいして、軍務免除を与えるようにとの学部申請[129]」を受け入れるように要請している。シェールはこれに対してハイデガーのために尽力すると返答している。[130] シェールは博士の学位をもち、ハイデルベルクのナチ指導者であって、後に帝国学生指導者となったほか、帝国大学教師連盟会長をも務め、さらにザルツブルクの大管区指導者にもなっているが、そのためにドイツ敗戦後は連合軍によって裁きを受けることになった。ここでもわれわれは、そのシェールがハイデガーと対立し、彼の学長辞任をもくろむ陰謀に加担していたという筋書きを描けば、ハイデガーはいっそうナチズムから遠ざかっていたとの印象が与えられるのだから、ハイデガーのこうしたやり方が演出効果を狙った戦略であると感じざるをえないのである。

ところで、ハイデガーは、以上の経緯をたどって一九三四年四月二三日にフライブルク大学学長を辞任した。ハイデガーの後任学長は刑法学者のエドゥアルト・ケルンであったが、彼についてハイデガーは「私の学長職が党と文部省、講師団と学生団によってどのように評価されていたのかは、私の後任者が職についたさいに新聞や雑誌で広められた確認のなかに記載されている。それによれば、この後任はフライブルク大学の最初の国民社会主義的な学長であり、前線兵士として戦闘的・兵士的精神とこれを大学へと拡張するための保証とを与えた人物であった」[131]と述べており、自分のことをまったく棚にあげて、自分をナチ学長から除外して平然とし、しかもそれを党・文部省・講師・学生による共通の評価だとしていることに、われわれは驚きを禁ずることができない。ハイデガーは、『シュピーゲル』対談でも、記者から「あなたの後任となった人物は熱心な党員でしたか」と問われて、「ナチ党新聞『アレマン人』は第一面トップの大見出しで彼の学長任命を『最初の国民社会主義的学長』と報じていました」[132]と答えている。しかし、これはたんなる記憶違いなどとしてはすまされない重大な偽りである。オットの調査によれば、一九三四年四月三〇日の『アレマン人』は、文部大臣ヴァッカーがハイデガーの学長職辞任を承認し、大学を指導したことに感謝の念を表明したあと、こう報道しているだけである。「フライブルク大学新学長には、大臣ヴァッカーより刑法と刑事訴訟法の正教授エドゥアルト・ケルン博士が任命された」[133]、と。そして、その後同新聞は同年五月二九日の学長引き継ぎ式の記事を掲載し、そこで前学長ハイデガーが大学担当官により「ナチズムの精神をこの大学に浸透させたこと」を感謝されたとして、詳細な報道をしているのである。

ハイデガーの学長辞任が同僚たちからどう受けとめられていたのかを示すふたつのエピソードが伝えられている。そのひとつは、プロイセン文部大臣ルストがハイデガーをフライブルク大学哲学部長にするよう提案したことにたいして、同学長が一九三五年五月一一日に次のような反対の返答をしていることである。「ハイデガー教授を哲学部の学部長にすることを思い止まるよう、私は切に忠告せざるをえません。ハイデガー教授は、その学長在任中にフライブルク大学の同僚たちの信頼を大きく失っております。バーデン州の教育局も彼とはさまざまに衝突し、これが彼の退任の理由となったものです。」[134]もうひとつは、ドイツ敗戦後に政治的浄化委員会議長となったフォン・ディーツェが自らの回想録のなかで、ハイデガーの学長辞任後にフライブルク大学にはある種の平静さが戻ったと書いていることである。[135]

以上についても、オットに詳しいので、同じことは繰り返さないことにする。

(四) リプアリア解散命令撤回事件

ファリアスは、ハイデガー学長辞任へといたる一連の動きのなかに、カトリック学生組合の「リプアリア」がいったん解散させられたあと、この解散命令が取り消されるという事件があったことをあげている。[136] この事件は、ハイデガーの「事実と思想」では直接に取り上げられてはいないが、当時のハイデガーと過激なナチ学生たちとの関係だけでなく、ハイデガーとカトリックとの関係をも示しているので、シュネーベルガーの『ハイデガー拾遺』に収録されている文書などに依拠しながら、ここで若干の言及を行うことにしたい。

ナチ機関紙『アレマン人』と『フライブルク新聞』は、一九三四年一月二九日の報道で、ハイデガーがカトリック学生組合連合CVの集会に出席したことを報じている。ところが、同じ『アレマン人』は明くる一月三〇日付けで「フライブルク学生団指導者の伝えるところによると、著名なカトリックの学生組合『リプアリア』が即時発効で解散させられた[137]」という記事をのせているばかりか、同年二月五日の『フライブルク学生新聞』によれば、「学生組合『リプアリア』からわれわれに伝えてきたところによると、『リプアリア』はナチ学生団指導者シュテーベル博士から、この学生組合解散は取り消されたとの通知を受けたという[138]」と報道している。その翌日、ハイデガーはシュテーベル宛に手紙を書いており、『リプアリア』解散処分の撤回のため、当地の学生団指導者フォン・ツア・ミューレンが辞任せざるをえなかった事に触れ、「カトリシズムのこの公の勝利は、当地ではこのままにしておくわけにはいきません。それは、目下これ以上大きなものは考えられない活動全体を損なうものだからです」と述べたうえで、さらにこう続けている。「それゆえ本職は学生団指導者の措置を無条件に援護するつもりでおります。貴下にたってお願いしたいのは、フォン・ツア・ミューレンを再びその職に戻していただくことです。……カトリックの戦術についてはいまだによく分かってはいません。いつの日か、したたかな報いがくることになります(139)。」

この文書は、ハイデガーの当時の反カトリック的立場と学生団指導者との関係をあますところなく示す重要な書簡である。フォン・ツア・ミューレンとは、フライブルクの突撃隊長であった人物であり、後にフライブルク大学学生団とナチ学生同盟大学支部の指導者となって、ハイデガーは前述のヒトラー宛電報のほか、ランゲマルク記念式典、労働奉仕集会など、彼としばしば集会の出席をともにしており、きわめて密接な間柄であった。シュテーベルもまた、すでに何度か述べているように、フォン・ツア・ミューレンと同様に、ハイデガーの最も忠実な支持者の一人であった。シュテーベルがこの直後に学生帝国指導者に昇進しているところを見ると、詳細は今後の調査研究に待たなければならないが、この「リプアリア」解散とその撤回事件をめぐって、ハイデガー・ミューレンのグループとシュテーベルとのあいだに鋭い衝突があったことは容易に推測される。

周知のように、一九三三年七月にヒトラーとローマ法王とのあいだに政教条約が締結されて、ナチズムとカトリックとのあいだに妥協が成立し、ナチの側ではカトリックに対する敵視的態度は緩和されなければならないとされ、またカトリックの側でもナチの政策に進んで協力しようとする人々が出始めていた。こうした政治状況のなかで見れば、カトリック勢力を排除しようとするハイデガーの反カトリック的・反教権的立場は際立っており、ここでもハイデガーの政治路線が公式のナチのそれと比べて、カトリックとの関係においてもこれをはるかに超えるきわめてラディカルなものであったことがわかるのである。

第五章　学長職辞任後のハイデガー

(一) 学長職辞任後にハイデガーの「転機」はあったのか

ハイデガーは「事実と思想」の第三部分でこう述べている。「わたしは一九三四年の春に職務を辞したが、そのありうべき帰結についてははっきりとわかっていた。私には、同じ年の六月三〇日以降、そうした帰結について完全に明らかとなった。その時以降、なおも大学の管理職を引き受けた者は誰も、自分が誰と関係しているのかを疑いの余地なく知ることができた。[140]」ここでわれわれが注目したいのは、ハイデガーが一九三四年六月三〇日の事件に言及していることである。この事件とは、ナチ党でヒトラーに次ぐナンバー二の地位にあった突撃隊長エルンスト・レームほか、突撃隊の幹部がいっせいに殺害・逮捕されて、ヒトラーと国防軍をおびやかしていた突撃隊が粛清されたことによって、ナチ党の政治路線が民衆的・行動主義的・社会主義的基盤を失って、国家独占資本との妥協の方向へと決定的に移行したという事件にほかならない。ハイデガーは、すでに本論文で検討したように、学長就任以前も以後も、たえずナチ突撃隊・ドイツ学生連盟・ドイツ学生団などの学生団体幹部たちとの密接な連携と支持のもとに行動しており、彼らの行動主義を大学の「強制的同質化」を推進する起爆剤ともしていたのだが、ファリアスが示したように、こうしたハイデガーの行動からも、またハイデガーの演説や文章のなかで示された思想、そしてそのなかに頻繁に現れる特殊な語彙と術語の分析によっても、ハイデガーの当時の政治的路線は、レーム系の民衆的・行動主義的な路線であり、突撃隊的な路線であったことは、ほぼ疑うことができない。

ナチのこの政治的路線がレーム粛清後に決定的に変化したことは、例えば、さまざまな集会でしばしばハイデガーと同席し、レームの友人でもあり、ナチ学生連盟・ドイツ学生団指導者、突撃隊・親衛隊統合指導者などの要職を兼任していたオスカー・シュテーベルがその後にたどった劇的な没落の道を見ても明らかである。例えば、シュテーベルは更迭され、ナチ学生同盟組織は総統代理ルドルフ・ヘスの直接の指導下に組み入れられて、これまでの急進的な力を剥奪されることになった。ハイデガーもまた、「事実と思想」のなかで上記のとおり、この事件が自らとナチとのあいだの決定的な離反の契機となったことを強調しているほか、『シュピーゲル』対談においても、「学長を辞任した後、私は教授という任務だけに専念しました。一九三四年の夏学期に『論理学』を講義しました。次の一九三四／三五年の学期には最初のヘルダーリン講義を行いました。一九三六年にはニーチェ講義が始まりました。聞く力をもっていた者はみな、これらが国民社会主義との対決であったことを聞き取りました[141]」と述べている。しかし、このことははたして事実として確証されるであろうか。

ハイデガーがレーム粛清とナチ路線の変更をどう受け止めていたのかについて、第三帝国崩壊以前に彼自身が直接はっきりと述べた文書は知られてはいない。しかし、ハイデガーの上記の弁明とは裏腹に、彼とナチとの良好な関係は学長辞任後も明らかに継続している。ハイデガーとベルリンのプロイセン文部省とのあいだの良好な関係は相変わらず続いていて、それが例えば「ドイツ帝国大学教官アカデミー」創設や「ドイツ法律アカデミー」の仕事にたいするハイデガーの協力などに見られることは、すでに述べたとおりである。講義以外の場面でのハイデガーの言動はどうであったかを示す格好の一例は、ハイデガーのマールブルク時代の最初の弟子の一人で、ユダヤ系であるために教職を剥奪されてローマに滞在していたカール・レーヴィットの証言に見られる。彼は、一九三六年四月初旬、イタリア・ドイツ文化研究所の招きでヘルダーリンにかんする講演をするためにローマにやって来たハイデガー夫妻、そして彼がしばしばお守りをしたことのある彼らの二人の息子と久しぶりに再会し、彼の妻アーダとともに彼らと遠足に出掛けたのだが、その時の状況をこう証言している。「陽光輝く晴天で、私はハイデガーと一緒に過ごす最後の機会を――気後れは避けられなかったが――楽しんだ。ハイデガーはこの機会にさえ党員バッジを上着からはずしてはいなかった。ローマ滞在の全期間それをつけていて、自分が私と一緒に過ごす場面にはハーケンクロイツがふさわしくないのだということには、明らかに思い及んでいなかった。」「そのヒトラーにたいする信頼の念についても、疑問の余地を残さなかった。……ナチズムがドイツの発展の方向を指し示す道だ、とあいかわらず確信していた[142]」、と。

それでは上述の講義のなかではどうであったか。紙幅の関係上、代表的な箇所だけを検討することにしよう。後に『形而上学入門』として出版された一九三五年の講義のなかで、ハイデガーは、ナチズムを「この運動の内的真理と偉大さ[143]」と形容しているし、他の箇所でも全体としての存在者そのものについて問うこと、存在の問いを問うことは、精神を目覚めさせるための本質的な条件のひとつであり、また世界の暗黒化の危険を制御するための、したがって西洋の中心であるドイツ民族の歴史的使命を引き受けるための本質的な条件であると述べて、「世界の暗黒化」の元凶を「狂奔する技術と平凡人の底のない組織との絶望的な狂乱」であるアメリカニズムとロシアの共産主義としている[144]。これらの言辞が強いナチ的な響きをもっていることは疑う余地がない。

本書ですでに述べたように、さらに一九三六年の「シェリング講義」で、ハイデガーはヒトラーとムッソリーニがニーチェによって規定されつつニヒリズムに反対する運動を西欧に持ち込んだ人物であるとして評価している[145]。また一九三六／三七年の「ニーチェ講義」で、ハイデガーは民主主義を攻撃して、ヨーロッパはまだいつまでも民主主義にしがみつき、これがヨーロッパの歴史的死滅になるであろうことを見ようともしないと述べたし[146]、一九四二年の「ヘルダーリンの賛歌『イスター』」のなかでも、「国民社会主義がもつ歴史的無類性[147]」が語られている。さらに一九四三年の「ニーチェの言葉『神は死んだ』」においても、ニーチェが目を離さない公正さについての了解を準備するためには、キリスト教的、ヒューマニズム的、啓蒙思想的、ブルジョア的、社会主義的な道徳に由来する公正さはことごとく排除しなければならない[148]、と述べた。

要するに、学長辞任後のハイデガーの講義のなかには、ナチの公認のイデオローグや群小のナチ哲学者にたいするあてこすりや批判的な言辞が散在するにせよ、その政治的な事柄の根幹に触れる部分においては、例えばアメリカ的な産業資本主義とロシア共産主義に対する反対、反共主義および反マルクス主義、ドイツ民族を世界の中心におきその自己実現を求める強い民族ナショナリズム、議会と民主主義に対する反対、近代合理主義と知性尊重への敵対、啓蒙主義的な人間理性と良心の尊重に対する敵意などがたえず持続的に登場するのであって、歴史的に見ても、こうしたさまざまな立場の必然的な合流点または結節点こそナチズムの思想と運動にほかならなかったのである。このことからもわれわれは、学長辞任後のハイデガーの思想が、いずれの時期においても、依然としてナチズム固有の思想の枠組みと諸前提のなかを動いていたのだ、と結論せざるをえない。

もちろん、ハイデガーの存在論的哲学と公式のナチズムとのあいだには、哲学理論のうえでの差異または対立が存在したほか、ハイデガーの民族主義的な議論のなかには確かに当初から、ローゼンベルクの『二〇世紀の神話』に代表されるような粗雑な人種理論が希薄であることは事実であって、これがすぐ後に検討するように、ナチのイデオロギー部門を取り仕切っていたローゼンベルク当局によるハイデガーへの一定の警戒の姿勢を生むことにつながっていくし、ハイデガーの方も存在論的哲学に傾斜した自らのナチズムと公式のナチズムとのあいだに一定の距離があることを意識してもいたであろう。しかし、こうした一定の軋轢や距離の存在にもかかわらず、ハイデガーが学長辞職後のそれぞれの時期においてもナチズムの思想と運動の根幹をなす教義やナチズムそのものを直接に批判した箇所は、私の知るかぎり、存在しないのであって、ハイデガーは政治的な次元においてはやはりナチズムという同一の思想と運動の枠内を動いていたのである。これを言い換えれば、たとえハイデガーとナチ当局とのあいだに当初から存在した軋轢や距離が学長辞任後に一定の範囲において強まることがあったとしても、結局のところそれがハイデガーのナチズムに対する確信と思い入れを決定的に覆すまでには至らなかったのである。したがってハイデガーは、レーム粛清後も決して「そのありうべき帰結についてはっきりとわかって」はいなかったのであって、「事実と思想」と『シュピーゲル』対談のなかでハイデガーが述べている、六月三〇日以後の離反や「対決」なるもの、ハイデガー自身の言葉で言い換えれば、「一九三四年に始まった敵対関係は戦い抜かれ、強化された」(149)ということは、決して事実ではなくて、自分が学長辞任後はあたかもナチ批判者であり、ナチの方でも自分を敵対者として扱ったかのように見せかける、自己正当化または自己偽装工作のための事後的な構成物であると言わざるをえないのである。

(二)　ナチ内部の思想闘争とハイデガーに対する「監視」をめぐって

ハイデガーは「事実と思想」のなかで、学長辞任後に「今や私に対しては嫌疑が抱かれ始め、この嫌疑は野卑な言葉を投げつけるまでに堕落していった」とし、とりわけエルンスト・クリークが創刊した雑誌『生成する民族』が一九三四年から自分に対する攻撃を開始し、またローゼンベルク当局の委託を受けてアルフレート・ボイムラーも、そしてヒトラー・ユーゲントの雑誌『意志と力』もこれに加勢し、こうした状況のなかで自分の学長演説が格好の標的対象になったと述べている。そして、「私が一九三四年の後に純粋に学問的な範囲のなかでごくまれに行った講演ですらも、当地の党新聞がそのつど不愉快な仕方でこれを揶揄したし、当時の大学指導部はそのつど、こうした行動に対して干渉しようとして重い腰をあげることができた[150]」とも述べて、自分とナチとの敵対的関係を強調している。こうした一連の自分にたいする監視と攻撃の最たるものとしてハイデガーがあげているのが、『シュピーゲル』対談でもハイデガーが「私を監視するために秘密警察からフライブルクへ派遣されていた[151]」というかたちで繰り返しているハンス・ハンケ博士の件である。ハイデガーの叙述はどこまで事実として確認しうるであろうか。

確かにクリークの雑誌『生成する民族』は、一九三四年になってからハイデガーに対する攻撃を行い始めた。例えば、ハイデガーの文章の短さと豊富な新造語、そしてドイツ語の新たな発掘を称賛し、これをヤスパースと比較したヨハンネス・ハルムスの論文が掲載されたことをきっかけにして、クリークとオスカー・シュトライヒャーとのあいだにちょっとした論争が起こり、これとは別にハイデガー哲学とゲルマン神話との親近性を認めようとするナウマンの著書が現れたりするうちに、クリークが次第にハイデガーに対する非難を強めていったことは事実である。このあたりの経緯についてはシュネーベルガーが収集した資料に詳しい[152]。しかし、ここでの問題は、ハイデガーが、同じナチにぞくする思想家どうしのあいだに存在した内部的な論争や思想闘争を、彼自身とナチとの敵対的な関係へと一面的に、そしてまた事実に反して改作しているということである。こうしたハイデガーによるこうした自己演出にかんしても、われわれは、すでに検討したさまざまな事例、とりわけハイデガーとベルリンのプロイセン文部省とのあいだのきわめて良好な関係を引き合いに出すことでただちに反論することができる。それは、例えば、プロイセン文部大臣ルストが一九三五年五月に、ハイデガーをフライブルク大学哲学部の学部長にするように当時の学長に働きかけたほどの関係だったのである。[153] ハイデガーの講演に対する地方の党新聞の揶揄なるものも、記録文書が提示されないかぎり、ハイデガーの言うことをそのまま信用するわけにはいかない。

確かにハイデガーは、一九三六年になって初めて、ナチのイデオロギー部門をとりしきっていたローゼンベルク当局から、監視にも似た扱いを受けることになる。例えば、ローゼンベルク当局は、ミュンヘンのナチ大学教官同盟にハイデガーの哲学と個性がどう評価されるべきかを照会したことがある。その後の状況の推移に照らせば、ハイデガーの難解な哲学に対する評価は必ずしも芳しいものではなかったと推測されるが、この時点からハイデガーはローゼンベルク当局からは警戒の公式のナチズムとのあいだに一定の齟齬ないし亀裂が生じ始め、以後ハイデガーの思想とまなざしで見られるようになったことは事実である。しかし、監視され、警戒の念をもって見られていたのは、決してハイデガーだけに限られたことではない。この当時のナチに所属していた党員知識人のなかで、学問的に文句なく優れた一流の人々は数少なかったが、そうした人々のなかで、例えばローゼンベルク流の粗野な人種理論をそのまま信奉していたと見られる例はきわめて少ないと思われる。法律学者カール・シュミットにしても、哲学者では例えばアルノルト・ゲーレンにしてもそうであった。政治的・文化的な反ユダヤ主義が生物学的・人種主義的な意味での反ユダヤ主義と直結していたとは限らないのであって、おそらく生物学的人種主義の思想的束縛を免れていたこうしたごく一部のナチ知識人もまた、ハイデガーと同じように、ナチ思想局・人種局の公式的な見解からは何らかのかたちで距離を置いていたし、その限りでは彼らもまた大なり小なりの程度に一定の思想上の統制、すなわち「監視」のもとにおかれていたのである。一九四〇年に『人間。その世界における地位』の初版を公刊し、その最終章「最高の指導体系」で「国民社会主義的世界観」を展開したゲーレンですらも、やはり人種理論的に側面が希薄だとしてナチの雑誌などの書評では酷評を受けていたし、初期ナチズムの勃興に貢献した作家エルンスト・ユンガーでさえ、第一次世界大戦末期にはナチからは危険人物として監視を受けていたのである。

ハイデガーに対してナチ当局が言論統制を行ったとされるもののなかから、われわれの興味を引く一例をあげよう。すでに本書第一部で言及したことだが、一九四二年にハイデガーは、イタリアの哲学者エルネスト・グラッシ編集の『精神的伝承のための年誌』第二巻に自らの論文「プラトンの真理論」を掲載しようとしたが、そのさいにローゼンベルク当局の学術本部学術監視査定局から干渉を受けることになった。オットが文書で確認したところによれば、当局は「もしグラッシ教授が、ハイデガー論文の掲載を断念するのなら、それは結構なことだと思われる」と所見を通達した。しかし、問題とされたのは、ハイデガーのヒューマニズム概念がブラッハマンの「政治的ヒューマニズム」と相いれなかったということだけである。ハイデガーはこれにどう対応したか。ハイデガーは、こともあろうに、帝国宣伝省を介して、ムッソリーニとイタリア大使に働きかけて、削除を受けずに自分の論文を公表するという目的を達したのである。その時の引き換え条件は、ハイデガーのこの寄稿については、刊行の後に論評を行うことはしないというものであった[154]。ところが、ハイデガーはこうした複雑な諸事情と政治的駆け引きのなかで「論評を行わない」とされたことをもって、「この論文に言及したり論評したりすることは党当局からは禁止された[155]」というように、拡大解釈を行っているのである。したがって、ハイデガーの言辞を根拠として、ナチ当局がハイデガーに対して言論の弾圧を行ったとすることはできないのである。

この節の最後に、「ハンケ事件」を取り上げよう。ハイデガーによれば、一九三七年にベルリンから彼のゼミナールにやって来たハンス・ハンケ博士と共同作業をするうち、彼からの告白によって、次のことを知ったという。それは、南西保安課報部をも指導していたあのシェールが「私の学長演説がフライブルク大学の非－国民社会主義的な様相と生ぬるい姿勢の本来の基礎をなしている」[156]として、ハイデガーの身辺を探るようにハンケに委託したということである。そして、ハイデガーは、あたかも自らの身辺に保安課報部またはゲシュタポの捜索の手が延びて来たかのように述べて、こうも書いている。「私の講義にも広がって来たこうした包囲攻撃は、意図したことをしだいに成功に導いていった」[157]、と。しかし、ファリアスがベルリンのドキュメント・センターにあるハンケの党員記録を調査したところによれば、彼は党員ではあったが、秘密情報機関のメンバーではなかったと推定される[158]。したがって、ハンケの件にかんするハイデガーの言明もまたそのまま信用することはきわめて困難である。

(三)　ハイデガーとイエズス会および「白バラ」事件との関わり

ハイデガーは、すでに述べたように、彼と公式のナチ理論家とのあいだに実際に存在した一定の対立的な関係をきわめて誇張したかたちで、これを敵対関係にまで高めあげているのだが、そのもうひとつの具体的な根拠とされているのは、彼とカトリック学生または団体との関わりである。それは、具体的に言えば、彼の講義とゼミナールにカトリック団体、とりわけイエズス会とフランチェスコ会にぞくする学生がいたこと、そしてその関係で保安課報部ではハイデガーがイエズス会と協力していると見なしていたこと、さらにミュンヘンの反ナチ活動家ショル兄妹の「白バラ」に関係していた人々の活動の発生源がフライブルクと私の講義にあるとして捜索まで受けたということである。これらのことをそのまま受け入れるとすれば、まるでハイデガーが「白バラ」と関わりがあり、彼があたかも反ナチ・レジスタンスの闘士に近い人物でもあるかのような印象を与えかねないであろう。しかし、ここでも、ハイデガーは虚偽を述べ、あるいは事実を故意に誇張するなどの手段を用いて、自分自身と、ナチが攻撃と弾圧の対象としていたカトリック勢力とを接近させることによって、自分とナチとの離反または敵対関係を読者に印象づけようとして、巧妙に演出している。

オットによれば、ハイデガーが名前をあげているヨハネス・ロッツとカール・ラーナーの両神父は確かにインスブルックのイエズス会上層部からフライブルク大学に派遣されて博士号を取得するためにフライブルク大学で学んでいたが、彼らがハイデガーのもとで学んでいたという説明は虚偽であって、彼らはキリスト教哲学講座のマルティン・ホーネッカーのもとで学んでいたのであった。[159] カトリックの伝統と援助のなかで大学までの教育を受けながら神学から哲学へ転向し、結婚によってカトリックから離反したハイデガーもまた、ドイツ第三帝国の時代を通じてナチズムの反カトリック立場に同調していたことは、例えばシュテーベル宛のハイデガーの手紙に明確に表現されている強い反カトリック的言辞によって明らかである。ラディカル・ナチとしてのハイデガーが、彼らの学位論文を副査として批評することはあっても、ユダヤ系学生と同様、こうしたカトリックの学生を博士号取得候補者として受け入れて指導するということは、当時のドイツの政治状況を考慮すれば、とうてい考えられないことである。このことはマックス・ミュラーの証言によっても明らかである。[160]

「白バラ」にかんしては、ハイデガーはこう述べている。「事実また後になってわたしのところでは、もっぱら私のゼミナールのカトリックのメンバー――シューマッハー神父、グッゲンベルガー博士、ボリンガー博士――に捜索の手が伸びて来た（ミュンヘンの活動家ショルとの関連でそうであった。彼の活動の発生源がフライブルクと私の講義とにあるとして捜索されたのである）[161]」、と。ハイデガーが名前をあげている三人のうち、ホーネッカーの弟子であったハインリヒ・ボリンガーが実在した重要人物である。オットによれば、ボリンガーはカトリック青年運動の出身であり、マックス・シェーラーをテーマとしてホーネッカーのもとで学位を取得した。彼は、ホーネッカーの死後改変された講座で助手の地位に甘んじながら活動していたが、カトリックの青少年組織である「新ドイツ」にぞくし、ショルとも知り合いであった。そして、彼はフライブルクで抵抗グループを作り、ヴィリー・グラーフに協力して、彼から手渡されたパンフレットの印刷を手伝うなどの活動を行った。彼の兄のヴィリー・ボリンガーもまたザールブリュッケンで抵抗グループを組織したと言われる。彼らの友人のヴィリー・グラーフは、ミュンヘン大学のフーバー教授やショル兄妹とともに、一九四三年二月一八日に逮捕され、後に処刑された。ハインリヒ・ボリンガーもまた一九四三年三月になって「白ばら」グループにぞくしていたとしてヘルムート・バウアーとともに逮捕された。この二人は、大逆の陰謀を知りながらこれを当局に訴え出ず外国のラジオ放送を聴いたというだけの罪で、懲役七年および七年間の市民権の剥奪という重い刑罰を受けることになった(162)。

ところで、ボリンガーが逮捕されて尋問された後、彼の周辺がゲシュタポの手によって捜索され、この捜索はフライブルクの抵抗組織に及んだ。しかし、ハイデガーはボリンガーの学位論文の副査であっただけで、ハイデガーとカトリックおよび後に閉鎖されたホーネッカーの講座との離反のゆえに、そしてさらにラディカル・ナチとして名の通っていたハイデガーの思想傾向のゆえに、この事件との関わりはまったくなかった(163)。オットとファリアスはこの件で存命中のボリンガーに問い合わせを行い、特にファリアスは彼から証言の手紙を受け取っているが、それによれば、ゲシュタポの尋問ではハイデガーの名前はいっさい出ておらず、「白バラ」グループにもボリンガーのグループにもハイデガーと関係ある者は一人もなく、ハイデガーがあげているシューマッハーやグッゲンベルガーという人物にはまったく心あたりがない、ということであった(164)。したがって、「白バラ」事件との関わりでも、ハイデガーが虚偽を述べている可能性が強いのである。

（四）ハイデガーに対する「出版弾圧」はあったのか

ナチから監視され、さまざまな言論弾圧を受け、あまつさえゲシュタポの捜索の手さえも自分のところに伸びてきたというハイデガーの申し立てに特徴的なことは、彼が自らそう言い立てているだけであって、ほとんどの場合、記録文書による証拠の提示もなければ、彼以外の第三者による確実な証言すら存在しないということである。ハイデガーはこうも述べている。「一九三八年以来、新聞と雑誌では私の名前をあげることが禁じられた。同様に、私の諸著作を論評することも、これらの著作がまだ新しい版を重ねることができたかぎり、禁じられた。最後に、出版社が必要な紙を用意していたにもかかわらず、『存在と時間』とカント書の新しい版の刊行もまた拒否された。(165)」このことははたして真実であろうか。

一九三八年以降のハイデガーの出版物を見てみよう。ハイデガーの叙述のうち、事実として確認されるのは、彼のカント書（『カントと形而上学の問題』）は一九二九年にその初版が刊行されたのち、その第二版は二二年後の一九五一年に刊行されているから、カント書の第二版が刊行されなかったということだけである。そのほかの叙述はすべて問題である。例えば、一九四一年には『ヘルダーリンの賛歌〝祭りの日のように……〟』が刊行され、一九四二年には『プラトンの真理論』が『精神的伝承年報』第二巻に掲載された。これには、ローゼンベルク当局の反対を押し切るかたちで行われるなど、さまざまないきさつがあったことは、すでに述べた。そのほかにこの年『存在と時間』の第五版が、初版からあったフッサールへの献辞を削除して、出版された。一九四三年には『真理の本質について』が刊行されたし、『形而上学とは何か』第四版もハイデガーの「後書き」を付して刊行された。一九四四年には『ヘルダーリンの詩の解明』が出版され、これには一九三七年刊行の『ヘルダーリンと思索の本質』と前年ヘルダーリン死後一〇〇年記念祭で行った講演「帰郷」が同時に収録された。こうした出版の記録を見るかぎり、ハイデガーの叙述は虚偽である。カント書の新しい版の刊行が「拒否された」ことが事実であるためには、当然ながら証拠がなければならないが、それが存在しない以上、それはハイデガーに対する言論弾圧というわけではなくて、戦局の悪化や印刷用紙の不足などの何らかの理由で出版にいたらなかったと推理するのが合理的である。

なお、ハイデガー自身が言及している「出版社が必要な紙を用意していた」という点について言えば、これはその文言だけとれば事実と符合する。しかし、この文言をその背景をなす脈絡と関連させて検討すれば、まったく異なった様相が見えてくる。つまり、ファリアスがベルリン・ドキュメントセンターで調査したところ、一九四四年一月、用紙不足のために出版が極度に制約された状況にもかかわらず、プロイセン文部省はハイデガーの著作を印刷するために、ヴィットリオ・クロスターマン社に無条件で用紙の配給をしたことを示す一連のメモがあるという。[166] もちろん、こうしたことは、ハイデガーにたいするプロイセン文部大臣ルストの好意と彼らの親密な関係のうえに立って行われたことであって、やはりハイデガーはナチの重要な思想家として当局からは破格の待遇と優遇政策の恩恵を被っていたのである。ここでハイデガーは、多くの虚偽を述べて事態をあべこべに演出して見せながら、はからずもそのなかで一片の真実をうっかり口にしてしまったことがわかる。

（五）国際会議等への参加「妨害」はあったのか

「事実と思想」におけるハイデガーの最後の弁明は、彼がナチ当局によって国際会議等への参加を妨害されたということであり、ドイツ的精神科学にかんする著作が刊行されようとしたさい、そのなかの「体系的哲学」の部門の企画を練り上げるための論評会にはヤスパースとともに招待されなかったということである。しかし、ハイデガーのこの最後の弁明もまた、事実関係を詳細に究明していけば、ほとんど虚偽であることがわかる。

彼は、「次の事実が、私の哲学的な仕事を評価し、排除しようとするやり方を物語っているであろう」としたうえで、一九三四年九月（ハイデガーは一九三五年としているが、これは彼の記憶違いである）にプラハで国際哲学会議が開催されたさい、自分はドイツ代表団にぞくさず、招待もされなかったこと、そして一九三七年にパリで開催された国際デカルト会議にもナチ当局による妨害のためにドイツ代表団からは排除され続けたと述べ、こうした妨害もまた自分とナチとの対立関係を示すものにほかならないと強弁している[167]。

さて、ファリアスによれば、一九三四年のプラハ国際哲学会議に参加したドイツ代表団の主要なメンバーには、ニコライ・ハルトマンのほか、マルクス主義の影響を受けた社会学者のテンニース、ユダヤ系のカール・レーヴィット、そして一人のイエズス会士もまた含まれており、ハイデガーのみならず著名なナチ哲学者は一人も参加してはいなかったという。このことからも了解されるように、ファリアスは、ナチ当局がプラハ国際哲学会議にはほとんど関心をもっていなかったか、あるいはこれらの非ナチ的な哲学者たちがそれをいいことにナチ系の人物を意図的に排除していたのではないかと推測している。しかし、ファリアスの叙述はレーヴィットの証言と少々食い違っている。レーヴィットは、このプラハ国際会議（第八回国際哲学会議）のテーマが「民主主義の危機」であり、「これをめぐってとりわけフランス人とチェコ人がいきりたっていたのにたいして、ドイツからきた少数の代表たち（ハイゼ、ヘルパハ、エムゲ）は、目立たないようにしており、ドイツのすべての諸原則と矛盾するこの国際的環境のなかで居心地が悪かった[168]」と述べているから、そもそもこの国際哲学会のテーマがハイデガーの関心を呼ぶはずもなかったし、すでに述べたハンス・ハイゼ、一九三一年に入党したナチ最初の公然たる哲学教授カール・アウグスト・エムゲといったナチ哲学者もまたこれに参加していたのである。ここでニコライ・ハルトマンの名前が登場することに注意されたい。当時のドイツ哲学界には、さまざまな個性的な哲学者が活躍していたのであって、ハイデガーの存在論的哲学を震撼をもって受け止めた人々がいた反面、その価値を認知しようとしなかった哲学者たちも数多くおり、これにアーリア系とユダヤ系の線引きも加わって、きわめて複雑な緊張関係のもとにあり、当然ながら、すべてハイデガーの思惑通りに事が運ぶという状況ではなかったのである。

同じくファリアスによると、ハイデガーはパリの国際デカルト会議が開催される以前の一九三五年にその参加準備のためにパリを訪れており、この会議への参加に早くから強い意気込みを示していた。それというのも、ハイデガー自身の言葉でいえば「この会議は、意識的に現在支配的な自由主義的＝民主主義的な学問観を押し付けようとするものであって、これに対抗する強力なドイツ代表団を早期に結成するように」[169]との思惑があり、フランスに対抗しドイツ哲学の優位を示す必要性があったからである。こうした意図でハイデガーは早くから帝国文部省に働きかけていた。ところが、記録文書から確認されるところでは、当局はこの件にかんする事務的処理を遅らせ、会議開始一カ月半前になってようやくハイデガーを代表団に加えることにし、しかも代表団長を、早くから上記のような戦術を提起していたハイデガーにではなく、ケーニヒスベルク大学学長経験者で同じく哲学者のハンス・ハイゼに任命したのであった。おまけに、すでに述べたように、プロイセン文部省がハイデガーをフライブルク大学哲学部長に推薦して同大学学長から拒否されるという事件があり、こうした内紛と個人的反感が、ハイデガーがこの会議から手を引いた理由だとファリアスは推測している。そればかりか、ナチはこの時期第三帝国の学問的権威を国外に示そうとして、ナチに賛同する学者を積極的に外国に送り出していた。ハイデガーもそのうちの一人であった可能性は強い。

ハイデガーの国際会議などへの出席は、すでに述べた一九三六年のローマの「ドイツ・イタリア研究所」でのヘルダーリン講演をはじめ、数回にのぼっており、これらを見るかぎり、いずれもがハイデガーとナチ、とりわけベルリンとの良好な関係を示すものばかりであって、ハイデガーの言うように、その反対となる事例をあげることはきわめて困難である。オットの調査によれば、ハイデガーは一九三五／六年のスイスのチューリヒに旅行しているし、一九三六年にもウィーン旅行を行っており、これらの旅行はすべて許可されたものであった。[170] したがって、ハイデガーは党内で一定の批判を受け、その行動が一定の範囲内で監視されていたことが事実であったにせよ、その行動は海外旅行を含めて決して制限されてはいなかったのである。

ハイデガーがドイツ的精神科学にかんする著作のための論評会にヤスパースとともに招待されなかった件にかんしては、事情がはるかに単純である。「体系的哲学」の部門の責任者であったニコライ・ハルトマンは、新カント派のヘルマン・コーエンとナートルプの弟子であり、彼の『新しい存在論』や『存在論の基礎づけについて』で展開された存在論は、ハイデガーの実存論的な存在論とは相容れないものであり、当時の哲学者の立場の相違と対立がこうした企画からハイデガーとヤスパースを遠ざけた理由であって、ここにナチとの対立関係が入り込む余地はなかったのである。それほどドイツ哲学界の状況は一様ではなかったのであって、ハイデガーがナチとの関わりでこの件を持ち出しているのは見当違いであろう。

第六章　「事実と思想」の思想

（一）ナチ革命と「勃興」への確信

ハイデガーは、先に引用したように、一九三三年に権力を掌握したナチズムの運動のうちに「民族の内的な結集と再生にいたる可能性と民族の歴史的・西洋的な使命を見いだす道」があると見なしていたが、このことが彼の学長時代のみならず、終生の確信であったことは、「事実と思想」のなかで「[有能な人々の――筆者]この結集を準備するためにわたしが当時運動のなかに見ていた積極的な可能性が何よりもまず強調され、また肯定されなければならないであろう」[171]と述べ、第二部の末尾近くでも「学長職は、権力を掌握した『運動』のうちに、それのあらゆる不十分さや粗雑さを超えて、おそらくいつの日かドイツ人を西洋的に歴史的な本質のもとへと結集させうるであろうはるかなる射程距離のあるものを認めようとする試みであった。当時私がそのような可能性を信じており、そのために思索という最も固有の仕事を断念し、職務上の活動を優先したということは、決して否定されてはならない」[172]と繰り返されていることで了解されよう。つまり、学長演説の締めくくりのなかにある「この勃興の素晴らしさと偉大さ」、すなわちナチ革命に体現される「勃興」にたいする確信は、ドイツ第三帝国の崩壊という歴史の審判が下されたはるか後になってもなお、「決して否定されてはならない」ものとしてそのまま繰り返されているのであって、ヘルベルト・マルクーゼの手紙に対する回答で知られるように、このことはハイデガーの生涯を通じて一度として決して公式の自己批判の対象とは見なされていない。それは、ハイデガーにとっては一時的な「誤謬」では決してなく、「幻想」でも、「思い違い」ですらもないのである。

ナチズムとその革命にドイツ民族の結集の可能性と歴史的使命を実現する道があったと確信し、ナチズムもこれに対する自らの確信も決して誤りではなかったと考えているからこそ、ハイデガーは生涯にわたって自己批判を拒否し続け、そしてたとえ一時期とはいえ、大学におけるナチ革命の実現のために、学長としてさまざまな集会で演説し、若い大学講師・学生・市民に呼びかけて彼らをナチ革命へと動員したことの道義的責任、またたとえ間接的にではあれ、ホロコーストという人類史上空前の犯罪を遂行しえた政党に加入し、敗戦時まで党員であり続け、党費を払い続けるというかたちでこの活動に強く関与したことの政治的責任をまったく不問に付すことができるのである。とはいえ、ハイデガーは他方ではナチズムに対する歴史的審判の意味を重大だと受け止めているからこそ、おのれのナチ時代の真実と実像をきわめて手の込んだかたちで隠蔽せざるをえないのであって、おのれの確信と歴史的審判の意味との両極を揺れ動き、おのれに対する世間的評価だけを気にしながら過去の自分の思想と行動をとりつくろうことに汲々としているこうした態度に、われわれは強い失望の気持ちを禁ずることができない。

(二)　責任の転嫁と居直りの姿勢

もしもハイデガーが、自らを含めて、「この勃興の素晴らしさと偉大さ」そのものであるナチ革命をひとつの歴史的カイロス（好機）として受け止め、それが指し示す民族的・歴史的方向を信じて、そのために挺身した人々に政治的・倫理的責任がないとするならば、その責任は必然的にそれ以外の人々か、あるいは人間以外の何物かに転化されなくてはならなくなるであろう。ハイデガーの「弁明」によれば、一方ではこの責任は自分たちが負うべきものでなく、こうした歴史的好機にナチズムへ向けて「出撃」しなかった人々にあるということになる。ハイデガーは例えばこう述べている。「確かに『もし……ならば、そしてもし……でなければ、何が起こっていただろう』という言葉で始まる、歴史の進行に対する反論はいつも危ういものである。だがそれにもかかわらず、こういう問いは立てられてよい。もしも一九三三年頃に有能な人々がすべて、ゆっくりとひそかに団結して、権力を掌握した『運動』を純化して抑制するために立ち上がっていたとすれば、何が起き、何が阻止されていただろう、と。」[173]だが、これまで本論で検討したように、ハイデガーの学長時代の思想と行動は、突撃隊の方向に「権力を掌握した『運動』を純化」することであったとは言えても、少なくともこの「運動」（die Bewegung と言えば、当時にあってはナチの「運動」にほかならなかった）を通常の意味で「抑制する」ことでなかったことだけは確かである。問題はその後に次の文章が続いていることである。「確かに、人間が人間の責任を並べたてたり、負わせたりすれば、そのことはいつも不遜なことである。しかし、罪人をさがして罪を査定するとしても、本質的な不履行という罪もまたあるのではないか。……なぜ一九三三年に、物事を知っていると思っていた人々が、なぜ当時まさしく彼らが、すべてを根本から善くするためにに立ち上がったというわけではなかったのか。[174]」。ハイデガーは、当時ナチ革命を傍観し、手をこまねいて見ていただけの人々、またはナチに賛同しながらその純化のために戦わなかった人々は「本質的な不履行という罪」を犯していたのであって、自分はそうではなくて、絶望的な政治・大学情勢のなかで「現にまだ生き続けている建設的な勢力とともに、情勢の来たるべき悪化を食い止めるという可能性[175]」に賭けたのであり、そうしなければ事態はもっと悪化していただろう、というのである。こうしたハイデガーの弁明が、事実に反するものであるだけでなく、自らをナチズムに反対する抵抗勢力に分類したうえで、ナチズムの責任をナチ革命およびナチの純化に参入しなかった人々へと転化するという内実を含んだ思想であることは、本論におけるこれまでの展開から明らかであろう。

さらに、われわれが見過ごすことができないのは、ハイデガーがこうも述べていることである。「私の学長職の誤りを自分の評価に照らしてあげつらうことを好んでいる人々にたいしては、そして彼らにたいしてだけは、次のことを言っておきたい。そんなことは、それ自体として見れば、どうでもいいことなのであって、それは、惑星的な規模での力への意志の運動全体の内部では、決して些細なことと呼んではならないくらい、取るに足らない過去の試みと措置をむやみに詮索することと同じなのである[176]」、と。自分の学長職の誤りを云々することは、ニーチェ的な「力への意志」という視点から見れば、「取るに足らない過去の試みと措置をむやみに詮索すること」だと言うのである。これは、ナチズムを確信し、ナチ革命に参入・挺身した政治的・倫理的責任を「些細なこと」「取るに足らないこと」と見なすのと同然であり、ハイデガーのきわめて傲慢な居直りの姿勢であるとともに、歴史の真実を明らかにするのではなく、逆に歴史の真実を封殺してこれを詮索することを禁じようとする態度以外の何物でもない。この点でもわれわれは、プラトンがかつて「世に哲学者ほど真実を探求せざるをえない者はいない[177]」と述べた意味において、ハイデガーの「哲学者＝愛知者」としての品格の問題を提起せざるをえないのである。

(三) 「力への意志」の支配と独善的な歴史観

他方では、ハイデガーの思想によれば、ナチズムの責任は論理的・必然的に人間を超えたものへと転嫁される。彼は「私は当時すでに、力への意志というこの現実から、存在するものを見ていた[178]」とし、ニーチェ的な「力への意志というこの現実」こそが超感覚的世界、すなわちキリスト教の神の世界の影響力を失なわせたものだとしながら、「もしそうでなかったとすれば、第一次世界大戦は可能だったであろうか。そして、もしそうでなかったとすれば、まして第二次世界大戦は生じえたであろうか[179]」と述べている。二度にわたる世界大戦の原因は、明らかに人為的なもの、社会的・経済的なものであるはずなのに、ハイデガーはこれを「力への意志」というきわめて抽象的で人間世界を超えたものに帰しており、言うまでもなく、こうした思想はその必然的な帰結として、人間社会のあらゆる事象と出来事を人間世界を超えたもの、すなわち運命や歴運に由来するものとなし、その結果、人間・社会の主体的努力を無力なものとし、揚げ句の果ては人間世界を白黒の区別のつかないものにしかねないであろう。

ハイデガーは一九三〇年と一九三九／四〇年の二度にわたってユンガーの著作の私的な研究会をもち、これから大きな影響を受けたことを公言している。こうした経過から見れば、学長時代にすでに「力への意志」という観点から現実を見ていたとするハイデガーの回顧は、自らの思想的発展の時期を意図的にずらしているということになる。このこともまた、「力への意志」というきわめて抽象的・超人間的なものに訴えかけることによって、ハイデガーの学長時代の思想と行動を隠蔽することに役立つであろう。厳密に言えば、ハイデガーが「力への意志」というニーチェ的観点から、ユンガーなどからの影響を織り込んで、近代技術の支配が西洋の形而上学の根源をなすのだという把握に至り、そして「形而上学の克服」を課題として掲げるとともに近代西洋的思考からの根本的転換ともいうべき「もうひとつの始元」を追求するようになるのは、ハイデガーが一九三六年にニーチェ講義を開始して、ニーチェとの対決を行うようになってからである。したがって、その意味ではハイデガーは時間的順序を逆にして自らの思想的発展を描いているのである。こうした描き方もまた、ナチズムと近代技術の支配とを同列におくことによって、自らのナチ加担を中和させると同時に、近代技術批判を自らのナチ「批判」へとすり替えることをきわめて容易にしている。

こうしてハイデガーは、「エルンスト・ユンガーが、労働者の支配と形態という思想のなかで考え、この思想に照らして見ているものは、惑星的規模で見られた歴史の内部での、力への意志の普遍的な支配である。今日すべてのものは、こうした歴史的現実のもとにある。それが、共産主義と呼ばれようが、ファシズムと呼ばれようが、あるいは世界民主主義と呼ばれようが、そうなのである[180]」と語ることになる。もちろん、第一次世界大戦および第二次世界大戦の原因を「力への意志」というとらえどころのないものに帰することによって、戦争にかんする国家的責任とナチ運動の一翼を担ったおのれの責任とを最終的には運命のごときものへと転化して免罪しようとするばかりか、その結果として、政治制度としてのナチズムをも共産主義をも民主主義をも一緒くたに同一のものにしてしまうような、つまり固有の政治制度とこれを支える思想の固有の論理を踏まえることのない、こうしたハイデガーの論法には、われわれはとうてい賛成するわけにはいかない。

さらに、ハイデガーはこう述べている。「普通のアカデミーの動きという地平では、この学長職のさまざまな評価は、その仕方においては正しいかも知れないし、正当であるかもしれない。今日もなお、この本質的なものの視野を幻惑された目のために開くという可能性は、当時よりもいっそう少ないのである[181]。」しかもそのうえ、ハイデガーの学長としての職務が十分であったか、それともそうでなかったかというような「こうしたパースペクティヴでは、私が職務を引き受けるようにさせた本質的なものは適切に表現されはしない。普通のアカデミーの営みという地平では、この学長職のさまざまな評価は、その仕方においては正しいかも知れないし、正当かも知れないが、それにもかかわらず決して本質的なことをとらえてはいないのである。今日もなお、幻惑されたまなざしにたいしてこの本質的な事柄の地平を開くという可能性は、当時よりもいっそう少ない[182]」と言うのである。「幻惑されたまなざし」とは、ハイデガーにさまざまな評価を行う者のことであろう。要するにハイデガーは、自分の学長職に対するさまざまな評価は、その仕方如何で正しいとも正しくないとも言えるのであって、決して事柄の本質をとらえてはいないと述べ、ここでも彼はおのれの学長という客観的・歴史的に存在した時代に対する客観的・歴史的なアプローチをどうとでも評価しうる相対的なものとし、その本質は自分にしか理解されないという不可知論的・独善的な態度を貫いている。

さらに、ハイデガーの独善的・主観主義的態度は、「本質的なことは、われわれがニヒリズムの完成の真っ只中にいる」ということであり、「それにもかかわらず、ニヒリズムの克服は、ドイツ人の詩的な思索と詩作のなかでは予告されていて、もちろんドイツ人はその詩作を聞き知ることがまだほとんどないに等しい。それというのも、ドイツ人は彼らを取り巻くニヒリズムという物差しにしたがって手筈を整えて、歴史的な自己主張の本質を見誤ることにひたすら努めているからである[183]」という語句で強められ、そして「事実と思想」の締めくくりとして書かれている次の言葉で頂点に達している。「しかし、これらの出来事もまた、ただたんにわれわれの歴史の運動の波間に浮かぶ一時的な仮象にすぎない。ドイツ人たちは、破局が自分たちに襲いかかっている今になっても、この歴史の運動の次元にはまだ気付いてもいないのである[184]」。ハイデガーにとっては、ナチ革命を「勃興」として熱狂した当時も、そして「破局が近づいている今になっても」、一般のドイツ人たちはニヒリズムの到来にもその克服に気づいておらず、その本質を見誤っているばかりか、その歴史の運動の次元には気づいてもいないのである。こうした表現のうちに含意されているのは明らかに、こうした歴史の運動の次元に気づいており、歴史の運動の仮象を超えてその本質を見抜いているのは、ただ一人自分だけだということにほかならない。われわれは、こうしたハイデガーの主観的で独善的、そして秘教的な歴史観または歴史哲学こそ、彼がかつてナチ革命へと向けて「出撃」したさいにいだいていたのと共通のものであると言わざるをえない。

それにしても、ナチ革命を「勃興」としてこれに熱狂したハイデガーの歴史観または歴史哲学こそ、歴史の本質を見誤った揚げ句に歴史の審判を受けた当のもの、その時代に対して多大の損害をもたらした当のものではなかったであろうか。

第七章　結論と今後の展望

本論文においてこれまでやや詳細に検討してきたように、学長時代を含めたハイデガーのナチ党員時代を、彼自身の証言によってではなく当時の記録文書によって、歴史的に検証するという作業のなかからおのずと浮かび上がってくるのは、この時代のハイデガーの政治的な思想と行動の確信に満ちたラディカリズムであり、しかもこのラディカリズムが、ナチ当局とのあいだに一定の齟齬を含みながらも、全体として見れば、この時代を一貫して変わることがなかったという事実である。そして、第二次世界大戦後になって「事実と思想」を始めとする「弁明」のなかでハイデガー自身が語っている「証言」なるものが、自らの保身に都合の悪い事実については沈黙または隠蔽し、あるいは一定の範囲において事実を歪曲し、あるいは部分的に真実を語りながらもこれにいくつかの虚構を作為的に絡み合わせて粉飾を施したりするなどの手法を用いて、ナチズムにたいする自らの強い確信とこれにもとづくナチズムへの深い政治的関与を世間的に許される最小限度のものとしようとして、ラディカル・ナチとしての自らの実像をまったく反対に描き、時には自分がナチ批判者または敵対者であるかのように装ったりしているという事実である。

こうしたハイデガーの「弁明」は、たとえ彼が大戦後のドイツ第三帝国の野望が崩壊した後に、「典型的なナチ」として政治的・道義的な糾弾を受け、住居と蔵書の差し押さえ、そして教授職と年金受給資格の剥奪という生涯最大の危機に直面していたことを考慮するとしても、たんなる事実誤認や記憶違いということでは決して済ますことのできない、あまりにも虚偽と虚構に満ちたものであり、歴史の改竄につながるものであるといわざるをえない。自己保身と世間的評価の維持を最優先して、そのためには歴史的事実を歪曲したり、虚偽をつくることさえも厭わないというこうしたハイデガーのやり方は、明らかに思想家および哲学者としての彼の世界的名声を裏切るものであって、このことにわれわれは鬱然とした思いを禁ずることができない。しかも、ハイデガーは、ヘーゲルの言葉で言えば「世界史的法廷」による歴史的審判を受けた後でなお、その生涯の最後にいたるまで、フライブルク大学学長として、ナチ党員教授として、思想家および哲学者として、学生・教師・市民に呼びかけて彼らをナチ革命へと駆り立て、たとえ間接的であれ、ひとつの民族の大量抹殺という人類史上空前の犯罪に自ら加担する結果となったということの政治的・道義的責任を、自らの著作のなかではもとより口頭においても、公式的にはただの一度も自己批判していないのである。

さらに、ハイデガーは、ナチ時代の自らの著作・講義・講演を戦後になって出版したさいに、いくつかの箇所で読者に無断で改竄を加えて自らのナチ的言動の痕跡を抹消したり、あるいはこれとはまったく逆に、事情を知る人には明らかなナチ的言辞を何の臆面もなく平然と公表したりしているが、こうした行動は、歴史の審判がもつ政治的・道義的意味、ナチズムにたいするゆるぎない確信、そして世間的な名誉欲との三つの極のはざまで、彼自身が小心翼々として揺れ動き、たえずこれらに両面価値的な態度を取り続けていたということにほかならない。そればかりかさらに、詳しい事情を知る立場にない一般の読者に訴えて、「事実と思想」や『シュピーゲル』対談などの彼の弁明に典型的に見られるように、歴史を改竄したうえになお自らの虚像を後世に伝えようと企図したのである。「事実と思想」を遺稿管理人の手に委ね、『シュピーゲル』対談を自らの死後に公表するというハイデガーのやり方は、彼がハイデガー・ナチズム問題の当事者および証人として、彼の側からする一方的な「真実」を世間と後世にたいして無条件に宣告したということであって、これに対する反論や批判を最初から拒否するとともに、これに対する責任ある応答を最初から意図していないということの宣言にほかならない。ハイデガーは、生前ばかりか死後においてなお、それどころか死後においてこそ、おのれの作為と虚構とを貫き通そうとしたのである。知恵と真実を愛し求める者であるはずの哲学者にしては、そして世界的な名声をもつ哲学者にしては、あまりにも狡猾、狭量、野心的な態度であると言わざるをえないであろう。

私見によれば、ハイデガー・ナチズム問題にかんする研究が現在われわれに提起している今後の大きな諸課題として、少なくとも以下の四点をあげることができるように思われる。

第一に、ハイデガーが上記のように意図的に自らの実像を隠蔽したり、虚偽を作為的に導入することで自らの虚像を後世に残そうと意図したからこそ、われわれはこうしたハイデガーの作為と虚構を暴いて、あくまでも記録文書と信頼しうる証言とに丹念に依拠しながら、歴史の真実を明らかにせざるをえない。ハーバマスが言うように、われわれは「ハイデガーがその死にいたるまで排除し、言い繕い、歪曲してきたものについて正確な情報をえなければならない」(185)のである。オットやファリアスによって開始された歴史的な調査研究が今後さらに進んで、ドイツ各地のドキュメント・センターを始め、今なお一部の関係者にしか接近を許されていないマールバッハのハイデガー・アルヒーフの資料、それにフライブルク大学学長室に保管されている文書や「ハイデガー裁判」の記録文書などの公開がいっそう進むならば、そしてとりわけハイデガーがナチ時代に交わした往復書簡がいっそう身近なものになれば、われわれはハイデガーとナチズム、ハイデガーの哲学思想とナチズムとの真の関係という困難な問題がさらに詳細に解明される日の来ることに期待してよいであろう。

第二に、ハイデガーとナチズムの思想のレベルにおける真の関係を解明するにあたって重要な作業となるのは、ハイデガーのナチ転向以前の諸著作とナチ時代の著作・講義・講演・書簡などに用いられている語彙の変遷を比較分析することはもちろん、当時のナチズムの思想と運動全体を把握しながら、ナチ・イデオローグやナチに同調した知識人たちが用いたナチ特有の語彙・語法・文体の分析をも行い、これとハイデガーのそれとを比較することである。今回、本論文においては端緒的にしか触れることはできなかったが、ハイデガーの「民族共同体」、「大地と血」、「統制」、「指導者」、「闘争」、「はるかなる任務」、「ユダヤ化」、「嵐」などの諸概念とナチズムのそれらとの関わりを、当時の社会的・思想的文脈、ナチズムの思想と運動全体、そしてヒトラーの『我が闘争』や突撃隊、エルンスト・ユンガーやカール・シュミットなどをはじめとする文筆家の語彙・語法・文体との関連において、究明することが必要となろう。

第三に、ハイデガー自身がナチズムへの関与を、自らの哲学思想とは直接無関係のたんなる政治的な行動と見なしたのではなくて、その反対に自らの哲学思想の基盤のうえでナチズムにコミットしたことを認めているとすれば、そして彼が生涯にわたってナチズムの近傍から離れることがなかったのだとすれば、彼の当時の哲学思想のなかに、ナチ革命へ向けての彼自身の政治的出撃を可能にした通路、そしてこれを準備した思想的諸要素を剔抉するだけではなくて、彼の哲学的営為の全過程にわたって、ナチズムとの関連、そして彼の思想とナチズムとの親近性または親和性を追跡することが必要となろう。そして、そのうえで、ハイデガー・ナチズムにかんする歴史的研究と哲学的研究とを真に総合させなければならないであろう。私が他の箇所で書いたように、「ハイデガー・ナチズムにかんする研究の進展がさらに明らかにしたのは、今回の論争の大きなきっかけとなったファリアスやオットの歴史学的な研究成果のうえに立って、ハイデガーとナチズムとの関わりを、初期の諸著作からいわゆる『転向』をへて晩年へといたるまでのハイデガーの思想の営みの全プロセスに深く分け入り、その哲学思想の深層にまで肉薄していって、……全面的に解明するという哲学的研究の必要性である。ハイデガー・ナチズムをその真相において解明するという課題は、歴史学者の研究と哲学者の研究とを真に内的に結合することによって、初めてその全体を完成するであろう。[186]」

第四に、ハイデガーがおのれの政治的・道義的責任にかんする発言をほとんど避け、この責任をとるどころか、責任の所在を認めようともしなかったこと、そしてさらに、数少ない真実と多くの虚偽に満ちた「弁明」を事実と称して自ら後世に伝えようとしたことは、この世界的な哲学者の哲学者としての責任の問題だけにとどまらず、その人間としての人格上の問題、そしてさらにその思想上の問題をもわれわれに提起することになろう。とりわけ哲学者の場合には、その人の生き方と思想、哲学者としての理論と人間としての彼の実践とが分かちがたく結び付いているのが通例であるから、ハイデガーの人間としての言動に問題があるとすれば、それは思想家としての彼の哲学思想のなかに問題があることになろう。とりわけ、ナチ革命をおのれの政治的出撃のための決断と結びつけてこれを歴史的カイロス（好機）だと把握して政治的実践に身を投じたハイデガーの歴史観、ハイデガーによるナチ的な立場からの時代の診断、そしてこれにもとづく時代変革の方向と方法の提示とが歴史の審判によって破産せざるをえなかったのだとすれば、ハイデガーの哲学思想そのものに問題点と欠陥とがあることは明らかであり、その問題点と欠陥が彼の哲学思想の内的深層にまで肉薄して分析されなければならないであろう。この作業が彼の哲学思想の全面的な否定を意味するものであってはならないことはもちろんである。

かつてまったく不当な理由で刑死しなければならなかったソクラテスの死の真相がソクラテス問題として後世の人々に残されたように、『存在と時間』の著者であり、世界的な名声をもつ哲学者、ハイデガーが人類史上最大の犯罪のひとつであるナチズムになぜ加担しえたのかということの真相をめぐって、ハイデガー・ナチズム問題が、そしてこれと密接に関係してハイデガーの哲学思想の再評価をめぐる問題が、われわれに残されているといえよう。先に掲げた諸課題が十分に解明されるまでは、ハイデガーとナチズムおよびハイデガー哲学とナチズムの問題は、二一世紀においてもなおひとつの焦眉の熱い哲学論争の対象となり続けることであろう。

第三部　ハイデガーとシュタウディンガー事件

はじめに

ハイデガーは、一年間の学長職のあいだ、ナチから求められたフライブルク大学の「強制的同質化」という使命に応えて、全国の公務員職から非アーリア系人種とマルクス主義者等の公務員としてふさわしくない者を追放することを意図して一九三三年四月に施行された「公務員職再建法」の第四条を大学内で特に厳格に適用したほか、大学のナチ化とナチ系大学人の連携のために精力的に活動した。さらにハイデガーは、学長となってから半年後には指導者＝学長に任命されたが、大ざっぱな言い方をすれば、このことは同大学においてハイデガーが Führer（つまり「総統＝指導者」）としての役割を担うことになったことを意味する。ハイデガーは指導者＝学長として、大学教官全員集会を解散し、学部と評議会の自治権を剥奪したばかりか、事務局長と学部長の任命権さえも自らに集中させるというように、大学内のナチ化・ファッショ化を推進した。結局のところ、こうしたラディカルさゆえにハイデガーは、大学内の反感を買って孤立し、やがて挫折して学長職を投げ出すことになったのである。

ハイデガーは自らの学長在任期間中にさまざまな諸事件に関わっているが、これらの事件のなかでとくに見逃すことができないのは、ハイデガーがいくつかの密告事件に関与したということである。

例えばハイデガーは、すでに述べたように、マックス・ウェーバーの甥であるエドゥアルト・バウムガルテンがナチに入党しようとしたさいに、ゲッティンゲンの「ナチ大学教師連盟」に宛てて自らの所見を送り、バウムガルテンがヤスパースを含む「自由主義的・民主主義的なハイデルベルク知識人サークル」にぞくし、またフライブルク大学の古典文献学の正教授でユダヤ人のエドゥアルト・フレンケルと密接に連絡を取っていたことを告発した。それは一九三三年一二月末のことである。この密告事件（バウムガルテン事件）のために、バウムガルテンにはドイツにおいて学者としての人生を切り開く道が一時的に閉ざされたという。このことは、ウェーバー夫人のマリアンネをつうじてヤスパースにこの所見の写しが伝えられたことでヤスパースの知るところとなり、自分と仲間たちにたいする裏切りと自由主義・民主主義に対する敵対的姿勢のゆえに、ヤスパースが長年の友人でもありライバルでもあったハイデガーの評価を決定的に変えるきっかけとなったものである。これについては本書第一部二四頁以下を参照されたい。

さらに最近になって、学長ハイデガーがさらにいっそう重大な密告事件に関わっていたことが知られるようになった。それは、ハイデガーが一九三三年九月末、戦後になってノーベル化学賞を受賞したほどの優れた化学者であり平和主義者でもあったフライブルク大学の同僚ヘルマン・シュタウディンガーを、たんなる噂をもとにナチ高等教育審議官に密告したために、フライブルク警察がシュタウディンガーを告発し、あの悪名高い秘密国家警察（ゲシュタポ）が極秘に捜査を進めたという事件である。ハイデガーはドイツ敗戦後になって、ナチに加担した罪を問われて大学の「政治的浄化委員会」によって査問を受けたのだが、もしもこの時にこの事件がこの委員会のメンバーに知られていたとすれば、ハイデガーの大学への復帰は決してありえなかったであろうし、彼にたいする処分もさらにきわめて厳しいものになっていたであろう。この事件はそのように推測されるほど重大な政治的意味をもつものであった。

フライブルク大学学長ハイデガーはこの事件においても、たんに偶発的・付随的にではなくて、あらかじめ調査と準備を行ったうえで、自らの明確な意図と計画にもとづいてシュタウディンガーを密告しており、記録文書から見れば、ハイデガー自身がこの事件を首謀し、また主導したことは疑う余地がありえない。したがって、ハイデガー自身が、しかも大学学長として、現在から見ればいささかも罪のない一人の同僚の化学者を長期にわたって苦しめるという、ナチの権力犯罪に加担したことは明らかである。ハイデガーの、大学学長および哲学者としてばかりか、一人の人間としての責任は、このうえなく重大であると言わなければならない。

本論文では、この事件を一般的に「シュタウディンガー事件」と呼ぶことにするが、しかしこの事件は国家秘密警察によって「シュテルンハイム作戦」と名付けられたので、ナチ側の視点からこの事件を見た場合には、特に後者の呼び名を用いることにしたい(1)。

第一章　シュタウディンガー事件または「シュテルンハイム作戦」の発端

シュタウディンガー事件または「シュテルンハイム作戦」は、ナチ内部の陰湿な政治的密告事件であったために、一般にはまったく知られることなく、五〇年もの長きにわたって封印されてきた事件である。最初にこの歴史の封印を解いたのは、フライブルク在住の歴史学者フーゴ・オットである。オットは、カールスルーエの記録保管所において、フライブルク大学学長ハイデガーがシュタウディンガーを政治告発した事件にかんする一連の資料を発見し、一九八四年一二月六日の『バーデン新聞』に詳細な解説を付して、これを公表した。これによってシュテルンハイム作戦またはシュタウディンガー事件が初めて陽の目を見ることになったのである。

オットによれば、この事件の概要はこうである。

ナチスが権力を掌握してドイツ全国に「強制的同質化」という名のナチ化・全体主義化が急速に進行するさなかの一九三三年九月二九日、すでにナチによって支配されていたバーデン州文部省の高等教育審議官オイゲン・フェーアレがフライブルク大学を訪問した。それは、一〇月一日付でフライブルク大学学長ハイデガーを「指導者－学長」に任命するためであった。「指導者－学長」とは大学構成員によって選ばれるこれまでの学長ではなくて、文部大臣と法務大臣から正式に大学の指導者として任命され、ヒトラー体制下で大学を指導する学長であった。それは、ヒトラー体制下にふさわしく、それまで大学に存在した大学教官全員集会を解散し、評議会および学部の自治と議決権を剥奪し、学部長と事務局長の任命権・解任権をも学長の権限のもとに集中するという、徹底的に非民主的で独裁的な学長であった。意地悪い見方をすれば、それは大学におけるヒトラーであったとも言えよう。

学長ハイデガーは、フェーアレと会談したさいに、当時すでに世界的に有名な化学者であり平和主義者でもあったフライブルク大学の同僚ヘルマン・シュタウディンガー教授にかんして、かなり問題のある情報をフェーアレに提供した。これを受けてフェーアレは、一九三三年四月に成立したあの悪名高い「公務員職再建法」第四条、すなわちユダヤ人だけではなくて、政治的な態度から見て愛国心に欠けるなど好ましくない人々を公務員から排除しようとした条項との関連で、シュタウディンガーをこの条項に該当する人物と見なし、ハイデガー学長にたいしてシュタウディンガーにかんする調査を開始するようにとの指令を出すとともに、早くも翌日にはフライブルク警察にシュタウディンガーを告訴する手続きを取った。これによってただちにカールスルーエの秘密国家警察（ゲシュタポ）がシュタウディンガーにたいする捜索を開始するところとなった。シュタウディンガーにたいする秘密国家警察のこの捜索は、シュタウディンガー Staudinger という名前を、その頭文字である St. を共通にもつシュテルンハイム Sternheim という暗号名に読み替えて、つまり秘密裡に、行われることになった[(2)]。したがって、この事件はゲシュタポによって「シュテルンハイム作戦」として極秘に展開されたのである。

ハイデガーは、高等教育審議官フェーアレにたいして、理由なしにシュタウディンガーにかんする情報を提供したわけではない。オットの調査によれば、これに先立つ一九三三年七月、学長ハイデガーは、自らの腹心である物理学者で当時フライブルク大学私講師アルフォンス・ビューールをスイスのチューリヒに派遣し、チューリヒ工科大学時代のシュタウディンガーを調査するようにと命じていた。アルフォンス・ビューールは、著名な物理学者でありハイデルベルク大学教授のフィリップ・レーナルト[3]のもとで学位を取得したあと、フライブルク大学で教授資格を取得し、チューリヒ工科大学物理学研究所の助手を務めた後、フライブルク大学に戻ったという経歴の持ち主である。周知のようにレーナルトは、ヨハンネス・シュタルクと並んで、ノーベル物理学賞受賞者でありながら早くから熱狂的なナチ信奉者・極端な反ユダヤ主義者でもあり、あの悪名高い「ドイツ的物理学」を標榜した人物である。またビュールは、第一次世界大戦に参戦し、ベルリンでローザ・ルクセンブルクとカール・リープクネヒトを指導者とするスパルタクス団との戦闘に参加したばかりか、フライブルクのナチ大学教官サークルの中心人物でもあり、ハイデガーを学長職に押し上げるのにも大きな功績があった。したがって、ビュールはフライブルクの大学関係者のうちでもっとも戦闘的で筋金入りのナチの一人であったということができる。ハイデガーはそのような人物を自らの腹心とし、自らが主導した密告事件に利用したのである。ビュールがチューリヒのドイツ総領事館の官員から聞き出したところよれば、シュタウディンガーにかんする資料がカールスルーエのバーデン州役場にあることが判明した[4]。後に述べるように、ハイデガーはおそらくビュールが報告したこれらの資料を検討しながら、シュタウディンガーが「有罪」であることを確信し、「公務員職再建法」第四条を彼に適用して「免職処分」とするよう、当局に進言したと思われる。

オットが突き止めたこれらの事実は、彼が外務省政治文書課で綿密な調査を行った結果にもとづくものであって、その信憑性は疑うことができない。ところで、ハイデガーはなぜ自らシュタウディンガーにかんする調査と情報収集に乗り出したのであろうか。

シュタウディンガーは、一九一二年以来チューリヒ工科大学の化学の教授を務めていたが、一九二五年になってフライブルク大学に招聘されることになった。しかし、すでにゴム、セルロース、デンプン、タンパク質などが化学結合によって原子どうしが結びついた高分子であるといういわゆる高分子説を唱えて世界的にも著名な有機化学者となっていたシュタウディンガーがすんなりとフライブルク大学に転じることができたわけではなかった。彼はもともと平和主義的な信念の持ち主であり、彼の招聘にあたってはその彼の第一次世界大戦中とその直後の言動が民族主義・愛国主義的な思想をいだいていたフライブルク大学の教授たちによって問題とされ、彼のドイツ国民としての資格が疑われたのである。その当時シュタウディンガーは、戦争と民族主義的な運動に反対する論文を発表し、ドイツの戦争を軍事的に支援することはしないと公言したばかりか、ドイツ人でありながらスイスの国籍を取得しようとした、平和主義の立場に立って一九一七年に軍旗にたいする忠誠を拒否した同僚の医学博士ゲオルク・フリードリヒ・ニコライを支援さえしたからである。そのために、シュタウディンガーは自らの招聘にさいして、当時と比べていささか変化した自らの現在の立場と信念とを明らかにする書類を提出して、こうした疑いをはらす努力をしなければならなかった。

その結果、彼のこうした努力は成功し、彼は翌一九二六年にフライブルク大学へと無事に転出することができた。当時ハイデガーはまだマールブルク大学に在職中で、フライブルク大学へ招聘されたのは一九三〇年になってからである。したがってハイデガーは、シュタウディンガーの招聘にさいして生じたこの問題には直接に関わってはいないが、彼とこの問題についての噂ははっきりと耳にしていたことであろう。しかしわれわれは、それにしてもハイデガーが、いったんは問題にされながらも上記のかたちで決着がつけられたこの事件を、いったいなぜ七年も後の学長在職中に再び蒸し返し、しかも密告の根拠とすることができたのか、大いに疑問とせざるをえない。シュタウディンガーを標的とする「シュテルンハイム作戦」は、決して偶然の産物でも非意図的に浮上してきたものでもなくて、学長ハイデガー自身によって意図的に仕組まれ、彼の綿密な調査と計画のもとに主導・実行された事件にほかならないことは明らかだからである。

すでに述べたように、ナチス政権奪取後の一九三三年四月に「公務員職再建法」が施行されて以来、その第四条を根拠としてユダヤ系の人々が公務員と教職から追放されただけではなくて、ナチやその民族主義的・人種的路線に対して批判的またはこれに同調しなかったり、あるいはマルクス主義政党に加担・協調したりしたアーリア系の人々もまた彼らの過去にまでさかのぼって調べられたうえで免職または追放された。この悪法が施行されて以来五年間のうちに大学を解職された教授および講師は、公式的な数字では二八〇〇人にのぼり、全体の四分の一に及んだという。(5)そのさいに用いられた手段が密告という陰湿なやり方であった。こうした「強制的同質化」には期限が切られていた。密告を含む何らかの手段によって当局に訴えられた人物にかんして当局が決定を下して警察に告発するのは同年九月末日までであり、文部省や国務省がこの人物にたいして「公務員職再建法」第四条を適用するかどうかを最終決定するのは翌一九三四年三月末日となっていた。フライブルク大学学長ハイデガーは、まさしくこうした限られた政治状況のなかで、世界的な化学者としてすでに名声を得ていた同僚シュタウディンガーを密告し、彼を免職に追い込もうとする「シュテルンハイム」作戦の首謀者として、その先頭に立ったのである。

第二章　シュタウディンガーの経歴と業績について

ヘルマン・シュタウディンガーは一八八一年に、フランツ・シュタウディンガー Franz Staudinger（一八四九―一九二一）を父として、ヘッセン州ヴォルムスに生まれた。彼の父のフランツは、ヴォルムスとダルムシュタットのギムナジウムの哲学教授を務め、新カント派にぞくして、カントの倫理学を社会主義と結合しようと努力したほか、消費組合運動を理論的に基礎づけただけでなく、これを実践的に指導したことでも知られている。ギムナジウム時代のヘルマンは当初植物学に関心を示したが、植物を研究するためには化学をきわめることが必要であることを痛感し、ハレ、ミュンヘン、ダルムシュタットの各大学では化学を専攻した。一九〇三年にハレ大学で学位を取得すると同時にシュトラスブルク大学助手となったのを皮切りに、一九〇八年にカールスルーエ工科大学員外教授、一九一二年にチューリヒ工科大学教授となり、すでに述べたように著名な化学者ハインリヒ・ヴィーラントの後任として一九二六年にフライブルク大学教授に招聘され、さらに一九四〇年にはフライブルク大学高分子化学研究所長となる。

このあいだ、ヘルマン・シュタウディンガーは、弱冠二四歳でジフェニルケテンや合成ゴムの原料であるイソプレンの合成方法を発見したり、ポリオキシメチレンを作製するなどの多くの業績をあげたが、フライブルクに転出してからはもっぱら高分子研究に専念するようになる。とりわけ彼の世界的な業績として知られているのは、ゴム、セルロース、デンプン、タンパク質などの化合物が、それまで考えられていたように、小さい分子の大きな集合体なのではなくて、一般の化学結合と同様に原子どうしが結びついた、鎖状になった数万から数十万以上もの分子量をもつ高分子であることを、しかも粘度測定などの新しい方法によって証明したことである。彼はこれらの研究から、高分子物質の溶液の濃度および粘度とその物質の分子量とのあいだに関係式があることを発見したが、これは「シュタウディンガーの粘度式」として知られている。これらの一連の高分子研究が評価されて、彼は第二次世界大戦後の一九五三年にノーベル化学賞を受賞するという名誉に輝いた。彼は文字どおり、高分子または巨大分子化学のパイオニアであり、その「生みの父」にほかならない。

彼は日本人研究者にも大きな影響を与えており、第二次世界大戦後の一九五七年に我が国に夫人同伴で来日した。その折り、昭和天皇から高分子の存在

ノーベル賞受賞式典におけるシュタウディンガー夫妻
ullstein bild/PANA

とその探究方法にかんする質問を受けて、感銘を受けている。[6] こうして数々の世界的な業績を残した高分子化学のこの「巨人」は一九六五年に八四歳で亡くなった。[7] 彼の著書のうち日本語に翻訳されたものが二点ある。それは『有機膠質化学』（寺岡甲子郎訳、東洋書館、一九四六年）と『研究回顧――高分子化学への道』（小林義郎訳、岩波書店、一九六六年）である。しかし、これらの著作を参照するかぎり、ナチスの時代に彼の身にふりかかった悪夢のような事件を示唆するものは何も含まれてはいない。

シュタウディンガーのこうした経歴と業績を回顧するかぎり、彼の生涯は研究一筋の平穏な生活であったように見えるが、しかし実際には波乱に満ちたものでもあった。それというのも、すでに述べたように、彼は第一次世界大戦、ナチス・ドイツの勃興、第二次世界大戦という社会情勢の激動的な変化と関わって、何度かにわたってきわめて深刻な政治的事件に巻き込まれたからである。

第三章　第一次世界大戦前後とフライブルク大学招聘にさいして生じた諸事件

（一）平和主義者・人道主義者としてのシュタウディンガー

最初の出来事は、シュタウディンガーがチューリヒ工科大学に在職していた時代の一九一七年に起きた。オットによる記録文書の調査を総合すれば、ドイツ国籍をもっていたシュタウディンガーはこの年、ドイツ国籍をそのままにしてスイスの国籍を取得しようとして、当地のドイツ総領事館に申請したが、この申請は却下された。彼は一九〇四年に兵役不適格者として長期に兵役を免除されていたけれども、一九一五年に徴兵可能性について審査されることになっていた。平和主義者であった彼は、武力による戦争に反対する信念から、徴兵のための招集命令を逃れようとして、二重国籍を取得しようとしたと考えられる。この申請が却下されたわけは、シュタウディンガーは、反軍事的な信念の持ち主であって、第一次世界大戦に祖国ドイツが参戦していたにもかかわらず祖国のために必要な武器や労働奉仕によってこれを支援するという気持ちがなく、しかもそのことを公言したばかりか、ドイツの民族運動に反対する信念を隠そうとはしなかったからである。彼には愛国心が欠如し、民族的な信念にかんする十分な保証が存在しないと判断されたのである。しかし、とりわけ重大であったのは、彼とドイツ総領事館とのこうしたやりとりのなかで、彼が軍事的に重要な化学物質、とりわけ染料の製造とその工程にかんして重要な機密情報を敵国側に流したという噂が流れて、その明確な根拠がないにもかかわらず、問題とされたことである。

確かにシュタウディンガーは、一九一七年に『平和の監視所』という雑誌に論文「技術と戦争」を書いて、そのなかで石炭の需要、人口とエネルギー成長、水力発電、鉄鉱石と粗鋼などにかんしてドイツ、フランス、イギリス、アメリカ合衆国などの国別に表示した図表を用いながら、現在の戦争がこれまでの戦争とは大きく異なって圧倒的に大きい破壊力をもっており、予想もつかない大量殺人と破壊をもたらす可能性があることを論じながら、技術の優秀さとエネルギー資源をどれだけ開発して手に入れるかが軍事的な勝敗の分かれ目になると述べている。例えば彼はこう書いている。「これまで地球の内部に石炭というかたちで眠っている過去の地質的時代の太陽エネルギーは、新しい生活のためにわれわれの時代を呼び覚ますことを理解した。そのエネルギーが数世紀のうちにわれわれの驚くべき文明をもたらしたように、今こうした力が戦争において見極めがたい働きとまだ決して存在していない破壊にたいして効果を及ぼしている。[8]」

シュタウディンガーが掲げたこれらの図表を見るかぎり、アメリカ合衆国の天然資源と鉄をはじめとする鉱工業の水準の高さは、ドイツのそれを凌駕していることが一目瞭然である。したがって、シュタウディンガーによれば、今次の戦争に参戦したアメリカ合衆国がその技術的な力のすべてを戦争奉仕に投入するなら、これと同盟した連合国側の技術的優位は疑いもなく強力なものとなり、ドイツの敗北は避けられないであろうと予測する。「優れた技術が現代の戦争にとって重大な意義をもつはずだとすれば、アメリカ合衆国が完全な『軍事化』を行うならば、これに応じてドイツにとって勝利のチャンスはわずかなものとなろう。[9]」だから、ドイツが没落を免れようとすれば、たんにロシアと一時的に休戦するという分離的・部分的平和ではなくて、真に永続的な平和が人類の課題とならなくてはならない。シュタウディンガーはさらにこう述べている。「将来の戦争は予想しえない破壊と破滅をもたらすことがありうる。そうなるとこうした状況にあっては、真に持続的な平和にかんする問いが全人類の課題として現れる。この課題は、もしも文明諸国民が没落によって脅かされてはならないとすれば、今日、そしてまさしく今日、解決されなければならない。一種の休戦をもたらすにすぎないような平和というものは、ヨーロッパが出会うことができる最悪のものであろう。」(10) こうした叙述が明確に示しているように、この時期のシュタウディンガーは確かに筋金入りの平和主義者だったのである。しかもシュタウディンガーは自らの論文のなかでこうした主張を展開しただけにはとどまらず、スイスにあったドイツ政府代表者に会って自らの主張を通達しさえしたのである。こうした言動のために、シュタウディンガーが一九一九年になって再びドイツとスイスとの二重国籍を取得しようとして当局に申請したさい、ドイツ総領事の所見では「シュタウディンガー教授は、とりわけ大学教授としての自らの立場に鑑みれば、外国におけるドイツの名声を深刻に傷つけるに値する姿勢をとっている」と報告されていたのであった。(11)

ところで、シュタウディンガーのこうした良心的兵役拒否と平和主義の姿勢は、オットが指摘するように、レオンハルト・ラーガツ牧師を中心とする平和主義的で社会主義的な宗教集団とも関わっており、またこの集団に関係したシュタウディンガーの当時の妻ドーラとも関わっていた。

レオンハルト・ラーガツ Leonhard Ragaz（一八六八―一九四五）はスイスのプロテスタント神学者である。バーゼル、イェーナ、ベルリンの各大学で神学を勉強した後、牧師となった。フーアのギムナジウムで教鞭を取ったりした後、公益に関わる分野で活動するようになり、貧民救済、アルコール中毒、精神薄弱児童などに対処するための社会活動を展開しながら、次第に社会主義思想へと接近する。一九〇二年にバーゼルのミュンスターの牧師となり、資本主義、帝国主義、軍国主義、ボルシェヴィズムなどに反対するとともに、独自の宗教的・平和主義的社会主義の思想を確立していき、スイスの宗教的社会主義の運動の創設者にして指導者となる。一九〇八年にはチューリヒ大学の体系的神学および実践神学の教授として招聘された。第一次世界大戦が勃発すると、ラーガツはこれに大きな衝撃を受けて、非暴力と戦争根絶という原理を掲げて、兵役拒否と反軍国主義と平和主義の運動を展開した。こうした活動の積み重ねの結果、彼は一九二一年にはチューリヒの教授を辞さなければならなかった。彼は「私の精神的発展」と題する小論のなかでこう述べている。「私が一九二一年に教授を辞したのは、私の発展全体の成熟した果実であった。私は個人的には教会を抜け出でなければならなかったし、国家、教会、社会の束縛を離れて『自由な空気のなかで』キリストに奉仕しなければならなかった。[12]」彼は晩年には、第一次世界大戦をはるかに上回る惨劇となった第二次世界大戦を体験しなければならず、その結末を見届けるかのように、一九四五年一二月にチューリヒで没している。彼の代表的な著作には、『福音主義と現代の社会的闘争』（一九〇六年）、『神の国の使命』（一九四二年）などがある。[13]

シュタウディンガーのチューリヒ時代は一九一二年から一九二六年までの一四年間に及ぶが、この間とくにシュタウディンガーの当時の妻ドーラがこのラーガツ牧師の宗教的社会主義的運動に関与していた。ラーガツが指導する宗教的社会主義の運動は、一九一七年に会議を開いて新しい組織化を行い、スイス（ロマンス語地域）、北スイス、グラウビュントナーの三つの地域からなる指導部を選出したが、ドーラはそのうちの北スイスの委員会の構成メンバーであった。[14]またドーラは同じ活動仲間としてラーガツの妻クララと親しい間柄にあり、ヘルマンは妻ドーラをつうじてラーガツとの付き合いがあった。ヘルマン・シュタウディンガーもまた、ラーガツのために友人を紹介したり、講話を行ったり、出版社を斡旋したりなど、この宗教的社会主義の活動を側面から支援していた。ラーガツの日記を見れば、シュタウディンガー夫妻はしばしばラーガツ宅を訪れて、さまざまな話題について意見を交換したり、運動にかんする相談をしていたことがわかる。[15]

こうした運動との関わりのほかにも、シュタウディンガーは愛国的・好戦的なドイツ人から見れば問題とされるような出来事に関与している。これもオットが指摘していることだが、シュタウディンガーは、自らの同僚で医学博士のゲオルク・フリードリヒ・ニコライ教授が平和主義者として大戦中に軍旗にたいする忠誠への誓いを拒否したことで罪に問われたさいに、彼を支援して嘆願書を書くなどの行動をとった。[16] これも一九一七年のことである。シュタウディンガーは先に言及した論文「技術と戦争」の脚注のなかで、ニコライの著書『戦争の生物学』を紹介し、ニコライが自分と同じ成果に到達していると述べている。このことは、シュタウディンガーとニコライとが共同で研究した仲間どうしであったことを裏付けるものである。[17] ニコライにたいするシュタウディンガーのこうした支援行動にかんしても、後にゲシュタポが嗅ぎ付けるところとなった。

ところで、シュタウディンガーは、第一次世界大戦終了後の一九一九年にも、前回と同じように二重にスイス国籍を取得しようとして、そのための申請を行っている。この帰化の申請にたいしては一九二〇年一月にスイス政府から許可が下りたが、ドイツからは承認されなかった。その時も、ドイツ総領事館からベルリンの本局には「シュタウディンガー教授が、その大学教授という立場を考えると、戦時においてとりわけ諸外国でのドイツの評判を損なう結果となる態度を取っていた[18]」という査定文書が送られた。この文書についてもオットが確認している。

シュタウディンガーのこうした言動は時期が悪すぎた。彼が、第一次世界大戦の終末期に、しかもドイツが敗北に直面しているこの危機的な時期に、武力を用いた戦争を否定しただけではなくて、ドイツの敗北をも予見した論文を公表したことは、たとえその予見の正しいことがその後の戦争の経過によって実証されたにしても、愛国主義的なドイツの人々を憤激させたに違いない。そして、この同じ時期に、兵役を免れようとしてスイス国籍を取得しようとしたことも、彼がドイツ国内で敗北主義者というレッテルを貼られる理由のひとつとなった。シュタウディンガーのこうした言動は、匕首伝説《あいくち》、つまり、第一次世界大戦におけるドイツの敗北は、最前線で生死を賭けて連合国と戦っているドイツ兵にたいして、ドイツ国内からストライキや反戦または革命運動が背後からいわば匕首を突きつけるようにして裏切りを行ったことによって生じたのだとする狂信的な考え方によって、その後大きな問題とされて、彼の人生に長く、そして強く影を落とすことになったのである。

しかし、こうした平和主義的な言動によって非難と迫害を受けたのはヘルマン・シュタウディンガー本人だけにとどまらなかった。ヘルマンの証言によれば、彼の兄弟で当時ベルリンのプロイセン本省の次官を務めていたハンス・シュタウディンガーは、ヘルマンのスイス国籍取得の少し前にその職務を剥奪されたという。彼にたいする迫害は彼の肉親にも及んだのである。(19)

(二)　シュタウディンガーとハーバーとの論争

第二の出来事は、シュタウディンガーが第一次大戦後のヴェルサイユ協定交渉の時期の一九一九年に『赤十字インターナショナル・レビュー』という雑誌にフランス語の論文「現代技術と戦争」を公表し、これを彼の年長の友人で高名な化学者であるフリッツ・ハーバー Fritz Haber（一八六八—一八三四）に送ったことに端を発している。

周知のように、当初電気化学を専攻したハーバーは、一八九四年にカールスルーエ工科大学の助手となり、一九〇六年に同大学教授に昇格している。そして、一九一一年に新設されたベルリンのカイザー・ヴィルヘルム協会研究所の物理化学・電気化学研究所長として招聘され、同時にベルリン大学教授を兼任した。この間ハーバーは、電気化学の分野では、二枚のガラス板を用いてそのあいだの電位を測定することで溶液の酸性度を決定する「ガラス電極」を発明しただけでなく、化学肥料の原料として窒素と水素からアンモニアを固定する方法の研究に従事し、一九〇八年に実験室で始めてアンモニア合成に成功した。これがアンモニア合成の「ハーバー法」である。彼はその後もアンモニア合成の工業化の研究を続けて一九一三年にこれに成功する。ハーバーによる窒素の固定は、第一次世界大戦においてはドイツの大きな戦力となった。アンモニアを酸化することで硝酸が得られ、この硝酸が火薬の原料となったからである。ハーバーはアンモニア合成の功績によって一九一八年にノーベル化学賞を受賞した。

ハーバーの研究歴のなかで見逃すことができないのは、第一次世界大戦中に彼が毒ガスの製造計画に関わっただけでなく、実際に塩素ガスによる連合軍攻撃を指導したことである。ハーバーは愛国心に富んでいて、祖国ドイツのためにこうした新しい危険な兵器の製造と使用とに関わったのである。すでに述べたように、シュタウディンガーは一九〇八年にカールスルーエ工科大学の員外教授となっているから、ハーバーとは三年のあいだ同じ大学の同僚であり、また同じ優れた化学者どうしとして親しい友人関係にあった。しかし、こうした経歴の持ち主であり、戦争にかんしてシュタウディンガーとは正反対の立場にあったハーバーは、シュタウディンガーから送られた論文「現代技術と戦争」に憤激して彼と手紙で論争することになり、そしてこの二人の優れた化学者どうしの友人関係が断絶することとなったのである。

シュタウディンガーによって一九一九年にフランス語で書かれたこの論文は、その前年の初めに赤十字国際委員会が第一次世界大戦で交戦中の国々にたいして発表した声明文を引用することで開始されている。それは次のようなアピールであった。「航空学、弾道学、または化学における科学の進歩は、そのことで苦痛をひどくし、いたるところで住民全体に苦痛を広げたので、戦争はやがて全面的な、しかも情け容赦のない破壊行為以外のものではなくなるであろう。」「われわれは今日野蛮な革新に反対する声を高めよう。その野蛮な革新とは、科学が完成しようと目指しているもの、すなわち、いつも殺人を行えば行うほどますます洗練された残忍さで目指しているものである。問題なのは窒息性で有害なガスの使用であって、その使用は、見たところ、これまで疑う余地のない規模で増大し続けている。[20]」

シュタウディンガーは、このアピール文を支持するとともに、化学の専門家の立場からこれをさらに補強しようとして、自分の論旨を展開している。彼の論旨を要約すれば、次のとおりである。

このアピール文は、争いの場において恐るべき究極的な破壊の手段を用いるのではなくて、国家どうしのエゴイズムのうえに人間性の規範と人類にたいする配慮を置くことを切望したものであるが、さっぱり反響を生まなかった。しかし、人類の未来を考えると、このアピール文が持つ射程はかつてないほど重要な意義をもつ。最近の五〇年間の化学技術の発達は、大地に蓄積された測り知れない力をきわめて大規模に利用することで、人類に根本的に革命をもたらした。例えば最近の半世紀がそうである。しかし、それと同時に、石炭の生産量は一〇倍を超え、土地の生産高もおよそ二倍となった。比較的最近になって始まった鉄、石油、重油などの生産と利用も同じく飛躍的な展開を示している。しかし、それは同時に、天然の硝石を用いるのではなくて空中窒素の固定による硝石の製造によって、綿火薬、ダイナマイト、ピクリン酸などといった、石炭の副産物をも利用した新しい火薬の大量かつ安価な製造を可能にした。それだけではない。それは、例えばホスゲンやマスタードガスというような毒物または毒ガスの安価で大量の生産をも可能にし、そのことによって戦争において大量の破壊と殺人を行う無限の可能性が開かれた。しかし、爆薬を生産するために役立つ物質が、化学肥料というかたちで土地を生産的にすることができる物質と同一であるという事実は、戦争の継続は人類を直接に破壊するだけでなくて、肥料の不足とこれに伴う土地・食料生産の減少による飢餓というかたちで間接的に人類に影響を与えることになる。

このように述べた後で、シュタウディンガーはさらにこう続けている。「われわれのために取っておかれた未来は、われわれにとっては最も陰鬱な時代という外観を呈している。炭鉱と鉄鉱の所有は、民衆の産業的発展のためにと同様に、強力な軍備の準備のためにも第一の重要性をもつから、生活維持に必要なそれらの基本要素のために、これからは再び活発な新しい争いが生み出される。ヨーロッパにおけるこのような戦争は容易に死に至る争いとなる。というのは、もしも現在の戦争のあいだに蓄積された技術的経験がすべて、そしてもしもっぱら戦争の最後の局面でことごとく適用されたとすれば、それらはすでに新しい戦争の準備に役立っているのだが、もしも学者たちと技術者たちが新しい有毒ガスと新しい爆薬の生産のための研究を続けるならば、未来の戦争の激しさと恐ろしさは考えにくいか、さもなければ考えることが困難である。破壊の手段は今日、これからはいかなる国もそれを用いて防御のために有効に用いることができないような、性格の強さを身にまとったのである。いたるところで死と絶滅の種をまくためには、それらを適用すればこと足りるであろう。[21]」

シュタウディンガーによれば、人類が新しい火薬や有毒ガスという大量殺戮の兵器を手にした以上、交戦国がこれらを用いて互いに殺し合うことによって共倒れする可能性が生ずるから、こうした兵器から軍事的な防衛を企てること自体が意味を失うことになる。それでは、今の段階で何が必要なのかと言えば、こうした非人道的兵器を用いずに、平和的な関係を築こうとする道義的な精神である。彼はこう述べている。「今日危うくしそこなうもの、古くからの文明を全体的な没落から救うことができるもの、それはもっぱら道徳的な目覚めであって、これこそが人々と新しい基礎との関係を打ち立てるであろう。この条件によって、技術はわれわれの世界の文明化された人々のための繁栄の未来を準備する力と手段とをもつであろう。科学的な技術は大きな責任を引き起こす征服なのである。それは、われわれを最終的な激変へといたらしめることができる。それは、反対に、救済の思いもよらぬ道をわれわれに開くこともできるのである」[22]。

こうしてシュタウディンガーは次の言葉をこの論文の締めくくりとしている。「戦争、毒物、公衆衛生のあいだの直接の関係がはっきりしているのだから、次のことは可能ではなかろうか。それは赤十字が、有毒なガスの使用の危険を新たに思い起こさせ、それで何らかの措置が新しい破局、つまりその結果はきわめて恐ろしいものであるのだが、そうした破局から人類を救うのを助ける手段を見つけ出すことである。[23]」第一次世界大戦を上回る惨劇となった第二次世界大戦のなかで原子爆弾の投下による一般民衆の大量殺戮を経験した現在のわれわれが、この新しい火薬や毒ガスという言葉をさらに進んだ核兵器という言葉に置き換えて考えて見るならば、人類の未来という大局的な観点からこうした大量破壊兵器の使用に反対し、平和を追求しようとするシュタウディンガーの姿勢は、先見的で、まさしく時代を先取りするものであったと評価することができよう。

こうしたシュタウディンガーの主張は平和主義に強く貫かれているだけであって、それ以上のものでなく、先の論文とは異なって、彼の祖国ドイツとの直接の関わりを示唆するものは含まれていない。シュタウディンガーが年長の友人であるフリッツ・ハーバーにこの論文を送ったのは、彼が有毒ガスの開発と戦闘におけるその使用に関わったことを知っており、そのうえで彼と討論したいと考えたからである。ところが、シュタウディンガーからこの論文を送られて対話を求められたハーバーの驚きと怒りにはただならぬものがあった。この論文をめぐって戦わされたシュタウディンガーとハーバーとのあいだの論争については、ジョン・コーンウェル著『ヒトラーの科学者たち――科学、戦争、悪魔の契約』の叙述が参考になる。

ハーバーは、彼よりも一世代若いシュタウディンガーが「最大の欠乏と無力の時期に、背後からドイツを襲う」ような発言をしていることを非難しながら、連合国にたいしてはいっそう懲罰的な手段を推進するしかないという宣伝文句を書き送ってきたのである。ハーバーの返答の趣旨は、愛国者というものは外国が祖国に加えた中傷と戦うことに集中すべきであって、これとは反対にこの中傷をかえって激しくするような利敵行為に加担すべきではないということであった。こうした返答にシュタウディンガーは当然のことながらひどく驚いた。ハーバーはシュタウディンガーが書いた論文の趣旨を素直に受け取ろうとはせずに、彼のつい最近の戦時中の言動にまで遡ってこれを問題とし、しかもシュタウディンガーの言動を匕首伝説とほとんど同一視したうえで論陣を張ったからである。

このハーバーの返答に対してシュタウディンガーは、彼が自分の論文の意図を理解してくれていないことを大いに遺憾としながら、自分の主たる関心はドイツを非難することにあるのではなくて、化学のなかで具体的なかたちをとった科学の前進が戦争に深刻で悪い影響を与えることを警告することにあるのだと反論した。ハーバーは、シュタウディンガーのこの反論に答えてさらに、彼が述べているようなそうした倫理的な考慮というのは科学者の仕事というよりは政治的・軍事的な権威がする仕事だと述べて、毒ガスの使用を禁ずる国際協定に反対する姿勢を公然と示した。つまり、倫理的な事柄やモラルというのは、基本的に個人どうしの問題であって、国家間の問題ではないというのである。ハーバーはある機会に、毒ガス兵器がそのほかの兵器よりも残酷だという証拠は存在せず、毒ガス兵器の使用にたいする国際的な非難は非論理的であると公言したことがあるだけでなく、こうした兵器の開発と使用とがむしろ戦争の人道化につながると述べたことがあるくらいである。(24) こうしたハーバーの考え方に対してシュタウディンガーはさらに反論して、もしも将来の戦争がハーバーの言うとおりに進み続けるならば、結局のところ、地球と人類の全面的な破壊に行き着くだろうと警告した。(25)

ドイツの愛国主義者や右翼的な革命に賛同する者たちがシュタウディンガーの平和主義的で人道的な姿勢をどう見ていたかは、シュタウディンガーにたいしてハーバーがとったこうした態度と姿勢に端的に象徴されているといえよう。高名な化学者であるハーバーが彼の論文の趣旨を正しく踏まえずに、彼の政治的姿勢を「匕首伝説」と同一視したことは、長期にわたってシュタウディンガーにたいする誤解と中傷をふりまく結果となった。なお、ハーバーがユダヤ人であったことは特筆しておくべきであろう。愛国者ハーバーは、化学の分野で大きな世界的な業績を残し、これほどまでに愛国主義的な姿勢を貫徹しただけでなく、ヴェルサイユ協定による多額の賠償金の返済にあえぐドイツを救おうとして、例えば海水中から金を採取する計画を立案・実行して失敗に終わったことさえあるのだが、祖国ドイツにたいするこうした功績にもかかわらず、彼はナチスによる政権掌握の後、一九三三年四月に施行された「公務員職再建法」に抗議して、カイザー・ヴィルヘルム協会研究所を辞職してドイツを去り、ケンブリッジ大学に招かれてイギリスに亡命したことを付記しておかなければならない(26)。

(三)　シュタウディンガーのフライブルク大学招聘にさいして生じた事件

第三の出来事は、すでに述べたように、一九二五年にシュタウディンガーがフライブルク大学に招聘されようとしたさいに生じた事件である。

当時、一九二一年からフライブルク大学の化学教授の座を占めていたのは、すでに有機化学と生化学の分野で世界的な業績をあげていたハインリヒ・オットー・ヴィーラント Heinrich Otto Wieland（一八七七―一九五七）であった。ヴィーラントは、天然有機化学の研究に取り組み、一九一二年からは胆汁酸やアルカロイドの研究を行い、各種の胆汁酸がステロイド物質であることを発見したり、その構造を研究するなどの世界的な業績をあげていた。さらに彼は、生体細胞の酸化過程の研究にも取り組んで、これが脱水素のプロセスであることを突き止めてもいる。後にヴィーラントはこれらの功績によってノーベル化学賞を受賞することになった。そのヴィーラントがミュンヘン大学に在職していた高名なリヒャルト・ヴィルシュテッターの後任として一九二五年に同大学に招聘されて、その化学の教授が空位となったのである。

フライブルク大学では、ヴィーラントの後任人事をめぐって後任教授の招聘のための委員会が組織され、候補者の人選が行われた。まず最初にミュンヘン工科大学の有機化学教授のハンス・フィッシャーが第一候補者にあげられたが、彼とのあいだで何回かの折衝が行われた後に、ミュンヘンを離れたくないという本人の意向が確認されて、この話は立ち消えとなった。次に候補者としてあげられたのがシュタウディンガーであった。しかし、彼には大きな難点があった。すでに述べたような彼の第一次世界大戦中と戦後の言動が改めてフライブルク大学数学・自然科学部の教授たちの疑念を呼び起こし、彼らが第一次大戦中にスイス国籍を取得しようとした彼の政治姿勢をいぶかる声をあげたばかりか、シュタウディンガーのふたつの論文、すなわちすでに述べた一九一七年の「技術と戦争」論文と一九一九年の戦争と毒ガスにかんするフランス語論文とを問題にしたのである。

こうした事情のために、クラウス・プリースナーによれば、後任人事を審議した委員会の議長であった植物学者のF・オルトマンスは、一九二五年七月二五日、学内の懸念や躊躇を代表するかたちでシュタウディンガーに手紙を書き、フライブルク大学招聘に応ずる意志があるかどうかを彼に確かめた後に、もし招聘に応ずる意志があるならば、第一次世界大戦中の彼の政治姿勢とドイツにたいする彼の現在の考え方を説明してほしいと求めた。彼はシュタウディンガー宛の手紙でこう書いている。「私たちは、政治的な問題と学問の問題とを結びつけたくはありませんが、今回、あなたがドイツにたいして現在とっている姿勢にかんして明確なイメージを得ようと務めなければなりません。というのは、学部と評議会でさらに審議するさいに、こうした趣旨の質問を受けることは避けられないからです。そして、私たちが所見を依頼しているさまざまな専門分野の同僚たちが、あなたの諸論文、とりわけガス戦争の諸論文のために、そしてあなたが戦争期間中にスイス市民となられたために、躊躇する声をあげているからです[27]。」

こうしてシュタウディンガーは、オルトマンスのこうした求めに応じて、彼の政治的立場を説明しなければならなかった。彼は、同年九月にニュルンベルクで開催されたドイツ化学者協会の総会に出席して生ゴムの分子構造にかんする報告をしたのだが、その帰り道にフライブルク大学に立ち寄って招聘委員や学部構成員たちと話をし、またオルトマンスの前でも再び詳しい報告をして、彼らの疑いをはらす努力を行った。シュタウディンガーはこのドイツ化学者協会の総会で大御所ヴィーラントともいろいろと話をしたらしく、後にヴィーラント宛の手紙のなかでこう書いている。「私は、あなたやそのほかの方々と話をすることができて、とても嬉しく思っています。というのも一連の誤解があって、それは時代を支配した興奮のためにまったく無理からぬものなのですが、こうしたことを私が知っているからです。だから私は、枢密顧問官のオルトマンス氏にもう一度詳しい報告をする機会を喜んでもちましたが、それは、招聘の用件とはまったく別に、この機会にはっきりとさせるためだったのです。毒ガス戦争にかんする私の立場が誤解されたので、ジュネーヴの赤十字に掲載された、化学戦争の意味にかんする報告の一部をお手元に差し上げてあなたにご覧いただきたいと思います[28]。」

この手紙から、シュタウディンガーがようやくの思いで、フライブルク大学の近い将来の同僚たちによるこれまでの誤解を解くことに成功したことがわかる。なお、彼がこの手紙のなかで言及している「ジュネーヴの赤十字に掲載された、化学戦争の意味にかんする報告」とは、おそらくはこの手紙を書く直前に発行された『赤十字インターナショナル・レビュー』の九月号に掲載された、彼の二度目のフランス語の論文「報告・化学戦争にかんする技術」のことであり、この論文の手稿の一部が手紙とともにヴィーラントに送られたのだと推測される。シュタウディンガーがこの論文を書いたのは、フライブルクへの招聘の話があったことを意識してのことであろう。この二度目のフランス語論文は、先の論文「現代技術と戦争」とほぼ同一の内容をさらに詳細に展開したものであり、この論文もまた、彼の思惑通り、フライブルク大学の招聘選考委員たちの誤解を解くのに役立ったであろう。この論文では、最初のフランス語論文とはやや異なって、毒ガスの使用にきびしく反対するという彼の初期の姿勢は表面には出ていない。(29) しかし、それとても、彼が置かれていた状況を考えると、止むをえない、最小限の譲歩だったと言うことができよう。

さて、この年の一一月二八日に、オルトマンスはシュタウディンガーに宛てて後任人事の決定を知らせる手紙を書いている。それによれば、招聘委員会は併せて四名の候補者のうち、シュタウディンガーを第一位の候補として二度投票を行い、彼を後任の正教授として招聘することを決定したが、そのさいに、学部ではごく少数の同僚が彼にたいする懸念を表明しただけで、大多数が提案に賛成し、そのために大学評議会では何の反対も起きなかったという。こうして幾多の困難を乗り越えて、シュタウディンガーは同年一二月四日にフライブルク大学への転職を正式に決めたのであった。(30)

第四章　シュタウディンガー事件の顚末

ここで本稿の主題である第四の出来事、すなわちシュタウディンガー事件または「シュテルンハイム作戦」についてやや詳しく考察しよう。

すでに述べたように、一九三三年九月二九日、シュタウディンガーにかんするハイデガーの密告を受けたバーデン州高等教育審議官フェーアレは、早くもその明くる日にフライブルク警察にシュタウディンガーを告訴した。公務員職再建法第四条にもとづく告訴は遅くとも九月三〇日を期限とするようにと定められていたからである。これを受けてただちにカールスルーエの秘密国家警察（ゲシュタポ）が動き出し、ゲシュタポによる内密の捜査が開始された。オットが確認した文書によれば、十月四日にゲシュタポはこの一件でバーデン州の文部省に報告を行い、シュタウディンガーにたいする内密の捜査を「シュテルンハイム」という暗号名で呼ぶことを通告している。このゲシュタポの捜査は、スイス時代のシュタウディンガーの言動と国籍取得申請の実際の経過などを調査・確認する必要があったために、ドイツの外務省に働きかけて、外務省からスイスのベルンにあるドイツ大使館に宛てて記録文書を送るようにと圧力がかけられた。これを承けて同年のクリスマスに、当時のドイツ公使のヴァイツゼッカー男爵がシュタウディンガーにかんする書類をゲシュタポに手渡している。チューリヒのドイツ総領事館にも同様に記録文書の提示が求め

られた。(31)

ゲシュタポはこうして集めた書類にもとづいて分厚い捜査文書を作り上げ、明くる年の一九三四年一月二五日には捜査を終了した。そして、カールスルーエの本庁は、これらの関係書類を文部省宛に送付して、これらの文書の内容は「当手続き〔つまり、シュテルンハイム作戦――筆者〕の実行に十分であると思われます」との結論を書き送った。つまりシュタウディンガーは、ゲシュタポによるおよそ四カ月の捜査の後に、有罪と宣告されたのである。そして、早くも同年二月六日にはこの有罪宣告を承けて、バーデン州文部省は学長ハイデガーに記録文書を送り、公務員職再建法が三月三一日までに執行される必要があることを理由に、迅速な回答を求めたのであった。

この時期はハイデガー学長にとってはまさしく苦難の時期であった。私がすでに論じたように、前年一〇月に「指導者＝学長」となってフライブルク大学の実権を掌握したハイデガーは、「指導者原理」にしたがって、「ナチズムの国家の諸力と要求」にもとづいて大学改革を行おうとしたにもかかわらず、そのナチ突撃隊的な強硬路線とラディカリズムのために大学内で大きな摩擦を引き起こし、孤立を深めていた。また彼は、ナチとハイデガーの熱烈な崇拝者であり、自らの腹心でもあった三一歳の刑法学者エーリク・ヴォルフを法学・国家学部長に任命したが、ヴォルフは軍事教練科目を法学部の必修科目のなかに強引に組み込もうとして同僚から非難を受けたばかりか、ナチ学生の圧力に押されてアドルフ・ランペの正教授代講を打ち切りとするなど、文部省が苦情処理に乗り出さざるをえないような学内状況を作り出していた。さらに、一九三四年一月下旬から二月上旬にかけて、カトリックの学生組合であった「リプアリア」がハイデガーと親しかったフライブルク学生団指導者フォン・ツア・ミューレンによって解散させられた直後に、さらにその上級のナチ学生団指導者オスカー・シュテーベルがこれを撤回して、フォン・ツア・ミューレンを罷免するという騒動が持ち上がり、ハイデガーの大学内での孤立とナチ内部での醜い争いに追い打ちをかけた。

これらのことがやがて四月のハイデガー学長辞任へとつながっていくのである。[32]

ハイデガーが文部省から記録文書の送付を受けて回答を求められたのは、ハイデガーがシュテーベル宛にフォン・ツア・ミューレンの罷免を撤回するように求める手紙を書いたその日のことであった。こうした多忙ななかで、ハイデガーはその四日後の二月一〇日に文部省に自らの学長見解を発送している。

オットが検証したハイデガーのこの報告書は、シュタウディンガーの問題点を以下の諸点にまとめたものであった。最初にあげられているのは、シュタウディンガーが染料にかんする化学的な製造過程の機密を敵国に漏洩したことがドイツ総領事館で問題となったことである。第二の問題点はシュタウディンガーが第一次世界大戦末期に祖国ドイツが最大の危機にさらされた時期にスイスの市民権を得ようと申請したことである。第三は、同総領事館の報告で、シュタウディンガーが「ドイツの民族的な潮流にたいする真っ向から反対していることを決して隠さず、また繰り返し、武器やそのほかの労働奉仕によって自らの祖国を支援することは決してしないと宣言していた」こと、そして彼が一九一七年に、軍旗への誓いを行うことを拒否した、平和主義者で医学博士のニコライのために嘆願書を書いたことである。ハイデガーはとりわけこの第三の報告を重大視している。

そしてハイデガーの報告書は次の結論で結ばれていた。「これらの事実からして公務員職再建法第四条の適用が要求される。これらの事実は、一九二五―一九二六年にシュタウディンガーのフライブルク招聘が検討されてからドイツの広い地域で知られたし、それ以来周知のことであり続けているので、フライブルク大学の名声を考えても介入を必要とする。シュタウディンガーが今日では民族的な高揚の一一〇%の友であると偽称していることを見ればなおのことである。年金付きの退職よりも罷免が問題とされてしかるべきであろう。ハイル・ヒトラー。」[33]

ここでわれわれが見過ごすことができないのは、シュタウディンガーの機密漏洩にかんする疑惑についてはチューリヒの総領事館でも問題とされはしたが、明確な証拠をあげることができず、したがってたんなる噂として扱わざるをえなかったものであるのに、ハイデガーがシュタウディンガー罷免の第一の理由にこれをあげていることである。つまり、ハイデガーは他人の密告という重大な事件を自ら主導しておきながら、その証拠がたんなる噂にもとづくものであって、事実にもとづくものでは決してなかったということになる。証明されていない事柄を事実だと信じて行動することは、一大学の学長としてはあまりにも軽率にすぎるであろう。たとえシュタウディンガーの言動を問題にするとしても、現在のそれならいざ知らず、この時点ですでに十数年が経過した、そんなにも昔の、いわば時効となっていて、しかもシュタウディンガーがフライブルクに招聘されるにさいしてすでに解決済みの問題を有罪として蒸し返していることも理解しがたい行動である。そして、「年金付きの退職」よりも「罷免」というきわめて厳しい判決をハイデガー自らが下していることも、平和主義的な言動に対するハイデガーの敵対的な姿勢を明確に示している。ハイデガーがシュタウディンガーにたいして求めている処分がいかに厳しく冷酷なものであるかは、後にハイデガーがドイツ敗北後にナチ関与のゆえに受けなければならなかった処分と比較すれば、一目瞭然である。つまり、ハイデガーは大学当局から「罷免」または「解職」ではなくて、教育活動の無期限禁止、大学内職務の停止、そして翌年末を期限とする給与打ち切りを通達されたのであって、研究のみを行うことのできる教授としては大学にとどまることができたのである。これは明らかに恩情的な措置であって、この措置と対比して見れば、シュタウディンガーに対するハイデガーの冷酷さと陰湿さは際立っていると言わなければならない。

学長ハイデガーのこの提言を受けて、バーデン州文部省は二月一七日に電話でシュタウディンガーを呼び出して査問することになった。当然のことながら、こうした呼び出しも査問も彼にとっては晴天の霹靂であった。おまけに彼は、ハイデガーが自分をナチ当局とゲシュタポに密告したことを、この時点でもまた生涯にわたっても、知るよしもなかった。告発されたシュタウディンガーは、この時きわめて厳しい危機的状況に陥り、彼の人生で最大の重大な岐路に立たされた。彼自身の証言によれば、この時、先に述べたフェーアレを含むナチの役人たちが教職を辞するようにと彼に迫ったという。第二次世界大戦後の一九四五年五月フライブルクを統治していた占領軍は非ナチ化と戦争犯罪捜査の活動の一環として大学人にアンケート調査を行ったのだが、幸いなことに、これにたいするシュタウディンガーの回答の写しが残っている。そのなかで彼はこの時のことをこう書いている。「……私はカールスルーエの文部省から呼び出しを受けた。そして、新しい党役員（フェーアレ教授、グリュニンガー博士、フーバー博士）が口頭で私に、世界大戦中のスイスでの私の行動を理由として、私に職を辞するようにと通告した。……私の辞職にたいする書面による理由付けは、当時もその後も私の手元には一切届けられなかった。私にはこれに対抗してフライブルクの私の職を守り通そうという確固とした目論見があった。私は当時まさしく、高分子化学という新しく開拓された分野で私の仕事を中断することはできなかったし、とりわけ、私の研究所を建設するという長年にわたる仕事を、党役員にこの地位を委ねることで投げ出してしまおうとは思いもしなかったからである。この建設のために私は多額の個人的資金（八万マルク）を投入していたのである。[34]」

だからこそシュタウディンガーは、彼に思いつくかぎりの手段を用いて、ナチと戦わざるをえなかった。彼はこう証言している。「私は、この査問のさいに、学者としての私の国際的な名声、例えばちょうど受けたばかりの、ローマにあるレアーレ・アカデミカ・デイ・リンチェイのカンニツァッロ賞の授与のことを引き合いに出したし、さらに次のようなことも指示した。私が解職されたとすれば、そのことは、長年ドイツ帝国ラトヴィア公使を務めた私の義父、オスカー・ヴォイト博士をつうじて、ヒンデンブルク大統領の知るところとなるだろうし、そのさいには、ベルリンにいる私の義父の活動にかんする帝国大統領の承認通告書が本省の党代表者には特別な印象をあたえることになる、と。[35]」つまり、シュタウディンガーは、自分の妻の父親であるヴォイトを後ろ盾にすることで、自らを防衛しようとしたのである。彼のこうした戦法は、後になって一定の範囲内でそれなりの効果を発揮したであろう。

もちろんシュタウディンガーは、この尋問にさいして、第一次世界大戦の時の自らの言動をまったく否認することはできず、この点では一方的な防戦を強いられることになった。オットが確認した文書によれば、シュタウディンガーが次のような釈明を余儀なくされたことがナチ側の尋問記録に書き記されているという。自分はクェーカー教徒や良心的兵役拒否者のように厳密な意味で平和主義者だったわけではない、戦争にたいする自分の考えは技術がもつ意味を考察することから来ていてそれ以外ではない、かなり前から自分の政治的見解は以前とは異なっており、フライブルクで活動を開始してからの自分には「非国民的心術」という非難はもはや当たらない、これとは反対に自分はナチスによる国民的な革命の開闢 Ausbruch を大いに喜んで歓迎している、そのうえ自分には現在は国民社会主義的国家のなかで特別に射程の広い活動を行う可能性がある、と。[36] さらに彼は、経済的な自給自足をめざす新しいドイツの事態にたいして自分に化学の専門家としてどんな貢献ができるかについて、意見を開陳さえしたのであった。

さて二月二二日、バーデン州文部大臣オットー・ヴァッカーは、学長ハイデガーの所見とシュタウディンガーにたいする査問の結果にもとづいて、国務省にたいして次のような申請を行った。「国務省は、ドイツ帝国地方長官［ローベルト・ヴァーグナー――筆者］にたいして以下の提議をされるよう、要望いたします。それは、決定の開始の日付をもって、教授シュタウディンガー博士をバーデン州国家公務員から罷免することであります。」「これらの事実［シュタウディンガーの戦時中と戦後の非ドイツ的言動を指す――筆者］にもとづけば、シュタウディンガー教授はドイツ的大学の青年のための教育者としてはもはや考慮に値しません。私は、公務員職再建法第四条にてらして、フライブルク大学からの免職の前提条件が与えられたものと判断いたします。[37]」この文書には上記の尋問の記録が付されていた。

ところが、シュタウディンガーを教職から解雇するために、国務省から帝国地方長官ローベルト・ヴァーグナーにたいして提議すべくアクションを起こすようにと求めたこの申請は、どういう訳か、国務省からは却下されたのである。その理由の詳細については今のところよくわかってはいない。しかし、やがて、フライブルク市長のフランツ・ケルバーも、おそらくこの噂を聞いて、仲介に乗り出し始めた。こうしてナチ内部でも世論が少しずつ変化し始めた。つまり、国際的にも化学者として名声を得ているシュタウディンガーを仮に「罷免」にしたとすれば、国際的に激しい非難を浴びる可能性が大いにあることをも考慮する必要がある、その場合、最も厳しい処分である「罷免」ではなくて、「恩給付きの休職処分」にすることで手を打つのが妥当ではないか、とささやかれ始めたのである。

折しも、二月二五日付けでデュッセルドルフの『フェルキッシュ・ツァイトゥング』紙がシュタウディンガーの論説「ドイツ国民にとっての化学の意義」を掲載した。シュタウディンガーは、この論説を書いた時期を考えると、まったく思いがけず自分に降りかかった災難をあらかじめ予想してこの論説を書いたわけではなかったが、しかしこの論説の内容は、現在の彼の政治的姿勢が以前のそれとは異なっていることをある程度証明するものとして、人生最大の危機にさらされた彼の立場をいくらかは有利にするのに役立ったであろう。

この論説は、民族の生存可能性が領土の大きさと気候条件という二つの要因に大きく左右されることから出発して、気候条件に優れず、領土が狭く、第一次世界大戦後は植民地を喪失したドイツ民族の生存可能性は、もっぱら技術によって新しいさまざまな可能性を開くかどうかにかかっていると論じている。彼によれば、農業経営と産業、技術者と化学者と産業家が手をたずさえ、技術革新の飛躍的向上をはかることがドイツにとっての生命線となる。彼は例えばこう述べている。「こうした状況にさいして、ドイツ民族が自らを維持するためには、ただふたつの道が開かれているだけである。将来は、慎重な世話をすることによって自らの土地からできるだけ沢山の生産物が取り出されなければならない。さらに、輸入を抑制することが追求されなくてはならない。[38]」

ドイツはこれまで食料品、鉱石、繊維、鉱油、生ゴムなどを輸入に頼ってきたが、これらは今では次第にドイツの土着の素材から生産されるようになってきている。これも技術と化学の発展のおかげである。こうした技術をさらに推進して自給自足の経済に接近しなければならない。例えば、ドイツは戦前には人絹産業では世界で第一位であったが、今はアメリカ、イギリス、日本によって追い抜かれているので、この分野でもさらなる上乗せが必要である。そのためにはよく訓練された化学者や技術者が必要であるが、しかし、ドイツの多くの大学研究所は、かなり以前に作られたものなので、現在必要とされる化学者や技術者の養成のためにふさわしいとはいえなくなってきている。こうした状況を改善して優秀な化学者・技術者を育成することが必要である。とりわけ重要な分野は石炭産業である。高くて効率よいエネルギーの供給源である石炭は、これからさらに有用なさまざまな化学物質を抽出できるという利点をもち、ドイツ民族の生存可能性にかんして特別に重要な要素となっている。したがって、今後はこの分野の技術的発展が急務である。シュタウディンガーは概略このように論じている。

この論説は、シュタウディンガーのかつての姿勢の変化を示している。彼はかつて人類の平和という観点から化学がもっている潜在的能力の脅威を悲観的に見ていたが、ここではそのような政治的観点からではなく、化学に内在しながら、現実の場面でのその有効性を吟味し、化学とその応用の結果である技術の成果を肯定的な側面から見ている。やはり、化学とその成果もまた両刃の刃なのであって、それは誤った目的のために適用されると大きな害を及ぼすが、現実の生活の改善のために適用されれば人類社会に役立つ力となる。彼は、第一次世界大戦中とその直後には前者の側面から化学を見ていたが、この論説では後者の側面から化学を論じているのである。こうした姿勢の変化は、彼がドイツのフライブルク大学に着任した後、チューリヒよりもはるかに劣悪な労働条件を改善して、高分子研究のために独自の現代的な研究所を作ろうとして懸命に仕事をしていた彼の当時の状況をも反映している。彼は後に、自らの現在の立場を示すために、この論説をバーデン州文部大臣に送っている。この論説に示された彼の考え方は、やがてナチが提起する自給自足経済のスローガンに一部適合しうる要素をそなえていた。しかし、そうかといって彼はナチスに決して迎合しているわけではないということは強調しておく必要があろう。もちろん当時の政治状況は彼にかつてのような政治的行動をとることは許さなかったし、彼は化学の研究と研究所作りに全身全霊を打ち込んでいたのであって、この課題に比べればかつての政治的信念を主張することは主要な問題ではなくなっていたのである。[39]

ともあれシュタウディンガーを取り巻く状況は若干の変化を見せ始めた。当初は彼にたいして罷免という厳しい処分を要請していたハイデガーも、次第にナチ内部のこうした世論の変化を無視することができなくなった。こうした変化を考慮して、ハイデガーは三月五日、バーデン州文部大臣宛にこう書き送らざるをえなかった。「よく考えれば、私には以下のことが得策であると思われます。それは、St.［シュテルンハイム、すなわちシュタウディンガーの暗号名――筆者］の場合にも、問題となっている当人が外国で学問的に評価を受けている立場を考慮して、ふさわしい方策を探すことです。……申すまでもなく、事柄においては当然ながら何の変更もありえません。政治以外の新しい重荷が生ずる可能性を回避することだけが問題です。[40]」

この手紙の中の「事柄においては当然ながら何の変更もありえません」という文面は、シュタウディンガーが事実関係からすれば完全に有罪であり、本来は「罷免」処分が相当であるという事態に何ら変化はないということにハイデガーがきわめて強い執着を抱いていることを示している。ハイデガーとしては、大学学長としてこの作戦を主導した以上、これを引っ込めることは自分の沽券に関わる。しかし、この国際的にも著名な化学者に対してそのような処分がなされた場合、外国から重大なクレームがつけられる恐れがある。というよりも、不本意ながら、そういうような口実を用いるならば、「罷免」または「解職」にするのではなくて、年金支給付きの「退職」処分ということで妥協してもよろしい。ハイデガーそのような意味合いで妥協策を余儀なくされたと考えられる。これらの情勢を総合すると、どうやらバーデン州文部省も国務省も例えば染料にかんする機密漏洩などというような流言蜚語によってはシュタウディンガーを処分に追い込むことはできないと考えざるをえなくなったのに対して、ハイデガーはゲシュタポとともに、あくまでもシュタウディンガーが「罷免」に値するということを本気で信じていたといえる。これはどう見ても異常な事態であると言わざるをえないであろう。

しかし、事態がわずかに好転し、最悪の処分を免れたとはいっても、実際にシュタウディンガーが受けた判決は彼自身にとっては屈辱的なものであった。すでに述べたように、文部省からこの件にかんする申請を受けた国務省は、この件が証拠不十分だったのか、それともシュタウディンガーの義父ボイトがヒンデンブルク大統領と懇意の間柄であることを考慮したのか定かではないが、ともかくもこれを却下した。そこでバーデン州文部省は、国務省のこうした意向を受けて、三月一四日にシュタウディンガーをもう一度電話で呼び出して、彼自身から教職からの「辞職願い」を提出させるという措置をとることで、自らの面目とプライドを保とうとした。苦境に陥った文部省は、おのれの面目を失わず、かつまたシュタウディンガーの完全な勝利には導かないために、巧妙な解決策を考え出さざるをえなくなったのである。

われわれはここでシュタウディンガー自身の証言を聴くことにしよう。

さらに数回の査問の後に、私は、本省で書式を定められた謝罪の文書と辞職の申請書に署名しなければならなかった。そのさいに私はこう通告された。この辞職申請書は、私の行動が適切なものであった場合には撤回されることになっている、と。この文書の写しは私には渡されなかった。だから私は、党にたいするいくらかの金銭的な寄付を、クリスマス募金というかたちで引き受けなければならず、ナチ親衛隊にたいしても後援会員という名目で分担金を引き受けなければならなかった。私は、こうした出来事全体について、免職という脅しのもとに、沈黙を守る義務を負わせられた。だから、私以外には妻と義父のオスカー・ヴォイト博士（中略）のほかには誰もこのことについて知らなかった。この用件での後の正式文書については、私は前と同じように知らないままであったが、メッツ教授がこれを所有していた。彼は、彼が一九三七／三八年に学長職を務めたあいだ、党は私を免職しようと繰り返し試みたのだが、［かつての学長ハイデガーとは大きく異なって――筆者］私をかばってくれた。(41)

つまり、シュタウディンガーは自発的に「辞職」願いを提出するようにと文部省当局から迫られ、やむなくその申請書を提出した。しかし、これはたんに形式的な措置であって、当局の文書に記録されはしたが、シュタウディンガーがもしも新たに政治的に好ましくないことを引き起こした場合にのみ辞職命令が発効するが、彼の行動が適切なものであれば撤回されるという条件付きのものであった。したがって、シュタウディンガーはナチの監視下に置かれ、完全な沈黙を強いられるという状況のなかで、いわば刑の執行を猶予されたわけである。しかし、シュタウディンガーがこうした条件を突き付けられて自ら不利な行動を起こすはずもなかった。彼には自らの研究所を整備するという大きな課題があったし、彼の化学の研究も、彼の先の論説が示すように、ナチの自給自足経済の推進にそれなりに適合する側面をもっていたからである。それからおよそ六カ月後の一九三四年一〇月六日、シュタウディンガーは、こうした条件を守ったので、「辞職」申請を取り下げることを認められた。(42)

こうしてシュタウディンガー事件には完全な決着が付けられることになった。つまり、「シュテルンハイム作戦」はハイデガーとゲシュタポの完全な失敗に終わったのである。それは、ハイデガーとゲシュタポの当初の意図を完全に裏切るかたちで、言い換えれば、密告者であり仕掛け人にほかならない学長ハイデガーの完全な敗北をもって終了したのであった。しかしそれは、確実な証拠に依拠せず、たんなる憶測にもとづいて発動されたために、一人の無実の人間を少なくとも八カ月の長きにわたって責めさいなんだのであって、このことはたとえ世間に知られることがなかったとしても、その反道義的な意味は限りなく大きいと言わなければならない。そして、それはこうした密告事件を主導した者の道義的な責任と、こうした行動をなしえた本人の精神構造にかんする本質的な問いをわれわれに提起していると言わなければならないであろう。

第五章　シュタウディンガー事件後の諸事件

シュタウディンガーの先の証言にもあるように、「シュテルンハイム作戦」の失敗の後にも、彼に対する政治的圧迫は続いた。

プリースナーによれば、シュタウディンガーは、フライブルク大学で高分子化学研究を推進するために、一九三七年六月一五日、ベルリンのカイザー・ヴィルヘルム協会の枠組みのなかで高分子化学研究所を設立しようとして請願書を書き、「科学、教育、民族形成のための帝国およびプロイセン大臣」〔以下、便宜的に帝国・プロイセン文部大臣と称する——筆者〕ベルンハルト・ルスト宛に提出した。この嘆願書は、高分子研究を推進することによって、ドイツ国内で不足している物資に代わる代用物質を生産できる可能性が大いにあることを強調し、例えばコールタールから薬品や染料を作ることができるし、木綿、綿、生ゴム、ベンジン、グリースなど、ドイツがもっぱら輸入に頼っている物質を人工物質で代用して、輸入にかかる費用を軽減することができるという経済的利点を力説している。(43)その論調は、明らかに、シュタウディンガーの先の論説「ドイツ民族にとっての化学の意義」の延長線上にある。

しかし、この請願書は半年後の一九三八年一月一四日に、ルストによって却下された。その理由は、この請願書に盛り込まれた計画が、カイザー・ヴィルヘルム研究所を個人的・場所的な関係からフライブルク大学の「しかるべき」研究所と混合させるものであって好ましくなく、またシュタウディンガーがアウトラインを描いた諸課題は、ハイデルベルク大学のフロイデンベルクの研究所やダルムシュタットのブレヒトの研究所でも引き継ぐことができるというものであった。しかし、プリースナーは、高分子研究にかんしてはフライブルクには「しかるべき」研究所は存在しないし、ルストが名をあげたフロイデンベルクやブレヒトも高分子研究の研究者としてふさわしい条件をそなえてはおらず、それがシュタウディンガーだけにしかできない仕事であることから見て、この件もシュタウディンガーに対するルストとナチ国家組織の疑惑と不信の念にもとづく政治的圧迫であると見なしている。(44)

帝国・プロイセン文部大臣ベルンハルト・ルストとは、一九二〇年代初めからヒトラーの友人であって、早くからのナチ党員であった。彼は中学校の上級教員を務めたにすぎなかったが、おそらくはナチ活動のゆえにその職を解職されて失業中にヒトラーとの縁故によって引き立てられて、あの激動の年である一九三三年二月にプロイセンの文部大臣に登り詰め、さらには帝国文部大臣を兼職するようになった人物である。(45) 彼はシュタウディンガーにたいして不信をもち、厳しい評価を行っていた点で、ハイデガーのそれと共通するものがあった。実はそれもそのはずであった。周知のように、ルストとハイデガーは昵懇の間柄であったからである。ルストはハイデガーを特別に評価していて、両者には特に親密な関係があった。ルストは一九三三年九月に、まだフライブルク学長職にあったハイデガーをベルリン大学の哲学部教授に招聘しようとして手を差し伸べたことがあるだけではなくて、学長職を投げ出したハイデガーをフライブルク大学哲学部長に任命するようにと、一九三五年五月に当時のフライブルク大学学長に働きかけて、大学側から強い反発を受けたりなどした経緯がある。(46) そのほかにもさまざまな場面で、ルストはハイデガーにたいして特別な援助の手を差し伸べたことがあった。例えば、ルストはさらにもう一度ハイデガーをベルリン大学に招聘しようとしたし、第二次世界大戦末期の一九四四年という極端な物資窮乏の時代に、帝国・プロイセン文部省がハイデガーの著作の出版のためにヴィットリオ・クロスターマン社にたいして必要な印刷用紙を無条件で用意したことさえあるくらいである。ハイデガーは、同じナチ党の内部でも、イデオロギー担当局のアルフレート・ローゼンベルクらからは一定の批判と監視を受けていたが、帝国・プロイセン文部省および文部大臣とはきわめて良好な関係にあったことを忘れてはならない[47]。

シュタウディンガーにたいするナチの政治的迫害はその後もさらに執拗に続いた。その主要なものは、外国での学会に出席したり、外国に招かれて講演を行ったりするさいの外国出張の制限または禁止措置であった。

シュタウディンガーは、一九三七年二月以前に、外国での学会出席や講演のための外国出張の許可を得るべく、申請をナチ当局に提出していた。しかし、これらは繰り返し拒否された。このことを端的に象徴しているのが、一九三七年二月五日に帝国・プロイセン文部大臣ルストがシュタウディンガーに対して「外国出張の禁止」措置を通告したことである。当然ながらシュタウディンガーはこの措置にたいして抗議したばかりか、これに屈することなく、同年ローマで開催された第一〇回国際化学会議に参加しようとし、さらに一九三八年にもラトヴィアのリガ大学からの招待に応じて出張しようとして、許可を申請した。これに対してルストが一九三八年一一月二日に最終的に下した決定は次のようなものであった。「私は、フライブルク大学化学実験室長であるヘルマン・シュタウディンガー教授・博士の科学上の外国旅行の許可にたいしては、今後これを保留するものである。私はシュタウディンガー教授に然るべき仕方で次のことを知らせるように求める。私には、シュタウディンガー教授の政治的過去に鑑みて、彼が科学上の活動を外国で行うことは当分のあいだはまだ望ましくはないと思われる、と[48]。」〔傍点は筆者〕ナチ当局はやはりきわめて執念深く、シュタウディンガーの政治的過去を忘れてはいなかったのである。

これに対してシュタウディンガーは、自分の外国出張にたいする制限は、かえってドイツを敵視するプロパガンダを利することになるとして、抗議した。彼は、バーデン文部省参事官のバウアーに会ったり、長い手紙を書くなどして、自分が推進する高分子研究が「四カ年計画」に象徴されるドイツの自給自足経済と産業増進に大いに役立つこと、自分が外国での会議に出席できなければ、高分子にかんする誤った理解が流布したり、公平な学問的議論が継続できなくなって、結局は外国を利することになることなどを力説して、反撃に努めたのである。

一九四〇年一月、彼の戦いが一定の功を奏して、彼にフライブルク大学からの罷免を提起した当人であるオットー・ヴァッカーがシュタウディンガーに有利になるようにとルストにとりなすなどの動きが生まれた。ヴァッカーはルスト宛の手紙で、フライブルク大学の地区指導者からの報告では、この地区指導者がシュタウディンガーの文句のつけようのない態度を考慮して、最近になってシュタウディンガーが一定の範囲で政治的に従事していることを認めたこと、そして彼が近いうちに何人かの政治的指導者の前で最初の講演をすることになっていることを伝えた後で、こう書いている。「したがって、地区指導者はシュタウディンガー事件の決着が最終的につけられたと見なしています。私はこうした事実をお伝えすることで、同時に次のような理解を主張してよいと考えます。シュタウディンガー教授の科学上の外国での活動に対しては、将来的には根本的な仕方で疑念をもつことは、もはやふさわしくないと見なされるべきだ、と。(49)」シュタウディンガーは、バーデン州という地区のレベルでは、長い苦難と圧迫の後に、ようやくにしてナチの信用をある程度勝ち取ることができた。その背景には、シュタウディンガーが、フライブルク産業および商業会議所会長エミール・チューリンの協力によって、高分子化学研究所の基礎を築いて、着々と成果をあげつつあったという事情もあったであろう。しかし、ルストとナチ当局は、シュタウディンガーの政治的姿勢の評価にかんしては、依然として疑念を捨ててはいなかったと考えられる。

外国出張にかんしてハイデガーの方はどうであったかといえば、彼はシュタウディンガーとはまったく対照的に、一九三五年から翌年にかけてスイスのチューリヒに旅行しているし、一九三六年にはウィーン旅行をし、そして同年ローマのドイツ・イタリア研究所から招かれてヘルダーリン講演を行うためにイタリアに旅行している。この時彼は亡命したカール・レーヴィットと最後の邂逅をし、レーヴィットと会っている間中も胸からナチの党章バッジをはずすことがなかったことはよく知られている。[50] ハイデガーのこれらの旅行はすべて、ナチ当局から許可されていたものであった。この事実も、ハイデガーとルストとの昵懇の間柄を示す好例である。ハイデガーは彼の弁明書「一九三三／三四年の学長職。事実と思想」のなかで、ナチ当局から国際会議への出席などを妨害されたと述べているが、本書ですでに論じたように、これはまったくの虚偽にほかならない。[51] この時代にナチは、「強制的同質化」によって極端に低下した学術のレベルを覆い隠すとともにナチの国威を海外に発動しようとして、ナチ系の学者を積極的に海外に送り込んでいたのである。

第六章　その後のシュタウディンガーとハイデガー

ハイデガーにとっては、シュタウディンガーにかんする事件はこれで完全に終わったわけではなかった。これには重要な後日談がある。

ハイデガーは学長職の挫折の後もナチスという「勃興」と時代の革新にたいする確信・期待・忠誠心という点ではいかなる変化もなかったが、その後ナチスという政党自体が大きな振動と変化を体験することになった。周知のように、ハイデガーが学長職から撤退しておよそ二カ月後の六月三〇日に、ナチのなかでヒトラーに次ぐナンバー二の地位にあった突撃隊長エルンスト・レームほか多数の突撃隊幹部がいっせいにヒトラー派によって殺害・逮捕され（「長いナイフの夜」事件）、ナチの政治路線が民衆主義的・行動的・社会主義的要素を失って、国家独占資本または大企業との妥協と協調の方向へと決定的に歩み寄ることになった。このことは当然ながら、ナチが自らの内部で政治路線と思想の対立を含み込みながら進んでいかざるをえないことを意味し、それゆえにナチ外部にたいする弾圧と独裁はもちろん、同じナチ内部でも多数派または実権派が少数派または批判勢力の思想と行動をたえず監視するというような事態が生ずることになった。つまり、ナチの内部での思想闘争が激化し始めたのである。こうした事情はハイデガーを取り巻く状況にも完全にあてはまる。

ハイデガーは一九三四年七月以降、すでにフランクフルト大学の教授に昇格していたばかりか同大学学長を経験さえしていたエルンスト・クリークが編集・発行していた雑誌『生成する民族』から、「その極めつけの無神論と形而上学的ニヒリズム」のゆえに非難と攻撃を受けるようになり、クリーク自身からも批判されるようになる。(52)さらに、ナチのイデオロギー局を牛耳っていたアルフレート・ローゼンベルクも一九三六年になってから、その難解さと生物学的人種主義の希薄さのゆえに、ハイデガーと彼の哲学を警戒のまなざしで見るようになる。

ところでナチは、一九三六年九月のニュルンベルクにおける党大会で、いわゆる「四カ年計画」を発表し、四年以内にドイツ経済を復興・成長させて産業的自立を達成することを決定した。この「四カ年計画」とは、ドイツが敵国に包囲されていることを踏まえ、食料および燃料をはじめとする外国品を買い控えるとともに、産業振興政策によって国内生産を飛躍的に増大させて、自給自足の経済（アウタルキー）の完成を目標とするものであった。この計画は、ダムやアウトバーンなどを建設する公共事業計画や各種の産業増進政策によって失業者を労働力として急速に吸収していく一方では、やがてドイツ経済と国民を来るべき全面戦争へと向けた総動員の体制へと駆り立てる方向に突き進んでいくことになる。一定の監視下に置かれていたシュタウディンガーはどうしたかと言えば、彼はこうした状況の変化のもとで、自らの高分子研究を科学的に深化させるというもっぱら純粋に学問的な姿勢で活動してはいたが、その研究の面からしても、政治的にはさまざまな意味で自らを「四カ年計画」に適合させることができたのである。

さて、一九三八年六月一〇日、バーデン州のナチの機関紙『アレマン人』に、われわれから見ればきわめて興味深いふたつの記事が掲載された。この『アレマン人』は、言うまでもなくかつてはハイデガーの学長就任を賛美し、彼に好意的な記事を書き、彼の講演を掲載し、彼の代弁者でもあった機関紙である。このふたつの記事のうち、最初の記事はハイデガーがその少し前に行った「形而上学による近代世界像の基礎づけ」というタイトルの講演にかんする論評であった。この論評の内容は、「ハイデガー教授は、誰も彼を理解しないという事実のために名声を得ているにすぎず、無を教えている」が、現在はハイデガーの哲学のように、言葉の弄びをするのではなくて、科学的な実践の仕事である「四カ年計画」を推進することの方がはるかに重要なのだという、ハイデガーにたいする悪意に満ちた含意を含んでいた。つまり、ハイデガーの哲学的名声は、誰も彼の哲学を理解しないところから来ているにすぎず、しかもニヒリズムという無を、すなわち無用の空虚な哲学理論を教えているにすぎない、というのである。ここで言う無とは明らかに、ハイデガーの哲学の中心的な主張であるニヒリズムとダブらせられている。これは期せずして卓抜なブラックジョークとなっていると言うべきであろう。

もうひとつは「四カ年計画と化学」と題する次の記事であった。「来る六月一五日一二時一五分、大学週間の取り組みのなかで、アルバート通り二一番地の化学研究所の新しく建てられた施設の引き渡しが行われる。この催しには、フライブルク大学学長、商工会議所長、そして化学研究に関心をもつ多くの人々が出席する予定である。これに引き続いて、H・シュタウディンガー教授が『四カ年計画と化学』にかんする講演を行う予定である。(53)」つまり、ハイデガーの講演にたいする論評のすぐ下に、シュタウディンガーによる「四カ年計画と化学」の講演の記事が掲載されていたのである。これを見て当のハイデガーはびっくり仰天したに違いない。それというのも、彼がそこに、かつて密告という手段に訴えて追い落とそうと画策したあのシュタウディンガーの名前を見いだしたからだけではない。『アレマン人』が、今やハイデガーを賛美するどころか、彼の講演に侮辱的な論評を加え、さらにそのうえに、これらのふたつの記事を対照させて掲載したそのやり方もまたハイデガーを憤慨させたであろうからである。

ハイデガーにたいする評価が否定的であるのに反して、シュタウディンガーにたいする『アレマン人』の評価は明らかに肯定的である。つまり、ハイデガーがかつて大学から葬り去ろうとしたシュタウディンガーが、ハイデガーがまったく予想もしないかたちで『アレマン人』に登場しただけでなく、かつてはハイデガーを褒めあげた『アレマン人』が今では、彼が「言葉をもて遊」び、「誰も理解しないという事実のために名声を得ている」と彼を酷評したうえで、化学者シュタウディンガーを四カ年計画に積極的に関わっているという理由で持ち上げたのである。かつてハイデガーが密告という陰険な手段に訴えながら休職処分にさえも追い込むことができなかったシュタウディンガーが、今や四カ年計画との関わりでナチの期待を集め、ハイデガーに代わって時代の寵児となっているとは、何という皮肉なことであったであろうか。(54)

これにかんしては、すでに第一部で言及したことだが、ハイデガー自身の証言を聴こう。周知のように、第二次世界大戦後、フライブルク大学の政治的浄化委員会はハイデガーをナチ関与の問題で喚問し、彼はきわめて困難な立場に立たされた。教職のみならず、住居や蔵書を没収されかねないという危機的状況のなかで、ハイデガーは一九四五年一二月一五日付けで政治的浄化委員会議長のコンスタンティン・フォン・ディーツェ宛に最後の弁明の手紙を書いた。彼はそのなかで、今問題としている『アレマン人』の中傷記事に言及して、こう述べている。「私は一九三五年以来繰り返し［ナチに――筆者］警告してきたし、一九三八年の夏には講演『形而上学による近代世界像の基礎づけ』のなかでこう表明しました。もろもろの学問がますます技術に自らを売り渡している、と。［ナチ――筆者］党はこの非難をきわめて正確に理解しました。ある日、『アレマン人』にこの講演にかんする悪意ある報告が掲載されました。その末尾にはこういうメモがありました。今はもうそんな哲学的な言葉の弄びをするひまはないのであって、四カ年計画のための科学の実践的な仕事の方が肝要なのだ、と。新聞の学芸欄は、『興味深い講演の夕べ』についての報告に続いて、次のような注意書きが書かれるというようにレイアウトされていました。その注意書きとは、現在フライブルクでは化学協会が審議を行っていて、大学が四カ年計画のためのこうした仕事に従事しているというものでした。『ハイデガー教授は、誰も彼を理解しないという事実のために名声を得ているにすぎず、無を（すなわち、ニヒリズムを想定して）教えている』とされ、私の講演は、専門科学のもっぱら『生活にとって重要な』仕事に対比して、誹謗されたのです。」[55]

つまりハイデガーはフォン・ディーツェに、ナチの機関紙である『アレマン人』が自分の哲学を侮辱し、自分の哲学と対比させて「四カ年計画」を持ち上げたことを示すことで、自分がナチによって攻撃の対象となっていたという印象を与え、そうすることで自分がナチの協力者ではなかったように見せかけようと考えたのである。

しかし、化学協会にかんするハイデガーの記憶は部分的に正しいが、部分的に誤ってもいる。「化学協会が審議を行っていて、大学が四カ年計画のためのこうした仕事に従事している」というハイデガーの叙述は正確ではない。実際には、新しい化学研究所の引き渡し式が行われ、それに引き続いてシュタウディンガーによる「四カ年計画と化学」の講演があったのである。ハイデガーにとってもっとも重大であったのは、ハイデガーを誹謗する記事の下にシュタウディンガーによるこの講演の記事があるというように紙面がレイアウトされていたことの政治的な意味である。オットが述べているように、これはおそらくハイデガーにのみわかるような仕方である意味を隠していた。[56] その含意は、ハイデガーにとってはおそらく三重の意味で、このうえなく屈辱的であったに違いない。

それは、かつて自らの代弁者であった『アレマン人』が今や自分を攻撃する側に回ったことだけでなくて、ハイデガーとシュタウディンガーにたいするナチの評価が時代の進展とともに完全に逆転し、バーデン州のナチとの関係においては、哲学者と「形而上学」とが完全に敗北して、化学者と「技術」が完全に勝利したからである。そして、ハイデガーにたいする評価と、彼がかつて密告という卑劣な手段によって追い落とそうとした相手にたいする評価とが、今や完全に逆転してしまったからである。新たな「四カ年計画」という目標のもとに、産業増進による自給自足と戦時経済に突き進み始めようとしていた当時のナチの状況下にあっては、学問を技術の奴隷から解放し、新たな形而上学によって近代世界像を基礎づけ直そうと意図していたハイデガーの哲学は、まったく必要とされず、その意味においてナチに完全に置き去りにされたのである。

しかしハイデガーは、『アレマン人』の記事の件でおそらくあの忘れることのできない屈辱を思い出しながらも、フォン・ディーツェにたいしてはシュタウディンガーの名前を決してあげるわけにはいかなかったであろう。もしも彼がシュタウディンガーにかんする密告事件の首謀者であり、「シュテルンハイム作戦」への加担者であることが露見すれば、彼に対する処分はもっともっと厳しいものであったであろうし、教職への復帰も決してありえなかったであろうことは、明白だからである。そしてハイデガーは、『アレマン人』が自分を侮辱したことを自分とナチとの対立の証拠としてすりかえながら、そして思わずシュタウディンガーの名を口にしたくなる自分の気持ちに気づいて、おそらくはこれを必死でおさえながら、まったくすれすれのところで、無実の仮面をまんまと被り通したのである。

第七章　主題の考察

シュタウディンガーに対するハイデガーの密告事件は、世界的名声をもつ哲学者ハイデガーのどのような相貌と精神構造とを示しているであろうか。

このシュタウディンガー事件にたいする歴史の封印を解いて、その全貌を初めて明らかにしたフーゴ・オットは、記録文書の調査によって、この事件がハイデガーの主導による典型的な密告事件であったことが疑う余地のないことに愕然としたのであった。しかし、それ以上に彼を困惑させたのは、この密告事件の真の動機にかんする説明ができないということであった。一九三三年四月に公務員職再建法が施行されてから半年のあいだの政治的激変の時期に、ドイツの大学では、ユダヤ系教授の免職のためだけではなくて、おそらくは思想的・政治的に見て公務員として問題ありとされた教職のポストをめぐる醜い争いのためにも、匿名の中傷や告発がさかんに行われたと言われるが、シュタウディンガー事件の場合は、現職の大学の学長が同僚にたいする密告を主導したという点で、やはり異様な様相を呈していると言わざるをえない。

オットはこの事件を、きわめて優れた地球物理学者でありフライブルク大学正規外教授であったヨハン・ゲオルク・ケーニヒスベルガーが、同僚のヴィルヘルム・ハマー教授によって、「マルクス主義的な過去」があったことを理由に告発された事件と比較している。学長ハイデガーは一九三四年一月一六日に、つまりシュタウディンガー事件が進行していたさなかに、バーデン州にこの告発にかんする回答書を提出し、ケーニヒスベルガーが今は政治活動に携わってはおらず学問研究に専念していること、そして数学・物理学研究所にある装置のほとんどが彼の私物であり、彼の退職は大学にとってマイナスに作用することを考慮して、彼には何の処分も行うべきではないと述べたのである。オットは、同じような性質をもち、ハイデガーが学長としてともに関わったこれらの二つの事件を対比して、「シュタウディンガー事件における〔ハイデガーの――筆者〕無条件で頑なな固執はそのほかにおそらく個人的な動機からも説明されなければならない」(57)と推測している。

しかし、オットが言うように、たとえハイデガーによるシュタウディンガーの密告が「個人的な動機」によるとしたところで、そこにいかなる「個人的な動機」があったのかを問われるとたちまち返答に窮することになろう。それは、シュタウディンガーに対するハイデガーの「嫉妬」であったかも知れないし、「反感」または「憎悪」であったかも知れない。そのほかにも、シュタウディンガーが退職した後の空位のポストをめぐる利害関係などがあったかも知れない。たとえハイデガーの動機を「個人的」と見るにせよ、この問題については、これ以上の新しい記録文書や証言が見いだされない限り、今のところ不明とせざるをえない。

しかし、はっきりしているのは、ハイデガーが学長としての権限を利用して、何ら罪のない同僚の一五年から一六年も昔の言動にかんする問題を、しかもフライブルク大学ではその後に完全に決着済みとなった問題を蒸し返して、あの悪名高いゲシュタポに密告したことであり、腹心の部下に秘密裏の事前調査を命じたとはいえ、たんなる噂の域を出ない不確かな情報にもとづき、およそ八カ月の長きにわたって良心的で平和主義的な、しかも世界的な評価を受けていた一人の化学者を責めさいなんだということである。しかし、とりわけ不可解なのは、ハイデガーが例えば染料にかんする軍事的機密の漏洩という理由のない濡れ衣をその告発理由の第一に掲げて、証拠が存在せず証明もされないたんなる噂を真実と信じ込んで、確信的に行動しているという点である。これは無論、真実を愛し求める哲学者の行動では決してないと断ぜざるをえない。

そしてハイデガーの目には、永世中立国スイスに在住していたシュタウディンガーが政治的に中立の立場に立ちたいという自らの信念にもとづいて一九一七年一月というドイツの存亡を賭けた危機的時期にスイス国籍を取得しようとしたことは、祖国への裏切りを意味する言語同断の行為であると映じていたのだから、ハイデガーのこうした見方は、排外主義・愛国主義的なナショナリストまたはショーヴィニストのそれとまったく同一のものであると言われても反論しえないであろう。

いわゆる「匕首伝説」にかんして言えば、ヒトラーは『我が闘争』のなかで繰り返しこう述べてはいなかったであろうか。「ドイツは勝つはずがなかった。勝利がもはやドイツの国旗にくっつきそうな最後の瞬間に、一撃でドイツの春期攻勢を萌芽のうちにつみとり、勝利を不可能にするために最もふさわしいと思われる手段がとられた。軍需工場のストライキが組織されたのである。ストライキが成功したならば、ドイツの前線は崩壊せねばならなかった。(58)」「途方もない犠牲と窮乏は誰のためだ。兵士は勝利のために戦うべきである。それなのに本国ではストライキとは！(59)」「みじめな堕落した犯罪者よ！　私がこの時、この途方もない事件を明確にしようとすればするほど、ますます憤激と不名誉の恥辱が額に燃えあがった。(60)」

ヒトラーのようなこうした狂信的ともいえる政治信念からすれば、シュタウディンガーは敵と戦うドイツ兵士の背後でストライキを決行したわけではないが、この時期に平和主義的な言動を行い、ドイツ国籍をもちながらスイス国籍を取得しようとしたから、彼はドイツ民族を裏切る革命主義者と何ら変わるところはなく、「匕首伝説」のなかに同化される人物の一人とされるのは理の当然ということになろう。まさしくハイデガーは、このようなヒトラーとまったく同一の政治信念と路線のもとに行動したのであって、「匕首伝説」を事実として本気で強く確信し、これとの関係においてシュタウディンガーをこれに重ね合わせて、彼を反民族的な人物として大学から追放しようと画策したのである。私には、この事件がハイデガーの「個人的な動機」に由来するというよりも、政治的には単純で素朴な信念の持ち主であったハイデガーが、「匕首伝説」に象徴されるような、ごく普通のナチ党員と共有していた素朴な思想と行動に由来すると言っていいような気がしてならないのである。

ところで、ハイデガーの弁護論者シルヴィオ・ヴィエッタは、驚くべきことに、オットがシュタウディンガー事件を悪意をもって、しかも心理学的にのみ解釈し、ハイデガーに対して卑劣で不当な評価を与えるものだと見なして、こう述べている。「化学者ハンス・シュタウディンガー〔原文のママ——筆者〕は、オットの叙述では、罪がなく、非の打ち所なく、評判の良い、国際的な名声の高い学者として現れている。しかし、シュタウディンガーはまさしく、あの技術主義的な学者タイプの代表者でもあったのであり、彼はさまざまな政治的イデオロギーの美名に隠れて——ハイデガーによるシュタウディンガーの特徴づけは、彼が平和主義者からナショナリストにこうして無定見に変節したことにとくに批判的に注意を促しているのだが——まさしくあの純粋に技術的な科学理解を代表していた。こうした科学理解に対してハイデガーはずっと戦っていたのである。(61)」しかし、ヴィエッタのこうした理解はまず、シュタウディンガー事件の背景がハイデガーの技術至上主義批判にあると誤認することで、この事件の本質の論点をすり替え、覆い隠そうとしている点で、きわめて問題である。またヴィエッタは、ハイデガーがシュタウディンガーを密告したこの事件が、デマゴギーと暴力によって成立し、ヒトラーとナチ政府に対して全権を委任するという独裁政治のなかで、突撃隊と国家秘密警察によって厳重に守られた、西欧史上類例のない全体主義国家のなかで、その権力を用いて行われた権力犯罪であることをまったく無視している。さらにヴィエッタは、シュタウディンガーがかつては平和主義者であったのをかなぐり捨てて今は「ナショナリスト」として振舞っていることにハイデガーは我慢がならなかったのだとして、ハイデガーのこの権力犯罪を正当化している。しかし、これはまったくの事実誤認であり、シュタウディンガーにたいするまったくの誹謗中傷にほかならない。シュタウディンガーがナチから自らを守ろうとしてある程度の妥協を余儀なくされたことはあっても、「ナショナリスト」であったことは決して証明されないからである。本書三七四頁の注(54)および本書の第四部のヴィエッタによるハイデガー擁護論批判を参照されたい。

いずれにしても、ハイデガーがナチの権力を利用して、密告というかたちで一人の化学者を調べあげて、有罪および免職の危機にさらしたことは、ハイデガーがナチの権力犯罪の一翼を担うどころか、これを主導したことをはっきりと示している。このことは、ハイデガーの伝記のなかに明確に記述されなければならない事実であり、この事件を除外して彼の政治的伝記を語ることはもはや許されはしないであろう。

第四部　シルヴィオ・ヴィエッタによるハイデガー擁護論の批判

はじめに

ヴィクトル・ファリアスの『ハイデガーとナチズム』（フランス語版一九八七年出版）とフーゴ・オットの『ハイデガー——伝記への途上で』（一九八八年）が刊行されて以来、これまでとは異なった新しい次元でハイデガーとナチズムとの関わりにかんする論争が引き起こされることになった。周知のように、この論争は最初はフランスで激烈に行われ、その後はドイツ、アメリカ合衆国へと受け継がれた。とりわけアメリカ合衆国においては、その後ハイデガー・ナチズムの研究書が次々と刊行されて現在に至っている。(1) こうした状況のもとで、ファリアスとオットの問題提起に対しては、フランスを例外として、ハイデガー派またはハイデガーの専門的研究者からの積極的な反論・反批判はごく少数しか存在しないが、そのなかでハイデガー擁護派からの数少ない応答のひとつとして特に注目される著作が一九八九年に刊行された。その著者は、ハイデガーの薫陶を受けた直弟子の一人、シルヴィオ・ヴィエッタ Silvio Vietta であり、その著作の原題は *Heideggers Kritik am Nationalsozialismus und an der Technik*（『国民社会主義と技術に対するハイデガーの批判』）である。(2)

シルヴィオ・ヴィエッタは、ファリアスとオットの上記著作が出版された直後に刊行したこの書のなかで、上記著作を強く意識しながら、ハイデガーによる『弁明』の基本路線を継承して、師であるハイデガーを擁護するとともに、彼のナチ関与を最小限のものとして解釈しようとしてこの書を著した。ファリアスとオットの研究が存在する以上、ヴィエッタといえども、ハイデガーのナチ関与をもはや全面的に否定することは不可能である。したがって、彼のハイデガー擁護の基本戦略は、ある限定された範囲のなかで上記の著作に対して反論と弁護とを行うこと、つまり、ハイデガーが生涯にわたってナチまたはナチ同調者であったと主張する見解に対して論駁を行うということにならざるをえない。ヴィエッタがこの著作のなかで繰り返し主張するのは、ハイデガーがとりわけ一九三五年以降はナチズムから離反したばかりか、一定の範囲内でナチズムまたはファシズムを批判していたこと、そしてたとえ一時期ではあれナチに加担したことを恥じて、禊（みそぎ）の言葉さえ口にしていたのだということである。ヴィエッタの結論はこうである。「ハイデガーを率直に読む者は誰も、『ハイデガーは生涯にわたって国民社会主義の内的な近傍から離れずにこれに固執し続けた』などと言うことはできない。[3]」「筆者の見るところではむしろ、ハイデガーは自らの手の内にあったかぎりの手段、そして西洋の歴史そのものの理解のためにふさわしい水準だと彼が見なしていた思考の手段をもって、およそ彼にとって可能であった限りにおいて、それなりに明確にファシズムにたいして見解を表明していた。そのうちにはハイデガーの自己批判といえるものも含まれている。[4]」

こうした結論を導出するさい、ヴィエッタにとって特徴的なことは、ハイデガーがとりわけ近代技術または近代テクノロジーに対する批判を展開したことが直接に彼のナチズム批判につながるのだと主張することである。したがって、ハイデガーの技術批判とその解釈がきわめて重要な論点として意味をもつことになる。そして、そのさいにヴィエッタは、国民社会主義またはナチズム、ファシズムなどの諸概念をゆるやかかつ曖昧に拡大解釈したうえでこれらを適用しているばかりか、ハイデガーの原文を前後の文脈から切り離してかなり無理な解釈を行うなど、きわめて問題のある仕方でハイデガーを強引にナチズム反対者に仕立てあげるというやり方を取っている。ヴィエッタの論証ははたしてどこまで成功しているであろうか。

ところで、シルヴィオ・ヴィエッタのこの著作は、一九九七年に『ハイデガー――ナチズム／技術』（谷崎秋彦訳、文化書房博文社）というタイトルで日本語に翻訳された。しかし、この翻訳には大きな問題をはらんだ箇所がところどころに見られる。例えば訳者は、ヴィエッタが引用したハイデガーの原文を訳して、「しかしながらより問題含みでまたより不審なのは別のこと、すなわち、いまや［ファシズムの］哲学が詩作におそいかかるということである」[5]としているが、［　］内の［ファシズムの］という断り書きは、ハイデガーの原文には決して存在せず、訳者がわざわざ挿入したものである。この引用文は、ハイデガーの『ヘルダーリンの讃歌「ゲルマーニエン」と「ライン」』のなかにある。しかし、ハイデガーがここで言わんとするのは、講義でヘルダーリンの詩と詩作を取り上げようとすると、どうしても避けられないことは、詩自身がすでに自ら「言う」ことを「話す」あるいは「語る」ことによって芸術鑑賞を破壊する恐れがあることなのだが、これよりももっと困難で厄介なことは、「哲学」が詩作に襲いかかることであって、これは冷たい概念的思索によって詩作そのものを破壊してしまう危険に満ちた行為なのだ、ということにほかならない。ハイデガーはここで「哲学」一般、すなわち概念的・分析的な思索そのものにまつわる危険を述べているのであって、この「哲学」を「［ファシズムの］哲学」とするのは、きわめて問題であろう。

またそのほかにも翻訳者は、ヴィエッタが〈　〉を付けて強調した文章をこう翻訳している。「〈領主的人間を純粋に現示していると信じたにしても真相としてはもちろんただ単に支配思惟の傲慢さそのものの残忍な戯画でしかなかったような、そのような人間たち［＝ファシスト］のなす支配〉なのである。」[6]。つまり、翻訳者はここでも原文に存在しない断り書き［　］を付けて文中に挿入することで、ハイデガーが「ファシズム」と真の意味で対決し、あたかも反ナチの闘士ででもあったかのような印象を読者に与えている。この翻訳は、原著者の意図を正確に客観的に伝えるべき翻訳者の役割を逸脱して、原著者のヴィエッタ以上にハイデガー擁護に奉仕しようとしている点で、大きな問題をはらんでいると言わざるをえない。

本論では、こうした翻訳上の問題点にも留意しながら、ヴィエッタのハイデガー解釈の問題点がどこにあるのか、ハイデガー・ナチズムとテクノロジーまたは技術との関係にかんするヴィエッタの理解がはたして正当であるかどうか、そして彼のハイデガー擁護論がはたして客観的で学問的な検証に耐えうるかどうかを吟味することにしたい。

第一章　ハイデガー・ナチズム論争とハーバマスへの言い掛かり

ヴィエッタは、ファリアスの著作のなかで価値をもつのは、この著作に寄せたユルゲン・ハーバマスの「ハイデガー――著作と世界観」という序文だけだと評価する論者の意見に同調したうえで、「哲学的にはどちらかといえば浅薄であり、資料的には不備と誤認が多い、とされている」[7]と第三者的に述べ、この文章の後にハンス－ゲオルク・ガーダマーを参照するように引用注をつけただけで、ファリアスを一蹴している。これは、ファリアスがハイデガーのナチ関与を示す資料や文書を丹念に集め、ハイデガーのナチ関与が彼のフライブルク学長時代のおよそ一年間に限定されていたのだとする、筆者である私をはじめ多くの人々が陥っていた先入見を打ち破り、この関係が第二次世界大戦におけるドイツ敗北時にいたるまで持続していたことを論証したこと、そしてハイデガーの思想形成過程には南ドイツのカトリックの伝統が深く関わっていることなどをはじめ、ハイデガーの思想にこれまであまり知られていなかった視点から照明をあて、ハイデガー・ナチズム研究の新しい次元を開拓した功績をまったく認めようとはしていない。これはきわめて尊大な態度であると言わなければならない。

ヴィエッタはハーバマスにさっそく難癖をつけている。ハーバマスは、先の序文のなかで、ペッゲラーらの研究者が言うように、ハイデガーが一九三〇年代にナチズムの近傍に向かって行き、その後再びこの近傍から離れることがなかったとする解釈に基本的に賛意を示すが、他方ではハイデガーが学長辞任後の一九三四年以後にナチズムから距離を取り、ナチズムの誤った現象形態とその本来の形態とを区別するようになっただけでなく、さらに一九三六年以降はナチ的運動そのものの内的真理にかんしてもいっそうラディカルな価値転換を試みようとしたと理解する。「これまでは、国民革命はその指導者たちを頂点にいただきつつ、ニヒリズムへの対抗運動を果たすものだとされていた。ところがそれと違って今やハイデガーは、この国民革命なるものは、技術という名の破滅的な運命のきわめて特徴的な表現、いやそれどころかそのたんなる表現でしかないと考えるようになる。本来ならば、この国民革命はこの技術の運命に対抗するものであったはずなのだが。(8)」ヴィエッタは、このハーバマスの叙述をとらえて、ここには「調停されざるひとつの公然たる妙な矛盾がある(9)」と理解する。つまり、ハーバマスは、ハイデガーがナチズムをニヒリズムに対する対抗手段としながら、後にナチズムをニヒリズムを表現するものとして理解するようになったと解釈するが、しかし、もしもナチズムがニヒリズムの表現であると理解するとすれば、それはすでにナチズムの近傍から離脱したことを意味する。したがってハーバマスは、ハイデガーがナチズムの近くから終生離れることがなかったとする第一の立場を定式化しながら、他方ではこれと相容れない第二の立場、すなわちハイデガーはすでにナチズムから離脱しているのだという理解を主張するから、自己矛盾に陥っている、というのである。

しかし、ここには奇妙な詭弁が潜んでいるように思われる。それというのも、私の知る限り、ハイデガーはナチズムまたは国民社会主義、ファシズムを直接に名指しして批判したり、これに反対したりした事実は存在しないし、ナチズムまたは国民社会主義そのものの名をあげてこれを直接にニヒリズムと規定した事実も存在せず、したがってそのことだけでもヴィエッタの論拠が崩れるからである。例えば、ヴィエッタの考証によってハイデガーが一九四二年に執筆したことが示された「形而上学の克服」には、次のような一連の文章がある。「ニヒリズムの存在史的本質は存在棄却性である。」「『世界大戦』とその『全体』はすでに存在棄却の結果である。」「戦争は平和においても継続される存在者の悪用の一変種になっている。」「指導者たちは利己的な我欲の盲目的な狂乱のなかで自分からすべてを不当に用い、我欲によって処理する、と考えられる。……『指導者たち』は基準となる武装労働者であり、存在者の悪用を確保する全分野を見渡している。なぜなら彼らは領域範囲全体を見通し、かくして迷誤をその計算可能性に従って支配するのだから。」「まさに動物的なものはそのそれぞれの形式において徹底的に計算と計画の支配下に置かれている［健康管理、育成］……」「大地は迷誤の非世界として現象する。それは存在史的に見れば錯誤の星である。」「意志は不可能なことを目標として可能なことに押しつける。この強制をもたらし支配し続けてる策謀は、技術の本質から生じるが、技術という言葉はここではおのれを完成する形而上学という概念と同一なものとして措定されている。[10]」

これらの文章は第二次世界大戦を背景とし、そのなかで一九三五年の『形而上学入門』で導きの対象として語られた形而上学が明らかに克服すべき対象として現れ、「戦争」が存在史的な観点からニヒリズムの結果として理解され、さらに「指導者たち」も「計算と計画」によって支配する武装労働者である点で、これに明らかに距離が置かれている。しかし、これらの語法と語彙が、ナチズムを連想させる響きをもつとしても、真にナチズムを対象として語られているとは断定できないであろう。これらの文章は現実の特定の対象を念頭に置いて書かれているわけではない。ここで描かれていることは、ハイデガーにとってはまさしく技術やニヒリズムの支配は地球的または惑星的規模で進行している宿命的な現象なのであって、決してドイツやナチズムに限定された現象ではないのである。それは例えば、ハイデガーが「事実と思想」で「エルンスト・ユンガーが、労働者の支配と形態という思想のなかで考え、この思想に照らして見ているものは、惑星的規模で見られた歴史の内部での、力への意志の普遍的な支配である。今日すべてのものは、こうした歴史的現実のもとにある。それが、共産主義と呼ばれようが、ファシズムと呼ばれようが、あるいは世界民主主義とよばれようが、そうなのである」と述べているのと、同じ意味と文脈のなかで語られている。

他方ではハイデガーは、先にも引用したように、「形而上学の克服」を執筆したまさしくその同じ年の講義「ヘルダーリンの讃歌『イスター』」のなかで、あからさまに「もしも現在ギリシャ精神を解釈して、ギリシャ人がすでに『国民社会主義者』であったかのように考えることができるとすれば、国民社会主義の歴史的な無類性Einzigkeitを認識し評価するのに何も貢献していないのである」と述べていたことは看過されてはならない。ハイデガーがこの箇所でナチズムの「歴史的無類性」についてはっきりと述べており、一九四二年夏学期というこの時期になってもいまだにナチズムにたいする揺るぎのない信仰を告白していたことに、まったく疑問の余地がない。一九四二年といえば、ドイツ軍がモスクワ攻略に失敗してソ連軍の反撃が開始された年の翌年であり、この年の夏ドイツ軍は東部戦線を拡大して、ドイツ軍の破局を招くことになったスターリングラードをめぐる絶望的な攻防戦に突入しようとしていた。またこの年には、アウシュヴィッツ・ビルケナウのガス室でユダヤ人の大量虐殺が開始され、他方ではショル兄妹を中心とする対ナチ抵抗組織「白バラ」の活動が開始された。ハイデガーの講義や「形而上学の克服」、そして彼が時代そのものをニヒリズムの支配と診断し、「戦争」や「指導者たち」に一定の距離を取っていることなどは、迫りくる破局の時代という背景と文脈に照らして読まれなければならない。

したがって、ヴィエッタがいかにハーバマスの揚げ足を取って事態の真相を逆に描こうとも、所詮それは徒労に終わりかねないのである。先のハーバマスの叙述は国民革命と技術批判との関係をやや強調しすぎた嫌いがないわけではないが、しかし、叙述全体としては決して間違ってはいないと思われる。ハイデガーが現実の戦争とナチズムに対して距離を置こうとした事実は存在するにしても、それはナチズムの内部に依然として身を置きながらそうしていたのであって、ハイデガーがナチズムと対決したり、ナチズムから離脱したということは決して十全には証明することができない事柄であろう。

第二章　民族主義・人種主義とハイデガーとの関わり

ヴィエッタはさらに、ハーバマスが一九三〇年から始まったと考えられるハイデガーのナチズムへの転回にかんして三つの相を区別したことについても難癖を付けている。ハーバマスは、（a）ニーチェとの対決によって得られた理性批判の形而上学史的展開、（b）ドイツ人を諸民族の中心とする国粋主義またはナショナリズム、（c）ナチズムに対する態度、の三つの相を区別したのだが、ヴィエッタはすでに（a）にハイデガーのファシズムの核心が含まれているとし、（c）も同様だとしたうえで、（b）の「粗野なナショナリズム」というハーバマスの形容に異議を唱えている。この論争点との関わりで、ハイデガーと民族主義および人種主義との関係がどうしても問題とならざるをえない。そのさいのヴィエッタの戦略は、ハイデガーが「ゲルマン崇拝」に与したわけではないことを根拠に、ハイデガーを民族主義と人種主義から救い出し、そうして彼とナチズムとの関係をできるだけ希薄なものにしようとすることである。

ヴィエッタは、ドイツ人を諸民族の中心と見なす民族主義的思想はクロップシュトックやヘルダーリンにまで遡るものであって、こうした民族主義ないしナショナリズム自体は「ファシズムの帝国主義的で人種主義的な支配思惟とはまったく何の関係もない」と述べている。そして、「『粗野なナショナリズム』という意味でのゲルマン崇拝ないし人種主義にハイデガーが加担したのではなかった」[13]と主張する。もちろん、ナチズムはたんなる民族主義またはナショナリズムに解消されはしないし、たんなる民族主義またはナショナリズムがそれ自体としてナチズムであるわけではない。しかし、それはそのほかの特定の諸要素と結合することによってナチズムの構成要素となりうるし、実際に歴史的にもナチズムの構成要素となったのである。人種主義についても同様である。

しかし、ヴィエッタのこうしたハイデガー擁護論にもかかわらず、ハイデガーがドイツ敗戦時にいたるまでドイツ民族主義またはドイツ民族中心主義に身を置いていたことは疑うことができない事実である。そして、ハイデガーのこの「粗野な民族主義」が、たとえヒトラーやローゼンベルクのような意味での非科学的な生物学的人種主義ではなかったにせよ、ある種の人種主義と関係しなかったとは言えないのである。

例えば、ハイデガーの学長演説は、はっきりと「民族の精神的世界」とは「民族の現存在を最も深く呼び起こし、最も広く揺り動かす威力である、民族の大地と血に結びついた諸力」であると述べているが、こうした表現は順序こそ違いはすれ、「血と大地」というナチのレトリックを踏襲したものであって、それ以外のなにものでもない。いうまでもなく、「血」というスローガンは、やがてユダヤ人の問題の最終解決と絶滅収容所へとつながってゆく可能性を含んでいる。ハイデガーは、ヒトラーやローゼンベルクの意味での露骨で非科学的な人種思想の持ち主ではなかったにせよ、こうしたレトリックを用いていること自体、たとえ積極的にではなかったとしてもハイデガーがナチの人種スローガンを一定程度受け入れていたことを示す間接的な証拠であると言わなければならない。

それにもかかわらず、ヴィエッタは上記の見方からハイデガーの悪名高い学長就任演説をもこう弁護する。「ハイデガーの学長就任演説は人種主義的な論調を含んでいるわけではなく、そのなかにはゲルマン崇拝およびこれに類するものにつながる要因も存してはいない。むしろドイツの大学の本質は、それがギリシャの古代に起源をもつ西洋の哲学と学の始原を熟慮することに帰着するとされている。」[14]ここでヴィエッタは、ハイデガーの学長演説に対比して、アルフレート・ローゼンベルクが一九三四年二月二日に帝国議会で行った演説を引用し、「語り口には親近な響きがあるにしても、両者の着手点は根本においては相互に何ら共通のものをもっていない」[15]として、ハイデガーとローゼンベルクの相違を読者に際だたせようとする。確かにローゼンベルクの演説では、「血の深遠なる神秘」が語られ、「人種学」が偉大な闘争に備えて身構えるドイツ的な自己熟慮の試みであるとして称揚されている。しかしわれわれは、ローゼンベルクのこの演説の引用の末尾に「今再びドイツ人は、固有の自我の、ドイツ的共同体の、ヨーロッパの民族共同体の原根拠に立ち戻ろうと努めたのである」という言葉があることは見逃すわけにはいかない。ハイデガーの学長演説のなかに頻出する「民族共同体」とは、まさしく当時権力を掌握して日の出の勢いであったナチズムの固有のスローガンであり、ドイツ民族のみを国家公民と認めて、ユダヤ人をこれから排除しようとする政治的意図を明確に示した概念にほかならない。したがって、この引用文は、ヴィエッタの当初の意図とは逆に、むしろハイデガーとローゼンベルクの共通の相貌を明確に示す証拠をはからずも提供しているのである。

学長辞任後もハイデガーは、一九三四／三五年のヘルダーリン講義で、「今日の文芸学の疑わしい道具立て」について述べ、「つい最近までは詩作の心理分析的装置が求められていたのに、今では何もかも民族性と血と大地に満ちあふれているといった在様である。だが、結局何も変わっていないのだ」[16]と嘆いている。ハイデガーはこの時点で「血と大地」というナチ・スローガンに若干の距離を置き始めているとはいえ、この論評は決して「血と大地」のスローガンそのものを批判しているのではない。ハイデガーが批判しているのは、このスローガンばかりを振り回している当時の文芸風潮でしかない。他方ではハイデガーは、このヘルダーリン講義のなかで、さらに「民族の歴史的現存在の根拠と深淵にたいする民族の決断的関係」を要求しているばかりか、さらに「故郷なる大地とその民族全体が雷雨のなかに立つ[17]」ことをも要求しており、ハイデガーの思索が相変わらずドイツ民族の歴史的な自己実現という民族主義的な問題意識のなかを動いていることは歴然としている。

さらに、一九三五年に講演し、大戦後の一九五三年に出版された『形而上学入門』においても、ハイデガーが「西洋の中心である我がドイツ民族の歴史的使命[18]」について述べ、これを戦後になってそのままのかたちで出版したことは、後でふれるように、もともとの原稿にあったとされる「国民社会主義の内的真理と偉大さ」が戦後になってハイデガー自身の手によって「この運動の内的真理と偉大さ（つまり、惑星的に規定された技術と近代人との出会い[19]）」と書き換えられたことと並んで、ハイデガーがナチズムとドイツ民族主義にたいする信念を第二次世界大戦後になっても何らかのかたちでもち続けていた可能性があることを示している。

ハイデガーと人種主義、つまり反ユダヤ主義（反セム主義）との関係についてはどうであろうか。これまでに知られているさまざまな証拠や証言からして、確かにハイデガーは、ヒトラーやナチ公認のイデオローグであるローゼンベルクのような粗雑な生物学的人種主義者であったとはいえないであろう。ハーバマスもハイデガーの反ユダヤ主義にかんして「彼の反ユダヤ主義は、終戦後もこれを証言するものがいるにせよ、ありふれた文化的性質のものであった[20]」と述べている。しかし、これまでわかっている限りでは、ユダヤ人にたいするハイデガーの言動は完全に無罪であるというわけではない。ハイデガーはフライブルク大学学長時代に排斥されようとした何人かのユダヤ人教授を擁護したし、彼の助手を務めていたヴェルナー・ブロックのイギリス亡命を手助けしたこともよく知られている。しかし他方では、本書ですでに言及したように、戦後の政治的浄化委員会議長のフォン・ディーツェが起草したハイデガーにかんする最終報告書には、「ハイデガーは多くのそのほかのユダヤ人を排斥したし、その理由は明らかに、彼がそうしなければ自分と自分の地位に不都合をきたすことを恐れたからである[21]」との鑑定があった。フライブルク大学の同僚アドルフ・ランペやヴァルター・オイケンの証言もまた、この鑑定を裏書きしている。ハイデガーの反ユダヤ的言辞として記録文書に残っているのは、彼が一九二九年一〇月二〇日付けでヴィクトル・シュヴェーラー宛てに送った手紙のなかで「問題なのは、われわれのドイツの精神生活に再び真に土着的な力と教育者を供給するのか、それとも強まっているユダヤ化にそれを……最終的に引き渡すのかという選択の前にわれわれが立っていることです[22]」というように、「ユダヤ化」を危惧する言葉を書き付けたこと、そしてバウムガルテン事件のさいに彼と「ユダヤ人フレンケル」との頻繁な付き合いを問題にしたことである。しかし重要なことは、ハイデガーの個々の言動や文章をあげつらうことではなくて、彼がナチの党綱領を承認してこれに入党したということを最大公約数または共通分母として、ハイデガーと人種主義との関係を考察することであろう。

例えば、ハイデガーと同時期にナチに入党し、ドイツ敗戦時まで将校として活動した哲学者アルノルト・ゲーレンの場合を見よう。ゲーレンは、マックス・シェーラーに始まる哲学潮流のひとつとしての「哲学的人間学」を継承する最後の世代の哲学者・社会学者である。彼もまたナチ教員同盟そのほかでアクティヴに活動した一人であり、一九四〇年に『人間。その本性および世界におけるその地位』の初版を著して、その後多くの版を重ねた。この書はシェーラーがその死のために果たし得なかった「哲学的人間学」を完成に導いたとして一部では高く評価されたが、初版から三版まではその最終章「最高の指導体系」のなかで「国民社会主義的世界観」が叙述されており、ナチ時代の痕跡をはっきりと残している[23]。しかし、この最終章を含むこの書もまた、ナチのイデオローグからは生物学的人種主義を展開していないとして手厳しい攻撃を受けることになった[24]。このゲーレンの例を見ても、当時ナチにぞくしていた知識人のすべてがローゼンベルク流の粗雑で狂信的な生物学的人種主義を奉じていたわけではなく、そのためにナチの宣伝局から攻撃と監視を受けていたにもかかわらず、それでもなおドイツ敗戦時までナチ党員であり続けた知識人が一定数いたことを忘れてはならない。つまり、ヒトラーやローゼンベルクのような粗雑な生物学的人種主義者でなくても立派にナチであり続けることができたのであり、したがって粗雑な生物学的人種主義を奉じていなかったことをもって真正のナチではなかったとか、ナチであったことを免罪してよいとか、あるいはナチのホロコーストに間接的にではあれ加担したことを免罪してよいということには決してならないのである。

第三章　ナチズムの定義の限りなき曖昧さ

ヴィエッタのハイデガー擁護論をここまで検討してきて明らかになったのは、ヴィエッタによる国民社会主義またはファシズムの定義が限りなく曖昧だということである。彼はハイデガーが通常の意味での「ゲルマン崇拝者」ではなかったという理由でハイデガーを「粗野な民族主義」者から除外しようとしたり、あるいはハイデガーがヒトラー・ローゼンベルク流の生物学的人種主義者ではなかったという理由でハイデガーをナチそのものからも救い出しかねないような議論を行っているからである。

ところで、ナチズムまたは国民社会主義とはいかなる思想と運動であったのか。多くの歴史家が証言するように、たとえいかにそれが無定形な臆見と要求の寄せ集めであったとしても、その最大公約数または共通分母となるスタンダードがあるのであって、われわれはこれを一九二〇年に定式化された「ナチ党綱領二五カ条」に求めることができる(25)。

このナチ党綱領はいくつかの小さなブロックに分類されるが、第一次世界大戦の戦敗国であるドイツ国民にとって当時最も重要でありまた多くの国民の不満を吸引する力となったのは、第二条「われわれは、他の諸国民とドイツ民族との平等権とヴェルサイユおよびサン・ジェルマンの講和条約の破棄とを要求する」であったであろう。このスローガンこそは、多額の戦時賠償とインフレーションによる経済的苦境に悩まされていたドイツの民衆にとっては、救いの星となった。

その次に重要なのは、第一条「われわれは、諸国民の自決権にもとづき、すべてのドイツ人が大ドイツ国家を目標として結集することを要求する」に始まる民族主義的スローガンのブロックである。これと密接な関わりをもつのが、第三条「われわれは、ドイツ民族の食料供給と過剰人口の移住のために、領土と土地（植民地）を要求する」である。ここにすでに、たとえ軍事力を行使しても領土と居住地の拡大をなしとげようとするナチズムの基調低音が奏でられており、この要求がその次のブロックを構成する反ユダヤ的スローガンと組み合わせられている。例えば、第四条は「民族同胞である者に限り、国家公民であることができる。信仰の如何を問わず、ドイツ人の血統をもつ者に限り、民族同胞であることができる。したがって、ユダヤ人は民族同胞とはなりえない」がそうであり、第六条「国家の執行および立法の決定権は国家公民にのみ与えられる」もそうである。これにさらに、第七条「国家の全人口の食料を満たすことが不可能な場合は、他の諸国民にぞくする者（非国家公民）はドイツ国から追放されるべきである」が続く。つまり、大ドイツ国家建設という民族主義的要求と不可分に、ユダヤ人から公民権ばかりか土地と財産をも剥奪しようとする要求が結合していて、ここにすでに東部地域への領土拡大という第二次世界大戦への布石があり、東部地域占領に伴って生ずるユダヤ人の問題の最終解決としての人種的抹殺への布石がある。ヒトラーが権力掌握後になしとげたのは、これらの要求が秘めていたたんなる潜在的な可能性をきわめて暴力的なかたちで現実性へと転化したことであるにすぎないといえよう。

次に見落とすことができないのは、疑似社会主義的なスローガンのブロックである。そのなかには、労働と努力によらない所得の廃止、利子奴隷制の打破、戦時利得の完全没収、すべての企業の国有化、大企業の利益配当への参加、養老制度の大規模な拡充、土地改革と地代および土地登記の廃止など、社会主義的または共産主義的政党のスローガンと見まごうばかりの諸要求が掲げられているが、もちろんこれらの大部分はヒトラーの権力掌握後のレームとその民衆主義的・行動主義的・社会主義的路線の粛清とともに葬り去られたものである。これらの偽装と欺瞞に満ちた諸要求もナチの大きな特徴であり、これらもまた労働者の一定部分を左翼陣営から奪い取ることに貢献した。

そして、第七条「何ら性格と能力を考慮することなく、たんに政党的見地によってのみ地位が占められる腐敗した議会経済に対して、われわれは抗争する」というスローガンに見られる議会主義と民主主義にたいする敵対と蔑視、そして「われわれは唯物主義的世界秩序に奉仕しつつあるローマ法を排する」あるいは「党は我々の内外におけるユダヤ的唯物主義的な精神にたいして抗争するものである」などに明示されている反共主義、さらにユダヤ主義と唯物論的世界観との同一視とこれに対する敵対も見落とすわけにはいかない。そして最後に、「ドイツ国の強力な中央権力の創設。ドイツ全国とその組織一般のうえに超越する政治的中央議会の無制限な権威」などの全体主義的スローガンによって、ナチ党綱領は締めくくられている。

要するに、ナチズムとは以上に概略を述べたナチ党綱領を中核として、その周辺にさまざまな変種や時には相互に対立しかねない諸要素を含みこんだ、ある意味ではとらえどころのない雑多な思想の寄せ集めである。しかし、ナチズムがいくら雑多なイデオロギーのアマルガムであるにしても、ナチ党に入党する者はこの党綱領に示されるすべてのスローガンと要求とを承認したうえで入党するのであって、このことがナチズムのミニマム、つまり最小限度の範囲を表している。

ユダヤ人に対する人種主義にかんしても、党綱領にはこれ以上のことは語られてはいない。ここには、例えば「いったい、とりわけ文化的な生活のなんらかの形式において、少なくともユダヤ人が関わっていなかったであろうような不正や破廉恥があったか。そのような腫瘍物を注意して切り裂くとすぐ、腐敗しつつある体にたかる蛆虫のように、突然差し込んだ光で完全に目を眩ませられたユダヤ人がしばしば見出された。」「それは、民族が感染したかつての黒死病よりもいっそうひどいペストであり、精神的なペストであった。」「歴史的経験は恐るべき明瞭さで、アーリア人種といっそう劣等な諸民族とのどんな混血も、その結果として、文化の担い手の終結を招くということを示している」[26]というような、ヒトラーの『我が闘争』に典型的に見られる狂信的な反ユダヤ主義は、その片鱗も見られない。しかし、この党綱領に示された反ユダヤ主義は、ヒトラーやローゼンベルク流の生物学的人種主義からハイデガーの「ありふれた文化的性質」の反ユダヤ主義までをも同時に含みこむような、広く漠然としていながらも、社会状況との結合の仕方いかんでは凶悪なものに発展していく可能性を秘めたイデオロギーであったことを忘れてはならない。

ハーバマスはハイデガーの反ユダヤ主義を「ありふれた文化的性質」の反ユダヤ主義と評したが、私にはこうした表現が必ずしも的を射ているとは思えない。ナポレオンによるユダヤ人ゲットーの解放後一〇〇年以上をへて、ヨーロッパ各国の市民として西欧に同化していたユダヤ人を含めて、窮乏に瀕したドイツ人を救済するためには、彼らユダヤ人の財産と公民権を犠牲にしてよいというナチ党綱領に明確に示された反ユダヤ主義は、後のユダヤ人絶滅計画につながる萌芽的形態なのであって、アウシュヴィッツそのほかの絶滅収容所でのホロコーストはこの萌芽的形態の必然的な現実化と見なければならないからである。国家公民としての権利を剥奪されたユダヤ人をいったい何が、そして誰が保護することができるというのか。国家と法の後盾を失った彼らが土地と財産を剥奪され、絶滅収容所へ連行されていくのを、何が、そして誰が押し止めることができるというのか。そうだとすれば、こうしたナチ綱領を承認して入党した人々には反ユダヤ主義という点で共通の関わりと政治的責任があると言わなければならない。ヴィエッタが言うように、ハイデガーがレーヴィットに教授資格を与えたり、助手のブロックの亡命を手助けしたり、ヘレーネ・ヴァイス、エリーザベト・ブロッホマン、ハンナ・アーレントなどのユダヤ人女性と友好関係を保っていたことをいくら並べ立ててみても、反ユダヤ主義に通底するハイデガーの政治的出動の出発点を踏まえなければ、何の意味もないことになろう。(27)

ところで、リチャード・ウォーリンが言うように、『存在と時間』以後のハイデガーの思索の歩みが存在論というかたちをとった政治の継続であるとすれば、(28)ハイデガーとナチズムとの関係を真に議論するためには、ヴィエッタのようなやり方をとるのではなくて、上記のナチ党綱領のなかに示されている政治的諸要素がハイデガーの著作と言動のうちにいかなるかたちで示されているかを分析することがどうしても必要である。それでは、ハイデガーの哲学思想のうちには、いかなるナチズム的諸要素が見られるのであろうか。

例えば、ハイデガーが学長職を辞任しヒトラーによるレーム粛清が行われた後の、一九三五年夏学期に講義した『形而上学入門』を取り上げてみよう。ハイデガーは、形而上学の根本的問いとしての「存在とは何か」を問いかけながら、こういう一節を差しはさんでいる。「このヨーロッパは今日、救いようなく目が眩んで、たえず短刀で自分自身を刺そうとしているのだが、一方ではロシア、他方ではアメリカとのあいだに強く挟まれた状態にある。ロシアとアメリカの両方とも、形而上学的に見れば同じものである。それは、荒れ狂う技術と平凡人の基盤をもたない組織との絶望的な狂乱状態である。(29)」つまり、ロシアとアメリカは、技術開発に狂奔し、平凡人が支配する「絶望的な狂乱」の国としてまったく同一視される。そして、彼は「世界の暗黒化、神々の逃亡、大地の破壊、人間の集団化、創造的で自由なものすべてにたいする嫌疑」が全地球上にはびこっていることを嘆いているハイデガーによれば、これはデモーニッシュなものの来襲であって、その内実のひとつは、精神を誤解し、これをたんに知性として解する「マルクス主義」の立場であり、その政治的帰結が「ロシアの共産主義」である。もうひとつはアメリカの産業資本主義である。彼の情勢分析では、ドイツ民族は西欧の中心にいるので、万力の最もきつい重圧を受け、最も危険にさらされた民族であり、だからこそロシアとアメリカによって生じている暗黒化から世界を救済するという歴史的使命を負っている。その後でハイデガーはこうも述べている。「だから、全体としての存在者そのものにかんする問いは、つまり存在問題を問うことは、精神を覚醒させるための、したがって歴史的現存在の根源的な世界のための、したがってまた世界の暗黒化の危険を抑えるための、したがってまた西洋の中心である我が民族の歴史的使命を引き受けるための本質的な根本諸条件のひとつである。[30]」

こうした叙述に見られる断固とした反共主義と反資本主義的な態度こそは、まさしくナチ党綱領の精神と正確に一致するものであり、ハイデガーがこの時点でなお正真正銘のナチとして政治情勢を語りかけていることに疑いの余地はない。この時点でのハイデガーとナチとの相違は、世界の暗黒化を防ぐための本質的条件が「存在について問うこと」という哲学的精神の有無であるにすぎない。すでに述べたように、ハイデガーはナチ的な姿勢と用語で飾り立てられたこの『形而上学入門』を敗戦後の一九五三年になって公刊している。しかし、彼のナチ時代の生きた化石ともいえるこの講義を、後に論争を引き起こすことになった重要な字句の追加を行った以外は主要箇所をほとんど修正することなく出版していることは、敗戦後になってなおハイデガーが当時の思想と精神をもち続けていたと見られても抗弁できないであろう。ヴィエッタが言うように、ハイデガーが自らのナチズムにたいする禊ぎや反省の言葉を口にしていたというのが事実であるとするならば、ハイデガーがなぜこうした著作を戦後になってなお何の臆面も恥じらいもなく公刊できるのか、少なくとも私にはまったく理解できないことである。

さらにハイデガーは、一九三六年の夏学期に行われた講義「人間的自由の本質にかんするシェリングの論文」のなかで、知識にかんする論評のなかできわめて唐突に次のような一節をさしはさんだ。「いずれにしても、次のことはよく知られている。それは、ムッソリーニとヒトラーのことなのだが、国民または民族の政治的な形態からすれば──しかも異なった仕方で──ニヒリズムに対する反対の運動をヨーロッパに持ち込んだこの二人の人物は、またしても異なった観点からニーチェによって本質的に規定されているのであって、このことは、そのさいにニーチェの思索のもともと形而上学的な領域が直接に効果を発揮することがないとしてもやはりそうなのである。[31]」要するにハイデガーはここで、ムッソリーニとヒトラーはニヒリズムに反対する運動を西洋に持ち込んだ政治家として評価されるのであって、その運動は、ニーチェの形而上学的領域にかんする思索を有効なものとして受けとめてはいない点で限界があるが、ニヒリズムにかんするニーチェの思想に本質的に学んでいるのだ、と言おうとしたのである。なお、カール・ウルマーが指摘し、ペッゲラーも確認したことだが、ハイデガーとファシズムの象徴とも言うべきこの二人の人物との関係をあからさまに示すこの箇所は、この講義がハイデガーの弟子で生前のハイデガーが編集と刊行を託したというヒルデガルト・ファイクによって一九七一年にマックス・ニーマイヤー社から公刊されたさいに、削除されたという。しかし、編集者がそのことを断り書きすらしていないことは問題であろう。[32]このように、ハイデガー・ナチズム問題には、ハイデガー本人と彼の弟子たちによる事実の意図的または非意図的な隠蔽という問題がつきまとっていることに注意しなければならない。

すでに述べたように、ヴィエッタによればナチズムと対決する姿勢をとって久しいはずの一九四二年の講義『ヘルダーリンの賛歌「イスター」』のなかでも、あからさまに「国民社会主義がもつ歴史的無類性」について述べていたが、それだけではない。一九四三年の「ニーチェの言葉『神は死せり』」のなかでも、ハイデガーは倫理の領域で議論される「公正さ」の概念に言及しているが、ここでも「公正さ」という倫理的概念の意味内容をニーチェの立場から、すなわち、最も力強いものの優位を意志する「力への意志」と解釈しながら、「ニーチェが念頭に置いている公正性の了解を準備するためには、キリスト教的、ヒューマニズム的、啓蒙主義的、ブルジョア的、社会主義的モラルに由来する公正性にかんする考え方はすべて排除しなければならない[33]」と述べている。ハイデガーは、社会的存在にほかならない人類の知恵の歴史的所産というべきこうしたもろもろの道徳にもとづく公正さをことごとく拒否することを明言しているのであって、「キリスト教的、ヒューマニズム的、啓蒙主義的」道徳と並べて、さらに「ブルジョア的、社会主義的」道徳をも槍玉にあげている点でも、きわめてナチ的である。ハイデガーのこうした思想のいきつくところは、ニーチェ的な「この公正性は、近世の時代を完成する開始のなかで、大地の支配をめぐる戦いの内部において、すでに歴史的である[34]」という他の箇所の叙述とも相俟って、ナチによる軍事力による世界支配のための戦争の公然たる擁護と正当化であると受け取られかねないところまで進んでいると言わざるをえない。

それではハイデガーは民主主義にかんしてはどういう見方をしていたか。ハイデガーは一九三六／三七年に行われ、一九六二年に公刊した講義『ニーチェ。芸術としての力への意志』のなかで、ニーチェの言葉に依拠しながら、そしてまったくこれに賛意を表しながら、「ヨーロッパは、まだいつまでも民主主義にしがみつき、これがヨーロッパの歴史的死滅になるであろうことを見ようともしない。というのも、民主主義とは、ニーチェが明瞭に見たように、ニヒリズムの、すなわち最高の諸価値の価値喪失の一変種にすぎず、まさに『価値』でしかなく、もはや形態づける力ではないのである。『選民の台頭』、『社会的ごた混ぜ』、『平等の人間』とは、またしても古い諸価値の台頭を意味する[35]」と述べて、その民主主義への敵対的姿勢を公然と表明していた。さらに、「ニーチェ講義」のそのほかの箇所でも、ハイデガーは「ニヒリズムは外部から克服することはできない。キリスト教の紙の代わりに、理性とか進歩とか、経済的・社会的な『社会主義』とかたんなる『民主主義』とか、こういう別の理想を建ててニヒリズムを抜き去り、押しのけようとしても、ニヒリズムを克服するわけにはいかない。このやり方で黒い蛇を取り除こうとすれば、蛇はいよいよ深く食い込むばかりである」[36]と述べていた。理性と進歩のみならず民主主義をも敵対視するハイデガーのこうした政治姿勢は、ナチズムに対する歴史的審判が下された戦後になっても、そしておそらくは彼の生涯を通じて、基本的に変化していない。それは、彼が戦前のこうした自らの思想と語句とを戦後になってもそのままのかたちで印刷に付したからだけでなく、あの「シュピーゲル・インタビュー」においても、民主主義、キリスト教的世界観、法治国制にかんして「私はこれらが技術的世界との真の対決であるとは考えない」という理由で中途半端なものと見なしたからである。

ハイデガーの著作や講義・講演を散見するだけで、われわれは、哲学的で抽象的な議論のなかにしばしば、突如としてきわめてナイーヴと思われる政治的主張が入り込んでいることに驚かされる。そして、以上のような箇所を参照する限り、ハイデガーの思想のうちには、ドイツ民族主義、ユダヤ人からの国家公民資格の剥奪をはじめとする反ユダヤ主義、産業資本主義としてのアメリカニズムと近代主義にたいする敵対、反共主義と反マルクス主義、反ヒューマニズム、議会政治と民主主義にたいする反対など、ナチ党綱領の主要な要素がほとんどすべて出そろっていることに気づかされるのである。ハイデガーがナチズムと対決したというヴィエッタの主張が正当であるとされるためには、ハイデガーがこれらの党綱領に表現されたナチの主要な政治的スローガンのすべてを批判したという客観的な事実が確認されなければならない。しかし、私の知る限り、そういう事実は存在しない。したがって、われわれは、ヴィエッタの結論とはまったく逆に、この時点ですでにこう結論せざるをえない。ナチ党の綱領に示された政治的諸スローガンをナチズムのミニマムと考える限り、ハイデガーがこうした政治綱領を承認して入党し、学長辞任後も明確に直接に名指ししてナチズムを批判したことがないという形式的な事実だけでなく、実際に著作と講義・講演のなかでさまざまなかたちでナチズムの政治綱領に見られる主要な諸要素を肯定的に展開したことはあっても、これらの諸要素のうちどれひとつとして否定することがなかったという事実にもとづけば、ハイデガーはその生涯に渡ってナチズムの近傍から離れることは決してなかった、と。

第四章　ハイデガーはナチズム批判から近代技術批判へ移行したか

次にヴィエッタは、ハイデガーによるナチズム批判なるものを求めて、これをハイデガーの形而上学批判的な歴史分析のうちに見いだそうとする。ヴィエッタがこうした意図のもとにまず取り上げるのは、ハイデガーが一九三八年六月九日に「形而上学による近代的世界像の基礎付け」という標題で行い、戦後の一九五〇年に『杣道』に「世界像の時代」と改題して収録して公表した講演である。最初のもともとの講演原稿はマールバッハのハイデガー文庫に保管されており、一般の人には接近しえないものであるが、ヴィエッタはこのもともとの講演原稿とこれに若干の修正を加えて『杣道』に収録された原稿とを比較参照しながら議論を行っている。これはヴィエッタの議論の強みであるが、しかしそれは同時に弱みでもある。私には、ヴィエッタがこうした議論のなかでいくつかのきわめて奇妙な試みを行っているように思われてならない。例えば彼は、ハイデガーのもともとの講演原稿とこれが印刷されて公刊されたものとのあいだの相違から、原稿のコンテキストを離れて、きわめて主観的でイデオローギッシュな解釈を施しているように見えるからである。そのいくつかの実例を検討しよう。

ヴィエッタは、今問題となっているこの「世界像の時代」のなかで、ハイデガーがデカルトの「コギト」に代表されるような近代的な認識主観による存在者の総体の世界観化と世界像化、そして世界観化・世界像化のために一切を量的に算定可能なもの・利用可能なものにしようとする数学的・精密自然科学的な思考態度を問題としたことを解説しながら、ある箇所が注意して読まれるべきであると主張する。その箇所とは「むしろ巨大さとは、量的なものがそれによってある独特の質に、また同時にある卓越した様式の大きさ das Grosse になるところのものである。それぞれの歴史的時期は他の時期と比べて大きさに相違があるだけではない。それぞれの時期はそのつどそれ固有の偉大さ Größe の概念をもつ(37)」である。確かにハイデガーは巨大さについて述べ、この「大きさ das Grosse」がすべての存在領域の「計画、算定、設備、保障の巨大さ」に関係づけられ、やがてはその巨大さが量的なものから固有の質に転化して、算定不可能なものになると述べている。ところがヴィエッタは、この箇所をただちに『形而上学入門』で問題となったあの箇所と結び付けようとする。あの箇所とは、「今日、すっかり国民社会主義の哲学としてあちこちで提起されてはいるが、この運動の内的真理と偉大さ Größe（つまり、惑星的に規定された技術と近代人との出会い）といささかも関係のないものは、『価値』と『全体性』のこの濁流のなかで漁とりをしている(38)」という一節である。この一節のなかの括弧書きの部分は、周知のように、一九三五年の最初の講演原稿「形而上学とは何か」のなかにもともとあったものなのか、それともこれが戦後の一九五三年に『形而上学入門』として公刊されたさいに、ハイデガーの自身によってまたはハイデガーの指示によって挿入されたものなのかどうかをめぐって、激しい論議を呼んだ箇所である。

ハーバマスによれば、彼は一九五三年にこの講義がはじめて公刊されたさいに、文体の隅々にまでファシズム的なものが染みこんでいるこの『形而上学入門』を読んでショックを受け、同年七月二五日の『フランクフルター・アルゲマイネ』新聞に投書し、ハイデガーに質問を突きつけ、この丸括弧の箇所をも問題として指摘した。これに対してクリスティアン・E・レーヴァルターが同年八月一三日の『ツァイト』にハーバマスとはまったく異なる解釈を提起して、ハイデガーは丸括弧の箇所で、ナチの運動が技術と人間の悲劇的な邂逅の徴候であり、西欧を没落に引きずり込もうとする徴候であるからこそ「偉大さ」をもつことを指摘しようとした、と述べた。ところが、世間の人々が驚いたことに、これに対してハイデガー本人が新聞編集者に投書してこの論争に介入し、このレーヴァルターの解釈がいかなる点から見ても適切だと述べてきたのである。(39) ハイデガーは一九六六年の『シュピーゲル』対談のなかでも、この箇所が最初の講義原稿のなかにすでに書かれていたとし、またナチズムは人間と技術の本質との十分な関係という方向に進んだが、あまりに単純素朴であったために、この関係を十分に理解できなかったとも述べていることも、同じ文脈のなかで解釈されるべきである。(40)

しかし、ハイデガーに近いところにいたライナー・マルテンの証言や『形而上学入門』の編集者であったペトラ・イェーガーの後書きなどを総合すると、協力者たちから見て不適切なもともとの文章を削除するように求められたハイデガーがこうした助言に耳を貸さず、問題の箇所を丸括弧で付け加えたというのが事の真相のようである。つまりハイデガーは、もともとの原稿の「国民社会主義の内的真理と偉大さ」の部分のうち、「国民社会主義」を「この運動」と置き換え、さらにもともと原文にはなかった丸括弧の部分「（つまり、惑星的に規定された技術と近代人との出会い）」を公刊にさいして新たに挿入した可能性が強いのである。この丸括弧を挿入することで、ハイデガーは、国民社会主義すなわちナチズムが「惑星的規模で規定されている技術と人間の出会い」であり、この「出会い」を象徴するがゆえに「偉大」なのだとする解釈に道を開くことになり、こうして自らのナチ的過去の痕跡を消し去ろうとしたと考えられる。

それではこの問題の箇所をヴィエッタはどう解釈するのであろうか。彼は当のハイデガーでさえも及びもつかない仕方によってそうするのである。

ヴィエッタは「括弧の補足がすでに一九三五年の講義原稿にあったのかどうかの問いは文献学的にはもはや解明されえない」と述べて、この問題の解明を放棄したうえで次のように続ける。「『偉大さ Größe』というカテゴリーはここでは、国民社会主義的なイデオロギーの『偉大さ』が一九三五年になお、もしくは一九五三年にここでなお賞賛されるべきだという意味においては、もはや肯定的な含意をもってはおらず、その逆である。『巨大なもの』、つまりファシズムの『偉大さ』にかんする固有の概念は、この概念がある特種に近代的なもの、すなわち計算する思考そのものの支配、量の――しかも、『巨大さ』にまで高めあげられた――カテゴリーの支配、それゆえに近代的な支配思考の支配を極端にはっきりと表現していることにその本質がある。[41]」ドイツ語とその訳語の問題も絡んできわめてわかりにくいのだが、要するにヴィエッタは、「大きさ das Große」と「偉大さ die Größe」とを同一視し、そのうえで国民社会主義な「運動の内的な真理と偉大さ」という箇所は、ナチズムを褒め称えたものでは決してなくて、その逆に、すべてを計算して「大きさ」として量化する近代的思考の批判を意味し、したがってすべてを量化する近代的思考の典型であるナチズムの批判を意味すると主張している。谷崎訳は「大きさ」と「偉大さ」を訳し分けることなく、これらの両方とも「大きさ」と訳しているが、こうしたやり方もまたはからずもヴィエッタの論法の本質がどこにあるかをはっきりと示している。ドイツ語をよく知るはずのヴィエッタの論法は、「偉大さ die Größe」を「大きさ das Große」と同一視することによって、ナチズムの運動の「偉大さ」がすべてを「大きさ」として量化する思考へとすり替えられ、こうしてナチズム賛美がナチズム批判へとすり替えられるという恐るべき換骨奪胎を示しているのである。これは言葉の手品というほかないであろう。

次にヴィエッタは、再び「世界像の時代」のもともとの講演原稿に立ち戻って、『杣道』では削除された補遺の第四に注目する。この第四番目の補遺は、ヴィエッタによれば、ハイデガーが自らの学長演説と批判的に対決したそうである。われわれが手にすることができないこの講演原稿でハイデガーは確かに次のように述べている。「学にかんしてここで遂行された熟慮は、『ドイツの大学の自己主張』（一九三三年）が語りまた要求するものと矛盾してはいない。というのはあの演説は、学の本質を根源的な知から生ぜしめようとして、『近代』と『あまりにも今日的な学』とを学問的に飛び越えているからである。しかしこの知は、西洋の思考の最初の始原との対決のうちで、そして、この思考の終わりに、この思考の終わりとして提起されたニーチェの問いを真剣に受け取ることで、基礎付けられる（一二頁）。あの演説は近代的な学の本質に、すなわちデカルトに立ち入ってはいない。[42]」

驚くべきことに、ヴィエッタはこの叙述のなかにハイデガー自身の「注目すべき自己批判」が語られており、しかも総統と国民社会主義の批判との関わりでこうした自己批判を行っていると理解するのである。というのも、彼は「われわれはこう補足することができる。当時ハイデガーは、古代の哲学に結び付けられた革新の希望と『総統』とを短絡的に結び付けた、と。ハイデガーは当時明らかに、『総統』がいったい誰であり、何であるかを知ってはいなかった」「だが、ハイデガーの［一九三三年の彼の学長演説にたいする――筆者］自己反省は、精神のそのほかの形式を総統および国民社会主義的運動と――短絡的に誤って――同一視することに背を向けている[43]」と述べているからである。しかし、ハイデガーの原文にあるのは、自分の学長演説が近代的な学を飛び越えて、いきなり古代ギリシャ哲学との関わりで根源的な知を問題としており、デカルトとの関係を媒介とすることなく論じていなかった点で一定の問題を含んでいたということにすぎない。もちろん、ここにはハイデガーが学長演説の段階を超え出て、根源的な知を、ニーチェの問いを真剣に受けとめ、近代の学を批判的に総括するなかで探究しようとする姿勢への変化が語り出されている。しかし、これは決して自己批判といえるような代物ではないし、まして学長演説で「総統」や「国民社会主義」に与したことを自己批判するような文言はひとつも語られてはいない。ここでハイデガーは、こうした自分の哲学的な姿勢の変化にもかかわらず、もともとの講演原稿で語られたことが以前の自らの学長演説とは矛盾していないということに重点を置いて述べているのであって、そのことはヴィエッタが「あの演説は近代的な学の本質に、すなわちデカルトに立ち入ってはいない」という叙述の後に続けて、「しかし、あの演説では『自己熟慮』が『形而上学的な根本的立場』から遂行されている（六頁）が、その『形而上学的な根本的立場』は、そこからここで言う『近代的な学』にたいする熟慮が遂行されているのと同じものである」と述べていることから直接に了解される。ヴィエッタはここでは解釈者としての立ち場を踏み越えて、ハイデガーが語ってもいないことを平気で語っているのである。これは、もはや解釈などではなくて、想像力にもとづくたんなる創作だと言わざるをえない。

さらに、ヴィエッタが主張しようとするもうひとつの主要なテーゼは、「ハイデガーの技術批判は直接にファシズム批判から生じている[44]」ということにほかならない。例えば彼は、ハイデガーの手書きの原稿を閲覧できないわれわれにとっては大変ありがたいことに、『世界像の時代』のもとになった一九三八年の手書きの講演原稿の文章とこれが戦後に印刷されたあとの文章とを比較しているが、それは以下のとおりである。読者の便宜のためにA、Bという記号をつけて表示することにする。

A「学者はおのずから必然的に労働者と兵士という本質形態の周辺域へと突き進む。」（講演原稿）

B「研究者はおのずから必然的に本質的な意味における技術者という本質形態の周辺へと突き進む。」（『世界像の時代[45]』）

驚いたことに、ヴィエッタはAとBとの関係をAからBへの発展的な移行として理解し、こう読解する。「この講演においてハイデガーのファシズム批判が技術批判へ移行してゆくさまをありありと目撃することができる。[46]」つまりヴィエッタは、まず講演原稿のＡをファシズム批判、次に印刷された文章Ｂを近代技術批判として理解し、ＡからＢが導き出されたと理解する。しかし、私見によれば、これは事実の曲解であって、事態はヴィエッタの理解とは逆のかたちで解釈される可能性が高い。

まず手書きの講演原稿の文章だというＡについて言えば、ヴィエッタは読者にたいしてこのＡがファシズム批判を表現していると一方的に言い立てているだけであって、何の根拠をも示していない。これがファシズム批判を意図した文章であるという根拠はいったいどこにあるのであろうか。前後の文脈に照らして見れば、Ａは初期のナチズムの興隆に貢献したと言われる作家エルンスト・ユンガーの語法と文体の影響を濃厚に受けた、きわめてナチズム的な文章である。しかもこの文章は、前後の文脈から見れば、明らかに肯定的な意味合いにおいて叙述されている。右翼ナチ革命の研究者であるジェフリー・ハーフによれば、「ユンガーの労働者‐兵士という形態は、反動的モダニストの象徴のなかでも最も耐久力のあるもののひとつであった。それは、文化的伝統と技術的近代主義の、生き生きした、たやすく理解できる混合物を提示していた。そして、この混合物は、ヒトラー体制の宣伝の一般的なテーマとなった。[47]」ハイデガーの手書きの講演原稿に書かれている「労働者と兵士」とは、第一次世界大戦で自ら塹壕戦を体験して鋼鉄の戦争を賛美し、二〇世紀を、国家による労働統制と軍事化にもとづく社会的・技術的資源を総動員する総力戦の体制として特徴付け、その担い手を労働者‐兵士と規定したユンガーのこうした思想を背景に置き、またハイデガーも大戦前に二度にわたってユンガーを研究しその影響を持続的に受けたことを彼自身回顧していることを考慮して、理解される必要がある。そうするとハイデガーのＡは、まさしく学者もまた総力戦への社会経済的・軍事的準備を整えつつある当時のドイツの状況に参入せざるをえないことを述べたものだと理解できこそすれ、決してナチズムにたいする批判を述べたものとはとうてい理解できないであろう。

それではBの部分はどう解釈されるのか。ここで大いに考えられるのは、「労働者と兵士」という用語自体があまりにもユンガーを直接に想起させ、あのナチズムに熱狂した時代の刻印をあまりにも明確に残していることを考慮して、ハイデガーがこの用語に置き換えて「技術者」という政治的には中立的な言葉を用い、強いナチ的響きをもつ表現に修正を加えたのだという可能性である。先ほど引用した『形而上学入門』の一節でも、ハイデガーは読者に断りなく、もともとのオリジナルな原稿にあった不適切な箇所を削除したり、書き換えまたは書き加えを行って、自らとナチとの関係に修正を加えようとしたではないか。ハイデガーはほかにも多くの箇所で読者に無断でこの種の修正を行っているが、そのなかで良識ある人々を最も憤慨させたのは、例えば一九四九年に彼がブレーメンで「立て組みGestell」というタイトルで行い、後に「技術への問い」と改題して一九五四年に刊行した『講演と論文集』(*Vorträge und Aufsätze*)の巻頭論文として収録した論考である。最初の講演原稿にあった「農業は今や機械化された食料産業であり、その本質においてはガス室と絶滅収容所における死体の大量生産と同じものであり、国々の兵糧攻めと同じもの、水素爆弾の大量生産と同じものである」[48]は、刊行された論考では「農業は今日機械化された食料産業である。」[49]こうした仕方で、ハイデガーは機械化された食料産業をガス室と絶滅収容所における大量殺人と同一視し、水素爆弾の大量生産と同一視するという自らの恐るべき発言をまったく無害なかたちに書き改めたのである。このもともとの発言は、かつてナチズムに関与し、その点でたとえ間接的にではあれガス室と絶滅収容所でのユダヤ人虐殺に関わった人間の発言としてはまったく傍観者的であり、また無責任・無反省でもあるものとして、強い非難に値するものである。こうしたかたちでの書き換えもまた道義的には決して許されるものではない。われわれが問題としている箇所でのAとBとの関係についてもまったく同じことが言えるのではないか。だが、ヴィエッタはこうした可能性が高いことをまったく考慮に入れようとはしないのである。

ヴィエッタは、その著書の第三章の最後の部分で、ハイデガーの「形而上学の克服」という論文の第二六節をとりあげて、ハイデガーの「ファシズム批判」と「技術批判」を論証しようとする。このテキストは、一九五一年に「存在棄却性と錯誤」というタイトルで公刊された後、一九五四年に『講演と論文集』のなかに上記のかたちで転載されたものである。ヴィエッタは、この論文が一九五一年の初版の解題に一九三九年から一九四〇年に書かれたとあるのを訂正し、論文中にフランクフルト市のゲーテ賞を受賞したリヒャルト・クーンに言及していることを根拠として、一九四二年に書かれたものと主張した。このこと自体は正しい指摘である。しかし、ヴィエッタの議論の大きな問題点はこのクーンの業績の取り扱いである。

周知のように、『存在と時間』執筆当時からしばらくのあいだ、ハイデガーは形而上学を現存在分析による存在の意味の探求として位置付けていたが、この時期になると、形而上学が西欧の歴史の根本特徴であり、しかも人類を「存在者」のうちにつなぎとめる「存在忘却」のいわば根源であるとみなして、形而上学とニヒリズムとの克服を自らの思索の課題とするようになる。そして、「近代の技術の本質は近代の形而上学の本質と同一である」[50]という言葉に象徴されるように、この形而上学とニヒリズムの問題を思索するにあたっては、技術批判がひとつの重要な論点となる。「形而上学の克服」もこうした強い問題意識から論じられている。

ヴィエッタは、この論文のなかで、ハイデガーがファシズムを解釈していると理解するのだが、ヴィエッタが注目するのは、例えば次のような文章である。「『世界戦争』とその『総体』はすでに存在棄却性の帰結である。[51]」「『指導者たち』は、自分から、利己的な我欲の盲目的な狂乱のなかで、すべてを我がもの顔で振り回し、自らの我意に合わせて整える、と思われている。真実には、彼らは存在者が錯誤という仕方へと移行したということの必然的な結果であって、この錯誤のうちでは存在者が唯一の秩序と確保を要求する空虚が広がっている。……指導者たちは権威ある武装労働者であり、存在者の乱用を確保するすべての領域を見渡すが、そのわけは彼らが周囲の全体を見通し、そうして錯誤をその算定可能性において支配するからである。[52]」ヴィエッタは、これらの文中で言及されている「指導者たち」の概念が、学長演説のなかのそれとは大きく異なって、もはや肯定的に用いられてはおらず、「存在者が錯誤という仕方へと移行したことの必然的な結果」として、また腹立たしく、憤激の追跡から逃れられない「宿命的な形式」と見なされ、また近代的な計画的算定という枠の中で存在者を支配するものと見なされていることを指摘する。確かに、学長演説とこの論考とのあいだには大きな乖離がある。しかし、ヴィエッタの議論の問題点は、この乖離の確認からただちに、この論考がただちにナチズム批判を意味するというように拡大解釈を行うところにある。

ヴィエッタのこうした拡大解釈は次のことで頂点に達する。それは、ハイデガーの「本能が超人性にとって性格として要求されるということは、超人性には——形而上学的に理解された——劣人性がぞくしているが、しかしそれは、まさしく動物的なものがそれのどの諸形態においても徹底的に計算と計画に従属する（健康管理と育成）というようにしてそうなのだということを言っている。人間は最も重要な原材料であるから、今日の化学研究にもとづいていつの日か人的資源の人工的な産出のための工場が建設されることが計算に入れられてよい[53]」という一節の解釈である。ヴィエッタはこの箇所をさらにハイデガーの次の箇所と結び付ける。「今年フランクフルト市のゲーテ賞で表彰された化学者クーンの研究はすでに、生物の雌雄の生産を必要に応じて計画的に制御する可能性を開いている。[54]」ヴィエッタはここでこれらのハイデガーが第三帝国における優生学に言及していると理解して、わざわざルントグレンのナチス・ドイツの優生学にかんする叙述を引用し、読者にいっそう強い印象と連想を与えた後で、こう述べている。「ハイデガーは自然諸科学が、ここでは化学が、第三帝国の育成計画のために横取りされていることを一九四二年にこのうえない鋭さで見抜いていた。しかし、彼が強調しているのは、たんに国民社会主義の批判だけではない。ハイデガーはここで国民社会主義のうちに、そして国民社会主義をつうじて批判しているのは、根源を喪失し、純粋に技術的・経済的に思考する社会の将来展望である……このような将来展望がハイデガーに生じたのはむろん国民社会主義の人種・育成政策に触発されたからである。[55]」なお、谷崎訳はこれらの引用文中の「育成 Zucht」をわざわざ「育種」と訳して、読者にいやがうえにもナチの人種政策と優生学とを連想させて、原著者が意図する以上に貢献している。要するに、ヴィエッタはハイデガーがナチス・ドイツの人種政策と優生学を批判していると言っているのだが、これらの叙述はすべて「人間に訴える論証」または「心情に訴える論証」としか言いようのないものである。

リヒャルト・ヨハン・クーン（一九〇〇―一九六七）はドイツの優れた化学者である。一九〇〇年にウィーンで生まれ、ヴィルシュテッターに学んで、ハイデルベルク大学教授を務め、同時にカイザー・ヴィルヘルム医学研究所の研究所長を兼任した人物である。彼の業績は、有機化学、酵素、ビタミン、抗生物質など、きわめて多方面の分野にわたっているが、わけてもカロチンの分離、ビタミンB2の分離と合成、ビタミンAの合成などのビタミン研究などで世界的な業績をあげ、これらの研究で一九三八年にノーベル化学賞受賞者となった。しかし、この名誉ある受賞はナチス政府の圧力によって辞退へと追い込まれた。なぜかと言えば、クーンはユダヤ系であったからである。クーンはナチス・ドイツ崩壊後の一九四五年になって改めてノーベル賞を受賞している。クーンの研究業績は抗生物質からさらに性決定物質にも及んでおり、ハイデガーの叙述との関連で言えば、一九三九年に藻類配偶子の運動と接合に必要な物質の研究を行って、クロシン、クロセチン誘導体を発見したこと、性決定物質の研究ではサフラナール、ピクロクロモン誘導体を発見したこと、そしてウニ卵巣中にあって海水中に放出されて精子を活性化し走化させる精子誘因物質のエキノクロムを分離し、さらにその構造式を決定したことが重要である。[56]ヴィエッタの叙述に従えば、あたかもクーンの研究が優生学に関係しているかのようであるが、しかし、クーンの研究は、藻類の配偶子やウニの卵巣・精子レベルでの性活性化物質に関係しているのであって、これが直接に人間レベルの男女の産み分けや、まして優生学に関わるような研究に関係しているわけでは決してない。ユダヤ系であるクーンがそのような研究に直接に関わるはずもないであろう。

ハイデガーは、こうしたクーンの研究に触発されて、こうした技術的応用がさらに発展していけば、人的資源を人為的に生産する工場の建設が将来的に可能となるかも知れないと想像しながら述べているのであって、これがナチの育種政策や、まして人種政策の批判にじかに関係するなどということは決してありえないことである。だから、「ハイデガーは彼なりの水準において、また彼なりの諸々の思惟手段をもって、敢然と国家社会主義に対して批判的な戦陣をしいたのである」（訳文のまま）というヴィエッタの主張は、事実の把握の点でも論証の仕方の点でも、まったく根拠のない、きわめてイデオローギッシュなものと言わざるをえないのである。

われわれがヴィエッタの議論に惑わされないためには、次のことを理解しておくことが重要である。この時期のハイデガーにおいては、形而上学とは「存在者の真理の運命」または「存在の忘却としての存在者性の運命」[57]として、しかも「西欧—ヨーロッパの歴史の根本特徴」[58]として、ニヒリズムと同様に、もっぱら西欧を中心としながらも世界的な規模における現象として考えられており、決して特殊ドイツやナチズムに限定されて考察されてはいない。ハイデガーが言う「存在棄却性」とは西欧全体の運命にほかならない。ハイデガーが言うように、「諸理念」・「諸価値」・「行為」・「精神」を声高に叫んでいるのが誰であるかも何ら具体的に示されてはいないが、これらのスローガンを叫んでいる者がナチであるという可能性は少ない。「超人性」と「劣人性」のイデオロギーは確かにニーチェ的であり、ナチ的なものであると言えなくもないが、しかし、ハイデガーはこれを単純にあてこすっているのではなく、前後の文脈からすれば明らかに、これらの概念とその使用とを肯定的に受け入れたのちに、道徳的な価値づけという観点を排除したうえで、ハイデガー自身が哲学的に理解するとおりに、つまり「形而上学的に」これらを理解するように求めている。「計算と計画の支配」も、デカルト以来の合理主義と主体中心主義によって切り開かれた近代自然科学と近代技術の産物にほかならないことは、例えば、デカルト的な思考である、直前に立てることとしての「表象」することにとっては「計算されうるということだけが……不断に確信をいだくことを保証する」[59]、そして「人間の主体中心主義は、技術的に組織された人間の惑星的な帝国主義においてその絶頂に到達している」[60]というハイデガーの言葉によって明らかである。つまり、形而上学と技術とこれらを支える主体中心主義はすべての「帝国主義」に及び、そこでピークに達していると言われているのであって、ヴィエッタのように、ハイデガーがこれらの諸思想を、ナチズムを特定的に批判しながら展開していると主張することはきわめて困難なのである。

こうして、ハイデガーを擁護しようとして自ら袋小路に陥ったヴィエッタが最後の手段として苦し紛れに提起するのが、私事の範囲にすぎない弟子の証言である。ヴィエッタは、ハイデガーがおのれの政治的態度の誤りに衝撃を受けてニーチェと国民社会主義の批判に取り組んだという自らの主張裏付けとしてあげている唯一のそれらしき証言は、教育学者へリベルト・ハインリヒスの一九五九年一〇月一四日の日記である。それによれば、彼はハイデガーとともにゲッティンゲン地方を散策した折り、ハイデガー自身の口から「今世紀の略奪者にして犯罪者であるアドルフ・ヒトラー」という言葉が発せられ、しかもハイデガーは「一九三八年以来、災厄の全貌を察知し、国民社会主義にたいする自分の関係を清算した」とじかに聞いたと記されているという[61]。

しかし、言うまでもなく、たった一人の側近がハイデガーからただ一度だけ口伝えに聞いたということが客観的に意味をもつ「証言」として採用されるものでないことは、一人の証人が聞いたとされるただ一回かぎりの証言だけでは法律的に遺言としての価値をもたないのとまったく同様である。すでに、学長辞任後からナチス・ドイツの崩壊にいたる時期にも、また戦後にも、ハイデガーは幾度となく、ナチズムに肩入れする文章を書いたりこうした文言を口にしていただけでなく、戦後においてもその痕跡を色濃く残す出版物を恥じることなく公刊しているのだから、彼が公の場ではない私的な空間でたとえ禊ぎの言葉を発したことが事実だとしても、そのことが悔恨や反省の言葉として大きな意味をもちえないことは自明の理であろう。ましてハイデガーは言論を生業とする思想家であり、しかも世界的な名声をもつ思想家であるからなおのこと、禊ぎの言葉は少なくとも、ただ一回きりの私的な会話という次元においてではなく、公衆を前にした講演・講義または著作というかたちで、哲学者らしい公の次元において表明されるのでなければ、禊ぎの言葉を語ったことにならず、またおのれの言動に対して自ら責任を取ったということには決してなりえないということも自明の理であろう。

以上の諸理由から、ヴィエッタがハイデガーによるナチズムの批判と見なしている箇所はいずれも、疑問の余地なくナチズム批判であると確認できるものではないことが了解される。だが、もしもそうだとすれば、ハイデガーはナチズム批判から近代技術批判へと移行したのだというヴィエッタの主張は、そもそも明確なナチズム批判が確認できないという事実によって、ただちにその根拠を失うことになろう。

第五章　ハイデガーは「ニーチェ講義」でナチズムと対決したか

周知のようにハイデガーは、一九三六年から一九四〇年までのあいだ、ニーチェを連続講義や論考の対象として頻繁に取り上げるようになる。そのうち一九三六年から行われたニーチェにかんする連続講義は、第二次世界大戦後になってハイデガーによる修正が加えられたうえで大部の著作として出版されたが、現在刊行中のハイデガー全集には、『ニーチェ。芸術としての力への意志』をはじめ、ハイデガー自身のオリジナルな講義と学生の講義ノートをもとにして作成された講義もいくつか収録されている。ハイデガーがなぜこの時期になってニーチェと対決しようとしたのかと言えば、その事情はハイデガー自身によって、一九六六年の『シュピーゲル』誌インタビューのなかで、こう説明されている。「私は、総長を辞任した後、教育活動という私の使命だけに専念しました。私は、一九三四年の夏学期に、『論理学』を講義しました。次の一九三四年／三五年冬学期には最初のヘルダーリン講義を行いました。一九三六年には一連のニーチェ講義が始まりました。講義を聞く力をもっていた者は皆、これが国民社会主義との対決であったということを聞き取りました。[62]」「一九四四年／四五年冬学期にはライン河での塹壕工事を終えた後、私は『詩作と思索』と題した講義を行いました。これはある意味で私のニーチェ講義の継続でした。つまり、国民社会主義との対決の継続だったのです。[63]」

しかし、すでに繰り返し述べたように、われわれはハイデガー自身のこうした言葉をそのまま鵜呑みにするわけにはいかない。こうした「証言」は、彼自身のきわめて周到な用意と計画のもとに、彼自身がかつてナチに強く関与していたという事実を最小限のものに見せかけようというダメージ・コントロールの一環として行われているからである。ところで、ヴィエッタのハイデガー擁護論は、こうしたハイデガー自身の「証言」に全面的に依拠し、このダメージ・コントロールをそのまま「真実」として受け入れたうえで、前後の文脈を無視してハイデガー自身の文章に実際に書かれていることとはまったく逆に事態を描いたり、ハイデガーの意図をすらはるかに超え出て、たんなる印象にもとづいて、ハイデガーがあたかも真にナチズムと対決した哲学者であるかのような印象を読者に与えている。本章では、ハイデガーが「ニーチェ講義」のなかで「ナチズムと対決」したという彼の所論がはたして真実を反映したものなのかを検討するが、そのさいヴィエッタがその根拠としてあげている「証拠」ないし「証言」なるものの正当性を吟味することにしたい。

ハイデガーは、「ニーチェ講義」のなかで、とりわけニーチェのニヒリズム概念を取り上げて、ニヒリズムが西洋の歴史が歩んできたと同時に現在直面してもいる根本的な事実として理解するばかりでなく、「力への意志」や「超人」などの概念、そして価値にかんするニーチェの根本的な思想のうちにむしろ「ニヒリズムの徹底化」を看取している。ハイデガーによれば、これらはデカルト以来の近代的思考の支配形態によるものであって、ここにニーチェの思想の限界がある。西洋のニヒリズムの起源は、プラトンの形而上学にまで溯るのであって、さらに西洋思想のこうした伝統に根差す「存在忘却」のうちに西洋のニヒリズムの根拠がある。ヴィエッタは、ハイデガーのこうした議論を踏まえながら、先の問題にたいしてこう総括する。「ハイデガーは、ニーチェとともに、上述の諸講義のなかで、政治的な諸世界観の、つまり国民主義と社会主義の、したがって国民社会主義のイデオロギー的な構成要素のイデオロギー批判的な分析にまで突き進む[64]」、と。そして、「ハイデガーは、ニーチェとともに、しかしニーチェを越えつつ、まさしく国民社会主義を通じて展開された近代技術のうちに、国民社会主義によって開始された世界戦争のなかで飛躍的に展開された近代技術のうちに、近代的支配思考と『力への意志』の近代的形而上学とのひとつの脅威的な実現を見ている[65]」、と。

ヴィエッタによれば、ハイデガーは『存在と時間』を著した時点では現代と現実の歴史にたいしてきわめて抽象的・非政治的に思考しており、そのためにナチズムへの接近という政治的誤りを犯したが、ニーチェとの出会いと対決を通じてハイデガーの態度に歴史化および政治化という変化が生じて、しかも「そもそも自分が政治的・歴史的に誤った態度をとったという洞察に衝撃を受けて初めて[66]」、「ここ（国民社会主義）には政治的な諸世界観そのものが虚偽意識という意味でのイデオロギーへと行き着いている[67]」ことを洞察したばかりか、「国民社会主義のニヒリズムの洞察へと移行するこの大変動」をはらんでいた。ハイデガーが一九四〇年という第二次世界大戦の初期段階でニヒリズムの概念を講義の題目に選んだという事実だけとっても、それはすでに「国民社会主義の全体的なシステムのなかで一人の哲学者の側から行われた第一級の政治的行動[68]」であり、「ハイデガーはまさしく、ニーチェの国民社会主義的な悪用に決して加わらなかっただけでなく、その反対に、ファシズムの現実のニヒリズムを認識し暴露するために、イデオロギー批判的な可能性をニーチェから吸い上げた[69]」というのである。ヴィエッタのこうしたハイデガー弁護の試みとその「論証」とははたしてどこまで成功しているであろうか。

こうしたヴィエッタのハイデガー弁護のうちで資料と事実の裏付けによってその正当性を論証できるのは、ハイデガーが、国民社会主義の路線を補強するものとしてニーチェを解釈しようとしたナチのイデオローグ、アルフレート・ボイムラーのニーチェ解釈に強く反対したことだけである。確かにハイデガーは、公刊された講義録である『ニーチェ』の冒頭部分で、とりわけニーチェの永遠回帰説にかんするボイムラーの解釈を槍玉にあげている。[70] しかし、ここで忘れてならないのは、ハイデガーが槍玉にあげているのは、ボイムラーのニーチェ解釈だけであって、そのナチ思想ではまったくないこと、そしてハイデガーの批判はヤスパースのニーチェ解釈にも向けられていたということである。後に論証するように、ヴィエッタのこれ以外のハイデガー弁護の論点はすべて否定されざるをえない。ハイデガーがおのれの政治的態度の誤りに気づいたという証拠も、これに衝撃を受けたという証拠も、公の場で表明されたものとしては存在しないのであって、したがってヴィエッタの言うように、ハイデガーが「政治的および歴史的に誤った態度を取ったことに衝撃を受けて」ニーチェとの対決に踏み込んだなどという主張の根拠も、これとは反対のことを証明する事実をたくさんあげることができこそすれ、存在しないと言わなければならない。

ヴィエッタが自らの主張の正しさを証明しようとして持ち出す論拠は、例えばこうである。彼は、一九三六／三七年のニーチェ講義でハイデガーが述べながら、一九六一年にこれが初めて公刊されたさいに削除されたという次のような一節を引き合いに出す。ニーチェの「『神は死んだ』の命題は拒否ではなく、来つつあるものへの奥心からの肯定である。この知と問いかけのなかで、ニーチェは我と我が身を痛め付けたのであった。一方世は泡沫会社群生時代で、人々は『神、自由、祖国』のお題目を唱えてビールに酔い、すべてのことを神頼みにしていたのであった。[71]」きわめて奇妙なことに、ヴィエッタはこの文中の「神、自由、祖国」のスローガンを「国民社会主義の政治的スローガン」と理解して、ハイデガーが述べたこの一節のなかに国民社会主義が空疎化していることの洞察が示されており、したがってこれは国民社会主義に対するハイデガーのイデオロギー批判となっている、と言うのである。しかし、ヴィエッタのこうした理解がいかにハイデガーの叙述の前後の文脈を無視した乱暴なものであり、論理性と根拠とをまったく欠いたものであるかは、この引用文の直後の叙述を参照すれば明らかである。そこではハイデガーは「だが、この空虚さと虚偽は、一九一四年から一九一八年までのあいだ、『キリスト教的』西洋が敵味方に分かれ、それぞれが愛する神を自らのもくろみに利用したとき、その極限に達した[72]」と続けているからである。つまりハイデガー自身は、一八七一年の普仏戦争終結後のドイツにおける好景気時と第一次世界大戦中の歴史的時期とを念頭に置きながら「『神、自由、祖国』のお題目」と述べているのであって、これを国民社会主義とは結び付けていないし、結び付けることができるはずもない。「すべてのドイツ人が大ドイツ国家を目標として結集すること」および「他の諸国民とのドイツ民族の平等権……の廃棄を要求する」ナチ党綱領との関連でも、「祖国」がナチズムと強く結び付きこそすれ、「神」と「自由」とがナチズムとついに結び付きえなかったことは、すでに歴史が証明する事実である[73]。したがって、「神、自由、祖国」をナチのスローガンと見なすのも、「神、自由、祖国」のスローガンの空疎化を「国民社会主義の空疎化」にかんするハイデガーの洞察の表れと見なすのも、いずれもヴィエッタの事実誤認と言わなければならない。

さて次にヴィエッタが、ハイデガーの国民社会主義批判がもっと直接的に現れていると強弁するいくつかの箇所を吟味することにしよう。

まずヴィエッタは、ハイデガーのニーチェ講義から次の一節を引用する。「力への意志は『ある新たな価値定立の原理』である。これは今や次のことを言う。力への意志はたんに価値定立が遂行される様式とか価値定立の手段とかにつきるものでなく、力の本質として唯一の根本価値であり、およそ何が価値をもつべきか、あるいはいかなる価値をも主張すべきでないかをすべて評定する基準なのである[74]。」ヴィエッタはこの一節を解説して、ハイデガーのニーチェ講義がここで「ニーチェもなおとらわれており、国民社会主義国家がかくも野蛮な仕方で体現した、まさにあのまったくの力思考と支配思考の批判[75]」を行っていると述べている。しかし、ここでもハイデガーはニーチェの「力への意志」を論評しながら、私の知る限り、そのほかの箇所とまったく同じように国民社会主義の名をあげて論じてはいないし、また直接に国民社会主義国家との関わりで「力への意志」を論じているわけでもない。ここでニーチェとの関わりで「力への意志」や「力思考と支配思考」が論じられているからといって、これらが国民社会主義と関係したり、まして国民社会主義の批判を行っていると見なすには、十分な根拠が示される必要があるが、ヴィエッタはそのように断言するだけで、何ら根拠を示していないし、示すことも出来ないのである。

次にヴィエッタが引用する一節もまたまったく同様である。ハイデガーは確かに「何をめぐって闘争が行われるのかは、もしそれが特殊な内容上の目標として考えられ、そうした目標として望まれる場合には、つねに従属的な意義をもつ。すべての闘争目標や闘争名目はあくまで闘争手段にすぎない。闘争が何をめぐって行われるかは、あらかじめ決定されている。それは、いかなる目標をも必要としない力そのものなのである。それは無目標である。これは存在者の全体が無―価値であるのと同様である。この無―目標性は力の形而上学的本質にぞくしている」[76]と述べている。ヴィエッタの理解では、ハイデガーはここで、ニーチェのこの「力への意志」がナチス的現実においては目標と理念を転換して力の高揚と保持のためのたんなる「闘争手段」に変化してしまったことを洞察した。そして、ハイデガーによるこの力分析は大胆なものである点で注目に値する。なぜかと言えば、この一節は「この力の分析は、政治的にはっきり言えば、国民社会主義国家のイデオロギー的ふるまいがすべて、まったくの、そして根本において『無―目標』の力思考そのものの表現以上のものでなく、それ以外のものではないことを言い表している」[77]からだという。

ハイデガーからの引用文中には確かに、「闘争」がいかに名目や目標を掲げようとも、それは手段にすぎず、力そのものまたは「力への意志」によって規定された無―目標性によって支配されているということが展開されているが、しかし、ここでもここで言う「闘争」がナチズムのイデオロギー的ふるまいであることの根拠がまったく掲げられていない。それは、おそらくは「闘争」とヒトラーの『我が闘争』との言葉上のつながりを連想することにもとづいて、つまりたんなる印象にもとづいて、断言されているだけではないか。ついでに言えば、ナチズムは「闘争」を自己目的化したわけではなくて、それなりに明確な目標をもった運動であった。それは、先に掲げたように、ヴェルサイユ体制の打破、ユダヤ人の公民権と土地・財産の剥奪、大ドイツ国家の建設と領土の要求などをはじめとする明確な政治綱領をもっており、ナチ権力による軍事国家の建設、国民的な戦時総動員の体制、そして軍事力による戦争の遂行はまさしくこうした政治目標の実践のための手段であった。つまりそれは決して無目標ではなかったのであって、こうした内容上の面からしてもヴィエッタはナチズムの本質をとらえておらず、したがってその主張は学問的な根拠をもつことができないであろう。

さらにヴィエッタは、言葉上の連想に訴えて、ニーチェの「超人」にかんしてハイデガーが論評している関連箇所を自説の手がかりにしようとする。それは今引用した文章に続く次の部分である。「この支配を行う人間が超－人Über-menschである。人はしばしばニーチェを非難して、彼の超人像は不明確であり、こうした人間の形態はとらえどころがないとして、非難しがちである。そのような判断をするのも、超－人の本質はこれまでの人間を『超えて』出ていくことにあることを理解しないからである。ところで、これまでの人間とは、自分を『超えて』さらに理想と望みごとを必要とし、探し求めていたような人のことである。これに対して、超人はこうした人間を『超えて』と人間の『彼岸に』とを必要とはしない。なぜかといえば、超人はひとえに人間自身を意志し、しかもある特殊な観点からではなくて、もっぱらこの大地のあますところなく開かれた力の諸手段によって無制約的な力の執行の主人としての人間自身を意志するからである。[78]」このハイデガーの引用文のなかに「人はしばしばニーチェを非難して、彼の超人像は不明確であり、こうした人間の形態はとらえどころがないとして、非難しがちである」という文章があることに注意されたい。これについては、もう少し後で検討することにしよう。

ヴィエッタはこのハイデガーの叙述をこう読み替える。「言い換えれば、こうである。『超人』のカテゴリーもまた、あらゆる理念、価値、目標設定を自分のために機能させて、おのれの支配を強化し拡張する純粋な力手段としている。ほかでもない支配思考自身がなお超人のものと見なされている。つまり、このことは彼を——『超人』を——現代のニヒリズムそのものの代表者にしている。言い換えれば、国民社会主義の支配思考、つまり『超人』にかんする言辞はそれ自身、純粋なニヒリズムの現象形態なのであって、それ以外のものではない。」[79]本稿ですでに指摘したように、ヴィエッタは「超人」というニーチェのカテゴリーをただちに「ファシズムの人種的イデオロギー」と理解する点できわめて短絡的だと言わざるをえないが、ここでも「超人」という言葉からただちにナチズムを連想して、読者にいかにもそれらしい印象を与えている。ハイデガーは確かにニーチェの「超人」を自分なりに解釈している。しかし、ハイデガーが解釈している「超人」が国民社会主義と関係するとはハイデガー自身どこにも述べていないし、ヴィエッタはここでも「国民社会主義の支配思考」が「超人」だと理解できるということの根拠をどこにも示していない。したがって、ヴィエッタの論評は「超人」というカテゴリーがただちに国民社会主義と関係するという先入見にもとづいていると言わざるをえないのである。

さらにヴィエッタは次のハイデガーの叙述に注目する。それはニーチェの「すべての生起、すべての運動、すべての生成を等級諸関係および力諸関係として、闘争として……」という言葉をうけて記された「この闘争において屈服するものは、屈服するがゆえに不当であり、非真理である。この闘争において上位を守るものは、勝利するがゆえに正当であり、真理である」[80]という一節である。ヴィエッタはこの一節の「闘争」という言葉からヒトラーの『我が闘争』を連想して、「闘争」という力思考と支配思考はそれ自体ニヒリズムにほかならず、ハイデガーはこの一節で、このニヒリズムが真理というカテゴリーすらも力と闘争の機能としてしか把握できないということを批判していると理解している。しかし、これもハイデガーの原文には存在しないことを拡大解釈していて、事情に疎い読者はこの解釈を読んで、ハイデガーがあたかもヒトラーの『我が闘争』を公然と批判しているかのように錯覚するかも知れない。だが、この一節の前後の文脈から見れば、ここでも決してそうは解釈できないことがわかる。それというのも、この一節の同じ頁に、先にわれわれが前もって注意を促したように、「人はしばしばニーチェを非難して、彼の超人像は不明確であり、こうした人間の形態はとらえどころがないとして、非難しがちである」というハイデガーの文章があることを見てもわかるように、ハイデガーがニーチェの手記を自分なりに正確に解釈して、ニーチェの思想に対する非難や誤解を解こうとし、ニーチェの思想が帰結することを解説しているのであって、ヒトラーやナチズムの批判という文脈とは関わりのない次元でこの一節を叙述しているからである。このことは、谷崎訳が先のハイデガーの引用文の後に原文にはまったく存在しない「[ニーチェに従えば、このようなことが帰結することになる]」という語句をわざわざ付け加えて、ハイデガーの側に誤解が生じないように配慮していることを見ても了解されよう。

ヴィエッタが引用しているこれらの引用文は「三、ヨーロッパのニヒリズム」のある箇所に集中しているのだが、本稿のこの章の最後に、ヴィエッタがこれとは別の箇所から引用しているハイデガーからのふたつの引用文を検討しなければならない。そのひとつは「今日われわれ自身、秘密に満ちた歴史法則の目撃者である。それは、民族というものがおのれの固有の歴史から発生した形而上学を、この形而上学が無制約的なものへと変化した瞬間に、いつの日かもはや解決できないという歴史法則である」[81]という一節である。驚くべきことにヴィエッタは、ハイデガーがここで見抜いているのは第二次世界大戦の開始だとし、さらに「他方では、ハイデガーの洞察によれば、国民社会主義自身によって煽動されたものの支配は、国民社会主義の支配の手には負えなくなったのである」[82]と理解する。しかし、これらの解釈はまったく根拠をもたない。ここで民族ein Volkという言葉が用いられているが、不定冠詞のeinが付いていることでただちに了解されるように、この言葉は不特定の一民族を指していて、特殊なドイツ民族を指示してはいない。さらにハイデガーは、ここではデカルトの「我思う、故に我あり cogito ergo sum」を論じていて、このデカルトの自我原理が、空間を延長と同一視することと相俟って、自然の数学的認識とそれによる支配とを可能にしたばかりか、近代の動力機械技術をもたらし、ひいては新しい世界と人間類型を可能にする第一歩となったと論じているのである。こうした前後の文脈からすれば、第二次世界大戦の開始、それに国民社会主義との関わりを直接に示すような語句はひとつも存在しない。ここでハイデガーは、近代自然科学とその技術的適用が無制約的なものへと変化し、その担い手であるはずの人間の手に負えなくなってしまったという西洋近代の歩みがひとつの歴史法則なのだと述べているのであって、これが第二次世界大戦の開始を示唆したり、国民社会主義の現実を意味するなどというのは、まったくの作為的理解であると言われても抗弁のしようがないであろう。

もうひとつの引用文は、上記の引用にすぐ続く次の一節である。「ニーチェがすでに形而上学的に認識していたことが今姿を現している。それは、近代の『機械的な経済』、つまり、すべての行為と計画をその無条件な形態において機械的に計算しつくすことが、これまでの人間を超え出る新しい人間類型を要求するということである。……装甲車、航空機、通信機械を所有しているだけでは十分ではない。そのようなものを操作することができる人間を自在にあやつるだけでも十分ではない。あたかも技術が効用と損害、建設と破壊の彼岸にある、それ自体として無差別なものであり、誰でも任意の目的のために任意に利用できるものであるかのように考えて、人間が技術を支配することも決して十分ではない。今必要とされるのは、近代技術の独特な根本本質とその形而上学的な真理とに根底から適合する人間類型である。すなわちそれは、技術の本質によってまったきまでに支配され、それだけいっそう個々の技術的な経過と可能性をみずから統御し利用するような人間類型である。無制約的な『機械的な経済』にふさわしいのは超－人だけであり、そしてこれとは逆に、超－人は大地の無制約的な支配を設定するために、あの機械的経済を必要としている。[83]」

この箇所にかんするヴィエッタの解釈はこうである。ハイデガーの理解では、ニーチェは、第二次世界大戦が鎖から解き放たれて出現してきた戦争技術というかたちで招来した「機械的経済」の支配とその担い手としての「超人」の出現とをすでに予見しており、また同時にハイデガーはこの「超人」が逆にニヒリズムの最後の具現だということを見抜いていた、と。そしてヴィエッタはこう注釈する。「巨大技術的な世界戦争の鎖は、自らを『超人』と見なしたあの者たち、つまりファシスト的権力者たちによって解かれたのだ[84]」と。しかしここでも、ハイデガーがニーチェを解釈して言う「超人」が「ファシスト権力者」を意味するというヴィエッタの主張には、何の証拠も存在しない。「大地の無制約的な支配」という語句がナチズムの世界支配の野望とまったく関連しないとはいえないかも知れないが、しかし、この語句をとても真にナチズムと関連しているということを証明するための確固とした証拠を挙げることは困難であろう。なぜかと言えば、植民地をめぐる帝国主義の支配の時代には、ドイツに限らず、日本とどの西欧の列強国家もまた、「近代技術」や「機械的経済」を駆使することで「大地の無制約的な支配」をめざしたと言うことができるからである。ハイデガーは「近代技術」や「機械的経済」を一般的に論じていて、当時の現実のドイツを念頭に思い浮かべてこれを分析するという仕方で論じているわけではないし、まして明らかにナチズムと特定できる仕方で論じてもいない。ハイデガーの叙述がナチズムを批判していると言いうるためには、一般の政治経済の体制と比較してこれとナチズムとの種差が叙述されていなければならないが、この種差に関わる規定はどこにも述べられてはいない。したがって、ハイデガーのこれらの叙述が国民社会主義またはナチズムの批判を意味すると解釈することは、どう考えても無理なこじつけとならざるをえないのである。

だからわれわれが注意すべきなのは、ヴィエッタが引用するハイデガーからの引用文がニーチェ講義の「三、ヨーロッパのニヒリズム」というタイトルのついた部分に収められているということである。この部分全体の文脈から見れば、ハイデガーが力説していることの趣旨はこうである。「形而上学」の歴史的源泉は、古代ギリシャの時代にすでにあり、特に理想的なイデアの世界と転変してやまない現実の世界との二元論を展開して、後者が前者の幻影であると見なしたプラトンの思想に由来している、此岸と彼岸とを分かち、彼岸の世界に救いを求めるキリスト教もまたこの形而上学の領域を動いている、近代ではデカルト哲学においてこの形而上学的傾向がいっそう強化され、人間の意識活動が実体および主体とされ、思考と延長とが分離され、延長する空間のなかのいっさいが数学的・合理的に処理可能だとされる、と。したがって、ハイデガーが言う「形而上学」とその諸傾向とは、ヨーロッパの歴史全体を貫くひとつの歴史的諸傾向と見なされている。こうした形而上学的諸傾向が近代においてニヒリズムを準備することになるが、この到来を正しく認識したのがニーチェであった。しかし、ニーチェは西洋を蝕むニヒリズムを克服しようとしてある種の価値転換を唱え、「力への意志」という新しい価値原理を主張した点で、かえってニヒリズムを完成し、形而上学の術中にはまってしまった、とハイデガーは理解するのである。

こうした文脈のなかで見る限り、ハイデガーによれば、ニヒリズムはヨーロッパ全体を広く覆っている現象なのであって、「超人」も「力への意志」も、そしてこれによる「無制約的な力の執行」と「人間の無制約的な地球支配」も、すべて近代ヨーロッパの歴史的諸傾向を指示している。したがって、これらの現象をドイツの、しかもナチズムという特殊ドイツ的な政治形態に特有のものだと主張することは不可能である。ハイデガーにとって、ニヒリズムとはナチズムを含む西洋の諸列強国が近代以降に歩んだ必然的な歴史であり、また普遍的な傾向であった。そうだとすれば、たとえ極限状態のニヒリズムであっても、これを特殊ナチズムと見なすことは不可能である。普遍は決してただちに特殊を指し示すことはないからである。ところで、他の箇所でハイデガーはこう述べてはいなかったであろうか。「形而上学が西洋の、つまりヨーロッパ的に規定された世界歴史の歴史根拠だとすれば、この世界歴史はニヒリズム的なのである。」[85]そして、ヴィエッタ自身もまた、上述の解釈の少し後で、「ニヒリズムは、その本質において思考されるならば、むしろ西洋の歴史の根本運動なのである」[86]というハイデガーの言葉を引用しているではないか。ここでヴィエッタは、きわめて奇妙なことに、自分が引用している文章の意味を理解していないことを自ら露呈してしまっていることがわかる。

ここで、仮に百歩譲って、ヴィエッタの言うように、ハイデガーが時代の制約なかにあっても彼なりの仕方で敢然とナチズムを批判したことが事実であるとしよう。そうするとただちにわれわれは、解決しえない難問に直面することになる。なぜかと言えば、ヴィエッタの観点に立つとすれば、すでに何度も指摘したように、これを反証する正反対の事実、つまり、例えばニーチェ講義には「というのも、民主主義とは、ニーチェが明瞭に見たように、ニヒリズムの、つまり最高の諸価値の価値喪失の一変種にすぎず、まさしく『価値』でしかなく、もはや形態化する力ではないからである。『賤民の台頭』、『社会的ごた混ぜ』、『平等の人間』とはまさしく古い諸価値の台頭を意味する」[87]などをはじめとするナチ的言辞が多数見られるという事実を合理的に説明することができなくなるからである。ニーチェ講義のずっと後の一九四二年の夏学期になってもなお、ハイデガーが「ナチズムの歴史的無類性」を聴講者の面前で誤解の余地なく語り続けていたことをはじめとする事実とヴィエッタの観点とは、どのようにすれば整合的・合理的に接続することができるであろうか。ヴィエッタは自らの主張に反するこれらの事実についてはまったく触れようとはしていない。

第六章　ハイデガーの『哲学への寄与』における近代技術批判をめぐって

一九三九年には全体がほぼ成立していたと伝えられるハイデガーの『哲学への寄与』は、彼の死後一九八九年になって初めて公刊された著作であり、成立の経緯にいたるまでいまだに不明の点が多いものである。ハイデガー研究者として著名なオットー・ペッゲラーは、内容がきわめて難解であり、体裁も構成もともに奇妙な形式をもつこの著作がハイデガーの主要著作であることを認めて、こう述べている。「ハイデガーは、一九三六年から一九三八年にかけての時期に完全な隠遁生活をしながら、彼の主要な著作である『哲学への寄与』を書いた。これは、ニーチェとヘルダーリンを相手として『革命』を探し求める最後の試みである。それは、国民社会主義、リベラリズム、そして同様にボルシェヴィズムに対する鋭い批判を示している。」[88] ただし、ペッゲラーはハイデガーが国民社会主義を批判したという箇所とそのように断定しうる根拠とを明示してはいない。ヴィエッタもまた同様に、『哲学への寄与』が『存在と時間』以後のハイデガーの最も意義深い作品であると見なし、この著作のなかでは、「国民社会主義のうちで自らを予告しながら、国民社会主義を超えた彼方を指し示す、技術の全体的支配」[89] にハイデガー自身が直面した「大いなる驚愕」が示されているばかりか、その結果として国民社会主義がニヒリズム批判および近代技術批判と結合されて批判されてもいるのだと理解する。

さてヴィエッタは、ニーチェがニヒリズムとして認識したものの根拠は存在棄却性 Seinsverlassenheit であるというハイデガーの解釈にまったく同調しながら、ハイデガーはこのニーチェの遺産が「ほかならぬ国民社会主義的イデオロギーによっては把握されずにいた、と言明している」[90]とし、国民社会主義にたいするハイデガーの批判を次の諸点に求めようとする。それは、ハイデガーが民族性という制約されたものを無制約的なものへと偶像化しようとする傾向を指摘したただひとつの箇所であり、また「全体的世界観」なるものの皮相さ・不毛さに対する批判を行った箇所である。ここでまず断っておかなければならないのは、ハイデガーが「国民社会主義」や「ナチズム」という言葉そのものを上記の著作のなかで直接に「言明している」箇所は、私の知るかぎりそもそも存在しないのであって、ヴィエッタの言葉の使用そのものが最初からきわめてイデオローギッシュであり、事情をよく知らない人を欺きかねないものだということである。

ヴィエッタが言うように、ハイデガーが民族概念または人種イデオロギーに批判的であったという箇所は、『哲学への寄与』のなかには確かに存在する。ヴィエッタが引用しているのは、例えば「存在棄却性はどこで告知されているか。……二、歴史的原存在、例えば民族的なものの諸制約を、それのすべての多義性とともに、制約されないものへと偶像化すること」[91]という箇所である。この箇所の前には、次のようなさらに内容が明確な文章が先行している。「一、本質的と見なされるもののなかにある、多義的なものに対する完全な無感覚さ。多義性は無力と不機嫌に働きかけて、現実的な決断を促す。例えば『民族』と呼ばれる共同体的なものはすべてそうである。共同体的なもの、人種的なもの、下層のものと下位のもの、国民的なもの、持続的なものがそうである。例えば『神的』と呼ばれるものはすべてそうである。」[92]こうした箇所は、ナチズムの公式イデオロギーとハイデガーの思想とのあいだにすでに一定の懸隔ないし齟齬が生じていたことを示していることは確かであろう。ハイデガーのここでの主要な関心は、例えばニヒリズムの完成者であるニーチェを下敷きとして、西欧の形而上学とニヒリズムを克服しうる彼の哲学の新しい着手点、彼の言葉で言えば「もうひとつの開始」を探求することにあるのだから、民族や人種それ自体を最終目標とするような見解は、とうていハイデガーの受け入れるところではない。しかし、だからといって、ハイデガーは民族概念を完全に拒否しているわけではない。ここでも、彼は明らかに民族概念に対して両面価値的な態度をとっている。

ハイデガーは確かに民族を、新しい「もうひとつの開始」にもとづく自らの思想の目標とはしていない。しかし、民族概念を放棄したわけではまったくなくて、これをハイデガー流に利用し、これに独特の読み込みを行おうとしているのであって、このことを示す箇所は随所にある。例えばある一節でハイデガーはこう述べている。「民族の本質は現－存在からのみ理解することができるのであって、このことは同時に、民族は決して目標および目的ではありえない……ということを意味する(93)」、と。「民族の本質」が「現－存在からのみ理解することができる」とはどういうことか。この疑問を解く鍵はハイデガーの次のような謎めいた語句にある。「しかし、民族の本質はそれの声である。この声はなおさら普通の、自然のままの、純真素朴で、形成陶冶されてない『ひと』のいわゆる心情吐露というかたちで語るのではない。それというのも、そのようにして呼びかけられた証人は、すでに非常に歪められており、とうていもはや存在者にたいする根源的関係のなかでふるまいはしないからである。民族の声はまれにしか語らず、ほんの少数者にのみ語りかける(94)。」「民族の本質は、神にぞくするという関係にもとづいて、自ら聴き従う人々 Sichgehörenden の歴史性にもとづいている(95)。」要するに、民族の本質は、ハイデガーが言うところの、もろもろの存在者の「存在」にたいする根源的な関係のうちでのみ明らかになり、民族はこうした関係のうちにとらえられるかぎりでは新たな意味をもちうるのであって、民族の本質は、一神論でも汎神論でもない、もろもろの存在者の「存在」

としての「究極の神」にぞくしているという関係から何かを聴き取ろうと努めている人々の歴史性にもとづくものだ、というのである。ハイデガーは依然としてドイツ民族の自己実現という基本命題を維持し続けているのであって、ただその観点とアプローチの仕方が彼独特の存在論の枠内にあるかぎり、当然のことながら、それは民族と人種にかんするナチの公式見解と異なっていただけのことなのである。

次に「全体的世界観」の問題に移ろう。ヴィエッタは「全体的世界観は、おのれの根拠の開示と、おのれの『創造作用』の王国の究明にたいして、自らを閉鎖せざるをえない」(96)というハイデガーの言葉で始まる一節を引用し、またこうも引用している。「だが、全体的な政治的信念と同様に全体的なキリスト教的信念とが、両者の両立不可能性にもかかわらず、それでもなお妥協と戦略に巻き込まれていることは、驚くに値しないことである。というのは、これらは同一の本質をもつからである。これら両者の根底には、全体的な態度として、本質的な決断の断念がある。両者の闘争は創造的な闘争ではなくて、『プロパガンダ』と『護教論』である。(97)」そしてそのうえで、ヴィエッタはこう解説を加えている。「ハイデガーが一九三八年の長いフライブルク講演で語ったのは、『世界観』がイデオロギーであるとする批判であったが、……ここではもっと政治的に明瞭に『全体的世界観』の批判として、つまりまさに国民社会主義国家の全体主義の批判として行われている。……ハイデガーはここで国民社会主義が掲げる『全体的世界観』の、きわめて根深い固陋さ、不毛さ、創造性のなさを洞見している(98)」、と。こうした解釈もまた前後の文脈を無視した強引なものであり、事情をよく知らない読者をまたもや惑わせるものである。

われわれの結論はヴィエッタのそれとは異なっている。ヴィエッタは、この引用文に見られるハイデガーの論評が一九三三年にヒトラーとカトリック教会とのあいだで締結されたあの政教条約を揶揄したものだと理解し、これをナチズムに対するハイデガーの批判だとして得意気になっているのだが、ハイデガーがいかなる視点に立って政教条約を揶揄しているかが主要な問題なのである。後年、カトリックが自分の体に突きささった「刺」のひとつだと述懐したハイデガーにとっては(99)、そしてナチズムそのものに対してではなくて、ナチ正統派として権力の座にすわっていたナチ・イデオローグに対してすでに一定の距離を置いていたハイデガーにとっては、彼が理想とする「創造的な闘争」から見て、両者の妥協が我慢のならないものであったに違いなく、はからずも吐露された、ハイデガー自身による「創造的闘争」の呼びかけがすべての事実を物語っている。ハイデガーは、妥協の道を選んだ公式のナチよりもはるかにラディカルな立場からカトリックとの妥協に反対し、そのうえ「創造的闘争」の継続をアピールしていると解釈される可能性がある。かつてフライブルク学長時代のハイデガーは、ドイツ学生連盟の指導者シュテーベル宛の手紙のなかで、「カトリシズムのこの公然たる勝利は、まさに当地ではどんなことがあろうと、続かせるわけにはいかない(100)」と書いたことがある。つまり、この点ではハイデガーの方がナチズムの精神と原理に忠実であり、公式のナチよりもいっそうラディカルな、妥協を許さぬナチ的立場に立っているのであって、ここから真の「創造的闘争」を呼びかけていると理解されるのである。

また、前稿において示されたように、ハイデガーが批判の対象とする「世界観」という概念で彼の念頭に置かれているのは、「存在」の意味を根本的に問うことなしに存在者にとらわれたままで世界を像となす一切の世界観と人間学とであり、その典型として考えられているのは、キリスト教的世界観、ドイツ観念論、またはディルタイ流の世界観学でもあって、この「世界観」がナチ的世界観でなければならないという保証はどこにも存在しない。また、「全体的なキリスト教的信念」という引用文中の言葉に明らかなように、「全体的」という言葉が用いられているからといって、いつも必ずナチや全体主義そのものを指示しているとは限らないのである。すでに検討したように、ハイデガーは「ニーチェ講義」のなかで「全体的世界観」に肯定的に言及していたし、「あの『リベラリズム』の二、三十年間に、『世界観』という概念が初めて現れてきたが、いかなる世界観ももともと、世界観たるかぎりリベラルなものなのである」[101]と書いていたではないか。したがって、ハイデガーが「全体的世界観」と書いているからといって、ヴィエッタがきわめて短絡的にそうしているように、直接にこれがナチズムの世界観を指していると断定することはできないのである。

それでは、ハイデガーの国民社会主義「批判」がたんに国民社会主義の枠内にとどまらずに、さらに国民社会主義「批判」から移行して近代技術批判へと拡大・深化されており、こうしてハイデガーの思想が普遍的な意味をもっているのだという、ヴィエッタの著書全体を貫く結論的な主張はどうであろうか。われわれの見るところでは、ヴィエッタの強弁するところとは異なって、これまでの本論での検討から、「ニーチェ講義」にも『哲学への寄与』にも、ハイデガーがはっきりと名を挙げて明示的に、また内容的・原理的にナチズムを批判した箇所は確認されないのだから、ハイデガーが国民社会主義批判から近代技術批判へと移行したのだというヴィエッタのテーゼも、論理的に見れば、とうてい成り立ちえないものである。確かに『哲学への寄与』では、ハイデガーの近代技術批判が一定の範囲内においてはこれまで以上に深められていると言えないことはないが、しかしここでも同様にわれわれは、ハイデガーがこれをナチズムの何らかの原理に対する批判と直接に結び付けて議論している箇所をどこにも確認することができないからである。

ヴィエッタは、先に言及したエルンスト・ユンガーが一九三〇年に公表した小論以来、ナチ的用語と見なされるようになった「総動員 die totale Mobilmachung」を引き合いに出しているが、これとの関連で言えば、確かに『哲学への寄与』には、例えば「根源的な存在棄却性の『帰結』としての『総動員』」というタイトルをもつきわめて短い一節がある。そこでハイデガーはこう述べている。「まだ存続しつつある形成陶冶のこれまでのあらゆる内容の純粋な運動–内–定立と空洞化。大衆の招集と就役という振る舞いと調達全体との優先——何のために。この動員の優先は何を意味するのか。そのさい人間の新しいタイプが必然的に強制されるということは、こうした生起の対応結果であるが、しかし決して『目標』ではない。だがなおもろもろの『目標』があるのか。目標設定はどのようにして生ずるのか。開始からである。そして開始とは何であるか。[102]」ここでもハイデガーはユンガーと彼のスローガンである「総動員」の言葉に対して両面価値的な態度をとっている。つまり、第一次世界大戦への参戦経験を踏まえて書かれたこのユンガーの「総動員」とは、軍事的指揮と政治的指揮との完全な一体性のもとに、産業、労働、食料生産、通信、交易など、国民生活のあらゆる場面での軍事的・組織的管理を貫徹・拡大させた総力戦を意味する概念であって、実質的に第一次世界大戦によって成し遂げられたものである。ユンガーによれば、この概念は「時代がわれわれに対して成就するあのより高次の動員のひとつの予示」として、民主主義を超克しつつ西欧先進国が軍事的に歩んできた現実の必然的な方向性であるとともに、ドイツ人の自己実現のための総力戦にとっても不可欠な武装の意識的な呼びかけにほかならなかった。それは、「この戦争は、ドイツ人にとって同時に、いや何よりも自己実現の手段であった。そしてそれゆえ、われわれが久しく取りかかっている新しい武装はドイツ人の動員でもなければならない——それ以外の何物であってもならない[103]」というユンガー自身の表現に見られるとおりである。ユンガーが初期ナチズムの興隆に貢献しえたのはこうした思想のためであった。

すでに一九三二年と一九三九～四〇年の二度にわたってユンガーの研究会を組織したというハイデガー[104]にとっても、「総動員」さえも決して特殊なナチ的運動ではなくて、近代という時代の普遍的な動向でもあった。このことは彼自身の次の言葉によって証明される。「エルンスト・ユンガーが、労働者の支配と形態という思想によって考え、この思想のもとで見ているものは、惑星的規模で考えられた歴史のなかでの、力への意志の普遍的支配である。今日、すべてのものは、こうした現実のもとにあり、それが共産主義と呼ばれようが、ファシズムと呼ばれようが、あるいは世界民主主義とよばれようが、そうなのである。[105]」したがって、ハイデガーが『哲学への寄与』のなかできわめてナチ的な用語である「総動員」にたとえ距離を置き、テクノロジーに批判的であったとしても、だからといってこのことがただちに国民社会主義批判を意味するということには決してならないのである。われわれは、ハイデガーの技術批判には常にこうした両面価値性が付きまとっていることを忘れてはならない。

ハイデガーのテクノロジー論によれば、近代技術は、近くはデカルト哲学に端を発するように、人間を理性的動物としてとらえる理性主義・合理主義、主観主義・主体主義、自我主義にもとづくものであって、近代人はこの技術に魅入られ呪縛された結果として、一切を数量化してとらえる計算化、利用化、育成化、扱いやすさ、規則化へと殺到するという攻勢にさらされているという。そればかりか、技術はいっそう根源的には、古代ギリシャ、とりわけ西欧形而上学とニヒリズムの源泉というべきプラトン主義にそのルーツをもっており、まさしく「存在忘却」または「存在棄却性」と強い内的関連をもっている、と解釈される。したがって、この点から言っても、ハイデガーのテクノロジー論は決して内容的にもナチズムおよびナチズム批判に直接結び付くものではなく、またひとつの思想と運動としてのナチズムを本質的に批判しうる原理と枠組みをそなえたものでもありえないことは明らかである。つまり、近代技術の災厄は、人類が「存在」への関与を失って、「存在」から離反し続けた結果として近代社会にもたらされたと言うハイデガーの技術論は、技術を充用する人間や社会制度とは無関係に成立しうるのであり、ましてとりわけ近代産業資本主義における利潤獲得をめぐる熾烈な競争のなかでの生産・消費との関わりにおける技術の現実的諸関係を対象としたものではありえない。したがってまたそれは、国家独占資本主義のなかから生じた、反共主義と反民主主義を共通基盤とし、右翼的・軍事的政治独裁を共通特徴とする特殊ナチズムおよび政治的全体主義を内在的に批判しうる原理と射程をそなえたものでもありえない。したがって、ヴィエッタが行っているように、ハイデガーの近代技術批判を直接にナチズム批判へと結び付けることは、ハイデガーの技術論の解釈だけでなく、その原理的な内容と射程の両面からして不可能なのである。

このことは一方では、後になってハイデガーのテクノロジー批判が、技術を「立て－組み」Ge-stell と解して、その具体的な内容分析を欠落させたまま、例えば古代ギリシャのテクネー概念のもっぱら語源的で独善的な探索に終始するというような空疎なものになってゆくことに明確に示されている。[106] また他方では、ハイデガーの技術批判が、技術そのものに対する批判ではなくて、技術を中立的なものと考える技術論に対する批判として偏向してゆくことに示されている。このことをはからずも示してくれているのは、ヴィエッタがその著書の第六章の末尾で引用しており、彼のような側近の弟子または遺著管理者だけが見ることのできるハイデガーの未公開草稿の一節である。

「響き合い Anklang」という奇妙なタイトルをもつその草稿の部分は、もっぱら技術の中立性を攻撃しているのだが、そこではハイデガーの技術論の本質と限界がその弁護者本人によって象徴的にこう表現されている。「技術は中立的だと言われる。ただ人間だけが技術を祝福と災厄の方向へ押しやるだけだ、と言うのである。[107]」「おそらく、人間の形而上学的エゴイズムが荒れ狂い、いわゆる有用的諸価値をつくる構築こそが、人間の本質の災いであろう。[108]」「おそらく、技術の中立性の外見は、すべての人間的な理解力を刺激して、技術、自然の技術的な征服、歴史の技術的な組織化のすべての可能性をそそのかし、このような道をたどって、人間によってなされて、人間の繁栄と幸福とを保証するはずのある世界調整を作り上げるようにと仕向けるであろう。――おそらく形而上学的な人間は、このように刺激して仕向けることによって、惑星的な規模のエゴイズムの究極の途方もなさへと駆り立てられるであろう。[109]」

ハイデガーは、技術がそれ自体としては中立であって、善でも悪でもなく、これを充用する人間如何によって善にも悪にもなるという、技術の中立性を主張する見解に執拗に反対しているのだが、こうした主張は、技術が人間によって造られるとともに支配もされるということをまったく拒否するところに成立している。したがって、ハイデガーが技術の中立性を否定するかぎり、彼の技術論にはそもそも、ナチズムによるテクノロジーの悪用とナチズムとを批判しうる原理的射程がそなわってはいない。こうした主張から帰結するのは、惑星的規模にまで膨張した近代の技術支配の根源を、存在者の得体の知れない「存在」がわれわれに送り遣わす「歴－運 Ge-schick」という運命的なものに求めざるをえず、結局のところ技術支配の現状を終末論的に追認するだけで、技術からの人間の疎外という近代固有の問題の解決をかろうじて「神のごときもの」の救済可能性に求めるということでしかない[110]。こうした解決は、現実的にはまったく無力なものとならざるをえないのであって、およそ現実の内的変革とは無縁のものであろう。それは、『シュピーゲル』誌インタビューにおける「技術とは、その本質においては、人間が自分自身によって制御することができない或るものなのです[111]」というハイデガー自身の言葉に端的に表現されていよう。

ヴィエッタはその著書の最終章で、ドイツの有名新聞が報道する熱帯林の消失と砂漠化の記事を引用して、ハイデガーが近代技術と機械的な経済のこうした行く末を「存在棄却性」としてすでに見通していたと述べている。確かに、地球環境問題の深刻化、大地の荒廃と砂漠化が現代のわれわれ人類に突きつけられた大きな課題であることは間違いないが、しかしハイデガーの技術論は、たとえ近代技術の行き先を見通していたことを認めるとしても、技術が人間を超えたあるものだとすることによって、この大きな課題に立ち向かい、これを解決するための手がかりにはとうていなりえないものなのである。

結論に代えて

本稿においてこれまで考察してきたように、ハイデガーが生涯にわたって公にした諸著作・論文・講演・講義を見ても、私の知る限り、国民社会主義すなわちナチズムの名を挙げてこれをそれ自体として公然と、疑問の余地なく、批判した箇所は存在しないと思われる。国民社会主義の個々の思想や運動に対するハイデガーのあてこすりや揶揄は散見されないわけではない。しかし、これまで考察の結果明らかになったように、ハイデガーがナチズムにたいする「批判」と関わっているとヴィエッタが主張する箇所を前後の文脈のなかで詳しく吟味すれば、この「批判」なるものは、ヨーロッパで支配的になりつつある形而上学的傾向やニヒリズムという共通の普遍的な「歴運」に関係しても、ナチズムという特殊な思想と運動に本質的な、ヨーロッパの支配的な諸傾向という普遍的側面との種差という意味での特殊性に関わってはいない。ハイデガーにナチズム「批判」があったとしても、それはナチズムの公式的見解またはナチ正統派のイデオローグや個々のナチのスローガンないし運動にたいする個別的な批判に強く限定されているのであって、ましてナチズムの思想と運動の根幹に関わる原理的な側面には関係してはいない。それは、「ニーチェ講義」においても『哲学への寄与』においてもそうであり、近代技術論批判においてもやはりそうなのである。ナチの公式見解やナチ宣伝局の見解に対するハイデガーの批判をナチズムそのものに対する批判と決して混同してはならない。歴史的事実としてのナチズムは、こうしたナチの思想と運動にかんする公式見解とこれに対する異論とを、時には対立したり時には野合しながらも、同じひとつのナチズムのうちに包含しえたのである。

したがってわれわれは、ハイデガーとナチズムとの関係については、「ハイデガーを率直に読むいかなる者も、ハイデガーが生涯にわたって国民社会主義への内的な近傍から離れずに固執し続けた、などと言うことはできない[112]」というヴィエッタの主張とはまったく反対に、われわれはこう結論しなくてはならない。第二次世界大戦前・大戦中・大戦後のハイデガーの言動を見ても、二〇世紀最大の権力犯罪であるホロコーストにナチ党員としてたとえ間接的にではあれ関与したことを公式的に自己批判することなく、そしてドイツ第三帝国敗北ののちにも自らのナチ的過去が強く残る言辞を公表して恥じるところがなかったという事実を見ても、ハイデガーはやはり生涯にわたってナチズムの近傍から離れることがなかったのだ、と。

ヴィエッタは、ホロコーストに対する哲学者としての責任にかんするハイデガーの深い沈黙の理由について、「ハイデガーは、一九三三年という年代における自分の誤った決定に対して、ある深い『羞恥』を体験したのであり、この羞恥はハイデガーを一生涯きわめて深く苛んだのである[113]」と述べて、これを弁護している。だが、ハイデガーの政治的誤りは決して一九三三年に限定されはしないし、その羞恥の証拠もヴィエッタによってはついにあげられないままである[114]。もしもハイデガーが「二〇世紀を代表する」哲学者・思想家であるのだとすれば、まさしく自らの諸著作・論文・講演・講義などの言論の手段を通じて、おのれの過去の思想を総括し、これと対決しながら、思想と哲学のうえでおのれの倫理的責任を取らない限り、「深くおのれを恥じていた」などと評価することはとうていできないであろう。そして、ハイデガー派とハイデガー擁護論者がいつまでも議論のこうした心情的水準に止まる限り、二一世紀においてもなお、世界的名声をもつ哲学者ハイデガーが何故にナチズムの近傍にとどまり続けたのかという根本問題をめぐるハイデガー・ナチズム論争は、哲学上の諸問題のホットラインのひとつとして今後も熱い論議の対象となり続けるであろう。

ヴィエッタはその著書の最後に、ハイデガーがナチズムの恐怖政治とホロコーストにかんしてハイデガーが沈黙している理由について、フランスの哲学者ジャック・デリダの次の言葉を引用している。「ハイデガーが一九三三年について、私は大いなる愚行を犯したと述べるだけではなくて、アウシュヴィッツは絶対的な驚愕であり、私が根本から断罪するものだと述べたと想定すれば、どうだったであろうか。これはわれわれにすでによく知られた文句である。そうだとすれば、どうだったであろうか。彼はおそらくただちに罪の許しを得ただろう。」(115) ヴィエッタによれば、こうした罪の許しは、ハイデガーにとってはまったくふさわしくないと述べている。なぜならば、ハイデガーにとって問題であったのは、ナチズムの恐怖政治と絶滅機構とが近代の存在の歴史の深部にその根をもっていることであったし、世界戦争やナチズムが潰えた後もなお西洋を支配し続ける宿命だということであり、こうした指摘は正しかった。だから、ハイデガーが罪の許しを請うという仕方でこうした歴史の局面を精算するわけにはいかなかった。したがってハイデガーには、近代技術の宿命を批判しえた点で罪はないし、自らの罪の許しを請う必要もない。ヴィエッタはまさしくこのように言わんばかりなのである。しかし、こうした議論は、ハイデガーが犯した罪を宿命としての近代技術に押しつけて、ハイデガーの政治責任をまったく回避しようとする点で、手のこんだ新たなハイデガー擁護論を提起しようとしていると言わなければならない。われわれは、本書で展開したすべての根拠からして、ハイデガーの近代技術批判をナチズムの批判とすり替えようとするこうしたハイデガー擁護論には決して同意することができない。

したがって、われわれは本稿において詳細に検討したヴィエッタの著書にかんして、次のように結論しなくてはならない。ヴィエッタのこの著書は、人種主義や民族主義、さらにナチズムの定義などの諸問題にかんしてきわめて曖昧な叙述を行っているだけでなく、ハイデガーの原文の前後の文脈を無視した強引な解釈によって、そして時には文脈とは無関係な挿入文を入れることで読者の心情に訴える論証を行い、多くの点で事態を正反対に描いている点で、きわめて多くの問題点を含んでいる、と。そして、こうも付け加えなければならない。この著書は、客観的な事実の収集と学問的論証の不十分さから見て、著者の学問的良心にたいする疑義さえも生じさせかねない、と。

注

凡　例

読者の便宜のために、翻訳のある書物についてはできる限り翻訳本の頁を記したが、本書の訳文は必ずしも翻訳本に従ってはいない。

序　章　ハイデガーとナチズム

（1）原佑「ハイデガーへの対応」（『世界の名著・ハイデガー』中央公論社）五三頁。

（2）ファリアスのこの書が刊行された後、ガダマーがこれを酷評して以来、ハイデガー・ナチズム論争のなかでは、根拠もあげずにファリアスを不当に低く評価する傾向が散見される（Vgl. Hans-Georg Gadamer, Oberflächlichkeit und Unkenntnis, in Neske/Kettering, Antwort. Martin Heidegger im Gespräch, Neske, S. 152-157）。確かに彼の叙述には、証拠の確実性や、晩年のハイデガーの思想を、彼の高名な同郷人であり反ユダヤ主義者でもあったアーブラハム・ア・ザンクタ・クラーラの思想への回帰と解釈するなど、いくつかの難点がないわけではない。しかし、部分的な難点をもって全体的な評価に換えることは、論理学で言う「合成の虚偽」を犯すことになろう。全体として見れば、ファリアスの著作の功績は決して否定されるべきではないであろう。

（3）Vgl. Schneeberger, *Nachlese zu Heidegger*. 邦訳はシュネーベルガー『ハイデガー拾遺』（山本尤訳、未知谷）を参照のこと。

（4）第二次世界大戦後のフランスにおけるハイデガー受容とハイデガー哲学の評価をめぐる論争については、トム・ロックモアのふたつの著作が詳細に解説している。Tom Rockmore, *On Heidegger's Nazism and Philosophy*, University of California Press, 1992.（トム・ロックモア『ハイデガー哲学とナチズム』奥谷・小野・鈴木・横田訳、北海道大学図書刊行会）および Tom Rockmore, *Heidegger and French Philosophy*, Routledge, 1995（トム・ロックモア『ハイデガーとフランス哲学』北川東子・仲正昌樹監訳、法政大学出版局）を参照されたい。また、ハイデガー・ナチズム論争史全体の資料的解説としては、中田光雄『政治と哲学』上・下、岩波書店を参照されたい。

（5）木田元『ハイデガーの思想』岩波新書、木田元「解説——ハイデガーという難問」（ハイデガー『形而上学入門』川原栄峰訳、平凡社）を参照されたい。

（6）Vgl. Elżbieta Ettinger, *Arendt・Heidegger*, Yale University Press, 1995. エティンガー『アレントとハイデガー』みすず書房を参照のこと。

（7）ユダヤ人に対する差別と偏見がヨーロッパを中心になぜこれほどまでに広がっていたのかという問題にたいしては、ユダヤ民族が歩んだ歴史と西洋社会の社会経済的基盤の変動という広い文脈に照らして、解答がなされねばならない。まずユダヤ教とキリスト教との関わりがあげられる。キリスト教は、同じ一神教を信仰するユダヤ教から派生した宗教でありながら、イエスを神または神の子とする点で、ユダヤ教とは決定的に異なる宗教である。ユダヤ教の割礼、食事と清浄にかんする戒律、安息日などがこれと他宗教との交流を妨げ、ユダヤ人に対する嫌悪感を助長することになった。初期キリスト教においては、民衆のユダヤ人観の底流に、金銭と引き換えにイエスを裏切って十字架へと送った弟子ユダがユダヤ人と同義語とされて、初期の教父時代以来、ユダヤ人が悪魔のイメージや卑劣さの象徴として見られるということがたえず存在し続けた。また、古代からさかんに海外移住を行っていたユダヤ人は、基本的に商業を生業としたために、自給自足の経済を原則とする封建制の時代にはもっぱら東洋と西洋を媒介する商人として活躍して財をなす者が多く、やがて国王や封建領主の収税人、財政管理人、そしてやがては高利貸などとして社会に浸透していったが、国王や領主の金権による圧政的支配に対する民衆の憎悪は、しばしば彼らの財政を支えたユダヤ人に対して向けられることになった。さらにユダヤ人は商人として、とくに奴隷売買を一手に引き受け、白人奴隷さえも売買したことがユダヤ人に対する恐怖心を西欧人に植え付けることになったといわれる。しかし、資本主義の興隆とともに彼らを取り巻く社会的状況は一変する。彼らは、西欧ではナポレオンのゲットー解放後、西欧とキリスト教の社会に同化し、富裕な中産階級になるものも多かったが、東欧ではもともと農業を営まず手工業者として生き残ったにもかかわらず農工業の機械化によって競争に敗れた彼らは、大量の零落した移民となって、例えばウィーンなどの大都市に流入した。ヒトラーはまさにここで彼らと出会ったのである。ナチのスローガンには反ユダヤ主義が強く関わっているが、ひとつにはユダヤ人にまつわる「人種的神話」を反ユダヤ主義として利用することで、ナチはドイツ民族のナショナリズムを鼓舞した。ナチの人種局が「ユダヤ人の人種的特徴」を科学的に解明しようとして失敗したにもかかわらずである。また、ナチは「ユダヤ資本主義」の神話を流布することで大資本に対する民衆の反感をユダヤ人へと向け変えた。さらに、ナチは「ユダヤ国際主義」の神話を作り上げることで、ユダヤ人を共産主義者に仕立て上げ、反共主義へと民衆を駆り立てた。大資本にとってもこれらのナチのスローガンは自らの利益に合致するものであったことは言うまでもない。ヒトラーはこれらの神話でユダヤ人の「脅威」を狂信的に煽り立てたが、しかし当時の社会を冷静に分析するならば、ユダヤ人の「脅威」なるものは社会経済的に見れば、なかったか、あったとしてもごく一部にしか存在しなかった。ユダヤ人に対する差別・偏見・虐殺の歴史については、アーブラハム・レオン『ユダヤ人と資本主義』法政大学出版局、ポール・ジョンソン『ユダヤ人の歴史』上・下、徳間書店、ロベルト・S・ヴィストリヒ『ヒトラーとホロコースト』ランダムハウス講談社、レオン・ポリアコフ『反ユダヤ主義の歴史』I—V、筑摩書房などを参照されたい。また、奥谷浩一「ハイデガーと反ユダヤ主義」（『札幌学院大学人文学会紀要』第八五号）も参照のこと。

（8）Farias, *Heidegger und der Nationalsozialismus*, S. Fischer, S. 90. ファリアス『ハイデガーとナチズム』名古屋大学出版会、七六頁。

（9）Vgl. *Heidegger Gesamtausgabe* Band1. ハイデガー全集第一巻参照。

（10）Heidegger, *Sein und Zeit*, Heidegger Gesamtausgabe Bd. 2, S. 173. ハイデガー『存在と時間』上巻、細谷貞雄ほか訳、理想社、二二〇頁。

（11）この点については、Rüdiger Safranski, *Ein Meister aus Deutschland. Heidegger und seine Zeit*, Hanser, S. 198-199. リュディガー・ザフランスキー『ハイデガー―ドイツの産んだ巨匠とその時代』（山本尤訳、法政大学出版局）、二四八頁を参照されたい。

（12）Heidegger, *Sein und Zeit*, Heidegger Gesamtausgabe Bd. 2, S. 532. ハイデガー『存在と時間』下巻、二七九頁。

（13）*Ibid.*, S. 508. 同上書、二五二頁。

（14）*Ibid.*, S. 509. 同上書、二五三頁。

（15）*Ibid.*, S. 517. 同上書、二六二頁。

（16）この国会議事堂放火事件は、完全に解明されているというわけではないが、戦後のニュルンベルク裁判などの証言では、ゲッベルスとゲーリングによって指導され、知的障がいと放火癖をもったオランダ人共産主義者マリヌス・ファン・デア・ルッベを手先として利用し、実際にはカール・エルンストをはじめとする突撃隊員の手で放火が行われたことがほぼ確実である。この事件が完全に解明されていないのは、レーム粛清までのあいだに証人がほとんど抹殺されたうえ証拠もほとんど隠滅されたからである。ウィリアム・L・シャイラー『第三帝国の興亡』第一巻、東京創元社、三八二頁以下を参照されたい。

（17）成瀬治・山田欣吾・木村靖二編『世界歴史大系・ドイツ史』山川出版社、二〇六頁。

（18）ハイデガーの『存在と時間』の当初の構想と破棄された後半部分である第三部の内容については、木田元『ハイデガー『存在と時間』の構築』（岩波現代文庫）に詳しい。

（19）Schneeberger, *Nachlese zu Heidegger*, S. 7. シュネーベルガー『ハイデガー拾遺』二五頁以下を参照。

（20）Bernd Martin (Hrg), *Martin Heidegger und das' Dritte Reich'*, S. 84.

（21）Heidegger, *Grundbegriffe der Metaphysik*, Gesamtausgabe Band 29/30, S. 243. ハイデガー『形而上学の根本諸概念』、全集第二九／三〇巻、創文社、二七一頁。ヒトラーは一九三三年二月一〇日にベルリンの国立競技場で演説を行い、これはラジオで全国に中継放送されたのだが、そのなかで「われわれの政治、倫理および経済上の生存にたちふさがる恐るべき困窮」に言及し、この「困窮」からの回復を呼びかけた。クローディア・クーンズ『ナチと民族原理主義』青灯社、五四頁を参照されたい。

（22）Heidegger, *Grundbegriffe der Metaphysik*, *ibid*, S. 244. ハイデガー『形而上学の根本諸概念』、二七三頁。

（23）*Ibid*, S. 244. 同上書、二七三頁。

（24）*Ibid*, S. 256. 同上書、二八六頁。

（25）*Ibid*, S. 247. 同上書、二七六頁。

（26）*Ibid*, S. 255. 同上書、二八五頁。

（27）Pöggeler, Den Führer führen? Heidegger und kein Ende, Philosophische Rundschau 32, No. 1/2, S. 27.

（28）Heidegger, *Das Rektorat 1933/34. Tatsachen und Gedanken*, Vittorio Klostermann, S. 24.

（29）エルンスト・ユンガーについては、本書第四部三一二頁以下を参照のこと。

（30）Vgl. Farias, *ibid.*, S. 180ff. ファリアス、上掲書、一五六頁以下を参照のこと。

（31）Vgl. *ibid.*, S118ff. ファリアス、同上書、一〇一頁以下を参照されたい。

（32）Heidegger, *Vom Wesen der Wahrheit*, Gesamtausgabe Band 34, S. 74. ハイデガー『真理の本質について』、全集第三四巻、八一頁。

（33）*Ibid.*, S. 91. 同上書、九八頁。

（34）*Ibid.*, S. 85. 同上書、九三頁。

（35）*Ibid.*, S. 91. 同上書、九八頁。

（36）*Ibid.*, S. 92. 同上書、九九頁。

（37）*Ibid.*, S. 115. 同上書、一二四頁。

（38）*Ibid.*, S. 325. 同上書、三四七頁。

（39）Heidegger, *Platons Lehre der Wahrheit*, *ibid.*, S. 91. ハイデガー『プラトンの真理論』理想社、七七頁。

（40）Eric Weil, Le Cas Heidegger, Lignes, 2 February 1988, p. 140.

（41）Hugo Ott, Martin Heidegger-Unterwegs zu seiner Biographie, Campus Verlag, S. 63. オット『マルティン・ハイデガー——伝記への途上で』未來社、一九八頁。

（42）*Heidegger/Jaspers Briefwechsel 1920-1963*, Piper, S. 149.『ハイデガー・ヤスパース往復書簡 1920-1963』名古屋大学出版会、二三二頁。

（43）Jaspers, *Autobiographie*, S. 100.

（44）*Heidegger/Jaspers Briefwechsel 1920-1963*, S. 152.『ハイデガー・ヤスパース往復書簡 1920-1963』二三六—二三七頁。

（45）Bernd Martin (Hrg), *Martin Heidegger und das' Dritte Reich'*, S. 167.

（46）Heidegger, *Die Selbstbehauptung der deutschen Universität*, Vittorio Klostermann, 1983, S. 9.

（47）*Ibid.*, S. 19.

（48）Karl Löwith, *Mein Leben in Deutschland vor und nach 1933*, J. B. Metzler, S. 33. カール・レーヴィット『ナチズムと私の生活』秋間実訳、法政大学出版局、五五頁。

(49) Pöggeler, Den Führer führen? Heidegger und kein Ende, Philosophische Rundschau 32, No. 1/2, S. 27.

(50) ホルスト・ヴェッセルとは、家族や勉学を捨ててスラム街に住んでナチ突撃隊の活動に専念した若者であるが、女性をめぐるいざこざのために一九三〇年二月に共産党員によって殺害されたといわれる。その死後に、彼がある古い歌に自らの作詞をつけた一曲の歌があることが流布された。この歌のために、彼はやがてナチの英雄に祭り上げられ、彼の歌は「ホルスト・ヴェッセルの歌」としてナチの党歌となった。この党歌は、ナチ時代には第三帝国国歌に次ぐ歌として、いわば第二国歌としてもてはやされたという。

(51) Hugo Ott, *ibid.*, S. 229. オット、上掲書、三五三頁。

(52) Farias, *Heidegger und der Nationalsozialismus*, S. 193. ファリアス、上掲書、一六八頁。

(53) *Ibid.*, S. 200. 同上書、一七三頁。

(54) Schneeberger, *Nachlese zu Heidegger*, S. 114. シュネーベルガー、上掲書、二〇〇頁。

(55) *Ibid.*, S. 120ff. 同上書、一七九頁以下。

(56) Ott, *ibid.*, S. 239. 同上書、三七一頁。

(57) シャイラー、上掲書、第二巻、四四頁。

(58) クーンズ、上掲書、三〇一頁。ヴィクトル・クレンペラーはフランス語・フランス文学を研究する言語学者で、ミュンヘン大学教授、ドレスデン工科大学教授を歴任した。ナチ時代は教職を追われて辛酸をなめるが、彼の妻がアーリア系だったこともあって、幸運にもこの時代を生き延びることができた。フランス文学関係の著作のほかには、ナチ時代の言語と社会を批判的に分析した『第三帝国の言語〈LTI〉』(法政大学出版局)とナチ時代の記録となる日記を残したことで知られる。なお、著名な音楽指揮者オットー・クレンペラーは彼の従兄弟である。

(59) レーム粛清事件の背景には、ナチ幹部どうしの反目、路線の相違、そして陸軍をおびやかすほど強大な勢力にのしあがった突撃隊を統制する必要などがあった。この事件も、レームがヒトラーを排除することなど毛頭考えていなかったにもかかわらず、レームの陰謀を口実として引き起こされたもので、ゲーリングとヒムラーがヒトラーにレーム陰謀説を信じ込ませたという。この事件では、突撃隊幹部たちだけでなく、かつてヒトラーに敵対した人々の生命の抹殺も仕組まれた。一九五七年のミュンヘン裁判では、犠牲者の数は一〇〇〇名を超えると考えられている。シャイラー、上掲書、第一巻、四四二頁を参照。

（60）Vgl. Werner Rügemer, *Philosophische Anthropologie und Epochenkrise*, Pahl-Rugenstein Verlag, 1979, S. 100ff. ゲーレンの人間学とその批判については、奥谷浩一『哲学的人間学の系譜』梓出版社、二〇五頁以下を参照されたい。

（61）Heidegger, *Logik als Frage nach dem Wesen der Sprache*, Gesamtausgabe, Bd. 38, S. 65. ハイデガー全集、第三八巻、七八頁。

（62）*Ibid.*, S. 83. 同上書、九七頁。

（63）*Ibid.*, S. 154. 同上書、一七二頁。

（64）*Ibid.*, S. 165. 同上書、一八三頁。

（65）*Ibid.* 同上書、同上頁。

（66）Gespräch mit Martin Heidegger, Spiegel, Nr. 23, 1976, S. 203-204.

（67）Heidegger, *Einführung in die Metaphysik*, Gesamtausgabe Band 40, S. 40-41. ハイデガー『形而上学入門』平凡社、八二頁。

（68）*Ibid.*, S. 53. 同上書、八八頁。

（69）*Ibid.*, S. 208. 同上書、三二三頁。

（70）この文章は、もともとの講義のなかで述べられていたが、後に全集版のなかで公刊された『シェリング「人間的自由の本質」』では削除されたという。このことを明らかにしたのはカール・ウルマーである（"Der Spiegel", 2. Mai, S. 125. および Heidegger, *Schelling : Vom Wesen der menschlichen Freiheit*, Gesamtausgabe Band 42, S. 40-41. を参照のこと）。なお、ヒトラーは首相に任命された二日後の一九三三年二月一日に宣言を国民の前に示したが、そのなかで「家族……名誉そして忠誠心、民族と祖国、文化と経済」の再興、「われわれの道義と信念の永遠なる基盤」の回復と並んで、「精神的、政治的、文化的ニヒリズムに対する容赦のない戦い」を明確に掲げている。クーンズ、上掲書、五一頁。

（71）Karl Löwith, *ibid.*, S. 33. レーヴィット、上掲書、九四頁。

（72）クーンズ、上掲書、二八四―二八五頁。弁護士であったハンス・フランクは、ナチ党員のなかでは貴重な法律の専門家としてミュンヘン一揆などのナチ関係の裁判の弁護を一手に引き受け、ナチ政権奪取後は帝国特別法律委員とドイツ法学会会長の地位に登り詰めただけでなく、ナチ・ドイツのポーランド侵略後はポーランド提督をも努めた人物である。彼はここでクールな法律家という顔の下に隠れた凶暴さと残虐さを発揮し、ポーランド人とポーランド在住のユダヤ人の虐殺を数多く行った。彼の指揮下で虐殺されたポーランドのユダヤ人はおよそ三〇〇万人といわれる。彼はその犯罪行為のためにニュルンベルク裁判で死刑判決を受け、絞首刑となった。

（73）Heidegger, *Nietzsche, Der Wille zur Macht als Kunst*, Gesamtausgabe Band 43, S. 193. ハイデガー『ニーチェ。芸術としての力への意志』、全集第四三巻、一八七頁。

（74）*Ibid.*, S. 5. 同上書、七頁。

（75）Heidegger, *Nietzsche*, Gesamtausgabe Band 6-2, S. 44.『ニーチェ』Ⅱ、全集第六の二巻、五〇頁。

（76）*Ibid.*, S. 44-45. 同上書、同上頁。

（77）Heidegger, Die Zeit des Weltbildes, Gesamtausgabe Band 5, S. 100. ハイデガー「世界像の時代」（『杣径』所収、全集第五巻）一二〇頁。

（78）Heidegger, *Beiträge zur Philosophie*, Gesamtausgabe Band 65, S. 41. ハイデガー『哲学への寄与』、全集第六五巻、四六頁。

（79）*Ibid.*, S117. 同上書、一二八頁。

（80）*Ibid.* 同上書、同上頁。

（81）*Ibid.*, S. 493. 同上書、五二九頁。

（82）Vgl. Silvio Vietta, *Heideggers Kritik am Nationalsozialismus*, Niemeyer. シルヴィオ・ヴィエッタ『ハイデガー――ナチズム／技術』文化書房博文社を参照されたい。

（83）Heidegger, *Beiträge zur Philosophie*, Gesamtausgabe Band 65, S. 492. ハイデガー『哲学への寄与』五二九頁。

（84）この事件は、襲撃されたユダヤ人商店のガラスが街路に大量に飛び散り、それが夜のライトに照らされて水晶のように輝いたところから「水晶の夜」という名前がつけられた。「砕かれたガラスの週」の事件ともいう。ナチ側の発表だけでも、この事件で八一五軒の商店、一一九のシナゴーグが放火され、二万人のユダヤ人が逮捕され、三六人が殺害されたというが、実際はその数倍にのぼると考えられている。今ではこのポグロムは、ヒトラーの許可のもとに、ゲッベルスとラインハルト・ハイドリヒによって組織され指令されたものであることがわかっている。しかし、知識人の誰一人として公然と抗議の声をあげる者はいなかったという。シャイラー、上掲書、第二巻、四〇三頁以下を参照のこと。

（85）Heidegger, *Das Rektorat 1933/34. Tatsachen und Gedanken*, S. 24.

（86）Heidegger, *Beiträge zur Philosophie*, Gesamtausgabe Band 65, S. 143. ハイデガー『哲学への寄与』、一五五頁。

（87）Heidegger, Überwindung der Metaphysik, *Vorträge und Aufsätze*, Neske, S. 88.

（88）*Ibid.*, S. 89.

（89）*Ibid.*, S. 93.

（90）*Ibid.*, S. 95.

（91）Heidegger, *Das Rektorat 1933/34*, S. 24.

（92）Gespräch mit Martin Heidegger, Der Spiegel, Nr. 23, 1976, S. 209. ハイデガーのこの言葉ほど、われわれ哲学徒を失望させたものはなかった。

（93）本書第四部二九六頁以下を参照されたい。

（94）Heidegger, *Hölderlins Hymne "Der Ister"*, Gesamtausgabe Band 53, S. 98. ハイデガー『ヘルダーリンの讃歌「イスター」』、全集第五三巻、一一六頁。

（95）Heidegger, *Parmenides*, Gesamtausgabe Band 54, S. 114. ハイデガー『パルメニデス』、全集第五四巻、一三二―一三三頁。

（96）Heidegger, *Nietzsches Wort "Gott ist tot"*, Gesamtausgabe Band 5, S. 246-247. ハイデガー「ニーチェの言葉『神は死んだ』」（『杣径』所収、全集第五巻）二七五頁。

（97）*Ibid.*, S. 247. 同上書、二七六頁。

（98）Heidegger, *Heraklit*, Gesamtausgabe Band 55, S. 69. ハイデガー『ヘラクレイトス』、全集第五五巻、七九頁。

（99）*Ibid.*, S. 108. 同上書、一二二頁。

（100）*Ibid.*, S. 123. 同上書、一三八頁。

（101）Heidegger, *Einführung in die Philosophie. Denken und Dichten*, Gesamtausgabe Band 50, S. 120. ハイデガー「哲学入門

――思索と詩作」、全集第五〇巻、二〇八頁。

（102）*Ibid.*, S. 121. 同上書、二〇九頁。

（103）Farias, *Heidegger und der Nationalsozialismus*, S. 373. ファリアス、上掲書、三二五頁。

（104）*Ibid.*, S. 374. 同上書、三二六―三二七頁。

（105）クーンズ、上掲書、五五―五六頁。

（106）ロバート・ジェラテリー『ヒトラーを支持した国民』みすず書房、一七八頁を参照のこと。

（107）ジャック・ドラリュ『ゲシュタポ・狂気の歴史』サイマル出版会、三四頁。

（108）ジェラテリー、上掲書、一七八頁。

（109）クリスティアン・ペトリ『白バラ抵抗運動の記録』未來社、二六三頁。しかし、この三〇万人という数字は、情報が入りにくい当時の状況では、きわめて控えめなものでしかなかった。

（110）NHK教育テレビ、特集「知の巨人たち・ハイデガー」一九九九年五月二五日放送を参照のこと。

（111）Wolfgang Schirmacher, *Technik und Gelassenheit : Zeitkritik nach Heidegger*, Alber, S. 25.

（112）Heidegger, *Die Technik und die Kehre*, Neske, S. 14.

（113）Habermas, Heidegger-Werk und Weltanschauung, Vorwort von Victor Farias, *Heidegger und der Nationalsozialismus*, S. Fischer, 1987, S. 33ff. ハーバマス「ハイデガー――著作と世界観」、ファリアス『ハイデガーとナチズム』への序文、上掲書、二〇頁。

第一部　「ハイデガー裁判」の経過と結末

（1）オットによれば、政治的浄化委員の一人であったアドルフ・ランペの遺稿をはじめ、彼のいわば同盟者であったヴァルター・オイケンやフランツ・ベームなどの文書や手紙などは、まだ完全に公開されているわけではない。

（2）Vgl. Hugo Ott, *Martin Heidegger-Unterwegs zu seiner Biographie*, Campus Verlag, 1992, S. 295. フーゴ・オット『マルティン・ハイデガー――伝記への途上で』未來社、四五三―四五四頁を参照。

（3）Martin Heidegger, Brief an den Oberbürgermeister der Stadt Freiburg, den 16. Juli 1945, Gesamtausgabe Bd. 16. S.

367-369.

（4）Adolf Lampe, Aktennotiz über die Besprechung mit Prof. Dr. Martin Heidegger am Mittwoch, dem 25. 7. 1945 (in Bernd Martin, *Martin Heidegger und das 'Dritte Reich'*, Wissenschaftliche Buchgesellschaft, S. 186ff.).

（5）Schneeberger, *Nachlese zu Heidegger*, Bern, S. 135-136. グイド・シュネーベルガー『ハイデガー拾遺』未知谷、二〇〇頁。

（6）Bernd Martin, *ibid.*, S. 184-185.

（7）Adolf Lampe, *ibid.*, S. 188.

（8）Ott, *ibid.*, S. 305-307. オット、上掲書、四七一—四七五頁。

（9）*Ibid.*, S. 306. オット、上掲書、四七二頁。

（10）Heidegger, Brief an v. Dietze am 15. Dez., Gesamtausgabe Bd. 16 ,S. 409-415.

（11）Ott, *ibid.*, S. 308. オット、上掲書、四七六—四七七頁。

（12）Heidegger, Brief an Stadelmann den 30. Nov., Gesamtausgabe Bd. 16, S. 405-408.

（13）Ibid., S. 405.

（14）Ibid., S. 405.

（15）Heidegger, Antrag auf die Wiedereinstellung in die Lehrtätigkeit, Gesamtausgabe Bd. 16, S. 397-404.

（16）*Ibid.*, S. 397.

（17）*Ibid.*, S. 398.

（18）Heidegger, *Die Selbstbehauptung der deutschen Universität*, Vittorio Klostermann, 1983, S. 14.

（19）Heidegger, Antrag auf die Wiedereinstellung in die Lehrtätigkeit, Gesamtausgabe Bd. 16, S. 398-399.

（20）Heidegger, *Die Selbstbehauptung der deutschen Universität*, S. 14.

（21）*Ibid.*, S. 16.

（22）*Ibid.*, S. 17.

（23）Vgl. Ott, *ibid.*, S. 235ff. オット、上掲書、三六五頁以下を参照のこと。

（24）これにかんして詳細は本書一三二頁以下を参照されたい。
（25）Heidegger, Antrag auf die Wiedereinstellung in die Lehrtätigkeit, Gesamtausgabe Bd. 16, S. 403.
（26）これについても詳細は本書二〇〇頁以下を参照されたい。
（27）Heidegger, Antrag auf die Wiedereinstellung in die Lehrtätigkeit, Gesamtausgabe Bd. 16, S. 403-404.
（28）例えばヤスパースは、一九五二年七月二四日のハイデガー宛の手紙のなかで、ヤスパースのところで学位取得を準備していたドゥレッシャー嬢の証言として次のように伝えている。彼女は一九三七／三八年にハイデガーの講義を聴講していたのだが、講義を開始する時、ハイデガーはこの時点でなおヒトラー式の敬礼を墨守していた、と。Vgl. Jaspers, *Notizen zu Heidegger*, Piper, S. 87.
（29）Heidegger, Antrag auf die Wiedereinstellung in die Lehrtätigkeit, Gesamtausgabe Bd. 16, S. 404.
（30）Heinrich Wiegand Petzet, *Auf einem Stern zugehen. Begegnungen und Gespräche mit Martin Heidegger 1929 bis 1976*, Societäts-Verlag, S. 52.
（31）Bernd Martin, *ibid.*, S. 207ff. und Heideggger Gesamtausgabe Bd. 16, S. 409ff.
（32）Bernd Martin, *ibid.*, S. 167 und Heideggger Gesamtausgabe Bd. 16, S. 99.
（33）Bernd Martin, *ibid.*, S. 208 und Heideggger Gesamtausgabe Bd. 16, S. 410-411.
（34）これについても詳細は本書二六九―二七三頁を参照されたい。「四カ年計画」とは、ナチの一九三六年のニュルンベルク大会で決定された計画であって、ゲーリングを指導責任者とし、生存圏と食料資源の拡大をめざすとともに外国からの輸入に頼らないドイツ経済の自給自足を謳いつつ、その実は向こう四年間で戦争遂行を可能にするために国防軍の軍備拡充とそのための生産力の飛躍的向上を意図するものであった。この計画によって、シャハトが築き上げてきたドイツの経済復興とそのための再軍備は大きく方向を転換して、経済全体が侵略戦争の準備という政治的目標のもとに従属させられた。ドイツはこのとき以降第二次世界大戦とドイツの破滅に向かって突き進むことになる。これについては宮田光雄『ナチ・ドイツの精神構造』岩波書店、八一頁以下を参照のこと。
（35）Bernd Martin, *ibid.*, S. 191-206.
（36）バウムガルテン事件の詳細については、Victor Farias, *Heidegger und der Nationalsozialismus*, S. Fischer, S. 282ff（ファ

リアス『ハイデガーとナチズム』二四五頁以下）を参照されたい。

（37）Rüdiger Safranski, *Ein Meister aus Deutschland*, Carl Hanser Verlag, S. 299. リューディガー・ザフランスキー『ハイデガー――ドイツの生んだ巨匠とその時代』、三七七―三七八頁。

（38）Schneeberger, *Nachlese zu Heidegger*, Bern, S. 135-136. シュネーベルガー、上掲書、二一三―二一四頁。

（39）Bernd Martin, *ibid.*, S. 201-202.

（40）Vgl. Farias, *ibid.*, S. 305-311. ファリアス、上掲書、二六四頁以下を参照されたい。

（41）Ott, *ibid.*, S. 135. オット、上掲書、二〇〇―二〇一頁。

（42）Bernd Martin, *ibid.*, S. 202-203.

（43）*Ibid.*, S. 203-204.

（44）*Ibid.*, S. 204.

（45）Karl Löwith, *Mein Leben in Deutschland vor und nach 1933*, J. B. Metzler, S. 57. レーヴィット『ナチズムと私の生活』秋間実訳、法政大学出版局、九三頁。

（46）Vgl. Farias, *ibid.*, S. 282-286. ファリアス、上掲書、二四五―二四八頁を参照。

（47）*Ibid.*, S. 283-284. 同上書、二四五―二四六頁。

（48）Bernd Martin, *ibid.*, S. 150-151.

（49）*Ibid.*, S. 152.

（50）Heidegger, Zum Gutachten über Baumgarten, Gesamtausgabe Bd. 16, S. 417-418.

（51）Heidegger, Brief an Stadelmann, den 20. Juli 1945, Gesamtausgabe Bd. 16, S. 371.

（52）Ott, *ibid.*, S. 321. オット、上掲書、五〇二―五〇三頁。

第二部　ハイデガーの『一九三三／三四年の学長職。事実と思想』の真実と虚構

（1）Hugo Ott, *Martin Heidegger-Unterwegs zu seiner Biographie*, Campus Verlag, S. 230ff. オット『マルティン・ハイデガー――伝記への途上で』未來社、三五三―三五五頁。

（2）例えば、『人類の知的遺産七五・ハイデッガー』講談社の巻末に付された「ハイデッガー年表」を参照されたい。
（3）Hermann Heidegger, Vorrede, in Martin Heidegger, *Die Selbstbehauptung der deutschen Universität. Das Rektorat 1933/34. Tatsachen und Gedanken*, Vittorio Klostermann, S. 6.
（4）Otto Pöggeler, Den Führer führen? Heidegger und kein Ende, Philosophische Rundschau 32, no. 1/2, S. 27.
（5）Vgl. Gespräch mit Martin Heidegger, Der Spiegel, Nr. 23, 1976, S. 193-219.
（6）奥谷浩一訳「ハイデガー『一九三三／三四年の学長職。事実と思想』」、『札幌学院大学人文学会紀要』第七〇号、二〇〇一年一二月発行を参照されたい。
（7）Martin Heidegger, *Das Rektorat 1933/34. Tatsachen und Gedanken*, S. 21.
（8）Rainer Alisch, Heideggers Rektorat im Kontext, in Wolfgang Fritz Haug (Hg.), *Deutsche Philosophen 1933*, Argument, S. 69ff. なお、Hugo Ott, Martin Heidegger als Rektor der Universität Freiburg i. Br. 1933/34 (I), in Zeitschr. d. Breisgau Geschichtsvereins "Schau ins Land", Nr. 102, 121-136 S. 132 も参照のこと。ただし、ザフランスキーはハイデガー支持票以外を反対一票、白紙二票としている。Safranski, *Ein Meister aus Deutschland*, S. 283（ザフランスキー、上掲書、三五六頁）を参照のこと。
（9）Martin Heidegger, *Das Rektorat 1933/34. Tatsachen und Gedanken*, S. 23.
（10）Ott, *Ibid.*, S. 139. オット、上掲書、二〇六頁。
（11）Schneeberger, *Nachlese zu Heidegger*, Bern, 1962, S. 15. シュネーベルガー『ハイデガー拾遺』未知谷、三七頁。
（12）*Ibid.*, S. 16. 同上書、三八—三九頁。
（13）Ott, *ibid.*, S. 140. オット、上掲書、二〇九頁。
（14）Victor Farias, *Heidegger und Nationalsozialismus*, S. Fischer, S. 138. ヴィクトル・ファリアス『ハイデガーとナチズム』、名古屋大学出版会、一一九—一二〇頁。
（15）Ott, *ibid.*, S. 142. オット、上掲書、二一二頁。
（16）*Ibid.*, S. 10. 同上書、一一頁。
（17）Martin Heidegger, *Das Rektorat 1933/34. Tatsachen und Gedanken*, S. 21.

（18）Vgl. Ott, *ibid.*, S. 142. オット、上掲書、二二二頁を参照。また Alisch, ibid., S. 70 および Bernd Martin (Hg.), *Martin Heidegger und das 'Dritte Reich'*, Wissenschaftliche Buchgesellschaft, S. 196-197 をも参照されたい。

（19）Schneeberger, *ibid.*, S. 16. シュネーベルガー、上掲書、三八頁。

（20）Gespräch mit Martin Heidegger, ibid., S. 193.

（21）オイゲン・フィッシャーは、一九二七年にベルリンのカイザー・ヴィルヘルム人類学・遺伝学・優生学研究所を創立した人物で、この研究所はナチによる優生思想と人種学を支え、やがて強制収容所におけるナチ親衛隊の人体実験へとつながる悪名高い研究所であった。ハイデガーとフィッシャーとの関係はこの催しのなかで結ばれ、やがてベルリン大学学長となったフィッシャーはハイデガーを自らの大学に招聘するなど、二人は親しい間柄となり、この関係はフィッシャーがフライブルクに住むようになっていっそう深まり、第二次大戦後も続いたという。Farias, *ibid.*, S. 119. ファリアス、上掲書、一〇二頁を参照のこと。

（22）Farias, *ibid.*, S. 215. ファリアス、上掲書、一八六頁。ハンス・ハイゼ（一八九一—一九七六）は哲学者で、第一次世界大戦では前線兵士として従軍し、ケーニヒスベルク大学員外教授時代の一九三三年五月一日にハイデガーと同じくナチに入党、同年秋に同大学学長となる。一九三六年秋からは、ゲオルク・ミッシュの後任としてゲッティンゲン大学に招聘される。ニーチェ・アルヒーフの全集版の委員やカント協会の議長、『カント研究』の編集者などを務め、ナチ教師同盟、ナチ・ドイツ講師同盟などで活動する。George Leaman, *Heidegger im Kontext*, S. 49 を参照のこと。

（23）Farias, *ibid.*, S. 216. ファリアス、上掲書、一八八頁。

（24）*Martin Heidegger/Karl Jaspers Briefwechsel 1920-1963*, S. 149『ハイデッガー＝ヤスパース往復書簡　一九二〇—一九六三』名古屋大学出版会、二三二頁。

（25）*Ibid.*, S. 151. 同上書、二三六—二三七頁。

（26）Martin Heidegger, *Das Rektorat 1933/34. Tatsachen und Gedanken*, S. 23.

（27）*Ibid.*, S. 22.

（28）*Ibid.*, S. 23-24.

（29）Georg Picht, Die Macht des Denken, in Neske/Kettering (Hrg.), Antwort. Martin Heidegger im Gespräch, Neske, S. 176.

（30）Heideggers Brief an Wilhelm Stuckert von 28. Aug. 1934. Vgl. Farias, *ibid.*, S. 269. ファリアス、上掲書、二三三頁を参照。
（31）Gespräch mit Martin Heidegger, ibid., S. 193.
（32）Martin Heidegger, *Das Rektorat 1933/34. Tatsachen und Gedanken*, S. 33.
（33）*Ibid.*, S. 33.
（34）この大学基本法の改正の内容については、ナチ機機関紙『アレマン人』が一九三三年八月二一日付けの記事で「バーデンの大学制度の完全な改革——文部大臣が学長を任命し、学長が学部長を任命する」という見出しでその内容を紹介している。また、同年八月二三日の『フライブルク新聞』もまた、「大学制度の改革。バーデンは指導者原理に則った改革の道の先頭を行く」という見出しでこれを紹介している（Schneeberger, *ibid.*, S. 113ff. シュネーベルガー、上掲書、一七一頁以下を参照のこと）ほか、Bernd Martin (Hg.), *Martin Heidegger und das 'Dritte Reich'*, S. 173-175 にも、ハイデガーが文部大臣にあてた草案の全文が収録されている。それらによれば、この改正内容は「学長は大学の指導者である。在来の（小およびび大）評議会のすべての権限は学長に帰属するものとする。学長は文教・法務大臣により正教授のなかから任命され、大臣に宣誓するものとする」、「評議会は議決をすることはできない。それゆえ、票決は行われない」、「学部の決議は行われない。」「学部長（部門長）および評議員の任期は学長が決定する。学長はいつ何時でも学部長（部門長）および評議員を解任することができる」などが骨子となっており、従来の大学の自由と学部自治・民主主義を根底から踏みにじる、きわめて独裁的・ファッショ的なものであったことがわかる。
（35）フランツ・ケルバー（一九〇一—一九四五）については、Farias, *ibid.*, S. 135ff. ファリアス、上掲書、一一六頁以下、および Bernd Martin (Hg.), *Martin Heidegger und das 'Dritte Reich'*, S. 46. をも参照されたい。
（36）Otto Pöggeler, Den Führer führen? Heidegger und kein Ende, Philosophische Rundschau 32, no. 1/2, S. 47.
（37）ハイデガー『形而上学の根本概念』のなかには、例えば「キリスト教教義学によって古代哲学は一つの特定の把握へと押し込まれ、この把握がルネサンス、ヒューマニズム、ドイツ観念論を通じてずっと維持された。これの非真理性をわれわれは今日やっと徐々に概念把握し始めている。多分一番最初の人はニーチェであっただろう。」（Martin Heidegger, *Die Grundbegriffe der Metaphysik*, Gesamtausgabe Bd. 29/30, S. 64. ハイデガー全集第二九／三〇巻、七一頁）「われわれはある欠乏に襲われているのか。何か欠乏というようなものがわれわれを襲っているか。この問いにわれわれは返答するだろう。

ある欠乏などというものではない。いたるところに動揺、危機、破局、欠乏がある。つまり、今日の社会的貧困、政治的混乱、学問の無力、芸術の空洞化、哲学の基盤喪失、宗教の無力がある。間違いなくいたるところに欠乏がある。」(*Ibid.*, S. 243. 同上書、二七一頁) などの叙述が見られる。これらがハイデガーの政治的「出撃」の背景にあったであろう。

(38) Schneeberger, *ibid.*, S. 7. シュネーベルガー、上掲書、一二六頁。

(39) Bernd Martin (Hg.), *Martin Heidegger und das 'Dritte Reich'*, S. 84.

(40) Eric Weil, Le Cas Heidegger, in Lignes, 2 February 1988, p. 140.

(41) Ott, *ibid.*, S. 133-134. オット、上掲書、一九七―一九八頁。

(42) George Leaman, *Heidegger im Kontext*, S. 104.

(43) Martin Heidegger, *Die Selbstbehauptung der deutschen Universität. Das Rektorat 1933/34. Tatsachen und Gedanken*, Vittorio Klostermann, S. 10. 例えば、ウォーリンによれば、「彼が演説のなかで強調しているさまざまな結合――労働奉仕・防衛奉仕・学問奉仕の目的は、さまざまな能力の（近代的な）専門分化がなくなり、ドイツ民族の歴史的――精神的命運の実現という共通の目的の下にすべての営みが統合されるような、全包括的な全体国家の創造であった。」(Richard Wolin, *The Politics of Being*, Columbia University Press, p. 88. ウォーリン『存在の政治』岩波書店、一五五頁)

(44) Martin Heidegger, *ibid.*, S. 15.

(45) Martin Heidegger, *Einführung in die Metaphysik*, Gesamtausgabe Bd. 40, S. 53. ハイデガー『形而上学入門』、川原栄峰訳、平凡社、八八頁。

(46) *Ibid.*. 同上書、同頁。

(47) Martin Heidegger, *Die Selbstbehauptung der deutschen Universität*, S. 16.

(48) Schneeberger, *ibid.*, S. 156. シュネーベルガー、上掲書、二二九頁。

(49) *Ibid.*, S. 121-122. 同上書、一八一頁。

(50) エルンスト・ユンガーと保守革命または反動的モダニズム、そしてナチズムとの関係については、ジェフリー・ハーフ『保守革命とモダニズム』(岩波書店) に詳しい。

(51) Ott, *ibid.*, S. 146. オット、上掲書、二一七頁以下。

（52）Martin Heidegger, *Die Selbstbehauptung der deutschen Universität*, S. 11.
（53）*Ibid.*, S. 13.
（54）*Ibid.*, S. 28.
（55）Gespräch mit Martin Heidegger, ibid., S. 198.
（56）Karsten Harries, The Rectorate 1933/34 : Facts and Thoughts, Review of Metaphysics 38, p. 483, note 6. なお、本書は後にシュタウディンガー事件について触れるが、ハイデガーはシュタウディンガーを告発する以前に、そのための証拠を収集しようとして、自分の腹心であった物理学講師アルフォンス・ビュール博士をチューリヒに派遣して調査にあたらせた。このビュールはハイデルベルクのフィリップ・レーナルトのもとで学位を取得した弟子であり、アーリア系物理学の創始者の弟子にふさわしく、彼もまたナチ世界観と人種理論にもとづいて活動していた。Ott, *ibid.*, S. 209ff. オット、上掲書、三二三頁以下を参照されたい。
（57）Schneeberger, *ibid.*, S. 214. シュネーベルガー、上掲書、三〇九頁。
（58）Martin Heidegger, *Die Selbstbehauptung der deutschen Universität*, S. 18.
（59）Farias, *ibid.*, S. 160ff. ファリアス、上掲書、一三九頁以下。
（60）Adolf Hitler, *Mein Kampf*, Zentralverlag der NSDAP, S. 759-760, 761. ヒトラー『我が闘争』下、角川文庫、四一七、四一九頁。
（61）Martin Heidegger, *Die Selbstbehauptung der deutschen Universität*, S. 14.
（62）*Ibid.*, S. 9.
（63）Vgl. Otto Pöggeler, Den Führer führen? Heidegger und kein Ende, Philosophische Rundschau 32, no. 1/2.
（64）Martin Heidegger, *Die Selbstbehauptung der deutschen Universität*, S. 15.
（65）*Ibid.*, S. 12.
（66）*Ibid.*, S. 19.
（67）プラトン『国家』、全集第一一巻、岩波書店、四五三頁。
（68）Richard Wollin, *The Politics of Being*, Columbia University Press, p. 90-91. ウォーリン、上掲書、一五七―一五八頁。

(69) Martin Heidegger, *Das Rektorat 1933/34. Tatsachen und Gedanken*, S. 29.

(70) Diels/Kranz, *Vorsokratiker*, Bd. 1, S. 162.

(71) Chales H. Kahn, *The Art and Thought of Heraklitus*, Cambridge, p. 208.

(72) Farias, *ibid.*, S. 273. ファリアス、上掲書、二三七頁。

(73) Ott, *ibid.*, S. 150. オット、上掲書、二二三頁。

(74) Martin Heidegger, *Das Rektorat 1933/34. Tatsachen und Gedanken*, S. 34.

(75) 例えば、本論ですでにその名前をあげたフライブルク大学の同僚、ヴォルフガング・アリーが一九三三年五月二六日付でハイデガーにあてた手紙を参照されたい。Vgl. Bernd Martin (Hg.), *Martin Heidegger und das 'Dritte Reich'*, S. 167.

(76) Farias, *ibid.*, S. 119. ファリアス、上掲書、一四三頁。

(77) Schneeberger, *ibid.*, S. 91. シュネーベルガー、上掲書、一四一頁。

(78) Hermann Heidegger, Vorrede, in Martin Heidegger, *Das Rektorat 1933/34. Tatsachen und Gedanken*, S 5.

(79) Farias, *ibid.*, S. 312. ファリアス、上掲書、二七〇頁。

(80) *Ibid.*, S. 347. 同上書、三〇一頁。

(81) Martin Heidegger, *Das Rektorat 1933/34. Tatsachen und Gedanken*, S. 33.

(82) Schneeberger, *ibid.*, S. 135-136. シュネーベルガー、上掲書、二〇〇頁。

(83) Farias, *ibid.*, S. 204. ファリアス、上掲書、一七七頁。

(84) Schneeberger, *ibid.*, S. 171. シュネーベルガー、上掲書、二四八頁。

(85) Farias, *ibid.*, S. 270. ファリアス、上掲書、二三四頁。

(86) *Ibid.*, S. 130. 同上書、一五三頁。

(87) Ott, *ibid.*, S. 181ff. オット、上掲書、二七八頁以下。

(88) Heidegger, Stellungnahme zur Beurlaubung der Kollegen v. Hevesy und Fränkel, Gesamtausgabe Bd. 16, S. 141.

(89) Bernd Martin (Hg.), *Martin Heidegger und das 'Dritte Reich'*, S. 196-197.

(90) *Ibid.*, S. 105, 115.

（91）Vgl. Heidegger, Brief an Elisabeth Blochmann an 16. Okt. 1993, Gesamtausgabe Bd. 16, S. 177-178.
（92）Ein Gespräch mit Max Müller, Bernd Martin (Hg.), *ibid.*, S. 106.
（93）Rüdiger Safranski, *Ein Meister aus Deutschland*, Carl Hanser Verlag, S. 299. これについては、Bernd Martin (Hg.), *Martin Heidegger und das 'Dritte Reich'*, S. 195-197をも参照されたい。
（94）Martin Heidegger, *Das Rektorat 1933/34. Tatsachen und Gedanken*, S. 35.
（95）Schneeberger, *ibid.*, S. 231. シュネーベルガー、上掲書、三三二頁。
（96）上記注（34）を参照されたい。
（97）Ott, *ibid.*, S. 192. オット、上掲書、二九四頁。
（98）*Ibid.*, S. 218. 同上書、三三七頁。
（99）*Ibid.*, S. 229. 同上書、三三五頁。
（100）Farias, *ibid.*, S. 212-213. ファリアス、上掲書、一八四―一八五頁。
（101）*Ibid.*, S. 214. 同上書、一八六頁。
（102）Martin Heidegger, *Das Rektorat 1933/34. Tatsachen und Gedanken*, S. 35.
（103）Schneeberger, *ibid.*, S. 231. シュネーベルガー、上掲書、三三二頁。
（104）Farias, *ibid.*, S. 269ff. ファリアス、上掲書、二三三頁以下。
（105）*Ibid.*, S. 280ff. 同上書、二四三頁以下。
（106）Martin Heidegger, *Das Rektorat 1933/34. Tatsachen und Gedanken*, S. 36.
（107）Ott, *ibid.* S 218. オット、上掲書、三三七頁。
（108）Martin Heidegger, *Das Rektorat 1933/34. Tatsachen und Gedanken*, S. 34. ファリアスによっても、ハイデガーはこの学長演説以外にもハイデルベルク、キール、チュービンゲンなどでも講演を行ったが、「ドイツの大学の『革命化』を訴えるハイデガーのいくつもの講演が教師と学生だけに関係して、学問的な研究には立ち入っていない」(Farias, *ibid.*, S. 210. ファリアス、上掲書、一八二頁）とされる。
（109）*Ibid.*, S. 38.

（110）Ott, *ibid.*, S. 183. 上掲書、二八〇頁。なお、ハイデガーが言及している「ユダヤ人フレンケル」とは、一九三三年夏学期までフライブルク大学の古典文献学の正教授であった彼の同僚のことである。したがって、ハイデガーのこの所見は最近まで同僚であった者にかんする情報をも提供しており、密告とも見られかねない要素を含んでいる。ハイデガーはこのバウムガルテンにかんする所見を実際にはゲッティンゲンの「ナチ大学教師連盟ＮＳＬＢ」宛に送ったのだが、『人類の知的遺産七五・ハイデッガー』（講談社）の「ハイデッガー年表」は、この所見が「ゲッティンゲン大学教授団」宛に送られたとしている。同書二六三頁を参照されたい。

（111）*Martin Heidegger/Karl Jaspers Briefwechsel 1920-1963*, S. 169.『ハイデッガー＝ヤスパース往復書簡一九二〇―一九六三』名古屋大学出版会、二六六―二六七頁。なお、バウムガルテンとこの事件の後のバウムガルテンについては、Safranski, *Ein Meister aus Deutschland*, S. 318-319（ザフランスキー、上掲書、四〇二頁）に詳しい。

（112）Martin Heidegger, *Das Rektorat 1933/34. Tatsachen und Gedanken*, S. 32-33.

（113）Ott, *ibid.*, S. 85. オット、上掲書、一一二頁。

（114）Ott, *ibid.*, S. 213. オット、上掲書、三二九頁。

（115）Vgl. Claudia Schorcht, *Philosophie an den bayerischen Universitäten 1933-1945*, Harald Fischer Verlag, 1990, S. 157-162.

（116）*Ibid.*, S. 161. アインハウザー宛のハイデガーのこの手紙は、Heidegger Gesamtausgabe Band 16, Reden und andere Zeugnisse eines Lebensweges, S. 132-133 にも収録されている。

（117）Martin Heidegger, *Das Rektorat 1933/34. Tatsachen und Gedanken*, S. 35.

（118）*Ibid.*, S. 37.

（119）Farias, *ibid.*, S. 140-141. ファリアス、上掲書、二二〇―二二一頁。

（120）Ott, *ibid.*, S. 228. 上掲書、三五一頁。

（121）*Ibid.*, S. 234-235. 同上書、三六四頁。

（122）*Ibid.*, S. 237. 同上書、三六七頁。

（123）Martin Heidegger, *Das Rektorat 1933/34. Tatsachen und Gedanken*, S. 23.

（124）*Ibid.*, S. 38.

（125）Farias, *ibid.*, S. 263. ファリアス、上掲書、二二九頁。
（126）Martin Heidegger, *Das Rektorat 1933/34. Tatsachen und Gedanken*, S. 38.
（127）*Ibid.*, S. 37-38.
（128）*Ibid.*, S. 41.
（129）Ott, *ibid.*, S. 156. 上掲書、二三三—二三四頁。
（130）*Ibid.*, S. 282. 同上書、四三七—四三八頁。
（131）Martin Heidegger, *Das Rektorat 1933/34. Tatsachen und Gedanken*, S. 40.
（132）Gespräch mit Martin Heidegger, ibid., S. 204.
（133）Ott, *ibid.*, S. 238. 上掲書、三七〇頁。
（134）Farias, *ibid.*, S. 311. ファリアス、上掲書、二七〇頁。
（135）*Ibid.*, S. 258. 同上書、二二四頁。
（136）*Ibid.*, S. 245ff. 同上書、二一二頁以下。
（137）Schneeberger, *ibid.*, S. 204. シュネーベルガー、上掲書、二九六頁。
（138）*Ibid.*, S. 205. 同上書、二九七頁。
（139）*Ibid.*, S. 205-206. 同上書、二九八頁。
（140）Martin Heidegger, *Das Rektorat 1933/34. Tatsachen und Gedanken*, S. 40.
（141）Gespärch mit Martin Heidegger, ibid., S. 203-204.
（142）Karl Löwith, *Mein Leben in Deutschland vor und nach 1933*, J. B. Metzler, S.. カール・レーヴィット、上掲書、九三頁。
（143）Martin Heidegger, *Einführung in die Metaphysik*, Gesamtausgabe Bd. 29/30, S. 208. ハイデガー『形而上学入門』、上掲書、二三三頁。
（144）*Ibid.*, S. 53. 同上訳、八八頁。
（145）Martin Heidegger, *Schelling : Vom Wesen der menschlichen Freiheit*, Gesamtausgabe Bd. 42, S. 40-41.
（146）Martin Heidegger, *Nietzsche : Der Wille zur Macht der Kunst*, Gesamtausgabe Bd. 43, S. 193. ハイデガー『ニーチェ。

芸術としての力への意志』、全集第四三巻、一八七頁。

(147) Martin Heidegger, *Hölderlins Hymne "Der Ister"*, Gesamtausgabe Bd. 53, S. 106. ハイデガー『ヘルダーリンの賛歌「イスター」』、全集第五三巻、一〇六頁。

(148) Martin Heidegger, *Holzwege*, Gesamtausgabe Bd. 5, S. 246-247. ハイデガー「ニーチェの言葉『神は死せり』」(『杣道』所収、全集第五巻) 二七五頁。

(149) Martin Heidegger, *Das Rektorat 1933/34. Tatsachen und Gedanken*, S. 41.

(150) *Ibid.*, S. 41.

(151) Gespräch mit Martin Heidegger, ibid., S. 204.

(152) Vgl. Schneeberger, *ibid.*, S. 223-230. シュネーベルガー、上掲書、三二二―三三〇頁を参照のこと。

(153) Farias, *ibid.*, S. 311. ファリアス、上掲書、二七〇頁。

(154) Ott, *ibid.*, S. 213. オット、同上書、三二九頁。この件にかんしては、Ott, Martin Heidegger und Nationalsozialismus, in Herausg. Gethmann-Siefert und Pöggeler, *Heidegger und die praktische Philosophie*, Suhrkamp, S. 72-73 (邦訳『ハイデガーと実践哲学』法政大学出版局、七三―七五頁) をも参照されたい。したがって、この件がナチによるハイデガーに対する言論禁止措置であると理解するのは早計に過ぎるということになる。

(155) Martin Heidegger, *Das Rektorat 1933/34. Tatsachen und Gedanken*, S. 22.

(156) *Ibid.*, S. 41.

(157) *Ibid.*, S. 41.

(158) Farias, *ibid.*, S. 336. ファリアス、上掲書、二九二頁。

(159) Ott, *ibid.*, S. 259. 上掲書、四〇一頁。

(160) Bernd Martin (Hg.), *Martin Heidegger und das 'Dritte Reich'*, S. 106.

(161) Martin Heidegger, *Das Rektorat 1933/34. Tatsachen und Gedanken*, S. 42.

(162)「白バラ」抵抗運動にかんしては、Christian Petry, *Studenten aufs Schafott*, Piper & Co Verlag (クリスティアン・ペトリ『白バラ抵抗運動の記録』、関楠生訳、未來社) を参照されたい。

(163) Ott, *ibid.*, S. 266. 上掲書、四一三頁。
(164) Farias, *ibid.*, S. 366-367. ファリアス、上掲書、三一九頁。
(165) Martin Heidegger, *Das Rektorat 1933/34. Tatsachen und Gedanken*, S. 42.
(166) Farias, *ibid.*, S. 347. ファリアス、上掲書、三〇一頁。
(167) Martin Heidegger, *Das Rektorat 1933/34. Tatsachen und Gedanken*, S. 42.
(168) Löwith, *ibid*, S. 103. レーヴィット、同上書、一六八頁。エムゲについては、George Leaman, *Heidegger im Kontext*, S. 37-38 を参照のこと。
(169) Farias, *ibid.*, S. 330. ファリアス、上掲書、二八七頁。
(170) Ott. *ibid.*, S. 250. 上掲書、三八五頁。
(171) Martin Heidegger, *Das Rektorat 1933/34. Tatsachen und Gedanken*, S. 42.
(172) *Ibid.*, S. 39.
(173) *Ibid.*, S. 25.
(174) *Ibid.*, S. 26.
(175) Gespräch mit Martin Heidegger, ibid., S. 193.
(176) Martin Heidegger, *Das Rektorat 1933/34. Tatsachen und Gedanken*, S. 40.
(177) プラトン『国家』、プラトン全集第一一巻、岩波書店、四〇〇頁。
(178) Martin Heidegger, *Das Rektorat 1933/34. Tatsachen und Gedanken*, S. 25.
(179) *Ibid.* 25.
(180) *Ibid.* 24-25.
(181) *Ibid.*, S. 39.
(182) *Ibid.*
(183) *Ibid.*
(184) *Ibid.*, S. 43.

（185）Jürgen Habermas, Heidegger-Werk und Weltanschauung, in Farias, *ibid.*, S. 14. ファリアス、上掲書、四頁。

（186）奥谷浩一「訳者あとがき」、ロックモア『ハイデガー哲学とナチズム』、上掲書、四七八頁。

第三部　ハイデガーとシュタウディンガー事件

（1）本書第二部一七七頁以下をも参照のこと。

（2）Vgl. Hugo Ott, Martin Heidegger-*Unterwegs zu seiner Biographie*, Campus Verlag, S. 201ff. フーゴ・オット『マルティン・ハイデガー――伝記への途上で』未來社、三二〇頁以下を参照されたい。

（3）シュタルクおよびレーナルトとナチスとの関係、そして「ドイツ的またはアーリア的物理学」の末路にかんする詳細は、例えばMark Walker, Une physique nazie?, Sous la direction de Josiane Olff-Nathan, *La science sous Le Troisième Reich*, Éditions du Seul, 1993, p. 101を参照のこと。

（4）Ott, *ibid.*, S. 209. オット、上掲書、三二三頁。なおオットは、外務省政治文書課に保管されている記録文書を自ら調査することによって、これらの諸事実を突き止めたのである。

（5）ウイリアム・L・シャイラー『第三帝国の興亡』二、東京創元社、四四頁以下を参照のこと。

（6）シュタウディンガー『研究回顧――高分子化学への道』（小林義郎訳、岩波書店、一九六六年）、一一五頁。

（7）『ノーベル賞受賞者業績辞典』日外アソシエーツ、を参照のこと。シュタウディンガーの学問上の経歴については、上記の『研究回顧――高分子化学への道』の、特に「序文」に詳しい。シュタウディンガーは、たんに「高分子化学の巨人」であっただけではなくて、実際に巨大な体躯をもつ人物であったという。

（8）Staudinger, Technik und Krieg, Die Friedenswarte, Blätter für zwischenstaatliche Organisation, 19, 1917, S. 199. また Claus Priesner, Hermann Staudinger und die makromolekulare Chemie in Freiburg. Dokumente zur Hochschulpolitik 1925-1955, Chemie in unserer *Zeit*, 21. Jg. 1987, S. 151 も参照されたい。

（9）Staudinger, Technik und Krieg, ibid., S. 200.

（10）*Ibid.*, S. 202. なお、シュタウディンガーのこの論文は地球資源の枯渇の諸問題を論じており、この分野の先駆的な業績に数えられるであろう。

（11）Ott, *ibid.*, S. 204. オット、上掲書、三一四頁。なお、この総領事館の所見は、クラウス・プリースナーの上記論文中にも引用されている。Vgl. Claus Priesner, ibid., S. 154.

（12）Vgl. Markus Mattmüller, *Leonhard Ragaz und der religiöse Sozialismus*, Band 1, EVS-Verlag Zürich, 1968, S. 245.

（13）上記のマットミュラーの著書の第一巻と第二巻に、ラーガツと彼の宗教的社会主義の活動の軌跡がまとめられている。

（14）Markus Mattmüller, *ibid.*, Band 1, S. 234.

（15）上記のマットミュラーの第二巻目のさまざまな箇所を参照されたい。Vgl. Mattmüller, *ibid.*, Band 2, S. 306, 318, 168, 186, 416.

（16）Ott, *ibid.*, S. 205. オット、上掲書、三一六頁。

（17）Staudinger, Technik und Krieg, *ibid.*, S. 197.

（18）Claus Priesner, ibid., S. 154.

（19）Ibid., S. 157.

（20）Staudinger, La technique moderne et la guerre, Revue International de la Croix Rouge, 1919, p. 508.

（21）Ibid., p. 514-515.

（22）Ibid., p. 515.

（23）Ibid.

（24）John Cornwell, *Hitler's Scientists. Science, War and the Devil's Pact*, Viking/Penguin, 2003, p. 62.

（25）*Ibid.*, p. 68.

（26）ハーバーの生涯については、Margrit Szöllösi-Janze, *Fritz Haber 1868-1934, Eine Biographie*, Verlag C. H. Beck München, 1998 に詳しい。また日本人の著作としては、宮田親平『毒ガスの父ハーバー——愛国心を裏切られた科学者』（朝日選書）をも参照されたい。ハーバーは、その愛国心、化学上の数々の業績、それによるドイツへの貢献にもかかわらず、ユダヤ人であるがゆえに、一九三三年の「公務員職再建法」の施行の後にドイツを去らなければならなかった。この時、物理学者マックス・プランクが総統ヒトラーのもとを訪れて、ハーバーのようなユダヤ人科学者の解雇はドイツの科学者を重大な危機に陥れると述べて、何とかハーバーを引き留めようとした。しかし、これに対してヒトラーは、それならドイツは科学なしで数年間はやっていくのだ、と述べたという。ナチ体制のもとで、二〇名のノーベル賞受賞者とドイツの科学者全体のおよそ二〇%がドイツを離れたといわれる。その代償はヒトラーと第三帝国にとってきわめて高くつくことになった。Josiane Olff-Nathan, Introduction, Sous la direction de Josiane Olff-Nathan, *La science sous Le Troisième Reich*, Èditions du Seul, 1993, p. 10-11.

（27）F. Oltmanns Brief an Staudinger vom 25. juli 1925（Priesner, ibid., S. 151).

（28）Staudingers Brief an Heinrich Wieland vom 14. September 1925（Priesner, ibid., S. 153).

（29）Vgl. Staudinger, Rapport technique sur la guerre chimique, Revue International de la Croix Rouge, 1925, p. 694-722.

（30）Priesner, ibid., S. 154.

（31）Ott, *ibid.*, S. 202-203. オット、上掲書、三一二—三一三頁。

（32）本書第二部一八二頁以下を参照のこと。

（33）Heideggers Brief an badisches Kulturministerium vom 10. Februar 1934（Priesner, ibid., S. 154).

（34）Priesner, ibid., S. 157.

（35）Ibid., S. 157.

（36）Ott, *ibid.*, S. 207. オット、上掲書、三一九頁。

（37）Ott, *ibid.*, S. 206. オット、同上書、三一八頁。

（38）Staudinger, Die Bedeutung der Chemie für das deutsche Volk, Völkische Zeitung, an Sonntag, 25. Februar, 1934.

（39）ヴィエッタはシュタウディンガーを国家主義者とし、ザフランスキーも彼を日和見主義者とみなしているようであるが、後に述べるように、こうした見解には賛同しがたい。

（40）Ott, *ibid.*, S. 208. Priesner, ibid., S. 154.

（41）Priesner, ibid., S. 157.

（42）Ott, *ibid.*, S. 208. オット、上掲書、三二一頁。

（43）Priesner, ibid., S. 157.

（44）Ibid., S. 155.

（45）シャイラー『第三帝国の興亡』二、三九頁を参照のこと。

（46）奥谷浩一「ハイデガー『事実と思想』の真実と虚構――ハイデガーの弁明再論」、『札幌学院大学人文学会紀要』第七一号、四五頁以下を参照のこと。

（47）奥谷浩一、同上論文、四五頁を参照のこと。

（48）Priesner, ibid., S. 155.

（49）Ibid., S. 156.

（50）Karl Löwith, *Mein Leben in Deutschland vor und nach 1933*, J. B. Metzler, S. 57. レーヴィット、上掲書、九三頁。

（51）本書二〇五頁以下を参照のこと。

（52）Vgl. Schneeberger, *Nachlese zu Heidegger*, Bern, S. 223-230.

（53）Ott, *ibid.*, S. 212. オット、上掲書、三二七頁。

（54）このようにシュタウディンガーは、自らを守るためにナチに迎合するポーズをとることを余儀なくされたことがあったし、あるいは自らの高分子化学の研究を可能な限り進展させることがナチの「四カ年計画」の方向または利害と部分的に一致することがあった。しかし、だからといって彼は決して自らの思想を変えてナチに転向したというわけで決してない。このことは、ドイツ敗北後に進駐してきたフランス占領軍当局のシュタウディンガーにかんする評価によっても証明することができる。これについても、Claus Priesner, ibid., S. 156 を参照されたい。

（55）Schreiben Heideggers an den Vorsitzenden des politischen Bereinigungsausschusses v. Dietze an 15. Dezember, 1945. Vgl. Bernd Martin (Hg.), *Martin Heidegger und das 'Dritte Reich'*, Wissenschaftliche Buchgesellschaft, S. 207.

（56）Ott, *ibid.*, S. 206. オット、上掲書、三二七―三二八頁。

（57）Ott, *ibid.*, S. 213. オット、同上書、三二九頁。

（58）Adolf Hitler, *Mein Kampf*, Zentralverlag der NSDAP, 1939, S. 213. ヒトラー『わが闘争』上、角川文庫、二五四頁。

（59）*Ibid.*, S. 214. ヒトラー、同上書、二五五頁。

（60）*Ibid.*, S. 224-225. ヒトラー、同上書、二六七頁。

（61）Vietta, *ibid.*, S. 22. ヴィエッタ、上掲書、三四頁。

第四部　シルヴィオ・ヴィエッタによるハイデガー擁護論の批判

（1）代表的なものとして、例えば Michael E. Zimmermann, *Heidegger's Confrontation with Modernity*, Indiana University Press, 1990 ; Tom Rockmore, *On Heidegger's Nazism and Philosophy*, University of California Press, 1992（この書の翻訳は、私と小野滋男・鈴木恒夫・横田栄一の三氏との共訳で、トム・ロックモア『ハイデガー哲学とナチズム』というタイトルで一九九九年に北海道大学図書刊行会から出版された。）; Theodor Kisiel, *The Genesis of Being and Time*, University of California Press, 1993 ; Hans Sluga, *Heidegger's Crisis*, Harvard Uni. Press, 1995 ; James F. Ward, *Heidegger's Political Thinking*, Massachusetts University Press, 1995 ; Milchman/Rosenberg (Ed.), *Martin Heidegger and the Holocaust*, Humanities Press, 1996 ; Johannes Fritsche, *Historical Destiny and National Socialism in Heidegger's Being and Time*, University of California Press, 1999 などを参照されたい。また、比較的最近の著作としては、Theodore Kisiel, *Heidegger's Way of Thought*, Continuum, 2002 ; Christopher Ricky, *Revolutionary Saints. Heidegger, National Socialism and Antinomian Politics*, The Pennsylvania State Univ. Press, 2002 ; Jeffrey Andrew Barash, *Martin Heidegger and the Problem of Historical Meaning*, Fordham Univ. Press, 2003 ; James Phillips, *Heidegger's Volk*, Stanford Univ. Press, 2005 ; Bernhard Adoloff, *Heidegger and the Question of National Socialism*, University of Toronto Press, 2007 などがある。また、ハンナ・アーレントとハイデガーとの関係については、Elżbieta Ettinger, *Hannah Arendt・Martin Heidegger*, Yale University Press, 1995（エティンガー『アーレントとハイデガー』みすず書房）を参照のこと。

（2）シルヴィオ・ヴィエッタは、一九四一年にドイツのベルリンに生まれ、ドイツ文学と近代の言語批判を主たる専攻領域としており、ヒルデスハイム大学で教鞭を取っている。ハイデガー研究者としてハイデガーと親しく、またハイデガーにかんする著書のあるエゴン・ヴィエッタは彼の実の父親である。また、エゴン・ヴィエッタ夫人のドーリはハイデガーの講義ノートをタイプするなど、ヴィエッタ家は家族ぐるみでハイデガーと交際した。そのような関係でシルヴィオもまた父とともにハイデガーと親しく交わっており、メッツラーの『哲学者レキシコン』の「ハイデガー」の項目を執筆するなど、ハイデガーの人と哲学にも詳しい。父の著作については、例えば Egon Vietta, *Die Seinsfrage bei Martin Heidegger*, Stuttgart, 1950（邦訳は、エゴン・ヴィエッタ『ハイデッガーの存在論』川原栄峰訳、理想社、一九六四年）を参照されたい。ハイデガーはこの著書に著者の紹介文を前書きとして寄せている。

（3）Silvio Vietta, *Heideggers Kritik am Nationalsozialismus und an der Technik*, Max Niemeyer, 1989, S. 9. ヴィエッタ『ハイデガー：ナチズム／技術』、谷崎秋彦訳、文化書房博文社、一九九七年、一六五頁。

（4）Vietta, *ibid.*, S. 9. ヴィエッタ、上掲書、一二頁。

（5）同上書、四六頁。

（6）同上書、六〇頁。

（7）Vietta, *ibid.*, S. 2. ヴィエッタ、同上書、三頁。

（8）Habermas, Heidegger-Werk und Weltanschauung, Vorwort von Victor Farias, *Heidegger und der Nationalsozialismus*, S. Fischer, 1987, S. 26. ハーバマス「ハイデガー――著作と世界観」、ファリアス『ハイデガーとナチズム』への序文、上掲書、一六頁。

（9）Vietta, *ibid.*, S. 5. ヴィエッタ、上掲書、七頁。

（10）Heidegger, *Vorträge und Aufsätze*, Neske, S. 88ff. ハイデガー「形而上学の超克」（二）、新井恵雄訳、『理想』第五二三号、一四八―一五五頁。

（11）Heidegger, *Das Rekotrat 1933/34. Tatsachen und Gedanken*, S. 24.

（12）Heidegger, *Hölderlins Hymne "Ister"*, Gesamtausgabe Band 53, S. 106. ハイデガー『ヘルダーリンの賛歌「イスター」』、全集第五三巻、一二六頁。

（13）Vietta, *ibid.*, S. 8. ヴィエッタ、上掲書、一一頁。

（14）Vietta, *ibid.*, S. 12. ヴィエッタ、同上書、一九頁。

（15）Vietta, *ibid.*, S. 13. ヴィエッタ、同上書、二二頁。

（16）Heidegger, *Hölderlins Hymnen "Germanien" und "Der Rhein"*, Heidegger Gesamtausgabe, Band 39, S. 254. ハイデガー『ヘルダーリンの讃歌「ゲルマーニエン」と「ライン」』、ハイデガー全集第三九巻、二八二頁。

（17）*Ibid.*, S. 99. 同上書、一二二頁。

（18）Heidegger, *Einführung in die Metaphysik*, Gesamtausgabe, Band 40, S. 53. ハイデガー『形而上学入門』、平凡社、八八

頁。なお、この文章の直前でハイデガーは自らの学長就任演説を引用している。

（19）Heidegger, *Einführung in die Metaphysik*, Gesamtausgabe, Band 40, S. 208. ハイデガー『形而上学入門』、同上書、三二三頁。この講義の編集者であるペトラ・イェーガーの証言やこの校正ゲラに目を通したライナー・マルテンらの記憶によれば、問題となっている（ ）内の語句は、ハイデガーの一九三五年のもともとの講義原稿のなかにはなくて、これを一九五三年になって公刊するときにハイデガー自身が書き加えた可能性が高い。さらに、トム・ロックモアによれば、この文章中の「この運動」はもともとは「N・S」すなわち国民社会主義であったという。もしこれらが事実だとすれば、「国民社会主義の内的真理と偉大さ」が「この運動の内的真理と偉大さ」に修正されたことで、国民社会主義が「この運動」へと一般化され曖昧にされるという効果を生んでいるし、さらに（ ）内の「すなわち、惑星的規模で規定されている技術と人間の出会い」を付け加えることによって、国民社会主義の「内的真理と偉大さ」が異なった意味付けを与えられ、クリスティアン・レーヴァルターが解釈したように、国民社会主義は技術と西欧の人間の悲劇的な邂逅としてまさしく西欧の没落の徴候としての意味をもち、その点で「偉大さ」をもつのだという解釈に道を開くことになる。ここでも、国民社会主義にたいする賛美が近代技術批判にすり替えられてその反対の国民社会主義批判に転化するというハイデガー一流の手品が演じられている。Tom Rockmore, *On Heidegger's Nazism and Philosophy*, University of California Press, 1992, p. 239（ロックモア『ハイデガー哲学とナチズム』北海道大学図書刊行会、三一七頁）および Habermas, Heidegger-Werk und Weltanschauung, Vorwort von Victor Farias, *Heidegger und der Nationalsozialismus*, S. Fischer, 1987, S. 30-32（ハーバマス「ハイデガー——著作と世界観」、ファリアス『ハイデガーとナチズム』への序文、同上書、二〇—二二頁、特に二一頁の注（七一））などを参照されたい。

（20）Habermas, *ibid.*, S. 23. ファリアス、同上書、一三頁。

（21）Bernd Martin (Hg.), *Martin Heidegger und das 'Dritte Reich'*, S. 203.

（22）このハイデガーの手紙は、ヴィクトル・シュヴェーラー宛の一九二九年一〇月二〇日付けの手紙であって、ウルリヒ・ジークによって発見されて、一九八九年一二月二二日の『ツァイト』誌に発表された。（Rüdiger Safranski, *Ein Meister aus Deutschland*, Carl Hanser Verlag, 1994, S. 299. 邦訳は、ザフランスキー『ハイデガー——ドイツの生んだ巨匠とその時代』、山本尤訳、法政大学出版局、三七七—三七八頁）にその全文が掲載されている。またこの手紙については、Tom

Rockmore, *ibid.*, p. 111（ロックモア『ハイデガー哲学とナチズム』上掲書、一五二頁）の説明をも参照されたい。

（23）これについては、Arnold Gehlen, *Der Mensch ; Seine Natur und seine Stellung in der Welt*, Erste Auflage, Junker und Dünnhaupt Verlag, 1940, S. 447 を参照されたい。この初版本の最終章のタイトルは「最上の指導体系」となっている。また、このゲーレンの人間学思想の問題点とその批判については、奥谷浩一『哲学的人間学の系譜――シェーラー、プレスナー、ゲーレンの人間論』梓出版社、二〇〇四年、二〇五頁以下を参照されたい。

（24）Vgl. Werner Rügemer, *Philosophische Anthropologie und Epochenkrise*, S. 100ff.

（25）Walther Hofer, *Der Nationalsozialismus. Dokumente 1933-1945*, S. Fischer Verlag, S. 28-31. ワルター・ホーファー『ナチス・ドキュメント』ペリカン社、四〇―四四頁。

（26）Adolf Hitler, *Mein Kampf*, S. 61, 69, 313. ヒトラー『我が闘争』上巻、上掲書、九六、一〇六、四〇七頁。

（27）Vietta, *ibid.*, S. 44. ヴィエッタ、上掲書、六八頁。

（28）See Richard Wolin, *The Politics of Being*, Columbia University Press. リチャード・ウォーリン『存在の政治。マルティン・ハイデガーの政治思想』岩波書店を参照。

（29）Heidegger, *Einführung in die Metaphysik*, Gesamtausgabe, Band 40, S. 40-41. ハイデガー『形而上学入門』、上掲書、七〇頁。

（30）*Ibid.*, S. 53. 同上書、八八頁。

（31）See Rockmore, *ibid.*, p. 173. ロックモア、上掲書、二三五頁を参照。

（32）Vgl. Der Spiegel, 2. Mai 1977, S. 10. カール・ウルマーは一九七七年五月二日の『シュピーゲル』誌でこの部分が後になって削除されたことに注意を促している。

（33）Heidegger, *Holzwege*, Gesamtausgabe, Band 5, S. 246-247. ハイデガー「ニーチェの言葉『神は死せり』」、（『杣径』、ハイデガー全集第五巻）、二七五頁。

（34）*Ibid.*, S. 247. 同上書、二七六頁。

（35）Heidegger, *Nietzsche : Der Wille zur Macht als Kunst*, Gesamtausgabe, Band 43, S. 193. ハイデガー『ニーチェ。芸術としての力への意志』、ハイデガー全集第四三巻、一八七頁。

（36）Vietta, *ibid.*, S. 40. ヴィエッタ、上掲書、六七頁。
（37）Heidegger, Die Zeit des Weltbildes, Gesamtausgabe, Band 5, S. 95. ハイデガー「世界像の時代」（『杣径』ハイデガー全集第五巻）、一一五頁。
（38）Heidegger, *Einführung in die Metaphysik*, Gesamtausgabe, Band 40, S. 208. ハイデガー『形而上学入門』、上掲書、三三三頁。
（39）Vgl. Habermas, Heidegger-Werk und Weltanschauung, in Farias, *Heidegger und der Nationalsozialismus*, S. 30ff. ハーバマス「ハイデガー——著作と世界観」（ファリアス『ハイデガーとナチズム』二〇頁以下）を参照されたい。
（40）Vgl. Gespräch mit Martin Heidegger am 23. September 1966, "Der Spiegel", Nr. 23/1976, S. 204, 206. ハイデガー「シュピーゲル対談」（ハイデガー『形而上学入門』所収）、上掲書、三八二頁、三八四頁。
（41）Vietta, *ibid.*, S. 31. ヴィエッタ、上掲書、四九頁。
（42）*Ibid.*, S. 32. 同上書、五〇頁。
（43）*Ibid.*, S. 33. 同上書、五二頁。
（44）*Ibid.*, S. 36. 同上書、五六頁。
（45）Heidegger, Die Zeit des Weltbildes, Gesamtausgabe, Band 5, S. 78. ハイデガー「世界像の時代」、上掲書、一〇六頁。
（46）Vietta, *ibid.*, S. 35. ヴィエッタ、上掲書、五五頁。
（47）エルンスト・ユンガーの思想の内容、およびこれとハイデガーとの関わりについては、ジェフリー・ハーフ『保守革命とモダニズム』（中村幹雄・谷口健治・姫岡とし子訳、岩波書店、一二二—一九一頁）に詳しく展開されているので、参照されたい。
（48）Wolfgang Schirmacher, *Technik und Gelassenheit : Zeitkritik nach Heidegger*, 1983, S. 25.
（49）Heidegger, *Die Technik und die Kehre*, Neske, S. 14. ハイデガー『技術論』、小島・アルムブルスター訳、理想社、三一頁。
（50）Heidegger, Die Zeit des Weltbildes, Gesamtausgabe, Band 5, S. 75. ハイデガー「世界像の時代」、上掲書、九七頁。
（51）Heidegger, Überwindung der Metaphysik, *Vorträge und Aufsätze*, Neske, S. 88. ハイデガー「形而上学の超克（二）」、上掲書、一四八頁。

（52）*Ibid.*, S. 90. 同上書、一五〇—一五一頁。

（53）*Ibid.*, S. 91. 同上書、一五一頁。

（54）*Ibid.* 同上書、同上頁。

（55）Vietta, *ibid.*, S. 42. ヴィエッタ、上掲書、六四—六五頁。

（56）『ノーベル賞受賞者業績辞典』日外アソシエーツ、また『万有百科大事典』第一五巻「化学」小学館を参照。

（57）Heidegger, Überwindung der Metaphysik, *Vorträge und Aufsätze*, Neske, S. 67. ハイデガー「形而上学の超克（一）」、上掲訳、『理想』第五二二号、一五一頁。

（58）*Ibid.*, S. 73. 同上書、一五七頁。

（59）Heidegger, Die Zeit des Weltbildes, Gesamtausgabe, Band 5, S. 108. ハイデガー「世界像の時代」、上掲書、一二九頁。

（60）*Ibid.*, S. 111. 同上書、一三二頁。

（61）Vietta, *ibid.*, S. 46-47. ヴィエッタ、上掲書、七一—七三頁。

（62）Gespräch mit Martin Heidegger, “Der Spiegel”, Nr. 23/1976, S. 204. ハイデガー「シュピーゲル対談」（『形而上学入門』所収）、上掲書、三七八頁。

（63）*Ibid.*, S. 204. 同上書、三八一頁。

（64）Vietta, *ibid.*, S. 67. ヴィエッタ、上掲書、一〇六頁。

（65）*Ibid.*, S. 67-68. 同上書、一〇八頁。

（66）*Ibid.*, S. 52. 同上書、八一頁。

（67）*Ibid.*, S. 48. 同上書、七六頁。

（68）*Ibid.*, S. 51. 同上書、八〇頁。

（69）*Ibid.* 同上書、同上頁。

（70）Vgl. Heidegger, *Nietzsche*, Bd. 1, Neske, 1. Auflage, 1961, S. 29ff. ハイデガー『ニーチェ』I、細谷貞雄監訳、平凡社、三六頁以下を参照されたい。

（71）Vietta, *ibid.*, S. 54-55. ヴィエッタ、上掲書、八四—八五頁。ハイデガーの原文は、Heidegger, *Nietzsche : Der Wille zur*

Macht als Kunst, Gesamtausgabe, Bd. 43, S. 191（ハイデガー『ニーチェ。芸術としての力への意志』、ハイデガー全集第四三巻、一八五頁）にある。

（72）*Ibid.* 同上書、同上頁。

（73）周知のように、ナチ党は当初はその政治綱領のなかで「国家の存立を危うくせず、またはゲルマン人種の美俗・道徳感に反しない限り」という国家と人種優先の条件付きで「国内におけるすべての宗教的信仰の自由」を認め、自らを「宗派的に一定の信仰に拘束されることなく、積極的なキリスト教精神の立場を代表する」としていた。民族と人種を最上の価値とするヒトラーは、政権の座についた年にローマ法王と政教条約を締結して、自らの体制をバチカンに承認させるとともに、自らをキリスト教的であると装いつつ、他方では宗教と結びついたカトリック中央党を排除しようとした。しかし、やがてナチ党の民族的・人種的政策と世界観とに対して福音教会を中心とするキリスト教徒の反対運動が広がり、法王ピウス一一世もナチに公然たる非難を行うようになった。これに対してヒトラーは新教同様、カトリック聖職者の弾圧をもって臨んだ。したがって、ナチズムは「神」とも「自由」とも敵対したのである。

（74）Heidegger, *Nietzsche*, Bd. 2, S. 124-125. ハイデガー『ニーチェ』Ⅱ、上掲書、三七四頁。

（75）Vietta, *ibid.*, S. 61. ヴィエッタ、上掲書、九五頁。

（76）Heidegger, *Nietzsche*, Bd. 2, S. 125. ハイデガー『ニーチェ』Ⅱ、上掲書、三七五頁。なお、「闘争の無目標性」の概念は、エルンスト・ユンガーが好んで述べた「総動員」の「目的欠如」あるいは「功利的文化からの離脱」、そして自己目的としての戦争の概念と通底するものがある。これについては、ジェフリー・ハーフ、上掲書、一六〇頁以下を参照されたい。

（77）*Ibid.*, S. 61-62. 同上書、九六頁。

（78）Heidegger, *Nietzsche*, Bd. 2, S. 125. ハイデガー『ニーチェ』Ⅱ、上掲書、三七五頁。

（79）Vietta, *ibid.*, S. 62. ヴィエッタ、上掲書、九七頁。

（80）Heidegger, *Nietzsche*, Bd. 2, S. 125. ハイデガー『ニーチェ』Ⅱ、上掲書、三七五頁。

（81）*Ibid.*, S. 165. 同上書、三九八頁。

（82）Vietta, *ibid.*, S. 63. ヴィエッタ、上掲書、一〇〇頁。

（83）Heidegger, *Nietzsche*, Bd. 2, S. 165ff. ハイデガー『ニーチェ』Ⅱ、上掲書、三九八―三九九頁。

（84） Vietta, *ibid.*, S. 64. ヴィエッタ、上掲書、一〇二頁。
（85） Heidegger, Nietzsches Wort "Gott ist tot", Gesamtausgabe, Band 5, S. 244. ハイデガー「ニーチェの言葉『神は死せり』」（『杣径』、ハイデガー全集第五巻）、二九三頁。
（86） *Ibid.*, S. 201. 同上書、二四五頁。
（87） Heidegger, *Nietzsche : Der Wille zur Macht als Kunst*, Gesamtausgabe, Band 43, S. 19. ハイデガー『ニーチェ。芸術としての力への意志』、上掲書、一八七頁。
（88） Otto Pöggeler, Heidegger, Nietzsche, and Politics, in Rockmore and Margolis ed., *The Heidegger Case*, Temple University Press, p. 134.
（89） Vietta, *ibid.*, S. 69. ヴィエッタ、上掲書、一一〇頁。
（90） *Ibid.*, S. 73. 同上書、一一六頁。
（91） Heidegger, *Beiträge zur Philosophie*, Gesamtausgabe, Band 65, S. 117. ハイデガー『哲学への寄与』、全集第六五巻、一二八頁。
（92） *Ibid.* 同上書、同上頁。
（93） *Ibid.*, S. 319. 同上書、三四四頁。
（94） *Ibid.* 同上書、同上頁。
（95） *Ibid.*, S. 399. 同上書、四三三頁。
（96） *Ibid.*, S. 40. 同上書、四六頁。
（97） *Ibid.*, S. 41. 同上書、同上頁。
（98） Vietta, *ibid.*, S. 73. ヴィエッタ、上掲書、一一七頁。
（99） ハイデガーは一九三五年七月一日付けのヤスパース宛書簡のなかで、自分の体に突き刺さった「ふたつの刺」として、「由来の信仰との対決」と学長職の失敗とをあげていた。「由来の信仰」とは、彼の出自であるにもかかわらず結婚によって離反したカトリックのことである。*Martin Heidegger/Karl Jaspers, Briefwechsel 1920-1963*, S. 157（ハイデッガー＝ヤスパース往復書簡一九二〇—一九六三』、渡邊二郎訳、名古屋大出版会、二四六頁）を参照のこと。この問題についてはフーゴ・オットの『ハイデガー――伝記への途上』が詳しい。

（100）Guido Schneeberger, *Nachlese zu Heidegger*, S. 205-206. シュネーベルガー、上掲書、二九八頁。

（101）Heidegger, *Nietzsche*, Bd. 1, S. 367. ハイデガー『ニーチェ』I、上掲書、四三六頁。

（102）Heidegger, *Beiträge zur Philosophie*, Gesamtausgabe, Band 65, S. 143. ハイデガー『哲学への寄与』、上掲書、一五五頁。

（103）エルンスト・ユンガー「総動員」、田尻三千夫訳、一七四頁（『現代思想』一九八一年一月号所収）。

（104）Heidegger, *Das Rektorat 1933/34. Tatsachen und Gedanken*, S. 24.

（105）*Ibid.*, S. 24-25.

（106）Heidegger, Die Technik und die Kehre, Neske, 1962. ハイデガー『技術論』を参照のこと。

（107）Vietta, *ibid.*, S. 93. ヴィエッタ、上掲書、一五〇頁。

（108）*Ibid.* 同上書、同上頁。

（109）*Ibid.*, S. 94. 同上書、一五一頁。

（110）Vgl. Gespräch mit Martin Heidegger, "Der Spiegel", Nr.23/1976, S. 206. ハイデガー「シュピーゲル対談」（『形而上学入門』所収）、上掲書、三八九頁を参照されたい。

（111）*Ibid.*, S. 209. 同上書、三八四頁。

（112）Vietta, *ibid.*, S. 101. ヴィエッタ、上掲書、一六三頁。

（113）*Ibid.*, S. 102. ヴィエッタ、上掲書、一六五頁。

（114）唯一の例外は、ハイデガーがヤスパース宛に書いた一九五〇年三月七日の手紙であろう。しかし、これとても、ハイデガーが一九三三年以来ヤスパースの家を訪問しなくなった理由をあげて「私は単純に自分を恥じたからなのです」と述べているにすぎず、ナチズムへの関与と関わりにおいて自らの「恥じ」を述べているわけでは決してない。ヴィエッタがこの手紙に言及しないゆえんである。

（115）Hg. v. Neske/Ketterling, *Antwort. Martin Heidegger im Gespräch*, Neske, S. 159.

あとがき

本書は、私がここ一〇年ほどのあいだにハイデガー・ナチズムの問題にかんして書いた諸論文をもとに、その研究のささやかな中間的総括として上宰したものである。

私は、大学院時代には古代・中世哲学講座に籍を置き、アリストテレスの『形而上学』や『自然学』に親しみながら、他方ではヘーゲルの存在論とも言うべき『論理の学』を主要な研究対象とするという、少々風変わりな研究経歴を歩んできた。その私から見れば、人間としての現存在のうちに存在の意味を探るとともに、プラトン以降の西洋の存在論をことごとく否定して、それ以前に哲学のもうひとつの開始を求めようとするハイデガーの哲学は、多くの示唆的な着想を含みながらも、やはりさまざまに疑わしい点を含んでいるように思われた。ハイデガーが存在者および現存在から存在そのものを区別するのは当然として、とりわけこの存在そのものを存在者および現存在の根拠としていくことには、とうてい賛同するわけにはいかなかった。存在者と存在との関係を逆転し、そうして存在を神秘化するところに成立するハイデガーの思想は私には、その強靭な思索力を評価しつつも、さまざまな虚構を含んでいると思われてならなかったからである。したがって、ハイデガーの哲学と存在論は若い頃から私の副次的な問題関心であり続けたのである。

そんな私にとって大きな衝撃であったのは、やはり一九八七年に出版されたヴィクトル・ファリアスとその翌年のフーゴ・オットのハイデガー・ナチズム研究であった。私もまた、多くの哲学研究者と同じように、漠然とハイデガーのナチ関与を一時的・偶然的なものと見なして、そのことを疑ってかかろうとはしなかったからである。彼らの研究はこれまでのハイデガー・ナチズム研究を新しい次元へと引き上げたものであるが、これらの研究によって私もまた独断のまどろみを破られて、この分野の研究に深入りすることになった。私のその最初の仕事は、アメリカの哲学者トム・ロックモアの『ハイデガー哲学とナチズム』の翻訳（共訳）を一九九九年に北海道大学図書刊行会から出版したことであった。この仕事からすでに一〇年の月日が経過しようとしている。自らの学問の歩みの遅さを実感せずにはいられない。

本書の基礎をなしているのは、私の以下の翻訳と諸論文である。

翻訳・ハイデガー「一九三三／三四年の学長職。事実と思想」（『札幌学院大学人文学会紀要』第七〇号、二〇〇一年一〇月）

論文「ハイデガー『事実と思想』の真実と虚構――ハイデガーの弁明再論」（『札幌学院大学人文学会紀要』第七一号、二〇〇二年三月）

論文「ハイデガーと『シュテルンハイム作戦』」（『札幌学院大学人文学会紀要』第八一号、二〇〇七年三月）

論文「『ハイデガー裁判』の行方」（『札幌学院大学人文学会紀要』第八三号、二〇〇八年三月）

論文「ハイデガー哲学と国民社会主義」（『札幌学院大学人文学会紀要』第八四号、二〇〇八年一〇月）

論文「ハイデガーと反ユダヤ主義」（『札幌学院大学人文学会紀要』第八五号、二〇〇九年三月）

私がハイデガー・ナチズムの問題にかんして忘れることができないのは、ドイツに最初に留学していた時のいくつかの思い出である。

私は、一九八二年九月からドイツのルール大学ボーフムで、ヘーゲルとハイデガーの研究者として知られるオットー・ペッゲラー教授のもとで最初の留学生活を送っていた。私が住んだ共同住宅のなかには、アメリカのハイデガー研究者のマゴーシャク氏とその家族、そしてニーチェ研究者の若いエリオット氏もまた住んでおり、私たちはいつの間にか仲良しとなった。私たちは、しばしばクナイぺと呼ばれる近くの居酒屋に出かけては、ハイデガーの存在にかんする問題をも含めて、いろいろと哲学談義をしたものであった。エリオット氏はニューヨークに住むユダヤ人で、ナチ時代にはアメリカに亡命せずにドイツに残った彼のすべての親族が絶滅収容所で亡くなったそうである。彼はアメリカにいる親族の反対を押し切ってドイツに留学した、と私に語っていた。

もうひとつは、上記の翻訳の訳者あとがきにも書いたことだが、アーダ・レーヴィット夫人の思い出である。明くる年の四月上旬、私の先輩の同僚である中野徹三教授がユーゴスラヴィアのドゥブロブニクで開催された国際学会で研究発表された後、私がいるドイツに立ち寄られた。私たちはハイデルベルクで落ち合い、中野教授がかつてこの地に留学しておられた時にドイツ語を教わったというアーダ・レーヴィット夫人のお宅を訪問したのである。アーダ夫人は当時すでに七〇歳をとうに超えて、度の強い眼鏡をかけておられたが、まことにかくしゃくとして私たちに白米を炊いてご馳走してくださった。カール・レーヴィットはすでに一〇年前に亡くなっていたが、彼の蔵書が大切に保管されており、その書棚にはとくにドイツの文芸作品がぎっしりと並んでいたことが印象的であった。彼はユダヤ人でありながら、やはりドイツの文化的教養を完全に身につけた知識人だったのである。私は、アーダ夫人から日本の仙台時代の思い出を含めてさまざまなことを見聞するにつれて、夫がユダヤ人であるという理由だけで迫害されて耐え忍ばなければならなかった数々の苦難とナチ時代の悲惨さ、ユダヤ系ではなかったアーダ夫人がそれにもかかわらずに夫とこの苦難を共にした夫婦愛の強さを、改めて思わないわけにはいかなかった。だから、ハイデガー・ナチズムの問題は私にとっては決して対岸の火事ではなかったのである。本書をアーダ・レーヴィット夫人の墓前に捧げたい。

本書の副題とまえがきにあるように、本書は私のハイデガー・ナチズム研究の「序説」にすぎない。ハイデガーの哲学的思索とその展開に真に内在し、それに肉薄してナチズムとの関係を考察するとともに、ハイデガーの哲学そのものの問題点を批判的に検討する作業が「本論」として残されている。今後はこの「本論」を仕上げるために努力を傾注することにしたい。

本書は、私が勤務する札幌学院大学が刊行している「札幌学院大学選書」の一環として、同大学からの出版助成金を受けて出版されたものである。したがって、本書は「札幌学院大学選書」から刊行された私の二冊目の著書となる。元札幌学院大学学長で東北大学法学部名誉教授の荘子邦雄先生は、本書の基礎となったハイデガーにかんする私の諸論文を読んで、私にいつも適確な批評と励ましの言葉をくださった。私は、これらの論文を一書にまとめるにあたって、荘子先生の励ましの言葉にいつも勇気付けられた。このことに心より感謝申し上げたい。本書五九頁のアウシュヴィッツ＝ビルケナウ収容所の写真は、私の実姉の阪田通子の提供によるものである。今回の出版にあたっても、私の前著『哲学的人間学の系譜』と同様に、梓出版社にお願いすることになった。これも同社がきわめて良心的な出版方針のもとに経営しておられるからである。同社の本谷高哲氏には今回もまたお世話になった。また、校正などで綿密な仕事をしてくださった本谷貴志氏のおかげで本書は多くの誤植から救われた。これらの方々に心から感謝の意を表したい。

荘子邦雄先生が起草された「札幌学院大学選書」の「創刊の辞」のなかには、「願わくば、思想に生命の息吹を送り、学問の名に恥ずることのない書物が刊行されんことを」というきわめて格調高い言葉がある。私自身、この言葉に真に値する著書の執筆を残された生涯の目標として、さらに精進に努めていく所存である。

二〇〇九年一月二三日　亡き母の九回忌の日に

奥谷浩一

著者紹介

奥谷浩一（おくや　こういち）

1946年北海道札幌市生まれ。北海道大学文学部哲学科卒業。北海道大学大学院文学研究科博士課程単位取得。哲学・倫理学専攻。現在，札幌学院大学人文学部教授および人文学部長。

主要著書『哲学的人間学の系譜――シェーラー，プレスナー，ゲーレンの人間論』梓出版社，『生命の共生と社会的共同の倫理学』アイワード，『北海道と環境保護』（編著）札幌学院大学生協，『環境思想キーワード』（共著）青木書店，『ヘーゲル事典』（共著）弘文堂，『ヘーゲル読本』（共著）法政大学出版局など。

主要論文「ヘーゲルの普遍・特殊・個別論」（北大哲学会『哲学』第9号），「アリストテレスの矛盾律試論」（北大哲学会『哲学』第12号），「ヘーゲルの理念論」（北大哲学会『哲学』第16号），「矛盾律をめぐる諸問題（1）」（札幌商科大学・札幌短期大学『論集』［人文編］第22号），「矛盾律をめぐる諸問題（2）」（同上，第24号），「人間科学の系譜と方法の問題」（『札幌学院大学人文学会紀要』第60号），『我が国における脳死・臓器移植の現在とその新たな法改正の問題点』（『札幌学院大学人文学会紀要』第78号），『北海道とサハリンの石油・天然ガス開発問題』（『北海道の自然』第45号），「朝鮮通信使空白の47年と『易地聘礼』の思想史的考察――江戸時代の日本思想史の一断面」（『札幌学院大学人文学会紀要』第80号），「大学における環境教育の現状と課題」（『SGU教師教育研究』第22号）ほか多数。

主要訳書 トム・ロックモア『ハイデガー哲学とナチズム』（共訳）北海道大学図書刊行会，ヴィンセント・ホープ『ハチスン，ヒューム，スミスの道徳哲学』（共訳）創風社，『新ヘーゲル読本』（共訳）法政大学出版局，ヘーゲル『懐疑主義と哲学の関係』（共訳）未來社，ムィスリフチェンコ『マルクス主義の人間観』（共訳）大月書店など。

ハイデガーの弁明

2009年4月20日　第1刷発行　　《検印省略》

著　者© 奥谷浩一
発行者　本谷高哲
制　作　（有）ブライト社
東京都中央区銀座2-14-12
（東銀座ビル5F）

発行所　梓出版社
千葉県松戸市新松戸7-65
電話・FAX 047（344）8118

乱丁・落丁本はお取り替えいたします。
ISBN 978-4-87262-020-7 C3010

創刊の辞

札幌学院大学の母体は、敗戦直後、陸続として戦場より、動員先より復帰してきた若人たちが、向学の念断ちがたく、一九四六年六月に法科・経済科・文科の総合学園として発足させた札幌文科専門学院であり、当時、北海道において最初の文科系総合学園であったのである。爾来、札幌短期大学、札幌商科大学、札幌学院大学と四十数年にわたり伝統を受け継ぎ、一昨年には、学園創立四十周年、開学二十周年の記念式典を盛大に挙行するとともに、本学正門横に札幌文科専門学院当時の校舎を模してエキゾチックな白亜の殿堂・建学記念館の建設を果たし、札幌文科専門学院の「建学ノ本旨」をしのび、いよいよ北方文化の新指導者、日本の指導者たるにふさわしい人格の育成に邁進すると同時に、「世界文化ノ興隆」への寄与を果たす覚悟を新たにしたのである。

しかも、本年には、現在の三学部および商学部二部に加え、さらに二学部増設に向けて力強い第一歩を踏みだし、北海道における文科系私学総合大学として一、二の規模を競う飛躍を遂げようとしている。この時にあたり、「札幌学院大学選書」を企画し、次々と、北方文化ひいては世界文化に寄与しうるであろう書物を刊行する運びとなったことは、誠に時宜に適したことといわなければならない。

いうまでもなく、生命を有しない「思想」は、亡びることもなければ、再生することもない。その時々の時流に迎合し、反対する、主体性を喪失した「うたかた」の如き思想、権威に追従し、右顧左眄する無定見な思想、内外の学説をそのまま引き写した無節操な思想、傲岸浅薄な独断的思想。これらの思想は、亡びも再生もしない。願わくば、思想に生命の息吹を送り、学問の名に恥ずることのない書物が刊行されんことを。日本の文化ひいては世界の文化に金字塔を樹立する「選書」の刊行を心から期待したい。

一九八九年六月十三日

札幌学院大学学長　荘子邦雄